일본, 조선총독부를 세우다

일본,
조선총독부를 세우다

허영섭 지음

채류
CHAE RYUN

머리말

우리 민족에게 쓰라린 기억일 수밖에 없는 한일 강제합병 100년을 맞아 이 책을 새롭게 내놓는다. 저자로서는 1996년에 발간됐던 '조선총독부, 그 청사 건립의 이야기'를 대폭 손질하고 가다듬었으니 14년 만의 개정판인 셈이다.

이 책의 초점은 "과연 일본의 한국에 대한 식민통치는 정당했는가?" 라는 질문에 맞추어져 있다. 그동안 현해탄을 사이에 두고 양국 정치 지도자와 학자 및 언론인을 포함한 지식인들 사이에 오갔던 끊임없는 설전舌戰의 기본 핵심이 바로 여기에 있다 할 것이다. 이른바 '과거사過去史 논쟁'이다.

1910년, 제국주의 일본은 조선을 무력으로 굴복시키고는 우리 강토와 백성에게 갖은 만행을 저질렀다. 토지와 물산을 수탈하고 창씨개명을 강요했으며, 더 나아가 강제징용 및 징병으로 이 땅의 젊은이들을 깊숙한 절망의 구렁텅이로 몰아넣었다. 태평양 전쟁 당시 저들 병사들의 노리갯감으로 끌고갔던 정신대 문제는 더 말할 것도 없다. 더군다나 지금에 이르러 정신대 할머니들에게 보상금조로 1인당 99엔씩 지급하겠다는 것이니 도대체 무슨 심보인지 모르겠다.

그런데도 한일간의 역사 인식에 대한 논쟁은 한 걸음도 더 나가지 못한 채 제자리를 맴도는 듯한 느낌이다. 독도 영유권 문제나 야스쿠니 신사 참배 및 우익 교과서 문제가 그 대표적인 사례다. 일제의 패전으로 식민통치가 종식된 이후 지금까지 양국 관계가 어느 정도 가까워지는 듯하다가도 결국 파열음을 내며 서로 튕겨져 나가는 양상을 반복적으로 보여주는 것도 대부분은 과거사 문제로 인한 마찰 때문이었다.

어느 한쪽이라도 역사적 사실을 호도한 채 본능적인 자기변론, 또는 감정적 언어의 반복 나열에 그치는 실정에서는 이 논쟁이 효과적으로 진전될 수 없음은 물론이다. 과거사 논란이 제기될 때마다 한일 관계가 '가깝지만 먼 나라'로서 파행을 겪어야 했던 것도 바로 이러한 사정 때문이었다. 거기에 '망언妄言 파동'까지 겹쳐져 양국 관계에 찬물을 끼얹곤 했다.

물론 억압했기 때문에 무조건 잘못됐고, 억압을 당했기 때문에 정의 실현 차원의 보상을 받아야 한다는 단순논리에 대해서도 경계할 필요는 있다. 철저한 약육강식弱肉强食의 법칙이 지배하는 엄연한 역사 현실에서 스스로 자신의 영역을 지키지 못한 책임을 누구에게 돌릴 수 있을 것인가.

그나마 다행인 것은 최근 들어 일본의 학계와 문화계를 중심으로 과거 식민정책의 과오를 인정하고 한국의 입장을 이해하려는 움직임이 일어나기 시작했다는 점이다. 아직은 부분적인 현상에 지나지 않는다

하더라도 후속 움직임에 주목할 필요가 있을 것이다. 여기에 정치적으로도 자민당에 이어 등장한 하토야마 유키오鳩山由紀夫 총리의 민주당 정권이 과거사 문제 해결에 다소 진전된 입장을 보이고 있다는 사실도 긍정적으로 받아들여진다.

이 책은 구체적으로 조선총독부 청사 건립 과정을 통해 나타난 일제 식민정책의 모습을 그려나가고 있다. 제국주의적 악랄성은 총독부를 짓는 과정에서도 그대로 드러날 수밖에 없었다. 일제의 노림수는 500년 왕조의 가장 중요한 상징인 경복궁을 마구 헐어냄으로써 조선 백성의 뇌리에서 왕조의 잔영을 모조리 지워내자는 것이었다. 경복궁 전각들이 차례로 헐려나가고 마침내 정문인 광화문까지 제자리를 잃고 다른 곳으로 쫓겨가는 처지가 됐던 것도 그런 결과였다.

저들은 이미 그전부터 호시탐탐 이 땅을 넘보는 과정에서 몇 번이나 경복궁 터에 대한 약탈을 자행하였다. 이른 새벽녘에 경복궁 담을 넘어 들어가 이 나라 국모國母를 살해하고도 "장난이 지나쳤다"는 한마디로 사태를 무마시키려던 그들이 아니던가. 이제 일본이 경제적으로는 물론 또다시 외교적으로나 군사적으로도 세계적인 영향력 확대를 노리고 있는 상황에서 지난 역사는 우리에게 적잖은 시사점을 던져주고 있다 할 것이다.

고무적인 사실은 우리 정부가 옛 조선총독부 청사 철거에 따른 경복궁 복원작업에 이어 광화문을 조선총독부 건립 이전의 제자리로 옮겨놓기 위해 현재 복원공사를 진행하고 있다는 점이다. 계획대로라면 올해 안으로 거의 모든 복원 작업이 마무리 될 것이라 하니 그야말로 불굴의 민족정기를 보여주는 또 하나의 커다란 계기가 될 것이 틀림없다.

개정판 원고를 준비하면서 초판에 못지않은 자료 확인 노력이 따랐음을 밝히지 않을 수 없다. 어떤 면에서는 초판에 자잘한 과오가 적지 않았음을 실토하는 것이기도 하다. 적어도 초판에서 놓쳤던 실수는 모두 바로 잡음으로써 이 개정판 만큼은 완벽을 기할 수 있도록 노력했다. 초판이 발간된 이후 발굴되거나 공개된 새로운 역사 자료들도 책의 내용을 한결 풍부하게 만드는데 도움이 되었다.

개정판 작업을 하면서 많은 분들께 도움을 받았지만, 그중에서도 시사정책연구소 방세현 소장과 JSI파트너스 장상인 대표의 도움이 컸다. 특히 방 소장께서는 자신의 바쁜 업무 가운데서도 원고를 꼼꼼히 읽어 가며 일본의 역사적 사실과 인명, 지명과 관련된 세세한 부분에 이르기까지 두루 조언을 아끼지 않았다. 두 분에게 거듭 감사의 말씀을 전하는 한편 이 책의 출판을 맡아주신 채륜출판사의 서채윤 대표에게도 감사의 말씀을 드린다.

독자 여러분께서 이 책을 통해 조선총독부 문제를 포함한 한일 양국의 과거사에 대해 다시 한 번 생각할 수 있게 된다면 저자로서는 무한한 보람이요, 영광일 것이다. 독자 여러분의 애정 어린 질책을 기대한다.

2010년 2월
허영섭

목차

004　머리말

지진제
012

- 015　신토神道 제례
- 017　내지內地와 변방
- 021　헐려 나간 홍례문
- 023　첫 삽을 뜬 데라우치
- 028　궁궐의 영화는 스러지고
- 031　오쿠라쿠미 토목회사
- 034　장백산의 소나무 말뚝
- 036　공사장의 감독자들

'통감부'에서 '총독부'로
040

- 044　비좁았던 총독부 청사
- 047　모치지 토목국장
- 050　타이완 총독부에 뒤졌으나
- 053　근정전을 막아선 총독부
- 057　데라우치의 출세 가도
- 059　백악白堊의 대전당으로
- 062　경복궁을 틀어막았으니
- 064　철도호텔과 조선은행

물산공진회
070

- 073　공진회를 꾸며내다
- 076　화려했던 공진회
- 080　근정전에서 열린 개장식
- 084　귀빈실로 사용된 교태전
- 086　돼지우리까지 들어섰으니
- 092　고종, 개회식에 불참하다
- 095　노리히토의 영지令旨
- 098　공진회에 나타난 장쭤린

식민지 청년, 라란데
102

- 105 꺾여 버린 라란데의 꿈
- 109 도쿄제국대학 건축과 동문들
- 113 노골적인 청사 설계
- 116 세계전쟁에 뛰어든 일본
- 120 다이쇼 정변政變
- 124 데라우치의 영전
- 127 문화재를 빼돌린 데라우치
- 130 세키노 타다시

한강 인도교 낙성식
134

- 138 하세가와 총독
- 141 시미즈쿠미의 골조공사
- 144 신토불이 건축재들
- 147 낙산駱山의 화강석
- 150 전차로 실어 나르다

경복궁, 큰 복을 받으리니
154

- 159 경복궁 배치의 비밀
- 163 정도전과 무학대사
- 166 세키노의 《조선의 건축》
- 170 신선의 세계인지, 용의 세계인지
- 172 분로쿠文祿·게이죠慶長 전쟁
- 176 경복궁 지날 때면 한탄하노니
- 180 대원군의 등장
- 185 공사장에 불이 났으니
- 189 제 모습을 찾은 경복궁

타이완 총독부	198	무릎 꿇고 살기보다
194	202	니혼 제당주식회사
	207	대동아 공영권
	210	일본의 여명
	214	메이지 유신
	219	로쿠메이칸 시대

운요마루雲揚丸 사건	225	대원군과 을미사변
222	230	러시아의 굴욕
	236	시일야방성대곡
	239	이토 히로부미
	242	덕수궁의 비밀
	249	황태자 요시히토의 방문
	252	전명운과 장인환
	256	안중근의 유언

날조된 합병문서	265	천황의 조서
260	270	대한제국에서 조선으로
	274	총독 임명은 친임으로
	279	호남선을 개통하다
	282	동양척식주식회사

창덕궁 화재	290	또다시 헐려 나간 경복궁
286	293	예산 문제에 부딪친 총독부 공사
	297	본격 골조 공사
	299	고종은 독살당했는가
	307	'비운의 왕세자' 이은李垠
	311	3·1 독립만세운동
	316	이른바 '문화 통치'로
	321	경희궁, 창경궁, 덕수궁

정초식이 열렸으니
326

- 331 공격에 대비한 흉벽
- 335 이와오카 호사쿠 교수
- 338 수세식 화장실
- 342 스티글러 엘리베이터
- 345 카이다 담배
- 349 야나기 무네요시
- 355 가네코 여사의 독창회
- 360 조선 건축가 박길룡
- 365 간토 대지진

상량 올리다
370

- 374 스웨덴 여행객 블라스코
- 377 경성부 청사 신축계획
- 381 경성 도시계획 연구회
- 385 낙착된 《경성일보》 부지
- 388 총독부가 주도한 경성부 청사
- 391 마지막 황제, 순종의 승하

아, 광화문
396

- 399 설의식辭義植의 고별사
- 402 나는 이제 가나이다
- 404 헐리려는 한 조선 건축을 위하여
- 408 야나기와 박종홍朴鍾鴻
- 414 노골적인 총독부 청사
- 417 총독부 공사, 마무리되다
- 420 대회의실의 샨델리어
- 424 벽화로 그려진 '나무꾼과 선녀'
- 428 새 청사의 낙성식
- 432 아리랑

- 436 참고문헌

지진제

때는 단기 4249년. 서양력으로 따지자면 1916년.

오백년 역사를 자랑하던 조선이 제국주의 일본의 강압적인 지배에 넘어간 지 벌써 여섯 해째가 되는 때였다. 고조선 단군檀君 임금의 시기로 거슬러 올라가는 배달민족의 단기 연호는 이미 의미를 잃고 있던 무렵이었다. 쓰러져가는 사직을 되살리고자 대한제국이 선포되기도 했으나 벌써 그런 사실조차 가물가물 잊혀가고 있었다.

일본 연호로 다이쇼大正 5년. 그랬다. 땅덩어리는 변함없는 조선의 산하 그대로였건만 삼천리강산 어느 구석에서나 다이쇼라는 일본 연호가 으스대며 행세하고 있었다. '다이쇼 5년'이란 천황이 새로 즉위해 다이쇼라는 연호를 사용한 지 다섯 해째 되는 해라는 뜻이었을 터이다.

다이쇼 천황. 메이지明治 천황의 셋째아들로서 본디 요시히토嘉仁라는 이름으로 불리던 그가 선황의 사거死去에 따라 일본 제123번째 황위를 물려받아 이 연호를 사용하기 시작한 것은 1912년의 일. 도대체 무엇을 '크고ㅊ 바르게正' 다스리겠다는 뜻이었을까. 최소한 다스림을 받는 백성이 마음으로 만큼은 두루 편안히 지낼 수 있도록 보살피겠다는 의미가 아니었을까.

그러나 이러한 글자풀이가 식민지 백성들에겐 처음부터 부질없는 얘기였는지도 모른다. 무엇을 바란다는 자체가 분에 넘치는 일이었다. 사실이 그러했다.

한여름으로 접어든 그해 유월 이십오일. 이날, 옛 조선 왕조의 정궁正宮인 경복궁 근정문 앞뜰에서 먼지바람을 일으키며 요란하게 벌어진 조선총독부 새 청사 신축을 위한 지진제地鎭祭 장면을 잠깐만 살펴보아도 이 점을 금방 알 수 있을 것이다.

이름하여 죠센소도쿠후朝鮮總督府. 경술庚戌 1910년 팔월 이십구일. 총칼을 앞세워 대한제국을 무너뜨리고 식민지로 복속시킨 저들은 이 땅에 총독부를 설치했다. 조선 백성들로서는 하늘이 무너지고 땅이 꺼지던 날이었다. 그 뒤로 무려 서른다섯 해 동안이나 이어질 수치스런 식민지 역사의 첫 페이지를 장식하는 날이기도 했다.

저들로서는 그야말로 야마토大和 혼의 승리였지만, 이 땅의 백성들로서는 다시없을 천추의 치욕이었다. 단군 이래 4,000년 동안 면면히 이어져 내려오던 내 나라, 내 땅이 외세에 짓밟혀 하루아침에 남의 나라 변방 신세가 되었음에랴. 더군다나 문화가 얕으며 몸집이 왜소하다고 업신여기며 깔보던 왜나라 후예들에 의해서였으니, 더 말해 무슨 소용이 있을 것인가.

그것은 엄연한 눈앞의 현실이었다.

임금님이 근엄한 표정으로 납시던 경복궁의 근정전 출입문 위에는 그날로 문 앞을 모두 덮을 만한 커다란 일장기 두 개가 엇갈려 내걸렸다. 저들 말로는 히노마루日の丸라 했던가. 바다 속에서 불끈 떠오른 태양을 상징한다는 히노마루의 붉은 동그라미들이 비웃듯, 번득이듯 경복궁 앞뜰을 내려다보고 있었다. 마치 얼굴을 가린 복면 속의 눈동자라고나 했을까. 소름 끼치는 눈빛이었다.

근정전. 지나간 왕조 오백여 년 동안 우아한 비단 단청을 뽐내며 훤칠한 기와 마루를 높이 틀어올리고 육조 거리를 향해 언제나 위엄과 기품을 자랑하던 근정전이었다. 그러나 이처럼 순식간에 '식민지 1번지'로 변해가고 있었으니….

이토 히로부미伊藤博文, 소네 아라스케曾彌荒助에 이어 제3대 조선통감으로 부임해 있던 육군대신 데라우치 마사다케寺內正毅가 그대로 초대 조선총독에 임명된 것도 바로 그때였다. 경찰과 헌병은 물론 조선주차군 지휘권까지 손아귀에 틀어쥔 데라우치의 위세는 가히 하늘을 나는 새도 떨어뜨릴 만했다. 적어도 조선땅에서는 그랬다. 고개만 한번 끄덕임으로써, 또는 한바탕의 너털웃음으로써 이 땅의 백성들을 살릴 수도, 또 죽일 수도 있었다. 말하자면 식민지에 군림하는 제왕이었다.

"이제부터 죠센징에게는 오직 굴복이 있을 뿐."

그가 한성에 부임하기 위해 도쿄를 떠나면서 떠벌린 말이라 했던가. 그러나 그것은 단순히 떠벌리는 말만은 아니었다. 조선총독부가 설치된 이후 데라우치의 말마따나 이 땅의 백성들에게 강요된 것은 단지 굴종뿐이었다. 함부로 눈을 치켜떠서도 안 되었다. 한숨조차도 크게 내뱉지 못했다. 나라와 역사를 빼앗긴 데 이어 동네 어귀에 부쳐 먹던 논배

미, 밭뙈기마저 어느 날 하루아침에 잃어버리고 말았다.

그 누가 '일시동인一視同仁'이요, '내선일체內鮮一體'라 했던가. 그것은 한낱 말뿐이었다. 심지어 말과 글도 일찌감치 빼앗겨 버렸다. 여기에 어버이로부터 물려받은 이름 석 자마저도 알량한 목숨붙이를 위해 내팽개쳐야 하는 모진 운명이 저 멀리에서 서서히 다가오고 있었다. 이 땅의 백성들에겐 정녕 캄캄한 밤이었다.

제국주의 일본이 무력으로 조선을 집어삼킨 지 여섯 해째가 되는 이 시점에서 뒤늦게나마 조선총독부 새 청사를 짓겠다고 나선 것은 식민통치를 영구화하겠다는 뜻에서였다. 새집을 짓는다는 것, 거기에 들어가 오래도록 살겠다는 뜻을 품지 않고서야 어떻게 새집을 지을 생각이 났을 것인가.

'지진제地鎭祭'. 땅바닥을 파헤치기에 앞서 땅속 터줏대감이 노여움을 일으키지 않도록 고사를 지내는 의식을 일컬어 지진제라 했으렷다. 그들도 이 땅 깊은 곳에 잠들어 있는 옛 왕조의 원혼을 은근히 두려워했던 것일까. 아니면, 얼렁뚱땅 고사라도 지낸다면 당장 멋대로 굴더라도 아무런 뒤탈이 없을 걸로 믿었던 것일까.

지금부터 그 장면을 좀 더 자세히 들여다보기로 하자.

신토神道 제례

지진제는 이날 오전 아홉시부터 거행키로 예정된 터였다. 이런 계획에 맞추어 필요한 준비작업도 모두 끝나 있었다. 그러나 이날따라 아침 하늘은 찌뿌둥했다. 지난밤부터 서너 차례 가랑비가 내린 뒤끝이었다.

벌써 장마철이 시작된 때문이었을까. 더 뿌릴 빗방울이 남았는지 경복궁 기와 마루 너머로 보이는 북악 산등성이에는 아직도 먹구름이 오락가락했다. 그 왼편으로 가파른 바위산을 이룬 인왕의 험한 봉우리에도 빗방울을 머금은 듯 가끔씩 바람이 불어가고 있었다.

지진제 제물을 차릴 제단은 근정문이 정면에서 바라다보이도록 자리를 잡았다. 길다란 널판을 적당한 크기로 짜맞추어 마련한 제단 위에는 새하얀 옥양목이 깔렸다. 그리고 제단 바로 옆에는 신찬소神饌所가 마련됐다.

신찬소 안에서는 직원들이 달라붙어 고다마 히데오兒玉秀雄 총무국장의 지시에 따라 고사상에 차릴 음식을 둥그런 접시에 담아내느라 서로 분주한 모습이었다. 밥, 죽, 술, 그리고 과일과 떡 등등. 제상에 차려진 사과와 배는 멀리서 보기에도 먹음직스러웠지만 아직 풋내가 채 가시지 않은 듯했다.

제단의 양쪽 옆과 식장 주변에는 여남은 줄기씩 다발로 묶인 푸른 대나무가 빙 둘러가며 심어졌다. 그리고 대나무 줄기에는 발뒤꿈치를 곧추세우고 팔을 뻗어야만 겨우 잡힐 만한 높이로 새끼줄이 묶여 식장을 둘러싸고 있었다. 한눈에도 그 새끼줄은 신축될 총독부 청사의 전체 부지를 의미하는 듯했다.

그리고 제단 바닥은 물론 식장 안으로 들어오도록 연결된 앞뒤 통로에도 고운 모래가 두텁게 깔렸다. 모시기 어려운 귀한 손님을 맞이할 때 그들이 베푸는 인사 차림이었다. 맨땅을 밟도록 하는 것이 예의에 어긋난다는 뜻이었을 것이다. 다른 한편으로는 지진제에 앞서 참석자들의 몸과 마음을 깨끗이 씻는다는 의미도 포함되어 있었다.

이날의 숨은 주인공은 모치지 로쿠사부로持地六三郎 토목국장. 한때 타이완 총독부에서 근무하기도 했던 그는 식장 한가운데로 나 있는 통로를 사이로 양쪽에 세워진 임시 천막과 제단 주변을 왔다 갔다 하면서 준비가 제대로 됐는지를 찬찬히 살피고 있었다.

평소 차분한 성격이었지만 지금 이 순간만은 상기된 표정을 감추지 못하는 듯했다. 그럴 만도 했다. 그 자신이 조선총독부 토목국장으로 부임해온 지도 어느새 네 해가 지나지 않았는가. 그동안 줄곧 매달려 왔던 총독부 새 청사 공사가 이제서야 비로소 착수되려는 참이었다. 우여 곡절 끝에 설계를 겨우 끝마치고도 본국 정부로부터 예산을 타내지 못해 애를 태우던 때가 바로 엊그제가 아니던가. 그런 생각들을 떠올리며 그는 길게 한숨을 내쉬었다.

문득 바람이 불어오는지, 궁궐 담벼락을 따라 심어진 오동나무, 석류나무 잎사귀에 맺혀 있던 빗방울이 후두둑 떨어졌다. 식장 주변도 사람들이 몰려들면서 약간씩 웅성거리기 시작했다. 이제 곧 지진제가 시작되려는 모양이었다.

내지內地와 변방

고다마 국장은 데라우치 총독의 최측근 심복이었다. 딸을 맡긴 사위였으니 더 말할 것도 없었다. 그가 관방 비서과장과 총독부 금고 열쇠를 책임 맡는 관리과장을 겸임했던 사실만 보아도 그렇다. 얼마 전에는 총무국장으로 승진해 일약 출세가도를 달리는 중이었다.

육군 대장 출신으로 타이완 총독을 지낸 고다마 겐타로兒玉源太郎의 아들이기도 했다. 그가 총독부 내에서 '작은 데라우치'라는 별명으로 불리던 것도 이처럼 두텁게 연결된 연줄 때문이었을 것이다.

하지만 그렇다고 해서 괜시리 거들먹거리는 편도 결코 아니었다. 이번 총독부 청사 신축 실무 작업을 지휘하면서도 한 치의 빈틈을 보인 적이 없었다. 이 무렵 장인 데라우치가 내지內地 정계를 주무르는 중요한 직책으로 옮겨갈지도 모른다는 소문이 총독부 안팎에 슬금슬금 퍼지면서 그는 더욱 열심인 듯했다.

'내지'란 일본 본토를 지칭하는 저들의 용어였다. 이 말 속에는 어차피 조선은 식민지일 수밖에 없다는 뜻이 배어 있었으리라. 그리고 한낱 '외지外地'에 지나지 않았다. 쉽게 말해서 변방이요, 울타리였다. 아무리 '내선일체內鮮一體'라고 떠들어 댔지만 저들 가운데서도 그 말을 믿는 사람은 거의 없었다.

아직 데라우치 총독은 모습을 드러내지 않고 있었다. 그러나 이미 그 사이에 야마가타 이사부로山縣伊三郎 정무총감을 비롯해 내무부 장관인 우사미 가쓰오宇佐美勝夫, 농상공부 장관 이시즈카 에이조石塚英藏, 탁지부 장관 아라이 겐타로荒井賢太郎 등을 위시한 각부 장관과 그 밑의 국장들이 식장 앞자리에 나란히 착석해 있었다. 장관은 칙임관, 국장은 그보다 한 급 낮은 주임관이었으므로 앉은 자리와 순서에 따라 각자의 직책과 서열을 쉽게 구분할 수가 있었다.

조선주차군을 지휘하는 이구치 쇼고井口省吾 사령관도 직원들의 안내를 받으며 막 식장에 들어섰다. 군복 차림인 탓인지 허리에 찬 길다란 칼집이 더욱 눈에 띄었다. 군도軍刀의 손잡이가 유난히 번쩍거리고 있었다. 칼집에 들어 있을 때는 나름대로 품위 있게 보이면서도 일단 뽑아들면 반드시 피를 보기 마련인 것이 그 속성이라면 속성일 것이다.

마침 그 뒤를 이어 검은 양복에 실크해트 차림의 이완용李完用이 자못 근엄한 표정으로 식장에 들어서다가 먼저 와 앉아 있던 송병준宋秉畯과 눈이 마주친 듯 멈칫했다. 이완용은 백작, 송병준은 자작이었다. 합병 직후 일본 황실로부터 은사금과 함께 하사받은 작위였다. 이완용은 송병준과 눈인사를 나누는 듯, 마는 듯하고는 '어흠' 하고 헛기침을 하며 일부러 그와 멀리 떨어진 입구 쪽에 자리를 잡았다.

두 사람은 같은 중추원 고문이면서도 서로 경계하는 듯한 눈치였다. 대한제국을 송두리째 들어 일본에 병탄시킬 당시 조선 측 주역이었던 이완용과 송병준이었지만 실은 별로 가까운 사이는 아니었다. 오히려 떨떠름하다면 떨떠름한 사이였다. 심지어 합병이 달성된 지 여섯 해가 지나 버린 지금까지도 앞서서 공다툼을 벌이느라 뒤에서는 은근히 헐뜯는다는 얘기조차 간간이 들려오던 터였다.

그밖에 자리 중간 중간에 박영효朴泳孝, 홍승목洪承穆 등 중추원 간부들과 경성부 협의회원, 상업회의소 평의원 및 동양척식회사의 우사가와 가즈마사宇佐川一正 총재와 민영기閔泳綺 부총재 등의 얼굴도 눈에 띄었다. 조선은행 인사 중에서도 가쓰다 쿠카즈에勝田主計 두취를 비롯해 중역 서너 명이 나란히 앉아 있었다.

《매일신보》와 《경성일보》의 기자들도 뒷자리에 앉아 손바닥 만한 수첩을 꺼내 들고는 무엇인가 나름대로 열심히 적고 있었다. 《경성일보》는 일본어로, 《매일신보》는 한글과 한자를 섞어 발행하던 총독부 기관지였다.

총독부 청사의 기초공사를 맡게 될 오쿠라쿠미大倉組 토목회사의 두 취頭取인 오쿠라 기하치로大倉喜八郞와 몇몇 간부들도 뒷켠 한구석에 자리를 잡고 앉았다. 언뜻 보기에도 흰머리가 성성한 오쿠라는 이 총독부 공사를 마지막으로 장남인 기시치로大倉喜七郞에게 자신의 사업을 물려줄 예정이었다.

몇 해 전부터이던가, 오쿠라 기하치로는 벌써부터 마음속으로 은퇴 의사를 굳히고 있었다. 젊었던 한창 시절 자그마한 철포점으로 사업을 일으켜 이제는 토목은 물론 무역 분야에까지 널리 손길을 뻗쳐 놓고 있는 그는 자신의 사업적 수완에 대해 흐뭇하게 여기고 있음이 틀림없었다. 겉으로는 점잖은 풍모였건만, 속으로는 노회함으로 가득 차 있는 그였다.

그가 조선땅을 처음 밟은 것은 일본이 무력으로 강화도 일대를 침범했던 운요마루雲揚丸 사건 직후인 1876년. 일본 조정이 파견한 전권변리대사 구로다 키요다카黑田淸隆에 의해 수호조약이 맺어지면서 그에 따라 개항된 부산에 첫발을 내디뎠던 것이다.

그 이후 지금껏 조선에서 벌여놓은 여러 사업들은 계획대로 착착 진행되고 있었다. 부산에 상관商館을 차렸다가 정체도 모를 무리들의 습격을 받아 한때 곤경에 처하기도 했으나, 적어도 지금은 총독부 하청업자로는 그를 따를 만한 상대가 없었다. 더구나 지난해에는 분에 넘치게도 천황 폐하로부터 남작 작위까지 받지 않았던가. 오쿠라는 팔짱을 낀 채 조용히 눈을 감고 있었다.

헐려 나간 홍례문

그러나 찌푸린 날씨 탓이었을까. 지진제가 막 벌어지려는 근정문 앞뜰의 이날 아침 풍경은 얼핏 보기에도 어딘가 썰렁했다. 결코 예전의 모습은 아니었다.

근정문 앞을 버티고 서 있던 홍례문弘禮門과 그 옆을 둘러쌌던 담벼락이 자취도 없이 헐렸으며 홍례문에서 근정문 쪽으로 건너가던 영제교永濟橋 난간도 어느샌가 치워져 버렸다. 다리 밑을 흐르던 금천禁川 명당수 개울도 물줄기가 끊어진 지 이미 오래인 듯 여기저기 파인 웅덩이에는 빗물만 흥건히 고여 있었다.

홍례문과 영제교가 헐려나간 것은 경복궁 궐내에서 열린 물산공진회 개최를 앞두고였으니, 벌써 지난해의 일. 공진회 전시장을 마련한다는 핑계로 조선총독부가 마구 헐어 버린 것이었다. 근정문을 감싼 담벼락에도 일화문日華門, 월화문月華門 양켠 바깥쪽으로 붙어 있던 담장이 헐려진 흔적이 역력했다.

땅을 파헤치기에 앞서 고사를 지내는 것이 지진제라 했지만, 이렇듯 이날의 지진제는 이곳저곳 파헤쳐질 대로 파헤쳐진 상태에서 뒤늦게 고사상이 차려진 것이었다. 제단 주변에도 땅을 급하게 고른 흔적이 뚜렷했다.

향불이 피워진 제단 앞에서는 흰 도포에 베 망건을 갖추어 쓴 제주祭主가 막 푸닥거리를 시작하고 있었다. 제주가 지그시 눈을 감은 채 읊어대는 주문 소리가 식장 주변에 나직하게 퍼졌다. 잡귀를 쫓아내는 주문이라고 했다. 제주는 양손을 모으고는 묵념을 한 다음 두 차례씩 박수치기를 몇 번이나 거듭 반복했다.
 제단 옆에는 커다란 글씨로 적힌 지진제 식순이 나무걸이에 걸려 있었다. 붓글씨로 또박또박 내려쓴 것이었지만 생소하기는 마찬가지였다.

> 地鎭祭(諸員着席)
> 次修
> 次降神
> 警管搔奏樂(諸員起立敬禮)
> 次獻饌
> その間奏樂
> 次祝詞奏上(諸員起立)
> 次鎭物埋納
> 次玉串奉奠
> 次撤饌
> 次昇神
> 警管搔奏樂
> 次諸員退下

 나름대로 격식을 갖추려 한 의식이라고는 했지만 어딘가 분위기는 어색했다. 일례로, '타마구시玉串'를 받들어 모시다니 그 무슨 뜻이던가. 신토 의식에 따라 비쭈기 나무 가지에 무명 헝겊이나 종이를 감싸 신전에 바친다는 것이었으니, 이 땅의 백성들에게는 말조차 귀에 서툴렀다. 물론 제대로 법식을 차리자면, 옥구슬을 실에 꿰어 비쭈기 나무에 걸어 두어야 하는 것이었지만….
 제례 의식에 쓰기 위해 저들 신사마다 경내에 심어 놓은 삼나무나 전나무, 떡갈나무 따위의 신목神木을 비쭈기榊라 했으니 귀에 어설프기는 마찬가지였다. 인간 세계와 하늘의 경계를 넘나들도록 이끈다는 매개체의 역할일 것이다. 앞에서 지진제를 주관하는 제주가 잡귀를 쫓아낸다며 가끔씩 흔들어대는 나뭇가지가 바로 비쭈기 나무였다.

아닌 게 아니라 제주 자체가 미에현三重縣의 이세伊勢 신궁에서 특별히 모셔온 신관이라 했다. 저들 천황가의 조상신인 아마데라스 오미카미天照大神를 모시는 신사가 바로 이세 신궁이 아니던가. 아마데라스 오미카미는 태양신이면서도 천황가의 조상신으로 모셔지고 있었다. 야마가타 정무총감이 한때 미에현 지사를 지냈으므로 이세 신궁의 신관을 이 지진제에 초청할 생각을 쉽게 짜냈을 것이다.

그만큼 조선총독부 신축 공사는 첫 삽을 뜨는 단계에서부터 격이 달랐다. 정말로 바다 건너 남의 땅에 그들의 조상신을 뿌리내리려 함이었을까.

첫 삽을 뜬 데라우치

데라우치 총독이 식단 앞 한가운데에 근엄한 표정으로 앉아 있었다. 평소 너털웃음의 호방한 모습을 보여 주던 그였지만, 이날은 그에게도 과연 저런 면이 있었을까 여겨질 만큼 시종 엄숙한 표정이었다. 날씨가 흐린 탓에 그다지 무덥지는 않았으나 기름기가 흘러 번들번들한 얼굴에는 콧등과 이마 언저리까지 땀방울이 숭숭 돋아나 있었다.

그는 검은 정복차림에 군모까지 깊이 눌러 쓴 채였다. 떡하니 벌어진 양쪽 어깨 위에서는 금빛 바탕에 별 세 개가 붙은 견장이 위용을 과시하고 있었다. 계급장은 모자에서도 번쩍거렸다. 육군 대장임을 나타내는 표시였다. 별 하나는 소장, 두 개는 중장, 세 개는 대장.

데라우치는 자신이 현역 육군 대장신분임을 은근히 떠벌리곤 했다. 그는 역시 정치가라기보다는 군인이었다. 군인답게 어디 한 군데라도 다르긴 달랐다. 러시아 대륙을 향해 전쟁의 거센 회오리바람이 몰아칠 움직임을 보이기 시작하던 1902년, 가쓰라 타로桂太郎 총리대신 밑에서 육군대신이라는 중책을 맡아 10년이 넘게 버텨 왔음에랴.

일본 제국에서 정치가다운 정치가는 역시 '부케武家'일 수밖에 없다는 사실을 누구보다 뚜렷이 증명해 보이고 있다고도 할 수 있었다. 부케란 군인 출신으로서 정치가로 변신한 인물들을 지칭하는 용어였다. 데라우치뿐만 아니라 저들 정계에는 이러한 부류가 적지 않았다. 당시 일본 정계의 분위기를 반영하는 하나의 추세이기도 했다.

야마가타 아리토모山縣有朋, 오도리 게이스케大鳥圭介, 미우라 고로三浦梧樓, 이노우에 카오루井上馨, 가쓰라 타로 등등. 데라우치는 이들을 포함한 부케 그룹에서도 출중한 편이었다.

그중에서도 데라우치는 특별히 '키몽鬼門'으로 분류되고 있었다. 귀신이 든다고 하여 출입을 꺼리는 장소를 키몽이라고 하였으니, 한편으로는 성격이 괴팍스러워 접근이 어려운 사람을 가리키는 말이기도 했다. 데라우치가 그만큼 까탈스럽다는 뜻이었을 것이다.

이 무렵 총독부 안에서는 데라우치가 오쿠마 시게노부大隈重信 총리대신에 이어 다음번 총리대신의 물망에 오르고 있다는 소문도 서서히 퍼져가던 참이었다. 터무니없는 경우가 많은 것이 소문이라 해도, 사실은 나름대로의 그럴 듯한 배경을 지니는 것이 또한 소문이지 않은가. 딴은 인물만을 놓고 따진다면 그만한 인물도 별로 없었다. 저들의 입장에서 본다면 더욱 그랬다.

벌써 여섯 해 전인 1910년 조선 통감으로 부임해 오자마자 조선 합병이라는 막중한 임무를 서둘러 마무리 지었으며, 그 뒤로도 곳곳에 신작로를 내는 '치도治道 사업'이니, 물산공진회니 하는 여러 굵직한 업적을 쌓아 오지 않았던가.

조선총독부 신축 청사를 마련하는 일에서는 또 어떠했는가. 이날 겨우 지진제가 열렸을 뿐이긴 하지만, 그것조차도 데라우치의 두둑한 뚝심과 배짱이 아니었다면 쉽게 추진하기 힘들었을 것이라고 총독부 직원들은 생각하고 있었다.

그리고 바로 어제던가. 이런 공로를 인정받아 천황 폐하로부터 '육군원수元帥'라는 칭호를 덤으로 하사받은 데라우치였다. 그것도 도쿄에서 급전으로 날아온 소식이었다. 따라서 그의 이름을 장식하는 수식어도 '육군원수 종이위 훈일등 일급 백작陸軍元帥 從二位 勳一等 一級 伯爵'으로 바뀌었다.

이날 도쿄에서 전해온 소식은 그것만이 아니었다. 프랑스령 인도차이나의 두무 총독이 현재 도쿄를 방문 중에 있으며 며칠 뒤 만주 봉천奉天으로 가기 위해 수행원들과 함께 부산을 거쳐 열차편으로 남대문 역에 도착한다는 것이었다. 하루 저녁을 조선호텔에서 머물도록 예정이 잡혔다는 것이니, 그 대접도 결코 소홀해서는 안 될 것이라고 그는 생각하고 있었다.

오늘따라 근엄한 표정이면서도 웃음이 슬며시 느껴지는 것은 이러한 여러 소식이 겹친 때문이었을 것이다. 다만, 잔혹스럽다는 점이 가장 큰 흠이었을까.

'죠슈長州의 사무라이'.

죠슈 지방(지금의 야마구치 현의 서쪽 지역을 이르는 별칭) 출신인 그에게 붙여진 별명의 하나였다. 일단 칼을 빼들면 물불을 가리지 않고 반드시 끝장을 보아야만 직성이 풀리는 성격. 냉혹, 처절, 잔인함….

같은 핏줄인 일본 사람에게도 이 같은 성격은 그다지 호감을 사지 못했다. 초년병 시절 구마모토 일대에서 일어난 반란전쟁인 세이난西南 전쟁에 진압군으로 나섰다가 총상을 입고 오른손이 심하게 다친 탓에 성격이 더욱 비틀어졌을 것이라는 추측도 나돌고 있었다.

식순에 따라 드디어 데라우치가 제단에 올랐다. 그리고는 작은 술잔에 백주白酒와 흑주黑酒를 번갈아 따라 신찬대에 올려놓았다. 술잔이 올려지는 신찬대에는 향로에 대여섯 가닥의 향불이 피워지고 있었다. 향불 연기가 바람결을 따라 잔잔히 흩어졌다.

데라우치 총독이 제단에 술을 따르는 동안 참석자들도 모두 자리에서 일어나 차렷 자세를 취했다. 그러는 사이 브라스 밴드의 우렁찬 주악이 한 차례 울려 퍼졌다. 아침 일찍 용산의 주차군 사령부로부터 동원된 주악대였다.

앞줄에서 주악대의 연주를 지켜보던 이구치 사령관의 얼굴에 슬며시 웃음이 번졌다. 내심 흡족하다는 표현이었으리라. 청년장교 시절 가까운 동료들과 함께 도쿄 신바시 뒷골목의 요릿집에서 밤늦도록 술잔을 기울이며 "러시아를 타도하자"고 외치던 강경파가 바로 그였다. 이른바 '코가쯔湖月組'라 불리던 러시아 개전론 그룹의 일원이었다.

이윽고 총독이 제문을 낭독할 차례였다. 제문을 읽어 내려가는 데라우치의 목소리는 나직하면서도 우렁찼다. 마치 이 땅의 터줏대감들에게 일장 연설이라도 하듯, 그의 목소리가 이끼 덮인 궁궐 담자락과 기왓장 틈새로 그렁그렁 울려 퍼졌다.

> 하늘 아래 만물이 생명을 얻고 성장함은 오직 하늘과 땅의 도우심으로 이루어지는 바라. 오늘 이렇듯 술과 음식을 진설하고 백악의 천신, 지신께 간절히 기구하노니 총독부 신영 공사가 모두 끝날 때까지 아무런 불상사가 없도록 하옵고, 이 공사를 계기로 조선의 안녕과 식산의 번영을 기하게 하시며, 내선內鮮이 명실공히 합일되도록 하옵시라….

데라우치 총독은 제문 낭독을 끝내고는 식단 앞에서 뒤로 돌아 동십자각東十字閣을 마주보고 걸음을 옮겼다. 여전히 위엄을 갖춘 느릿느릿한 걸음이었다. 시오야 토모타카鹽屋智隆 영선과장이 접시에 과일과 떡을 받쳐 들고 그의 뒤를 따랐다. 제사상에 차려졌던 음식을 땅에 묻어 지신께 바치려는 것이었다.

광화문에서 성벽을 따라 오른편의 건춘문建春門 쪽으로 꺾이는 모서리 부분에 세워진 동십자각. 장대석으로 높이 쌓아 올려진 축대, 또 그 위에 파수를 보도록 올려진 망루. 그러나 지난해 물산공진회를 치르며 홍례문을 철거할 당시 양쪽 벽들이 모두 헐려나간 탓에 이제는 십자각만이 홀로 우두커니 떨어져 나가 자리를 지키고 서 있었다. 부릅뜬 두 눈으로 천지 사방을 노려보던 추녀마루의 취두鷲頭, 잡상雜像조차 오늘은 무심한 듯했다. 세월이 흐른 탓일까.

그것은 광화문을 사이에 두고 서쪽 반대편에 서 있는 서십자각西十字
閣도 마찬가지였다. 단지 서십자각은 아직 양쪽 벽들이 헐리지 않은 점
이 다르다면 다른 점이었다.

데라우치 총독은 앞으로 쭉 걸어나가다가 파릇한 대나무 다발이 심
어진 곳에서 우뚝 멈추어 섰다. 얼른 눈어림으로 보아 식단과 동십자각
의 거진 중간쯤이나 될 만한 위치였을까.

거기에는 자그마한 구덩이가 미리 파여 있었다. 총독은 뒤를 따르는
시오야 영선과장으로부터 술잔을 받아 제주로 하여금 술을 따르도록
하고는 그것을 다시 구덩이에 부었다. 별도로 준비한 사과와 떡 따위의
진물鎭物도 서너 차례에 나누어 가볍게 던져 넣었다. 그리고는 구덩이에
서 파내 옆에 쌓아둔 흙을 한 삽 푹 떠서 그 위에 뿌렸다.

총독이 제물을 묻은 구덩이는 총독부 청사 앞쪽의 오른편 기둥이
세워질 자리였다. 또 앞으로 정초석定礎石이 자리 잡을 위치이기도 했
다. 새 청사의 기준점이 될 구덩이는 이렇듯 데라우치의 첫 삽으로 채
워졌다.

궁궐의 영화는 스러지고

동십자각 쪽 구덩이만이 아니었다. 청사를 떠받칠
앞뒤 양편 기둥 자리에는 모두 제사차림을 묻도록 되어 있었다. 따라서
제사차림이 묻힐 곳은 모두 네 군데 기둥 자리. 아닌 게 아니라, 기둥뿌
리에도 터주 귀신이 붙어 있다면 어느 한 쪽 기둥에만 터 잡고 있는 것

은 아니었을 것이리라.

　야마가타 정무총감이 데라우치 총독에 이어 서십자각 쪽 구덩이에 진물을 묻었다. 제단에서 서남쪽으로 파 놓은 그쪽 구덩이는 총독부 청사 전면의 왼쪽 기둥이 박힐 자리였다. 진물을 묻는 야마가타 정무총감의 태도도 진중하기 이를 데 없었다.

　금테 안경이 어울리게 귀족 풍모가 넘치는 그는 평소에도 점잖은 편이었다. 이미 사이온지 긴모치西園寺公望 내각에서 체신대신을 지냈을 만큼 나름대로 교양과 문필력도 갖춘 것으로 평가받고 있었다.

　데라우치가 칼자루를 잡은 정치가라면, 야마가타는 펜을 쥔 행정가였다. 작위는 공작公爵으로 백작인 데라우치보다 오히려 두 급이나 높았다. 그나마 데라우치가 백작으로 높아진 것도 불과 두 해 전인 1914년의 일. 일본 정계의 막후 실력자로 총리대신을 지낸 숙부 야마가타 아리토모山縣有朋의 양아들로 입적된 덕분에 야마가타는 그 후광을 톡톡히 누리고 있던 터였다.

　그러나 작위가 달라서가 아니라 두 사람은 기본적으로 성격부터가 판이하게 달랐다. 구태여 따지자면 문관과 무관의 차이라고나 할까. 야마가타는 일찍이 독일 유학을 다녀와 법제국 참사관으로 관직에 첫발을 들여놓은 이래 체신성, 내무성 국장과 내무차관을 두루 거친 문관이었다. 그럼에도 이 두 사람은 서로 앞서거니 뒤서거니 하면서 천황을 대리하여 조선 땅덩어리를 요리해 나가는 쌍두마차라 할 수 있었다.

　고다마 총무국장과 모치지 토목국장도 각각 제단에서 동북쪽과 서북쪽으로 같은 거리만큼 떨어진 구덩이에 진물을 묻었다. 청사의 뒤편 기둥들이 자리 잡을 위치였음은 물론이다.

이렇게 제사차림이 묻혀진 네 개의 구덩이 옆에는 모두 청죽靑竹이 심어져 있었으며 여기에는 기다란 줄이 둘러쳐졌다. 저들 말로는 '시메나와注連繩'라 했으니, 새로 지어질 총독부 청사의 액막이를 위한 '금줄'이라는 뜻이었으리라.
　그러나 지난밤 서둘러 옮겨 심어진 대나무는 어느새 길다란 잎들이 조금씩 말라드는 바람에 서로 스칠 때마다 서걱거리며 마찰음을 내고 있었다. 대나무 줄기에서는 기다랗게 오려 줄기 사이사이에 가지런히 끼어 놓은 종이발이 연 꼬리처럼 가끔씩 흔들거렸다.
　또 한 차례 바람이 불어오는지 어디선가 흙먼지가 얕게 일었다. 식장 바닥에 깔아 놓은 모래 알갱이도 흙먼지에 섞여 뿌옇게 흩날렸다. 식장을 정갈하게 보이려고 곱게 깔아 놓은 모래였지만, 참석자들의 오가는 발걸음에 채인 채 이리저리 흩어져 오히려 지저분해진 모습이었다.
　식장 뒤편으로는 광화문이 아직 굳세게 자리를 지키고 있었건만 쓸쓸한 기색이기는 마찬가지였다. 한때 만조백관이 조복朝服을 갖추어 입고 위엄스런 표정으로 드나들던 광화문. 문무의 신하들이 근정전 댓돌 위에 나란히 머리를 조아린 채 임금님께 조하를 드릴 때면 다락 누각에서 마흔아홉 번의 종소리가 우렁차게 울려 퍼지던 광화문이었다.
　그러나 빛나던 궁궐의 영화는 왕조의 몰락과 함께 스러져 버리고 이제는 근정전 앞뜰마저 마치 임자 없는 무덤처럼 파헤쳐질 운명을 맞고 있었다. 왕조 오백년 동안 하찮은 풀뿌리, 돌멩이 하나라도 함부로 다루어지지 않던 궁궐터가 마구 훼절될 처지에 놓이게 된 것이었다. 더구나 이날의 지진제는 지금부터 본격적으로 궁궐터를 파 엎겠다는 신호탄이기도 했다. 하늘은 여전히 잔뜩 찌푸려 있었다.

오쿠라쿠미 토목회사

총독부 신축 공사는 착착 진행되어 갔다. 기공식이 열리고 나서부터 근정문 앞뜰 곳곳에서는 땅을 파내는 곡괭이질 소리가 요란스러웠다. 인부들은 곡괭이질이 끝나면 파낸 흙을 가마니에 퍼 담아 공사장 바깥으로 실어 날랐다. 질통을 걸머지고 나르기도 했다. 흙을 실어 나르는 행렬은 계속 이어졌다.

경복궁 전체가 공사장으로 변해버린 셈이나 마찬가지였다. 근정전 기와지붕에도 흙먼지가 더부룩이 쌓여갔다. 고종은 1907년의 헤이그 밀사사건으로 물러나면서 덕수궁에 거주하고 있었고, 대한제국의 마지막 황제인 순종도 창덕궁에 거주하고 있었으므로 경복궁은 이미 왕궁이라 부르기도 민망한 무렵이었다.

공사가 시작되면서 경복궁 현장에는 모든 공사 작업을 지휘하고 감독하기 위한 공영소工營所가 설치되었다. 공영소는 시오야鹽屋智隆 사무관이 과장을 맡고 있는 영선과 관할이었다. 영선과는 토목국 소관이었으며, 토목국은 다시 총독관방에 속해 있었다. 총독관방은 총독을 보좌하는 비서실이었다. 말하자면, 총독부 공사는 총독의 직할 체제로 이루어지고 있었다.

지난해 물산공진회가 열렸을 당시 근정전 바로 정면에 세워졌던 제1호 전시관 건물이 뜯겨지고 그 자리 한쪽에 공영소 사무소와 공구를 쌓아 두는 창고가 새로 들어섰다.

계절은 벌써 뙤약볕이 내리쬐는 한여름으로 접어들고 있었다. 더욱이 해가 늘어진 여름철은 막일꾼들에게는 적잖은 고역이었다. 그렇다고 땅 파내는 인부들에게 그런 사정을 살펴줄 만한 저들이 아니었다. 인부들은 그늘진 궁궐 담벼락에 기대어 잠깐씩 땀을 훔치고는 다시 곡괭이를 집어 들었다. 마음 놓고 쉴래야 쉴 수가 없었다. 공영소 직원들이 곁눈질로 지켜보며 진척 상황을 감시하고 있었다. 인부들은 더러 더위와 노역에 시달려 곡괭이를 치켜들다가 맥없이 쓰러지기도 했다.

그렇게 공사가 시작된 지 서너 달 정도 지났을까. 이미 근정문 앞쪽은 남김없이 파헤쳐져 부끄러운 속살을 드러냈다. 파헤쳐진 흙더미가 여기저기 수북하게 쌓여만 갔다. 주변의 담벼락에는 공사장과 경계를 삼기 위해 작업부들의 허리 높이로 나무 울타리를 둘러 쳐놓았지만, 흘러내린 흙더미에 거의 묻혀 버린 터였다.

그렇지만 파헤쳐진 흙덩이는 부드러웠다. 간혹 깨진 기와 조각이나 나무뿌리, 잔 돌멩이가 섞여 나오기도 했지만 깊이 파내려가면서도 바위층은 그리 나타나지 않았다. 파내는 도중 몇 차례나 큰물이 지기도 했으나 빗물도 별로 고이지 않고 땅속으로 쑥쑥 빠져 버렸다. 그만큼 땅파기 작업은 수월하게 진행됐다.

땅속은 벌써 아홉 척尺 정도를 파내려간 데도 있었다. 앞으로 너덧 달 정도만 더 지나면 설계도상에 예정된 열다섯 척 깊이를 모두 파내려 갈 수 있을 것이었다. 땅을 파내려가던 도중 갑자기 지하수가 솟아나오는 바람에 양수 펌프 두 대를 끌어다 밤낮으로 물을 퍼내기도 했으나 대규모 공사에 그 정도면 아무것도 아니었다.

땅바닥 공사를 맡은 오쿠라쿠미 토목회사 기사들도 현장을 뛰어다니느라 아침부터 저녁까지 쉴 틈이 없는 듯했다. 그들은 역시 부지런하고도 철저했다. 저들 역사에 길이 남을 조선총독부 청사의 공사를 맡았다는 데 대한 자부심이었을까. 아니면, 식민지 백성들에 대한 우월감의 발로였을까. 어쨌든, 그들에게는 분명 기념비적인 건물의 공사였다.

창업자인 오쿠라 기하치로大倉喜八郎. 오쿠라쿠미 회사는 도쿄에서도 탄탄한 기반을 다지고 있던 오쿠라가 설립한 토목건설 회사였다. 그는 당시 일본 재계를 대표하는 시부사와 에이이치澁澤榮一와 함께 대한제국 정부로부터 경인선, 경부선 철도 부설권을 따내기 위해 앞장섰던 장본인이기도 했다. 결국은 철도 공사에도 참여해 재미를 보았던 터다.

그는 이러한 일에 왕래가 잦았던 송병준을 앞세웠다. 송병준이 처음 오쿠라와 인연을 맺었을 무렵 노다 헤이지로野田平次郎라는 저들 이름으로 행세했다던가. 그를 이토 히로부미伊藤博文에게 처음 소개한 장본인도 바로 오쿠라였다. 오쿠라쿠미는 조선에 진출해서 한성 및 원산의 일본 영사관을 지었으며 덕수궁 석조전의 마무리 공사에도 손을 댔다.

총독부 청사 기초공사는 일단 땅을 일정한 깊이로 파낸 뒤 그 밑으로 나무 말뚝을 곧추 박는 항타抗打 작업의 순서로 진행될 예정이었다. 땅속에 말뚝을 박아 넣는 것은 무른 땅을 굳게 다지기 위한 것이었다. 말뚝을 많이 박을수록 지반은 단단해지기 마련이었다. 총독부 청사가 온통 화강석으로 지어질 것이었기에 그 무게를 받치기 위해서라도 지반을 더욱 다질 필요가 있었다.

땅 다지기에 쓰일 소나무 말뚝도 속속 도착했다. 알맞은 크기로 잘려진 소나무 말뚝들은 달구지에 실려 줄줄이 도착하는 대로 공사장 주변 빈터에 무슨 거창한 구조물이라도 되는 양 얼기설기 쌓여 올려졌다. 말뚝더미는 흙더미와 함께 자꾸만 높아져 장관을 이루었다.

말뚝감으로는 역시 소나무가 으뜸이었다. 회나무도 그런대로 널리 쓰이긴 했지만 소나무만큼 든든하지 못했다. 갈참나무나 가죽나무는 그루터기가 굵지 않아 돼지우리, 또는 뒷간을 만들 때 기둥과 엮음대 따위로나 쓰였으며 오동나무나 느릅나무, 느티나무는 그릇 같은 작은 기물을 만드는 데는 알맞지만 말뚝으로 그리 적합하지 않았다. 어쨌든 조선땅 산골짜기마다 널린 것이 소나무였다.

장백산의 소나무 말뚝

장백산림. 백두산 뻗어 내린 압록강변의 원시림. 총독부 공사 땅 다지기에 들어간 소나무 말뚝은 거의 총독부가 신의주 영림창營林廠을 시켜 울창한 압록강변 산림에서 베어내 실어 온 것이었다. 오쿠라쿠미 회사는 이 벌목작업에도 밀접히 관여하게 된다. 간단히 말하자면, 조선에서 돈 버는 재미를 톡톡히 누리고 있었다.

특히 이 일대의 나무들은 사시사철 북서풍 찬바람을 맞으며 자라났기에 나이테 간격이 벌어지지 않아 나뭇결이 무척 옹골찼다. 줄기도 외틀어지지 않고 우뚝우뚝했다. 태고적부터 숲 속을 활거하던 호랑이를 비롯해 곰, 멧돼지, 늑대, 노루 등 온갖 야생 짐승이 뿌려놓은 거름 덕분이기도 했다.

그렇다고 해서 아무런 나무나 손에 잡히는 대로 베어 온 것은 아니었다. 말뚝은 우선 크기가 알맞아야 했다. 아름이 작아도 말뚝감으로는 적당치 않았지만 너무 커서도 곤란했다. 작은 나무는 버팀력이 약했으며 굵다란 나무는 땅속에 박아 넣기가 쉽지 않았다.

지름 여덟 치ᅔ. 말뚝으로 쓰일 나무로는 지름이 한 뼘 남짓 짜리가 가장 알맞았다. 신의주 영림창의 벌목꾼들은 이만한 둘레의 낙엽 소나무들을 골라 밑동에서부터 잘라냈다. 이렇게 잘라낸 나무의 길이가 대략 열다섯 척 내지 스물여섯 척尺 정도에 이르렀다. 지름이 여덟 치라면 미터법으로 환산해 대략 24센티미터. 잘라낸 길이가 열다섯 내지 스물여섯 척이라면 대략 4.5~8미터 정도에 해당하는 크기이니 적어도 스무 해 이상 올곧게 자란 나무들이었다.

총독부 청사 땅 다지기를 위해 이렇게 잘려 온 소나무 말뚝은 모두 1만여 개에 이르렀다. 그리고 이 가운데, 좀 더 정확히 말하면, 9,388개의 말뚝이 새 청사의 기초공사 항타 작업에 들어갔다고《조선총독부 청사 신영지新營誌》는 기록하고 있다.

이만큼의 말뚝을 박아 넣은 것은 매사에 꼼꼼했던 건축과장 이와이 죠사부로岩井長三郎의 치밀한 계산에 따른 것이었다. 같은 토목국에 소속되어 있는 시오야 영선과장이 행정·관리직이라면, 이와이 과장은 건축 전문직이었다. 두 사람 모두 초창기인 통감부 시절부터 조선에 발을 디뎌놓고 있었다.

도쿄제국대학 건축과 출신. 오죽했으면 이와이 과장의 별명이 '주판알'이었을까. 그는 며칠 밤을 계산한 끝에 모치지 국장에게 "총독부 터에는 적어도 1만 개 이상의 말뚝을 박아 놓아야 안심이 된다"며 몇 번이고 다짐을 받아냈다. 온통 화강석으로 덮이게 되는 총독부 청사의 육중한 건물 하중을 감안한다면 당연한 일이기도 했다.

말뚝 하나가 땅속에 박힌 채로 견뎌낼 수 있는 무게의 누름은 얼추 15톤 정도. 따라서 1만 개의 말뚝으로는 최소한 15만 톤 정도의 무게를 떠받칠 수 있다는 계산이었다. 총독부 청사의 건물 하중은 어림잡아 10만 톤 정도에 이를 것으로 여겨지던 터였다.

따라서 땅바닥이 이 무게를 감당해 내지 못할 경우 지반 침하가 일어나 건물이 한쪽으로 기울어져 끝내 무너지고야 마는 불상사가 일어날 가능성마저 있었다. 날림 공사란 바로 그런 것이었다. 그러나 건축 자재가 남아도는 상황에서 구태여 날림으로 지을 필요가 없었다.

말뚝을 가로, 세로 약 두 자 정도의 사이를 두고 촘촘히 박아댄 것도 날림을 막는다는 뜻이었으리라. 말뚝은 땅바닥에 고정시켜 놓은 다음 도르래에 연결된 쇠달구를 떨어뜨리는 충격으로 두드려 박았다. 쇠달구의 무게는 약 1톤 정도. 때로는 발대목에 올라가 직접 달구로 말뚝을 내리쳐 때려 박기도 했다.

달구질은 땅을 파내는 곡괭이질보다 일품이 더 들었다. 더군다나 반듯하게 다듬어진 말뚝이 아니라 가지만 쳐낸 생나무 말뚝이었다. 이 허드렛일은 당연히 조선 인부들에게나 맡겨졌다. 베수건에 싼 식은 주먹밥과 짠지 조각으로 허기를 달래면서도 그들은 서너 명씩 함께 매달려 쇠달구를 쳐댔다. 오직 이 땅에 살아남기 위해서였다.

공사장의 감독자들

총독부 공사의 항타작업에는 중국인 노무자들도 적잖게 일품을 팔았다. '쿠리苦力'라 불리던 그들이다. 그들은 '짱꼴래'라는 일본인들의 손가락질과 턱없이 낮은 품값에도 용하게 견디어 나갔다. 그들은 돈을 벌려는 것이었다.

중국인 노무자들은 갑오전쟁이 일어나던 무렵을 전후해 해마다 봄철이 되면 산뚱山東 반도로부터 열 명 내지 스무 명씩 떼거리로 무리를 지어 제물포 부두를 통해 한꺼번에 밀려 들어왔다. 갑오년甲午年인 1894년에 일어났던 청일전쟁. '갑오전쟁'이란 중국에서 바로 이 청일전쟁을 지칭해 이르는 이름이었다.

중국인 쿠리들은 겨울이 되어 설날인 '츈제春節'를 맞아 두둑한 주머니를 뽐내며 되돌아갈 때까지 여기저기 공사판을 떠돌아다녔다. 돈이 된다면 등짐 노동이며 온갖 허드렛일을 마다치 않았다. 그들은 특히 벽돌 쌓기에 재주가 있다며 소문을 퍼뜨리고 다니기도 했다. 만리장성을 쌓아올린 역군들의 후예라 어딘가 달라도 달랐을 것이다.

그들은 돌을 다듬는 데도 특별한 솜씨를 보였다. 그 떼거리는 한때 수천 명을 헤아릴 만큼 적지 않았다. 이들 가운데 일부는 아예 작은공주골 주변에 눌러 기거하며 이른바 '차이나타운'을 형성하기도 했다. 소규모의 상점을 열거나 보붓짐 거래로 나선 사람들이었다.

총독부 공사의 품팔이꾼들은 이처럼 조선인이나 중국인이었건만, 감독을 맡은 책임자들은 모조리 일본 사람이었다. 총독부 관리인 모치지 토목국장과 이와이 건축과장, 시오야 영선과장, 쿠니에다 히로시國枝博 주임은 그렇다 치더라도 그 밑의 하급 직원인 기수技手들조차 하나같이 일본인 일색이었다.

구체적으로 이름을 들자면 사토佐藤三郎, 모토다元田朝吉, 구로다黑田好造, 히구치樋口秀春, 스즈키鈴木富藏, 하라다原田公, 시나리佐成康展, 타모모토保本平三郎, 하세가와長谷川吉太郎, 다쓰瀧政吉, 고가와小川一松, 이구치井口經彦 등등.

여기에 같은 이이다飯田 집안의 형제로 여겨지는 요자부로興三郎, 타메지로爲二郎와 촉탁 직원인 쿠누마 야조具沼彌藏마저도 모두 일본인이었다.

말로는 내선일체를 떠들던 저들이지만, 이 땅에 총독부를 세우는 작업에서조차 조선인들을 홀대했다. 데려다 쓸 만한 건축가가 없기 때문이라고 했지만, 어디 진짜로 그랬을까. 고분고분한 건축가가 없다는 뜻임은 말할 나위도 없었다. 설사 데려다 쓴다 해도 쉽사리 내켜 할 조선인들이 아니었지만, 그것은 저들의 궁색한 변명에 불과했다.

청부업체를 선정하는 과정에서도 조선인 업체들은 철저히 배제되었다. 경부선 철도공사에서 그나마 약간의 실적을 올렸던 경성토목회사를 비롯해 흥업회사, 한일공업조 등은 총독부 청사의 하도급 공사에 있어 쥐꼬리 만한 계약도 따내지 못했다. 아니, 계약이 문제가 아니라 이미 회사의 간판도 떼어낸 채 대부분 문을 닫아버린 상태였다.

심지어 조선인들이 일본 사람으로 혼동될 수 있는 일본식 이름을 쓰지 못하도록 금지시켰으며, 조선인에 대해서는 일본으로 건너가는 데 대해서조차 까다로운 제한을 두었다. 부관釜關 연락선으로 현해탄을 건너려면 반드시 관할 경찰서로부터 도항증渡航證을 발급받아야 했다.

"강역彊域을 거리낌 없이 철폐해 두 나라의 울타리를 잘라 없앰으로써 백성들이 하나의 정교政敎 아래 살며 함께 동거同居, 동치同治의 복리를 누리도록 한다면 형이요 아우임을 어느 누가 쉽게 구분하겠는가."

일진회 회장이던 이용구李容九. 그가 합병을 앞두고 언젠가 조정에 청원서를 올려 일본과 조선이 쉽게 하나로 뭉칠 수 있을 것이라고 갖은 변설을 늘어놓았다지만, 그것은 어디까지나 친일 모리배들의 간사스런 혓바닥 발림에 지나지 않았다. 마침내 합병이 이루어진 직후 총독부의 집

회결사 금지령에 의해 일진회조차도 하루아침에 강제 해산되기에 이르렀으니 저들에 이용만 당하고 헌신짝처럼 내쳐졌던 셈이다.

"동화 정책이란 인간성을 무시한 간교한 정책이다."

온갖 술수와 회유 끝에 병탄이 이뤄지고 나서 당시 와세다 대학에 유학하던 조선 학생 남궁벽南宮璧이 설파한 얘기였다. 저들이 내세우는 내선일체라는 얄팍한 수작의 속셈을 깊이 꿰뚫어 본 것으로, 조선 사람이라면 누구라도 마음으로 내뱉던 외침이었을 것이다.

《폐허廢墟》동인으로 활동했던 천재 시인 남궁벽. 비록 스물여덟이라는 젊은 나이로 요절하긴 했지만, 마지막 숨을 거두면서 "참으로 바보 짓을 했다. 애초부터 일본에 속은 것은 아닐까"라며 뒤늦게 후회했다던 이용구에 비해서는 훨씬 값진 삶을 살았다.

식민지를 삼는다는 것은 결국 남의 땅을 빼앗아 내것으로 만들자는 심보 이상도 이하도 아닐 것이다. 거기에 내세우는 동화정책이란 하나의 허구에 불과할 뿐이다. 프랑스가 알제리 동화정책에 실패했으며 세계 역사상 식민통치에 가장 성공했다는 영국조차 끝내 인도 사람들을 한마음으로 동화시키지는 못했다. 마음에도 없이 어찌 입으로만 동화 정책이 성공할 수 있었을까. 그것은 조선에서도 전혀 다르지 않았다.

'통감부'에서 '총독부'로

 그렇다면 제국주의 일본이 이 땅에 조선총독부 새 청사를 세우기로 작정한 것은 과연 언제부터였을까. 두말할 것도 없이 저들이 이 땅을 식민지로 병탄한 직후부터의 일이다. 영토를 넓힌 입장에서 새 울타리를 치겠다는 것은 어쩌면 당연한 일이기도 했다. 정복자의 일반적인 심사라고나 할까.
 그러나 실은 그보다 좀 더 거슬러 올라가 데라우치 마사다케寺內正毅가 제3대 조선 통감에 임명되어 이 땅에 처음 발을 들여놓은 무렵부터였다고 봐야 더 옳을 것이다. 저들은 당장이라도 조선 땅덩어리를 통째로 집어삼키리라 눈독을 들이고 있었다. 그리고 이미 절반쯤은 뜻한 대로 요리가 이뤄지는 모양새였다. 이제 마지막으로 생선에서 가시를 제거하는 절차만 남아 있었다.
 육군대신 데라우치. 그는 통감으로 임명되어 한성에 첫 부임했던 것이지만 내부적으로는 이토 히로부미伊藤博文에 의해 끈질기게 추진됐던 조선합병 문제를 마무리 짓는다는 무거운 임무를 띠고 이 땅에 건너온 것이었다. 앞으로 그의 정치적 진로의 행방이 달린 문제이기도 했다. 이미 조선총독을 내락받고 부임한 셈이나 다름없었다.

그때 부통감으로 함께 임명받은 인물이 바로 야마가타 이사부로였다. 당시 일본 황궁에서 데라우치와 야마가타 부통감의 조선 부임을 축하하는 연회가 열렸을 때 순종 황제가 이들에게 축하 전보를 띄웠다던가. 건강상 문제로 퇴임하게 되는 전임자 소네 아라스케曾彌荒助 통감에게도 위로의 전보를 잊지 않았던 순종이었다. 그것이 지난날의 웃지 못할 역사였다.

어쨌거나, 조선총독부가 정식 출범하던 1910년 시월 초하룻날. 일본은 총독부 관제를 정식 발표함과 동시에 그때까지 통감부 청사로 사용하던 남산 기슭 왜성대倭城臺의 현판을 바꿔 달았다. '통감부統監府'에서 '총독부總督府'로….

이 통감부 청사는 원래 저들의 공사관으로 지어진 건물이었다. 갑신정변의 뒤처리가 끝나면서 1885년 한성조약이 체결됐고, 이 조약에 따라 조선 조정이 내놓은 부지에 일본이 공사관을 올렸던 것이다. 오쿠라쿠미가 공사를 맡았는데, 도쿄에서 나카무라 신고中村辰吾를 불러다 짓도록 했다.

이 공사관 건물이 통감부 청사로 사용되기 시작한 것은 일본이 조선의 외교권을 박탈하는 을사조약을 강제로 체결하면서부터. 이미 청일전쟁과 러일전쟁에서 중국, 러시아를 연달아 꺾어 버린 입장에서 거칠게 없었다. 그것이 1906년 정월 삼십일일의 일이었으니, 결국 통감부가 설치되고 네 해 만에 그들의 마지막 뜻을 이룬 것이었다.

일본은 이보다 훨씬 앞서 청일전쟁에서 이긴 뒤인 1895년 청나라로부터 타이완臺灣 섬을 넘겨받아 식민통치를 펴고 있던 참이었다. 이를테면 조선은 타이완에 이어 열다섯 해 만에 획득한 두 번째 식민지였다. 이미 도쿠가와 막부 시절에 복속시킨 류큐국琉球國을 제외한다면 말이다. 지금의 오키나와가 바로 옛 류큐 왕국임은 두말할 것도 없다.

남산 서북쪽 언덕바지에 위치한 조선총독부 청사는 경성 시가를 한눈에 꿰뚫듯이 내려다보고 있었다. 북악 밑으로 경복궁이 고즈넉이 자리를 잡았으며, 도성 한가운데를 가로질러서는 서쪽에서 동쪽으로 맑은 개천이 흘렀다. 경복궁 앞의 육조거리와 개천을 중심으로 길거리가 곳곳으로 뻗어 있었고, 인력거와 소달구지가 지나다녔다. 집집마다 굴뚝에서는 아침저녁으로 하얀 연기가 솟아올랐다.

총독부에서는 이러한 모습이 손바닥 눈금을 들여다보듯 한눈에 잡혔다. 저들은 조선에 본격 진출하기 시작하던 구한말 당시 도읍 모습을 다음과 같이 표현하고 있다. 다음은《경성부사京城府史》의 한 구절.

"검은 기와집黑瓦과 누런 초가집黃藁들이 마치 고기 비늘처럼 옹기종기 모여 있구나."

좀 더 정확히 말하자면, 기와집보다는 초가집이 훨씬 더 많을 때였다. 당시 백성들의 살림살이가 그러했다. 그리고 기와집과 초가집 사이로 곳곳에 서양식 건축물들도 하나 둘 늘어가고 있었다. 그중에서도 덕수궁 뒤편의 정동貞洞 일대는 제법 그럴 듯했다.

3층 높이의 러시아 공사관 흰 탑이 언덕 위로 우뚝하게 세워졌으며, 미국과 영국, 프랑스 공사관도 제각기 가까이에 자리를 잡았다. 막벽돌의 정동 예배당과 배재학당, 이화학당도 나란히 들어섰다. 손탁호텔이 자리 잡은 곳도 바로 이곳이었다. 그 무렵 러시아 공사로 부임해 있던 웨베르의 처제인 미스 손탁Sontag, 孫鐸이 운영하던 호텔이다.

다시 그 오른편으로 눈길을 돌리면 종로에 기독교 청년회관이 새로이 우뚝 섰으며 진고개의 종현鍾峴 성당도 고딕식 첨탑이 한눈에 들어왔다. 합병과 함께 경성부청으로 격상된 회현방의 옛 일본 영사관 옆에는 조선은행 청사가 한창 올라가고 있었다.

이처럼 왜성대는 식민통치를 펼쳐 나갈 총독부 위치로서는 그리 손색이 없어 보였다. 내려다보고, 호령하고, 군림하는 위치였다. 가히 누구라도 군침을 흘릴 만했다. 어디 이런 자리가 또 있을 수 있겠는가.

데라우치 총독은 청사 2층에 자리 잡은 집무실 창가에서 자주 경성 시가를 내려다보곤 했다. 그때마다 짧은 수염을 쓸어내리며 흡족한 표정을 감추지 못했다. 그러나 청사가 너무 비좁다는 것이 가장 큰 흠이었다. 비서실인 총독관방과 총무부, 농상공부 등에 소속된 몇 개 부서의 사무실만을 들이기에도 벅찰 정도였다.

임시변통으로 대한제국 정부가 사용해 오던 각부의 옛 청사 건물을 총독부 사무실로 사용하도록 조치했지만 사정은 마찬가지였다. 당연히 조직과 인원이 늘어난 탓이었다. 통감부 시절 직원이라고 해야 비서관과 경찰관에다 기사, 통역관까지 모두 합친다 해도 대략 일흔 명 남짓. 부서가 총무, 농상공무, 경무 등 기껏해야 세 개 부서에 그친 때문이었다.

하지만 총독부로 발족하면서 기구가 늘어나는 것을 최대한 억제한다고는 했으나 본부 직원만 해도 결코 만만치 않았다. 초창기부터 무려 900명 수준에 이르렀다니 말이다. 공사관이 통감부로 격상되고 그 이듬해 청사를 지금처럼 2층으로 올려지었으나 그것만으로는 이미 턱없이 부족했다. 그리고 조직과 인력은 갈수록 늘어날 터였다. 아니, 총독부는 벌써 피둥피둥 몸집이 불어나고 있었다.

비좁았던 총독부 청사

총독부 내무부는 왜성대에서 떨어져 나와 일단 광화문 앞 육조 거리에 별도 사무실을 차렸다. 대한제국 시절 내부아문이 청사로 사용했던 사무실을 차지해 들어간 것이었다. 처음부터 딴집 살림을 시작했다고나 할까. 청사가 비좁았기 때문에 어쩔 수 없이 일어난 일이었다.

탁지부와 사법부 및 취조국은 정동에 자리를 잡았다. 회계국에 속한 영선과와 중추원中樞院도 정동에 사무실을 꾸렸다. 이 가운데 탁지부 청사는 대한제국이 의정부 사무실로 사용할 목적으로 지어 놓은 것이었다. 이 밖에 체신국은 광화문 육조거리의 칭경기념비각 맞은편으로 떨어져 나갔으며, 이왕직李王職은 와룡동에 제각기 자리를 잡았다.

이 때문에 데라우치가 무슨 일을 벌일 때마다 짜증을 부린 것은 당연했다. 가뜩이나 성질이 급한 그였다. 사무실이 따로 떨어져 있음으로 해서 무엇을 지시하거나 보고를 받는 데 도대체 성미가 차지 않았다. 사무실이 갈라져 나간 내무부나 탁지부 직원들은 성질 괴팍한 총독의 얼굴을 직접 마주치지 않아도 된다는 점에서 오히려 다행으로 생각했지만, 부하를 부리는 데라우치의 입장에서는 전혀 그렇지 않았다.

더욱이 남산의 총독부 건물은 목조 건축으로 이루어져 새로 손질할 부분도 적지 않았다. 장마철에 비가 쏟아지기라도 하면 벽 틈새 사이로 빗물이 흥건히 고이기도 했다. 저들이 근무하기에 내키지 않는 점이 한둘이 아니었다.

이에 따라 데라우치 총독은 아쉬운 대로 왜성대에 목조로 된 임시 가건물 세 채를 급히 붙여 짓도록 지시했다. 청사를 차츰 넓혀가며 바깥에 나가 있는 사무실을 왜성대로 불러들인다는 취지였다.

그러나 애초부터 왜성대가 자리 잡은 남산 언덕바지의 터가 비좁아 이러한 불편을 한꺼번에 해소하기란 그리 쉽지 않았다. 특히 데라우치는 청사 배치가 남향이 아니라 북서쪽으로 비스듬히 비껴 있는 점을 아주 마땅스럽지 않게 여겼다. 여름철이야 그런대로 지낼 수 있다지만 겨울에는 한나절에조차 해가 짧고 추운 것이 아쉬웠다.

그는 아침마다 청사 출근길에 기다란 돌계단을 오르면서 눈살을 찌푸린 적이 한두 번이 아니었다. 그때마다 걸음을 멈추고 경성 시가지를 좌우로 휘둘러보고는 했다. 이미 통감으로 부임한 직후부터 길들여진 버릇이었다.

"예로부터 사내 대장부는 무릇 남쪽을 바라보고 기지개를 켠다 했거늘, 하물며 이 데라우치가…."

그를 옆에서 수행하는 엔토遠藤 비서관이 듣기에 민망할 정도로 그의 불만은 직설적이었다. 역정이 떨어질 때마다 엔토 비서관은 마치 자기가 무슨 잘못을 저지르기나 한 것처럼 움찔움찔 놀라곤 했다. 그러나 거기에 아랑곳하지 않고 데라우치의 가느다란 눈길은 멀리 북악 밑을 뚫어보기 일쑤였다. 두말할 것도 없이 경복궁 쪽이었다. 그는 과연 무엇을 생각하고 있었을까.

총독부가 새 청사 신영新營 계획 마련에 본격 착수한 것은 병탄을 이룬 바로 이듬해였다. 여기에는 회계국이 주축이었다. 회계국은 총무부에 들어 있었다. 데라우치는 이 작업을 위해 사위인 고다마 과장이 회계국 관리과장을 겸임토록 발령을 내렸으니, 그에 대한 신임이 두터웠음을 보여 주는 사례였다. 역시 팔은 안으로 굽는 법이었다.

어쨌든, 회계국은 바짝 서두른 결과 1911년 사월부터 시작되는 저들 본국 정부의 새해 예산에 총독부 새 청사 건축비용을 편성해 줄 것을 정식 요청하기에 이른다. 예산 요청 규모는 180만 엔円. 예산 규모는 터무니없이 작았지만, 그보다는 일단 일을 벌여 놓고 보겠다는 심산이었다. 무엇보다 데라우치의 성화는 대단했다.

그러나 총독부의 이러한 예산 요청은 일단 보류될 수밖에 없었다. 총독부가 갓 출범하자마자 새 청사를 짓겠다며 막대한 예산을 요청해 온 데 대해 본국 정부로서는 그다지 달가워하지 않는 듯한 분위기였으리라. 메이지明治 천황이 갑자기 병상에 누워 버린 탓도 있었다.

청나라, 러시아 두 나라와의 전쟁을 승리로 이끌었으며 끝내 조선마저 병탄에 성공한 일본의 통치자. 강력한 왕권의 바탕 위에서 폐번치현廢藩置縣, 헌법 제정, 의회 개설 등 서양의 앞선 개혁의 흐름을 받아들여 저들이 봉건국가에서 근대국가로 발돋움하는 데 결정적 역할을 했던 메이지 천황. 그가 하루아침에 자리에 눕게 되자 일본 정가는 다른 데 눈길을 돌릴 겨를이 없었다.

더군다나 데라우치의 후견자인 가쓰라 타로 총리대신도 입헌정우회의 사이온지 긴모치西園寺公望로 대표되는 의회의 거센 도전으로 인해 제대로 힘을 행사하지 못하고 있었다. 본인 스스로의 진퇴마저 뚜렷하지 않던 때였음에랴.

"데라우치가 너무 공명심을 앞세워 일만 벌이려 든다."

"그는 역시 날개를 달아 주기에는 위험한 인물이지 않는가."

"타이완의 초대 총독으로 부임했던 카바야마 스케노리樺山資紀는 청사를 짓겠다는 얘기는 재임 중에 한마디 뻥긋도 못했는데 데라우치는 부임하자마자 재정을 축낼 일만 궁리하고 있다."

데라우치를 헐뜯는 얘기들이 쓰시마對馬島 해협을 건너 들려왔다. 총독부 청사를 새로 짓겠다는 데 대한 반대 여론은 작지 않았다. 데라우치 개인의 정치적 야망 때문이었다. 그것을 견제한다는 뜻이었을 것이다. 그러나 그는 콧방귀도 뀌지 않았다.

모치지 토목국장

그러나 데라우치가 과연 어떤 인물이었던가. 주변에서 헐뜯는다고 쉽게 물러설 호락호락한 위인이 결코 아니었다. 배짱도 있었으며 끈질기기도 했다. 군인 출신치고는 드물게 보는 모사꾼이었다. 한편으로는 잔혹스러우면서 음험하기조차 했다. 그를 꺼려하는 사람이 따르는 사람만큼이나 많았던 것도 그런 까닭이었다.

조선총독부는 그 이듬해 예산에 또 다시 청사 신축 지출안을 올렸다. 이번의 예산 요청 규모는 300만 엔. 전해의 180만 엔에서 거의 곱절 가까이 늘어난 것은 과연 데라우치다운 발상이었다. 여기에는 다음과 같은 그럴 듯한 이유도 덧붙여졌다.

"새로 건설되는 조선총독부 청사는 권위와 위엄을 갖추며 앞으로도 영구히 사용할 수 있도록 지어져야 할 것이다."

그뿐이 아니었다. 데라우치는 총독부 청사 신축작업을 위해 아예 총독부의 관제를 전면 개편하기에 이른다. 그때가 1912년 삼월. 총독관방 산하에 토목국을 새로 설치하는 한편 이제까지 총무부 회계국에 속했던 영선과를 토목국으로 이관하게 된다. 이 밖에 총독부 청사 업무와 직접적으로 관련이 없는 부서에 대해서도 협조사항이 떨어지면 우선적으로 처리하도록 지침이 함께 내려졌다.

총독의 직접 관할을 받는 비서실 조직이 바로 총독관방이었다. 육군, 또는 해군 소장을 포함한 두 명의 무관을 두어 총독의 참모 역할을 맡도록 했으며, 별도로 위관尉官급으로 전속 부관 한 명씩이 배치되어 있었다. 총독관방은 부분적으로 헌병대의 지휘 감독권도 갖고 있을 만큼 막강한 권한을 누리던 터였다.

그렇다면 토목국을 굳이 이러한 총독관방으로 끌어당기지 않으면 안 되었을까. 단순히 상식적으로 생각한다면 토목국이 토목, 또는 건축 공사를 맡는 기구라는 점에서 당연히 총무부나 내무부 밑에 두도록 해야 마땅할 것이었다. 그렇게 한다고 해서 총독부 공사가 차질을 빚을 이유는 없었다.

그러나 데라우치의 생각은 그게 아니었다. 총독부 청사를 지으려면 계획 단계에서부터 앞에서 끌어당기고 뒤에서 밀어붙일 만한 강력한 추진력이 필요했다. 여기서 걸리고, 저기서 부딪치는 데도 그냥 미적거려서는 될 일이 아니었다. 총독부가 전체적으로 매달려야 할 최우선 과

제였다. 토목국을 총독관방 아래에 둔 것은 그런 이유였다. 새 청사 건립에 대한 데라우치의 의지는 그만큼 끈질겼다.

초대 토목국장으로는 모치지 로쿠사부로가 임명됐다. 그는 그때 타이완 총독부에 근무 중이었다. 도쿄제국대학 법학부 출신. 타이완 총독부의 학무과장과 통신국장 및 타이난臺南 지사 역임. 이렇듯 화려한 경력은 그의 남다른 능력과 수완을 말해 주고 있었다.

모치지 국장은 발령 사실을 통보받자마자 즉각 짐 보따리를 싸들고 멀리 타이완으로부터 경성에 부임하기에 이른다. 그가 경성에 도착한 것은 직제 개편이 이루어진 다음 달인 사월 초. 그는 부임 직후부터 경성 시가지의 지도를 펼쳐 놓고 은밀히 작업에 들어갔다. 더 말할 것도 없이 총독부 청사의 부지를 마련하는 일이었다.

모치지 국장은 그 해답을 조선의 역사 기록에서 찾으려 들었다. 조선 땅을 파헤치려면 먼저 조선을 알아야 했으며, 그 해답은 반드시 서책 안에 있을 것이라고 생각했다. 비교적 이해하기 쉬운 《동국역사》와 《대동역사략》을 비롯해 《동국여지승람》에 이르기까지 조선 역사책들을 대략적이나마 뒤적인 것도 그런 때문이었다.

그의 눈에 가장 먼저 띈 것은 "세계 만국 중에 독립국이 허다하니 우리 대조선국大朝鮮國도 기중其中의 일국이라"는 《국민소학독본》의 첫 구절이었다. 조선이 아세아주의 반도국으로 토지는 비옥하고 물산이 풍족하다는 내용도 거기에 들어 있었다. 그는 여러 책을 읽어가면서 조선의 궁궐에도 등급이 있어 전殿은 임금의 거처를, 당堂은 왕자나 공주의 거처를 뜻하며, 각閣은 이들에 딸린 건물을 의미한다는 사실까지도 이해하게 되었다.

그중에서도 도쿄제국대학의 건축학과 교수인 세키노 타다시關野貞가 일찍이 조선땅을 두루 둘러보고 보고서로 써낸《조선의 건축》은 꽤나 도움이 되었다. 읽으면 읽을수록 조선의 문화가 깊고도 넓다는 사실을 새삼 인정하지 않을 수가 없었다. 한편으로는 이런 책이 어떻게 만들어 질 수 있었을까 하고 의아심마저 들 정도로 내용도 세밀했다.

이미 타이완 총독부로 옮겨가기까지 일본 내각에서 대장성, 문부성, 내무성 등 여러 부처를 거치며 능력을 충분히 인정받았던 주인공답게 모치지는 매사에 신중하면서도 적극적이었다. 권위를 앞세워 억지로 일을 해결하려 들기보다는 순서와 이치를 따져 업무를 처리하는 성격이었다. 무엇보다 아랫사람들을 다룰 줄 알았으며 일 처리도 매끄러웠다. 데라우치에게 신임을 받을 수밖에 없었다.

타이완 총독부에 뒤졌으나

데라우치가 이렇듯 의욕적으로 추진해 나가자 본국 내각에서도 서서히 그를 이해하려는 움직임이 나타나기 시작했다. 사실, 조선총독부 새 청사 건립에 대한 그동안의 반대가 데라우치의 정치적 야심을 경계하는 데 뜻이 있었을 뿐 청사 신축 자체를 거부했던 것은 아니지 않은가.

시기적으로는 이미 가쓰라 타로가 총리대신 자리에서 물러나고 사이온지 긴모치가 이끄는 입헌정우회의 제2차 내각이 출범한 때였다. 메이지 천황 사거에 따라 다이쇼 천황이 그 뒤를 이음으로써 죠슈長州 계열 군벌이 주축을 이룬 육군이 다시금 광대한 중국 대륙 진출의 꿈을 한창 부풀리고 있을 때이기도 했다.

메이지 천황이 마침내 눈을 감은 것은 1912년 칠월. 본명 무쓰히토睦仁. 향년 예순 살. 야마가타의 가쯔산月山으로부터 대물림을 받은 대장장이들이 만들어 바친 보검을 높이 치켜들고 무려 마흔다섯 해 동안이나 군림했던 그였지만 끝내 운명을 거스르지는 못했다. "권력은 나라에 있으며, 나라의 가장 높은 자리에 있는 천황이 권력을 행사한다"는 말을 남긴 인물이 바로 그였다던가.

이 무렵, 대륙으로 뻗어나가는 전초기지로서 조선총독부가 마땅히 권위와 위용을 갖추도록 해야 한다는 여론도 만만치 않게 대두되고 있었다. 한편에서는 "기왕 새 청사를 지을 바에는 영국의 지배를 받는 인도 총독부나 네덜란드의 보르네오 총독부보다 더 위엄 있고 장중하게 짓도록 해야 한다"는 주장이 제기되기도 했다.

이미 저들이 식민지로 거느리고 있던 타이완의 총독부 청사보다 더 장엄해야 함은 물론이었다. 타이완 총독부는 설계에 오랜 기간을 허비한 끝에 바로 그해 초 착공되어 막 본격 공사에 접어든 마당이었다.

데라우치는 타이완 총독부 공사가 앞서 시작된 데 대해 조바심을 느끼고 있었다. 조선총독부 새 청사 공사를 어차피 그보다 더 빨리 끝내기는 어렵다 하더라도 자꾸 늦춰져서도 곤란하다고 생각했다. 무엇보다 그의 경쟁심과 욕심은 대단했다.

"이 데라우치가 사쿠마 따위에게 뒤질 수는 없지 않은가."

사쿠마는 타이완의 제5대 총독. 1906년에 부임해 그때까지 여섯 해가 넘도록 장수를 누리는 중이었다. 얼마 전, 타이완 총독부가 드디어 청사 기공식을 가졌다는 소식이 들려왔을 때 데라우치는 잔뜩 이맛살을 찌푸렸다. 사쿠마 총독이 같은 죠슈 계열이라는 점도 은근히 그의 경쟁심을 부추기고 있었다. 건축과장인 이와이 죠사부로岩井長三郎를 즉각 타이페이臺北에 파견해 그 내용을 자세히 알아오도록 지시를 내린 것도 그런 때문이었다.

하지만 조선과 타이완은 처음부터 총독부의 격이 달랐다. 그때까지 타이완 총독에 임명됐던 인물들이 초대 총독인 카바야마 스케노리樺山資紀를 비롯해 가쓰라 타로桂太郞, 노기 마레스케乃木希典, 고다마 겐타로兒玉源太郞, 그리고 사쿠마 사마타佐久間左馬太에 이르기까지 모두 쟁쟁한 인물들이긴 했지만 타이완 총독은 처음부터 내무대신과 동급이었다.

어쨌든, 총독부 청사 신축을 위한 기본 조사가 시작되면서 데라우치의 집무실 책상에는 타이완 총독부 설계 도면은 물론 베르사이유와 버킹검 궁전 등 프랑스, 영국, 독일의 옛 왕궁들과 미국의 백악관, 국회 의사당을 포함한 서양식 건축물 사진과 그림들이 수북이 쌓여갔다. 돔을 위엄 있게 얹어 놓은 바티칸 베드로 성당과 이스탄불의 하기아소피아 성당 사진도 벽 한쪽에 붙여졌다.

데라우치는 틈이 날 때마다 여러 건축물 사진을 들척이며 고개를 끄덕이곤 했다. 그때마다 모치지 국장이 호출되어 각 건축물의 양식과 역사적 배경, 실용성 등에 대해 알고 있는 대로 자세히 설명해야 했다. 데라우치가 타이완 총독부 청사 조감도를 들여다보며 까닭 없이 흠집을 잡는 경우 그 투정에 적당히 맞장구를 치는 것도 모치지의 몫이었다.

모치지 국장은 건축 석재에 대해서도 소상히 알고 있었다. 타이완 총독부 시절 화롄花蓮 대리석에 대해 관심을 가진 때문이었다. 심지어 미국 워싱턴의 국립박물관이 테네시 지역에서 캐낸 대리석으로 겉벽이 꾸며졌으며 링컨 기념관은 앨라배마 대리석과 콜로라도 대리석으로, 링컨 석상은 조지아 대리석으로 만들어졌다는 사실까지 잡다하게 파악하고 있었다.

또 이탈리아 대리석의 경우 미켈란젤로가 조각 작품에 사용했다는 카라라 대리석이 가장 널리 알려져 있긴 하지만 현지의 기후나 토양과 조화를 이룰 때만이 그 값어치가 더욱 살아날 수 있다는 얘기까지 데라우치가 물어볼 때마다 자세히 들려주었다. 그야말로 도쿄제국대학 출신이라는 이름값이 아깝지 않은 인물이었다.

하지만 이들 건축물 사진 중에서도 데라우치의 눈길을 가장 사로잡은 것은 영국의 인도 총독부였다. 그는 모치지 국장의 시시콜콜한 설명을 건성으로 흘려들으면서 눈썹을 씰룩대며 책상 위에 펼쳐진 인도 총독부 사진을 들여다보곤 했다. 무언가 잔뜩 끌리는 듯한 눈초리였다.

인도 총독부 사진이 그의 집무실 벽 한가운데에 붙여진 것은 얼마 뒤였다. 군데군데 붙어 있던 다른 건축물의 사진이 모두 떼어진 것은 물론이었다.

근정전을 막아선 총독부

조선총독부 새 청사의 위치는 마침내 옛 왕조의 상징인 경복궁 근정전 바로 앞으로 확정되었다. 데라우치를 비롯한 총독부 간부들이 궁리를 거듭한 끝에 내린 결정이었다. 사실은, 이미 뜻한 대로 이루어진 것뿐이었다. 왕조의 심장부를 정면에서 틀어막아 새로운 통치자로서의 위세를 보여 주겠다는 뜻이었으리라.

경복궁 터가 경성 시가의 중심부라는 점에서 총독부 부지로서 이만한 자리도 별로 없었다. 남산 기슭의 왜성대 자리를 넓혀 새 청사를 지으면 어떻겠느냐는 얘기가 나오기도 했지만, 무엇보다 터가 좁았다.

이렇게 부지를 잡은 데는 아예 조선 땅덩어리의 기맥을 끊어 버리겠다는 의미도 적잖게 포함되어 있었다. 저 멀리 백두산에서부터 시작된 웅혼한 숨결이 낭림산맥과 태백산맥으로 타고 흘러내려 마지막 매듭을 트는 곳이 바로 북악이었다.

그 북악에서 지맥을 통해 솟아나는 대지의 정기를 가로막는다는 뜻이렸다. 저들은 심지어 삼각산 백운대의 정수리 바위에 구멍을 뚫고 쇳물을 녹여 부었다. 두꺼운 쇠못을 깊이 박기도 했다. 이른바 '단혈철주斷穴鐵柱'라 했던가.

쇠못이 박힌 것은 백운대뿐 아니라 북한산 노적봉, 속리산 만장봉, 마니산, 구월산에 이르기까지 거의 마찬가지였다. 이 땅의 숨기운을 눌러 막아 저들 키미가요의 귀절마따나 자잘한 돌멩이가 바위를 이룰 때까지 세세토록 식민지로 부리겠다는 심보가 아니고 무엇이었을까. 새로 들어설 총독부 청사는 그 자체로 하나의 커다란 쇠못이었다.

청사 신축부지가 최종 결정됨에 따라 총독부 회계국은 프로이센 출신 건축가인 라란데를 총독부 고문으로 위촉해 청사의 설계를 맡도록 했다. 이때가 1913년. 게오르게 데 라란데 George de Lalande는 그때 일본에서 활동 중이었다.

뒷날 조선호텔로 불리게 되는 '철도호텔'의 설계를 맡은 당사자였는

데, 그때는 이미 철도호텔 공사가 시작되어 있을 때였다. 도쿄에 머물고 있던 그는 총독부의 제의를 흔쾌히 받아들이고 곧바로 설계에 들어가게 된다.

이와는 별도로 총독부는 건축기사인 쿠니에다 히로시 등 직원 두 명을 영국과 프랑스에 파견하기에 이른다. 유럽의 궁궐 및 관청 건물의 양식과 설계를 둘러보도록 한 것이었다. 이들은 베를린을 비롯해 비엔나, 로마까지 찾아다니며 이름난 건축물들을 두루 둘러보게 된다. 유럽 각국의 여러 건축물 사진을 모아온 것은 바로 이들이었다.

하지만 이때만 해도 일단 작업을 시작하면 대략 다섯 해 정도면 공사를 충분히 끝낼 수 있을 것이라는 생각들이었다. 더욱이 데라우치는 이 일에 극성이었다. 자신의 재임 중에 총독부 청사의 초석을 놓는다는 자체가 커다란 영예로 받아들여질 수밖에 없었다. 더군다나 스스로 조선 합병의 주인공으로 자부하고 있었음에랴.

데라우치 마사다케. 그는 과연 어떤 인물이었던가.

가쓰라 내각의 육군대신이라는 현직을 유지한 채 조선 통감에 임명되어 기어코 합병 문제를 완결 지었으며, 병탄과 동시에 첫 조선총독으로 임명된 그였다. 더구나 가쓰라마저 타계한 마당에 그는 야마가타 아리토모 파벌을 대표하는 선두 주자였다.

가쓰라는 세 번째 총리대신에 올라 억지로 자리를 지키려다 다섯 달 만에 물러났다. 그리고 불과 몇 달 뒤인 1913년 시월 끝내 세상을 등지고 말았다.

데라우치는 조선총독에 임명되기에 앞서 육군사관학교 교장을 지냈으며, 육군성 핵심인 군무국장, 참모차장 및 교육총감 등의 자리를 두루 거쳤다. 그가 일본 육군 내부에서도 대표적인 무골로 꼽혔던 것은 이런 화려한 경력 때문이었다. 무려 10년 동안 육군대신으로 장수한 이력도 그의 영향력을 넌지시 말해 주고 있었다.

그가 초대 조선총독에 임명된 것도 이 땅의 백성들을 처음부터 휘어잡으려면 총칼을 앞세운 무단 정책이 가장 효과적이라는 저들 내각 수뇌부의 결정에 따른 것이었다.

총칼을 다루는 데 있어서는 누구도 군인을 따라갈 수 없었다. 그것은 이미 타이완에서 검증된 사실이었다.

하지만 데라우치는 나름대로 이 땅의 문화와 역사를 살필 줄 아는 식견도 지니고 있었다. 그는 언젠가 "조선은 내 마음대로 통치해 나갈 수 있는 나라는 아니다"라고 분명히 실토한 적이 있었다. 아무렇게나 휘두를 수 있는 미개 몽매한 나라가 아니라는 뜻이었다. 아직까지는 솔직하면서도 진지한 고백이기도 했다. 조선 합병이 이루어진 직후 도쿄에서 열린 어떤 모임에서였다.

"모두들 아시는 바와 같이 조선은 4,000년의 역사를 가진 나라입니다. 따라서 결코 야만의 나라라고 할 수 없습니다. 조선에는 조선 나름대로의 문명이 있으며, 그것은 동양 문명에서도 독특한 흐름을 형성하고 있습니다. 그러므로 1,000년 전에는 아마 우리 일본보다 더 앞섰던 나라였는지도 모를 일입니다."

현역 육군 대장이면서 동시에 육군대신의 직책을 맡고 있던 그가 조선 통감과 총독에 연이어 겸임 발령된 것은 전례가 없는 일이었다. 당연히 저들 의회에서도 논란에 부딪쳤다. 하지만 그뿐이었다. 죠슈 군벌계인 총리대신 가쓰라와 조선총독 데라우치를 대신할 정치권력은 아직은 없었다. 데라우치는 그만큼 막강했다.

데라우치의 출세 가도

데라우치의 나이 고작 열두 살 때. 아직 철부지였건만 이미 이 무렵부터 그의 출세 가도는 시작된다. 어린 나이로 군대에 들어가 근대 일본 군대의 창설자라 불리는 야마가타의 눈에 들어 그의 심복이 되었을 때부터 운명은 서서히 바뀌고 있었다. 마치 도요토미 히데요시豊臣秀吉가 오다 노부나가織田信長의 눈에 들었듯이….

데라우치가 정치와 권력에 대해 어렴풋이나마 눈뜨기 시작한 것도 바로 이 무렵이었다. 그는 서서히 집념을 키워나갔다. 그리고 이미 육군의 중요 직책들을 두루 거쳐 조선총독이라는 막강한 자리에 오른 만큼 그의 야망은 한걸음 더 앞서 나아가고 있었다.

내각 총리대신. 그는 총리대신을 바라보고 있었다. 조선총독이란 자리는 그러한 야망을 실현시킬 수 있는 중요한 징검다리였다. 이때 불거진 논란거리가 바로 조선총독부 청사를 새로 짓는 문제였으니, 데라우치가 이를 쉽사리 포기할 리 만무했다.

호방하면서도 결단력 있는 태도, 그리고 계략에 출중했던 점도 결코 작은 무기는 아니었다. 굳이 비유하자면, 설령 진흙 바닥에 넘어지는 경우에도 그냥 맨손으로 훌훌 털고 일어나는 것만으로는 부족하다고 여길 만한 위인이었다. 비록 얼굴과 옷자락은 더럽혀졌을망정 진창 속의 돌멩이라도 잔뜩 거머쥐고 일어서야 직성이 풀리는 그런 성격이었다.

그가 때로 '독뱀毒蛇' 따위의 험악한 별명으로 불린 것도 그런 까닭이었다. 한번 마음먹은 바를 이루지 못하는 한 결코 함부로 웃어대지 않을 만큼 지독한 성격의 소유자라는 뜻이었으리라. 총독부 직원들은 그를 '펠리컨'이라고도 불렀지만, 이는 단지 주걱턱인 얼굴 모습 때문에 붙여진 별명이었다.

그러나 일본 의회는 이러한 데라우치의 진득한 설득에도 불구하고 청사 신축에 필요한 300만 엔의 예산을 곧바로 승인해 주지는 않았다. 저들 내각이 제출한 육군과 해군의 군비 증강을 위한 예산안조차 심한 반발에 부딪치고 있을 때였다.

의회는 그 대신 총독부 청사 신축에 필요한 기초조사 비용으로 얼마간의 예산을 배정하기에 이른다. 이렇게 책정된 총독부 공사 기초조사 비용은 모두 7만 엔. 그것도 한꺼번에 배정한 것이 아니라 그해에 3만 엔, 그리고 이듬해인 1913년과 그다음 1914년에 각각 2만 엔씩으로 나누어 배정한 것이었다.

여기에는 조선신궁 건축에 필요한 조사비용도 함께 포함되어 있었다. 저들의 조상신을 모시는 신사였다. 총독부 청사도 중요했지만 조선신궁도 그에 못지않았다. 조선신궁은 남산에 세우도록 방침이 정해져 있었다.

조선총독부가 직원들을 유럽에 파견하고 후보지 물색에 나서는 등 이런저런 작업에 착수하게 된 것은 이렇게 조사비용을 배정받은 이후였다. 이로써 데라우치는 총독부 청사의 신축 계획을 본국으로부터 사실상 승인받은 셈이나 다름없었다. 그렇다고 그의 직성이 완전히 풀린 것은 물론 아니었다.

본국 의회의 예산 배정이 마무리된 날 저녁, 데라우치는 야마가타 정무총감과 각부 장관, 그리고 아카시 모토지로明石元二郞 경무총감 등을 대동한 채 술잔을 기울이며 쓴웃음을 섞어 한마디 던졌다. 그의 속눈썹이 가늘게 떨리고 있음을 눈치챈 사람은 별로 없었다.

"히비야日比谷의 구상유취口尙乳臭한 늙은 고양이들, 그래도 이 데라우치가 아직 이빨이 무뎌지지 않았음을 알고는 있는 모양이지. 그러나 연작燕雀이 어찌 홍곡鴻鵠의 뜻을 촌탁忖度할 수 있으리오."

히비야는 의회가 자리 잡은 곳이니, 곧 의회에 대한 불만을 드러낸 것이었다. 그 불만이 제비, 참새 따위에 불과한 소인배들이 어찌 하늘 높이 날아가는 기러기나 고니 같은 자신의 원대한 포부를 이해할 수 있겠느냐는 빈정거림으로 나타난 것이다.

그렇다면, 데라우치의 이러한 빈정거림에는 조선총독부 청사를 짓는 데 어떤 거창한 노림수라도 숨어 있다는 얘기였을까. 그것은 좀 더 두고 보면 알게 된다.

백악白堊의 대전당으로

여기서 잠깐 총독부 청사의 설계 도면을 들여다보자. 당시의 저들 표현으로는 '중세 부흥식'. 조선총독부 새 청사는 그때 일본에서도 한창 유행을 타던 중세 유럽의 양식을 본떠서 설계되어 있었다. 이른바 르네상스 양식이라 했던가. 건축 자재의 재질감을 살리고 조화로운 비례를 통해 인간적이며 구성적인 아름다움을 추구한다는 것이 바로 르네상스 양식이었다.

여기에 부분적으로 바로크식의 분위기가 가미되었다. 건축의 모든 구성을 한가운데로 통합시켜 장중하면서도 위엄 있는 느낌을 풍기도록 한다는 양식이다. 한편으로 국가의 절대 권력과 통치의 무한성을 상징한다고도 했다.

그러나 르네상스식이든, 바로크식이든 이들 풍조가 처음 일어났던 유럽 대륙에 비해서는 시기적으로 유행 바람이 상당히 늦게 불어온 셈이었다. 실은 일본에서조차 아직은 몇몇 유럽 건축가들에 의해 새로운 양식이 받아들여지기 시작하면서 근대적인 건축 문화가 비로소 조금씩 형성되어 가던 무렵이었다.

지중地中 1층에 지상 5층 규모. 지중 1층이란 완전한 지하층이 아니라 벽면의 반쯤은 땅 위로 나오도록 되어 있어, 바깥으로 창문도 낼 수 있게끔 만들어진 반半 지하층이란 뜻이었다.

정면과 양쪽 옆에는 빙 둘러가며 베란다가 설치되고 옥상 한가운데에는 무한한 권력을 상징하듯 돔 지붕이 둥그렇게 얹히도록 설계됐다. 커다란 애드벌룬을 절반으로 뚝 잘라 엎어 놓은 듯한 모습의 돔은 열여섯 개 부분으로 이어져 둘러싸도록 되어 있었다. 그리고 그 크기는 당연히 동양 최대가 될 터였다. 어디서 흘러나온 얘기인지는 몰라도, 돔의 모양이 천황의 왕관을 상징한다고도 했다.

청사의 높이는 정면 중앙 부분이 일흔여섯 척尺 일곱 치寸. 옥상 네 귀퉁이에 감아 올려지는 화강석 장식까지는 여든세 척. 그리고 옥상 한가운데 우뚝 세워지는 돔 꼭대기까지는 159척, 다시 그 위에 솟은 원통형의 첨탑까지는 180척에 이르도록 설계되어 있었다(이를 미터법으로 환산하면 정면 중앙의 높이는 대략 23.2미터, 네 귀퉁이 높이는 25.1미터. 그리고 돔 지붕 꼭대기까지의 높이는 54.5미터가 된다).

설계 도면상 잡힌 대지 규모는 동서가 약 242간間, 남북으로 124간. 여기서 한 간은 여섯 척이니, 동서로 1,452척이요, 남북으로 744척에 이르는 거대한 규모였다. 건물이 들어설 면적만을 따진다면 2,219평. 여기에 2홉合 1작勺 9재才 만큼 우수리 면적이 더 붙을 것이었다(미터법으로 환산하면 대지 규모는 동서가 약 436미터, 남북 약 223미터로 전체 넓이는 9만 7,290평방미터에 이른다. 또 건물 밑바닥 면적은 7,323평방미터에 이르고 있었다).

땅속에 말뚝을 두드려 박는 항타 작업이 끝난 다음에는 밑바닥에서부터 온통 콘크리트로 다지고, 바깥벽은 모두 화강석으로 꾸며지도록 도면이 만들어졌다. 돔 지붕에 화강석 기둥 장식, 아치형 창문…. 한눈에 보아도 총독부 새 청사는 겉모습에서부터 우아함과 위엄을 갖추었다. 설계 도면은 이러한 것을 충분히 말해 주고 있었다. 화강석과 철근 위주로 이처럼 대규모의 건물을 세운 전례가 조선에서는 거의 없었으며, 일본에서도 이만한 규모의 건축물은 아직 없었다.

그때까지만 해도 일본 본토에서는 법령에 의해 도쿄의 황거皇居보다 더 높은 건축물을 세우지 못하도록 엄격히 제한받고 있었다. 그 제한 높이는 대략 100척이었으니, 미터법으로 31미터 정도. 천황에 대한 존엄성을 침해하지 않도록 한다는 뜻이었지만, 잦은 지진에 대비해 건물 붕괴 피해를 줄인다는 의미도 한몫 거들었을 것으로 보인다.

이에 따라 총독부 청사는 '덴노 헤이카天皇陛下'의 다스림을 받는 전체 일본 제국의 울타리 안에서 가장 웅장한 모습을 자랑하는 '백악白堊의 대전당'이 될 것임이 틀림없었다. 그것은 생각만 해도 장관이었다. 데라우치는 설계도를 들여다볼 때마다 저절로 어깨가 으쓱해졌다.

"황은皇恩이 허락하지 않았다면 기껏 토끼 꼬리 만한 조선 반도에 어찌 이런 웅대한 건축물이 들어설 수 있겠는가."

그는 총독부 간부회의를 주재하는 자리든, 술좌석이든 새 청사 얘기가 나올 때마다 '황은'을 들먹였다. 자신이 그만큼 신임을 받고 있다는 뜻을 내비치는 동시에 나름대로의 흐뭇한 마음을 나타낸 것이었으리라. 그렇지 않아도 '황은'은 앵무새처럼 되뇌이던 저들의 입버릇이었다.

경복궁을 틀어막았으니

그러나 무슨 까닭이었을까. 전체적인 배치로 본다면 총독부 청사는 경복궁을 바로 앞에서 틀어막도록 설계되어 있었다. 근정문에서 남쪽으로 기껏 열일곱 간, 광화문에서는 북쪽으로 마흔여섯 간만큼 떨어져 자리가 잡혀 있었던 것이다.

따라서 이처럼 웅대한 규모의 새 청사가 지어지면 경복궁은 총독부 뒤편으로 완전히 가려져 육조 관아가 늘어선 황토마루 큰 거리 쪽에서는 기와 마루조차 전혀 보이지 않게 될 것이 뻔했다. 그것은 저들이 계획한 대로였다.

제국주의 일본의 심산은, 다시 말해, 경복궁 터에 조선총독부 새 청사를 들이 세움으로써 이 나라 백성들의 뇌리에서 옛 왕조에 대한 기억과 미련을 깨끗이 지워 버리겠다는 뜻이었다. 북악에서 발원하여 육조 거리를 통해 도읍 전체로 뻗어 있는 지맥地脈의 흐름을 아예 발꿈치에서부터 끊어 버리겠다는 의미도 없지 않았다.

이에 따라 근정전 앞뜰 왼쪽에 남겨진 내사복 창고 일부분만 제외하고는 근정문 바깥쪽으로 광화문까지 이르는 궁궐 뜰 거의 전부가 청사 신축 부지에 편입되었다. 경복궁 전체로 따진다면, 거진 5분의 1 정도의 면적이 신축 부지로 뜯겨 나간 셈이었다고나 할까.

이 부지를 차지하고 있던 홍례문과 영제교, 그리고 그 주변의 회랑廻廊들이 일찌감치 헐려 나간 것은 어쩌면 당연했다. 총독부가 물산공진회를 열면서 홍례문 주변 전각과 시설까지 모조리 철거해 버린 자체가 총독부 신축을 미리 염두에 둔 것이었다.

이런 계획에 의해 설계도면 작성 작업도 벌써 끝나 있었다. 북악에서 흘러내려온 개울물이 영추문迎秋門 쪽에서 대궐 안으로 꺾여 들어와 홍례문 앞을 흐르던 것이 바로 명당수 금천禁川이었지만, 그 물줄기가 이미 광화문 쪽으로 돌려져 있던 것도 이 같은 설계에 따른 것이었다.

"센징鮮人들이 앞으로는 아예 북궐北闕 따위일랑은 눈곱만큼도 생각하지 못하게 될 거야."

점잖고 교양이 넘친다는 야마가타 정무총감도 가느다란 안경테 너머로 곧잘 의미심장한 미소를 띠우곤 했다. '북궐'이란 경복궁이 한성 북쪽에 자리 잡았다 해서 붙여진 이름이었다. 이에 비해 창덕궁은 '동궐東闕', 경덕궁慶德宮=경희궁은 '서궐西闕'로 불렸다.

더욱이 조선총독부 새 청사는 위에서 내려다볼 때 일본을 상징하는 '일日'자가 옆으로 누운 것처럼 보이게 평면이 설계되었으니, 식민통치에 철저했던 저들의 마음 됨됨이를 그대로 드러내는 본보기였다(조선총독부보다 몇 해 앞서 신축공사가 시작된 타이완 총독부도 같은 모양으로 설계가 이루어졌음은 우연한 일이 아니었다).

조선 백성들의 기개를 제압한다는 뜻이었을까. 그들은 이 땅의 속담에 "지렁이도 밟으면 꿈틀한다"는 얘기가 전해 오는지를 아예 몰랐는지도 모른다. 그게 아니라면, 아무리 조선 무지랭이들이 꿈틀댈지라도 자신들에게는 전혀 상관없다는 뜻이었을까.

철도호텔과 조선은행

저들은 조선총독부 새 청사에 앞서서도 이미 구한말부터 이 땅 곳곳에 적잖은 서양식 건축물을 선보였다. 조선에 새로운 건축문화가 도입되는 계기이기도 했다.

새 건축물은 특히 한성에 많이 세워졌다. 한성재판소가 그렇고, 용산역과 대한의원이 그랬다. 일본 거류민단이 일찍부터 몰려 살던 부산이나 인천 거리에서도 신식 건물들로 인해 서양식 분위기가 물씬 풍겨질 정도였다.

저들 뜻대로 합병을 이룬 다음에는 더 말할 것도 없었다. 식민통치를 위해서는 새로운 조직이 필요했고, 따라서 새로운 건물이 필요했다. 경성 곳곳에서는 새 건물을 짓는 공사가 끊이지 않고 이어졌다. '경성京城'이라는 이름부터가 옛 이름인 '한성漢城'을 저들 마음대로 뜯어고친 것이었다. 한 나라의 도읍으로서가 아니라 경기도의 중심 도시일 뿐이라는 뜻으로 한꺼풀 격하된 이름이었다.

총독부 청사 공사가 시작되기 두 해 전인 1914년 구월, 경성 하세가와쵸長谷川町의 옛 남별궁 터에 세워진 조선철도호텔은 처음부터 총독부 철도국 주관으로 만들어진 건물이었다. 역시 이 땅의 백성들을 위해서라기보다는 어디까지나 식민정책을 위한 용도였다.

땅 둘레가 6,750평에 건평 588평 규모의 다섯 층짜리 건물. 객실은 모두 예순아홉 개에 침대는 106개였다던가. 이처럼 시시콜콜한 내용까지 장안의 애깃거리로 떠돌아다닐 정도의 명물로 꼽혔다. 구한말의 손탁호텔에 이어 본격적인 호텔 문화가 도입되는 시발점이었다. 여기에 들어간 공사비가 모두 84만 4,000엔円에 이르렀다.

경인선을 앞세워 철도가 전국 곳곳으로 뻗어나가면서 점차 늘어나는 외국의 철도 손님을 위한 숙소로 세워진 것이었다. 경인선이 개통된 것은 1899년. 경인선에 이어 여섯 해 뒤인 1905년에는 한성과 부산진을 잇는 경부선이 개통되었다. 또 철도호텔이 완공된 바로 그해에는 호남선과 경원선이 연이어 개통됐으며, 원산에서 회령까지 연결되는 함경선 공사가 곧바로 착공된 터였다.

철도호텔은 겉모습은 물론이려니와 조선식 식당과 서양식 식당, 커피숍인 '선 라운지 Sun Lounge' 같은 화려하면서도 아늑한 시설을 뽐냈다. 당구를 즐길 수 있는 빌리어드 룸도 마련되었다. 이미 순종 황제 때 일본을 통해 당구가 도입됐던 터다. 순종이 기거하던 창덕궁에도 옥돌로 만들어진 당구대 두 대가 설치되어 있었다던가.

음악실에서는 실내악 연주와 함께 축음기로 서양 음악이 곧잘 소개됐다. '클레멘타인'을 비롯해 '대니 보이', '메기의 추억', '한 떨기 장미꽃' 같은 노래들이 이 무렵 국내에 들어왔다. 집을 떠난 여행객들이 애잔한 노래를 좋아하기 때문인 것일까.

여기에 '임금의 영화御代の榮'나 '천리 바람千里の風' 같은 일본 노래도 간간히 불리워졌다. 두말할 것도 없이 총독부가 자신들의 치적을 자랑하기 위해 만든 노래들이었다. 데라우치를 비롯한 총독부 간부들이 호텔에 들를 때면 으레껏 청하는 노래들이기도 했다.

댄스파티를 즐길 수 있는 그랜드볼룸도 만들어졌다. 메이지明治 유신 당시 도쿄에 주재하던 서양 외교관과 귀빈들을 위한 사교클럽으로 지어진 로쿠메이칸鹿鳴館을 본딴 것이다. 이와 함께 1층 현관의 회전문이나 조선땅에서는 처음으로 설치됐다는 엘리베이터도 장안의 화제가 되었다. 엘리베이터는 여객용, 화물용이 각각 한 대씩 설치되었다.

그리고 연회장과 복도에는 흑갈색 유약을 발라 구워낸 테라코타 장식 타일을 붙여 은은한 분위기를 내도록 꾸며졌다. 호텔 장식품은 대체로 외국산이었다. 현관 로비의 휘황한 샹들리에는 미국에서, 귀빈 접대용 은그릇 세트는 독일에서 수입했다. 테이블 보자기와 창문 커튼을 장식한 아마포 레이스는 네덜란드에서 들여온 것이었다.

그밖에 실내장식 비품 중에서는 영국의 메이플 회사에서 들여온 것이 적지 않았다. 메이플 회사의 비품은 이미 덕수궁의 석조전 실내장식 때부터 이용되어 왔다. 이를테면, 조선 왕실이 메이플 회사의 단골 고객이었던 셈이다. 여기에는 구한말 당시 러시아 공사 웨베르의 처제로 왕실에 자주 드나들던 미쓰 손탁의 입김이 적잖게 작용했던 것으로 전해진다. 손탁 호텔의 주인공이 바로 그녀였다.

그러나 아무리 호텔이 호화롭게 꾸며졌다 해도 헐벗고 굶주린 조선 사람들에게 도대체 무슨 소용이 있었을까. 호텔에 드나들 수 있는 사람들은 총독부 고관이나 일본 여행객, 또는 외국인으로 제한됐으니 하루

세끼 풀칠하기조차 어려웠던 이 땅의 백성들에게는 애초부터 이런 얘기 자체가 한낱 '그림의 떡'에 지나지 않았다.

당장이라도 다시 손가락으로 꼽아 보자. 그때 조선인 중에서 한갓지게 사교춤을 추러 다닐 수 있는 사람이 과연 몇 명이나 되었겠는가. 어느 누가 마음 놓고 호텔에 드나들 수 있었겠는가. 만약 호텔을 드나들 수 있었다면, 그들 대부분은 분명 친일 귀족이었거나 일본의 앞잡이였으리라.

이 철도호텔의 기본 설계를 맡았던 사람은 프로이센 출신 건축가인 게오르게 데 라란데다. 그러나 그 외에는 마무리 시공에 이르기까지 대부분 일본 사람들의 구상과 기술에 의해 만들어졌다. 더욱이 라란데가 아니라도 이미 조선에는 구한말부터 외국인 건축가들이 체류하면서 활동을 펴고 있었다. 그중에서도 정동의 러시아 공사관을 설계한 러시아 건축가 스크레딘 사바틴Scredin Sabatin이 초창기 인물로 꼽힌다.

이제 조선에도 근대적인 건축 양식이 본격적으로 도입되던 터였다. 문제는 과연 누구를 위한 건축이었는가 하는 것이다. 철도호텔이 바로 그 대표적인 본보기다. 철도호텔이 세워진 터는 원래 원구단圜丘壇이 있던 자리였다. 대한제국이 선포되던 1897년 시월 열하룻날, 고종이 문무백관을 거느리고 친히 남별궁터에 거동하여 하늘과 땅에 두루 고하고 황제의 자리에 올랐던 바로 그곳이다.

총독부가 천지 신위를 봉안했던 원구단을 허물고 그 터에 저들 여행객을 위한 호사스런 호텔을 짓도록 한 것은 조선 백성들로 하여금 아예 이 생각, 저 생각 하지 못하도록 하겠다는 뜻이나 다름없었다(원구단은 하늘에 제사를 지내던 제단. '천원지방天圓地方'이라 하여 땅의 신에게 제사지내는 사직단이 네모꼴로 쌓인 것과는 달리, 원구단은 원형으로 이루어졌다. 그러나 지금은 그 터가 호텔 밑에 파묻혀 한낱 옛 이야기로나 남아 있을 뿐이다).

이 나라의 중앙은행으로 세워진 조선은행 청사는 또 어떠한가. 원래는 회현방會賢坊이라 불리던 혼마치本町 1가丁目에 지하 1층, 지상 2층 규모로 지어졌다. 중세 유럽의 고풍스런 성관城館 스타일이 가미된 르네상스 양식. 바깥벽은 모두 화강암으로 붙였으며 지붕은 동판으로 씌워 세월이 지날수록 고색창연한 느낌을 나타내도록 한 건축물이었다.

그러나 이조차도 도쿄제국대학 공학부 교수였던 다쓰노 깅고辰野金吾가 설계한 것이었다. 일본은행 본점과 도쿄역 역사驛舍를 설계한 주인공으로 일본 근대 건축의 선구자로 꼽히던 다쓰노. 그는 이 땅에서 조선은행에 앞서 부산역사를 설계하기도 했다.

조선은행 청사는 아직 저들에 의한 병탄이 이뤄지기 전인 1907년 십일월 지진제와 함께 터닦이 공사가 시작되었다. 일본 다이이치第一 은행 한성 지점으로 사용하기 위해 세워진 것이었다. 한국은행 청사로 지정된 것은 공사가 시작되고 이태가 지난 1909년. 준공은 1912년 정월에 보았지만 이때는 이미 식민지로 전락한 뒤였으며 이름조차 조선은행으로 바뀌어 있었다. 두취頭取=총재도 초대 이치하라 모리히로市原盛弘에 이어 모리 고이치森悟一가 제2대 두취를 맡고 있었다.

총독부는 1918년에는 다시 식산殖産 은행을 세웠다. 농업은행이 이름을 바꾸어 새로이 체제를 갖춘 식산은행은 동양척식주식회사의 실질적인 감독을 받고 있었다. 일제는 이렇게 두 거대 은행을 통해 이 땅의 경제를 제멋대로 주물렀다. 이 가운데 조선은행은 한국은행의 모태가 되었으며 식산은행은 산업은행으로 탈바꿈하게 된다.

이와 함께 1915년 구월에는 경성 우편국도 착공 두 해 만에 준공을 보았다. 철도호텔 완공부터 한 해 뒤, 조선은행이 완공된 때로부터는 세 해 뒤의 일이다. 벽돌과 화강석을 적절히 섞어 세운 지하 1층, 지상 3층 건물로 연건평 1,320평 규모. 웅장하면서도 화려한 아라비아 양식의 이 우편국 건물은 역시 옥상 한가운데에 돔 지붕이 우뚝 솟았으며, 모든 창문틀이 아치식으로 꾸며진 게 두드러진 특색이었다.

경성 우편국은 큰길을 사이에 두고 조선은행 청사 및 경성부청과 마주 보도록 자리를 잡았다. 특히 눈길을 사로잡았던 것은 거리 한가운데 만들어진 분수였다. 여름이면 시원한 물줄기를 뿜어 올리는 모습이 장안의 명물이었다. 저들이 이렇게 분수를 설치한 것은 식민통치를 통해 분수처럼 넘쳐나는 시혜를 베푼다는 뜻이었을지도 모른다.

경성 시가는 이처럼 나날이 번듯한 모습으로 변해가고 있었다. 그러나 겉모습뿐이었다. 속은 오히려 말라 비틀어져 가고 있었으니….

물산공진회

애기는 앞으로 거슬러 올라간다. 때는 조선총독부 새 청사 신축공사가 시작되기 한 해 전인 1915년. 일본 연호로는 다이쇼 4년.

여름을 맞으면서 경성 거리는 온통 떠들썩했다. 떠들썩한 것은 비단 경성만이 아니었다. 읍내마다, 시골 장터마다 사람이 몰리는 곳에는 으레 똑같은 얘깃거리였다. 그해 구월 열하룻날, 이른바 '조선 물산공진회'라는 거창한 이름의 전람회가 준비되고 있었던 까닭이다. 시정施政 5년을 기념해 열리는 것이라고 했다.

더욱이 개최 장소는 경복궁이었다. 전람회도 전람회였지만, 백성들은 옛 임금께서 기거하던 궁궐에 대한 호기심만으로도 미리부터 들떠 있었다.

어디 감히 상것들이 눈길이라도 돌릴 수 있었던 곳이 아니잖은가. 바로 그 지엄하던 궐내에서 전시회가 열린다는 것이었다. 장안의 화제는 온통 물산공진회에 관한 것뿐이었다.

여름으로 접어들면서 전시관 공사도 대부분 끝나가던 무렵이었다. 경복궁은 이제 한 나라를 굽어보고 호령하던 왕궁이 아니었다. 한낱 전시회장으로 변해가고 있었으니, 지난날의 영화는 빈 껍데기뿐이었다.

고종과 순종도 이미 이곳을 떠나 텅 비워둔 지 오래였다. '이태왕'은 덕수궁에, '이왕'은 창덕궁에 거주하고 있었다. 일본은 합병과 함께 고종에게는 '이태왕'이라는 칭호를, 순종에게는 '이왕'이라는 칭호를 각각 내린 터였다. 저들의 통치자가 황제(천황)였으니, 그 휘하의 신하가 됐다는 뜻이나 다름없었다.

물산공진회. 저들이 조선을 식민지로 거느려 총독통치를 편 지 다섯 해가 지나는 동안 이 나라 백성들의 살림살이가 얼마나 살이 찌고 넉넉해졌는지를 보여준다는 뜻에서 열리는 것이었다. 이에 대해《매일신보》는 "이번 공진회는 그 규모가 크다 해서가 아니라 개최의 목적이나 성질이 이미 내지內地 도처에서 열렸던 행사와는 다소 취지가 달라 명칭은 그냥 물산공진회라 할지라도 사실은 조선의 물산을 전시하는 박람회라 해도 과장은 아닐 것이다"라고 보도하고 있었다.

따라서 좀 더 정확히 말하자면, 조선에 대한 식민통치 5주년을 자축하는 동시에 조선의 식산과 물산이 그전보다 훨씬 풍요로워졌다는 점을 국내외에 두루 알리고자 하는 의도가 더 크게 담겨 있었다고 보는 게 옳을 행사였다. 외국의 앞선 발명품 따위를 소개한다는 뜻에서 이미 1912년 에이라쿠쵸永樂町 1정목 옛 대한제국 농상공부 청사에 '상품 진열관'을 차려놓긴 했지만, 그것과는 또 차원이 달랐다.

저들의 속셈이란 게 그러했다. "천황께서 굽어보는 자애로운 눈길이

바다 건너 식민지에도 골고루 미친다"고 했던가. 어쨌든 그런 식이었다. 이 무렵 저들 사이에서 널리 불리던 '임금의 영광御代の榮'이란 노래의 한 구절만 들어 보자. 자신들의 식민통치에 대해 어떻게 생각하고 있었는지를 대강이나마 미루어 짐작해 볼 수 있으리라.

> 보금자리 떠나 다섯 해 이른 오늘날에
> 지난날 돌아보니 꿈만 같구나
> 이제는 따사로운 바람으로 사방 만물이 생기를 얻었도다
> 솔개가 둥지를 튼 산이나,
> 호랑이 포효하는 들판에도
> 큰 길, 작은 길이 만들어져
> 오백년 옛 도읍에 봄이 찾아들면
> 아직 잔설殘雪 속에 매화꽃 피고
> 복숭아꽃, 배꽃이 흐드러지게 피어난 산록에는
> 찬란한 향기 풍기는구나

이러한 노랫가락이 아니라도 데라우치는 득의만면했다. 비록 준비에 소홀한 점이 있다손 치더라도 아직 일본에서조차 이런 대규모 박람회는 열리지 못하고 있었다. 바로 한 해 앞서 도쿄 우에노 공원에서 '다이쇼 박람회'라는 이름으로 전시회가 열리긴 했지만, 따지고 보면 그것도 이번 물산공진회의 예행연습에 불과한 것이었지 않은가.

물론 그때까지 세계 여러 곳에서 대규모 박람회가 몇 차례 열린 것은 사실이었다. 하지만 이번에 준비되는 행사가 거기에 비해서도 그다지 크게 꿀리지 않는 규모라 했다. 적어도 농상공부 장관 이시츠카의 보고

는 그랬다. 그는 공진회의 사무위원장이었다.

이시츠카 에이조石塚英藏 장관이 남의 비위나 맞추려고 일부러 꾸며서 말할 사람은 아니지 않은가. 그는 도쿄제국대학 수석 졸업생으로 이른바 '은銀시계당'의 한 명이었다. '은시계당'이란 천황이 제국대학 수석 졸업생에게 기념 은시계를 하나씩 수여했다 해서 붙여진 이름이었다. 나름대로 자존심과 포부가 넘치는 인물이 바로 이시츠카였다.

딴은 박람회의 역사라는 게 그랬다. 세계적으로 근대적인 첫 박람회라 꼽히는 런던의 '만국 박람회'가 열린 것이 약간 오래전인 1851년이긴 했지만, 파리 '만국 박람회'와 시카고 '국제 박람회'에 비해서는 기껏 스무 해 남짓한 시차를 두고 공진회가 열리는 셈이었다.

다만, 파리 '만국 박람회'의 에펠탑처럼 상징적인 조형물을 만들어놓지 못했다는 점, 데라우치는 바로 그 점을 아쉬워했다. 갑작스레 열리는 공진회인지라 역시 준비에서 부족한 점이 많을 수밖에 없었다.

"그러나 물산공진회가 끝나자마자 바로 그 자리에는 근사한 총독부 청사가 올라가도록 되어 있지 않은가."

데라우치는 내심 그런대로 만족스러웠다.

공진회를 꾸며내다

이 물산공진회가 처음 계획된 것은 1913년. 데라우치의 입장으로서는 한 해 전에 즉위한 다이쇼 천황에 대한 나름대로의 진상품이었다. 그리고 결과적으로 공진회의 개최는 즉위식을 앞두고 헌상되는 최고의 선물이 될 참이었다. 다이쇼 천황의 즉위식은 그해 동짓달로 예정되어 있던 터였다.

다이쇼 천황은 부친인 메이지 천황의 사거에 따라 1912년 칠월 자리를 물려받았으나 정작 세 해가 지나도록 아직 즉위식을 거행하지 못하고 있었다. 선황의 장례를 치르고 곧바로 즉위식 준비에 들어갔으나 모친인 쇼겐昭憲 황태후가 연이어 사망했기 때문에 또 다시 장례식을 치르느라 이럭저럭 즉위식이 늦춰진 것이었다. 그렇지 않더라도 어렸을 때 앓았던 뇌막염의 후유증으로 자라서까지 정신질환에 시달릴 만큼 그 자신의 건강도 썩 좋았던 편은 아니었다.

이런 복잡한 상황에서도 조선총독부는 이듬해인 1914년 삼월 의회에서 예산 지원을 받아 본격 준비에 착수한 데 이어 그해 유월에는 총독부 훈령으로 '공진회 사무장정'을, 팔월에는 공진회 운영에 관한 심의를 맡을 '평의원評議員 규정'을 각각 공포하기에 이른다. 즉, 공진회의 모든 사무를 총괄할 사무처를 설치하되 여기에는 사무총장과 사무위원장 및 사무위원을 두도록 하고, 출품되는 물품들의 심사를 위해 심사장을 비롯해 심사부장, 심사원을 별도로 임명토록 했다.

또 평의원은 총독부 본부와 각 도별로 두도록 했는데, 본부에 설치되는 평의원은 각 부의 외사과장과 학무국장, 경무총감, 철도국장, 체신국 장관, 임시토지조사국 국장 및 이왕직李王職 차관으로 임명토록 하며 그 밖에도 명망이 있는 실업가 몇 명씩을 포함시키도록 했다.

각 도별로 임명되는 평의원은 실업가 중에서 열 명씩 위촉하도록 되어 있었다. 협찬금 모금에 관여하게 되는 이 평의원에는 조선인도 반드시 다섯 명씩을 선임토록 했다. 이러한 규정에 따라 사무총장과 평의원회 의장에는 야마가타 정무총감이 겸임 발령됐으며 사무위원장은 이시즈카 농상공부 장관이 맡았다(이시즈카 장관은 그 뒤 동양척식회사 총재를 지냈으며, 1929년에는 제13대 타이완 총독으로 영전해 가게 된다).

이러한 절차를 거쳐 공진회 개최 계획이 총독부 고시를 통해 정식으로 공고된 것은 그해 팔월 육일. 개최 기간은 1915년 구월 열하룻날부터 시월 삼십일일까지 모두 50일 동안. 여기에 맞추어 우정국이 공진회 개최를 축하하는 기념엽서를 찍어내는 등 총독부 모든 부서가 공진회 준비에 들어가게 된 것은 두말할 나위가 없었다.

행사 준비를 위해 총독부의 자체 예산 50만 엔이 배정되었으며 각 도에서도 적잖은 지방비가 지출될 예정이었다. 여기에 별도로 접수되는 기부금까지 감안한다면 대략 70만 엔 이상의 막대한 예산이 들어가도록 되어 있었다. 조선총독부 새 청사를 짓기 위해 본국 의회에 올려졌던 예산안 규모가 300만 엔이었던 점을 감안하면 결코 만만한 액수는 아니었다.

경복궁 경내는 미리부터 샅샅이 파헤쳐졌다. 공진회 개최를 위한 전시장 부지를 마련한다는 구실이었다. 어쩌면 총독부는 새 청사 신축에 앞서 경복궁을 파헤칠 핑계를 찾기 위해 이러한 행사를 대대적으로 준비했는지도 모를 일이다.

근정문 앞을 지키고 서 있던 홍화문과 그 양쪽 옆을 지키던 유화문維和門, 용성문用成門, 협생문協生門 등이 한꺼번에 헐려나간 것도 바로 이때였다. 근정문 앞을 흐르던 금천의 영제교는 그 앞에 놓여 있던 돌사자石天祿 세 마리와 함께 뜯겨져 경복궁 서쪽 창고인 내사복內司僕 바깥 정원으로 옮기어졌다. 동궁이라 불리던 자선당慈善堂도 이때 함께 헐려나갔다.

저들은 공진회를 개최한답시고 경복궁을 제멋대로 뜯어내고, 깨뜨리고, 헐어 버렸다. 전시관이 지어지던 무렵 경복궁은 온통 먼지투성이였다. 조선 팔도 방방곡곡을 굽어보며 만백성을 호령하던 경복궁이 이처럼 마구잡이로 뜯기고 훼절당하고 있었다.

이 모두가 데라우치 한 개인의 끝없는 공명심과 추진력에 힘입은 바 적지 않았다. 적어도 데라우치는 한번 마음먹은 일에서는 조금도 물러설 줄 몰랐다. 식민지 백성들에게는 고통을 강요하는 것이기도 했다.

이제 공진회 모습을 찬찬히 살펴보자.

화려했던 공진회

총독부 기관지인 《매일신보每日申報》는 행사를 앞두고 연일 공진회 관련 소식을 내보냄으로써 분위기를 한껏 띄우고 있었다. 공진회 기간 중에 이 신문사가 주최하는 '가정家庭 박람회'도 함께 열리도록 예정된 때문이기도 했다. 이와 함께 경성 시가지 정비계획이 진행되면서 보신각 자리를 뒤로 옮기는 작업도 진행 중이었다.

공진회 관람권은 한 장에 오십 전. 평일에는 한 장으로도 관람이 가능했지만 입장객이 대거 몰리는 공휴일은 두 장을 내야만 입장을 시켜주도록 했다. 이미 1차로 입장권 40만 장이 인쇄되어 각 도별로 배포되고 있었다. 잡화나 포목, 약재상 등이 몰려 있는 종로의 상점가도 대목을 기대하며 덩달아 신바람에 들썩거리던 터였다.

벌써부터 경성 시내 여관의 대부분은 지방으로부터 단체 예약을 끝낸 터라 일반 관람객들의 숙박 문제를 두고도 대책을 마련하느라 떠들 썩했다. 경찰 당국도 부랑자 단속에 나섰는데, 흥미 있는 사실은 일본 사람들이 단속에 많이 걸려들었다는 점. 《매일신보》는 그해 칠월 이십 팔일 기사에서 "본정本町 경찰서는 부랑자와 매음녀 박멸활동을 개시한 결과 조선인은 별로 없었고 지나인과 내지인 등의 남녀 검거수가 수십 여 명에 이르렀다더라"고 보도하고 있었다.

어쨌거나, 공진회가 열리던 그날 하늘은 쾌청했다. 산하는 남의 땅으로 변해 기지개도 마음대로 켜지 못한 채 신음하고 있었건만, 하늘만큼은 높디높은 가을 하늘 그대로였다. 하늘가에 떠도는 몇 조각의 구름은 삽상하고 바람은 시원했다.

세계열강이 얽힐 대로 얽혀 한창 불길이 번져가는 전쟁에 참전하고 있는 저들이었건만 경성 거리에서는 어느 한 군데라도 전쟁이 뿜어내는 참혹한 화약 냄새는 맡아 볼 수 없었다. 겉으로는 오히려 평온한 듯했다. 들뜬 분위기마저 느껴지고 있었다.

보스니아 사라예보에서 오스트리아 황태자 프란츠 페르디난트 부처가 불의의 저격을 받음으로써 전쟁이 촉발된 것은 그보다 한 해 전인 1914년 유월. 일본도 이 전쟁에 연합국의 일원으로 참전하고 있었다. 뒷날 역사가들에 의해 '제1차 세계대전'이라 이름 붙여지는 바로 그 전쟁이다.

그때 신문에서도 '열강列强 대전쟁'이라는 이름을 붙여 하루도 빠짐없이 전황을 보도하고 있었다. 이즈음에는 독일과 러시아의 접전이 주요 관심사였다.

박람회장인 경복궁에는 일장기인 히노마루를 위시해 만국기가 바람을 따라 물결을 이루고 있었다. 전쟁터에서 일본과 같은 편이거나 우호 관계를 유지하는 나라들의 깃발이었다. 그것은 메이지쵸明治町, 즉 진고개에서 시작해 하세가와쵸長谷川町와 태평통 거리를 거쳐 황토마루까지 이어지는 시가도 마찬가지였다. 이 거리는 그야말로 경성의 중심이었다.

데라우치는 공진회가 열리기 며칠 전부터 요정을 돌아가며 술자리를 마련했다. 공진회 준비에 노고가 많았던 총독부 간부들과 경성 협찬회, 그리고 일본 상공인회 회원들을 위한답시고 마련된 자리였다. 총독 관저에서는 물론 진고개의 카게쯔소花月莊와 하죠칸巴城館, 쇼쿠도엔食道園 등에서는 밤늦도록 샤미센三味線 뜯는 소리가 울려 나왔다. 연회는 철도호텔 연회장에서도 몇 번인가 열렸다.

"조선 개국 이래의 최대 행사를 위하여…"

그는 술잔을 치켜들 때마다 한껏 거드름을 피웠다. 그리고는 말끝마다 "그러나 조선 사람들의 힘으로는, 아니 이 데라우치가 아니었다면 감히 꿈도 꾸지 못했을 행사였다"는 말을 빠뜨리지 않았다. 이 공진회를 통해 다시 한번 자신의 능력과 수완을 드러낼 수 있게 된 것이 무엇보다 자랑스럽다는 듯한 표정이었다.

아마, 내지에서도 현해탄을 건너 적잖은 사람들이 몰려올 것이었다. 아닌 게 아니라 도쿄에서는 오쿠마 총리대신이 사흘이 멀다 하고 전보를 쳐서 격려를 해 주곤 하지 않았는가.

물산공진회를 구경하기 위해 경성에 몰려들 저들 귀빈을 위한 숙소로 철도호텔이 총독부 직속으로 건립되었으며, 관람객과 전시품을 실어 나를 호남선과 경원선의 부설도 이미 끝나 있었다. 무엇 하나 부족할 것이 없었다.

조선총독부 신축공사를 위한 준비도 착착 진행되고 있었다. 본국 의회에 올린 300만 엔의 예산이 아직 의회를 통과하지는 못했지만, 준비비에 대해서는 승인이 떨어진 만큼 이제 적당히 시기만 기다리면 되는 것이었다. 데라우치는 그동안 이 문제로 얼마나 골치를 앓았던가를 생각하면서 몇 번이나 진저리치듯 고개를 저어댔다.

다만, 한 가지 마음에 걸리는 게 있다면 보따리와 등짐을 이고지고 만주 벌판으로 떠나가는 조선 유랑민들이었다. 그곳에서 독립군에도 들어가고, 의병 활동을 벌인다고도 했다. 심지어 밤낮으로 압록강, 두만강을 넘나들며 저들 관헌을 괴롭힌다는 얘기도 들려오고 있었다.

이러한 독립 활동의 색출 임무를 지고 있던 아카시明石元二郞 경무총감. 러시아 페테르부르그에 주재하며 군사기밀 첩보활동을 벌였고 레닌을 비롯한 혁명 세력과 내통했던 이력이 말해 주듯이 눈치가 빠른 인물이었다.

그는 보고 때마다 "조만간 흉도兇徒들을 깡그리 토벌해 심려를 끼쳐 드리지 않도록 하겠다"고 거듭 다짐했지만 의병 활동은 조금도 누그러지는 기미를 보이지 않았다. 오히려 갈수록 기승을 부리는 듯했다. 데라우치가 보고를 받으면서 눈살을 찌푸릴 만도 했다.

저들은 조선 의병이나 독립군을 '흉도'라고 불렀다. 때로는 '서적鼠賊'이라는 표현으로 깔보았으니, 정말로 흉악범이거나 '쥐새끼들' 정도에 지나지 않는다는 뜻이었을까. 어쨌든 무기도 변변히 갖추지 못했으나, 곳곳에서 수시로 출몰하는 의병들이야말로 저들에게는 목에 걸린 가시처럼 여겨졌을 법했다.

데라우치가 공진회에 일대의 호걸 장쭤린張作霖을 은밀히 초대해 놓고 있던 것도 그런 까닭이었다. "울던 아이도 장쭤린 소리만 들으면 뚝 그친다"는 그 주인공이었다. 만주 벌판을 한 손아귀에 마음대로 주무르던 장본인이 바로 장쭤린이 아니던가. 그 한 명만 적당히 구스를 수만 있다면 그곳에 거주하는 조선 유랑민들로 인해 더 이상 골머리 썩을 필요가 없을 것이라고 데라우치는 생각하고 있었던 것일까.

근정전에서 열린 개장식

드디어 구월 열하룻날. 물산공진회 개장식은 정각 오전 아홉시에 열렸다. 식장인 근정전 주변은 요란하게 꾸며져 있었다. 탐스럽게 꽃송이를 피운 국화 화분들이 섬돌 주변과 통로 곳곳에 놓였으며, 그 사이사이에 각계에서 보내 온 화환들이 줄지어 늘어섰다.

경성 중심가 곳곳에도 행사를 축하하고 출품작에 대해 설명하는 포스터들이 어지럽게 나붙었다. 우정국에서 찍어낸 포스터도 대문짝만하게 붙여졌다. 근정전과 경회루를 배경으로 기생 차림인 듯한 여인네의 모습을 담은 포스터였다. 시가지를 운행하는 전차들은 꽃으로 장식됐다. 그야말로 꽃전차였다.

뿐만 아니라 경복궁의 여러 뜨락에는 고구려와 백제, 신라 등 옛 왕조들과 고려시대 미술품인 돌부처, 그리고 돌탑들이 두루 전시되기도 했다. 총독부가 곳곳의 궁궐과 절간을 뒤져서 거둬들여 온 것임은 두말할 나위도 없었다. 전국의 사찰이며 서원들이 고이 간직해 오던 귀중한 석물들도 이미 저들의 약탈 목록에 오른 셈이었다.

손님들을 맞이하는 광화문 앞에는 무지개 모양으로 대형 출입문이 세워져 양쪽 기둥이 요란한 문구로 장식됐다. 저들 전통 양식의 료쿠몬綠門이었다. 이 출입문 위에는 노란색의 국화꽃 문양이 그려졌는데, 저들의 천황을 상징하는 표시였음은 물론이다.

여기에 무려 130척, 즉 40미터 높이의 탐조등 설치작업도 끝나 있었다. 1만 2,000촉광의 탐조등 두 개가 야간 개장을 위해 설치된 것이었다. 이 탐조등은 수시로 물을 뿜어대는 입구의 분수대와 함께 그 자체로 대단한 구경거리였다.

총독부 각부 장관은 물론 이완용과 조중응을 비롯한 중추원의 각 고문관 및 찬의贊議에 이르기까지 초청받은 주요 인사 대부분이 이미 삼십여분 전부터 근정전에 모습을 나타냈다. 공진회 실무를 주관하고 있는 농상공부의 이시즈카 장관은 이른 아침부터 분주한 듯했다. 조선주차군 사령관과 각 사단장도 당연히 초대됐으며, 이왕직 장관인 민병석閔丙奭도 눈에 띄었다.

개장식에는 모두 300여 명의 손님이 초청되었다. 옛 조선 왕실과 귀족, 그리고 총독부 간부와 일본 기업인 가운데서도 추리고 추린 사람들이었다. 참석자들은 공진회에 초청받은 사실만으로도 뽐낼 만하다는 듯이 모두 가슴에 하얀 명찰과 큼직한 국화꽃 한 송이씩을 달고 있었다. 이날따라 식장 주변은 온통 국화꽃으로 장식된 듯했다.

데라우치 총독도 승용차를 타고 곧이어 식장에 나타났다. 그의 전용차가 근정문 바로 바깥에서 급정거를 하며 뿌연 흙먼지를 일으켰다. 총독의 전용차는 포드 세단형 4기통. 순종의 전용차나 윤비의 전용차에 비해서도 훨씬 세련되어 보이는 승용차였다. 그 무렵 순종은 제너럴 모터스의 1903년형 캐딜락 8기통을 타고 있었으며, 윤비는 1909년형인 다이믈러 4기통을 타고 있었다던가.

전용차에서 내린 데라우치는 비서관의 안내를 받으며 곧바로 근정전 돌계단에 올라서서는 좌중을 한번 휘둘러보았다. 마치 참석자들과 일일이 눈길을 맞추려는 듯한 표정이었다고나 할까. 그리고는 근정전 한가운데에 놓인 용상龍床으로 뚜벅뚜벅 다가가 거리낌도 없이 펄썩 주저앉았다.

용상 또는 옥좌玉座. 그 자리가 감히 어떤 자리였던가. 그 누가 함부로 눈길이나 돌릴 수 있었던 자리이던가. 지난날 익선관을 갖춰 쓰고 곤룡포를 차려입은 나라님만이 오로지 앉을 수 있던 자리가 아닌가.

그랬다. 임금께서 검은 능라 비단의 원유관遠遊冠을 쓰고 만조백관의 조하를 받기 위해 근엄한 표정으로 납시던 어좌였다. 그 뒤로는 일월오악日月五嶽의 병풍이 드리웠고 바로 위의 천장에는 두 마리의 황금빛 용이 여의주를 물고 마치 차오르듯이 구름 사이를 날아가는 그림이 그려진 용상이었다. 아무나 앉을 수 있는 자리가 아니었다.

그러나 데라우치는 아무렇지도 않다는 듯 태연자약한 모습이었다. 너무도 당당한 위세였다. 의당 자신이 그 자리의 임자이기라도 한 것처럼…. 그는 자리에 앉아서는 다시 좌중을 둘러보았다. 나 말고 그 누가 또 이 자리에 앉을 수 있겠는가 라고 묻기라도 하는 듯한 표정이었다.

어깨에는 역시 육군 대장 견장이 번쩍이고 있었다. 그는 이날도 군복 차림이었다. 옛 임금들이 근정전에 납실 때 앞뒤로 아홉량九梁씩에 오채五彩 구슬과 금비녀를 매달아 한껏 뽐내던 원유관의 위엄을 별 세 개짜리 금빛 계급장으로 대신 보여 주려는 것 같았다.

이윽고 회랑 밖에서 웅성거리던 초청 인사 대부분도 입장을 끝낸 모양이었다. 참석자들은 두 줄로 늘어선 품계석을 사이에 두고 양쪽에 나란히 놓인 의자에 제각기 자리를 잡았다. 누구라 할 것 없이 모두 데라우치 휘하의 신하가 되기라도 한 듯한 모습 같았다.

자리가 정돈되기를 기다려 야마가타 정무총감이 근정전 댓돌 위에 마련된 식단 앞으로 걸어 나왔다. 그 또한 식장에 꽉 들어찬 내빈들을 한번 훑어보고는 미리 준비한 보고서를 읽어 나가기 시작했다. 이날따라 더없이 카랑카랑한 목소리였다. 그는 물산공진회 사무총장을 겸임하고 있었다.

> 조선총독부 시정 5년에 이르러, 이 가을을 맞아 총독 각하께서는 물산공진회를 개최할 계획을 정하시고 지난해 유월 소직小職 등이 그 직된 영광을 배拜하며 그때부터 계속해 각하의 훈시를 받들어 부하 직원들과 함께 전심하여 기쁘게 회무會務에 매달린지라. 그러나 본회의 사업은 과거 조선에서는 아직 그 전례를 보지 못한 바이므로 당초에 무릇 많은 곤란이 없지 않을 것으로 걱정하였더니, 다행히 각하의 간독懇篤한 지도와 각 방면에 대한 관민 각위各位의 열심으로 원조 익찬翼贊함에 힘입어 별로 지체되는 일이 없이 그 공정이 점차 진취하였더라. 이제 예정과 같이 제반 준비가 모두 끝나 각종 출품은 지난 다섯 해 동안에 장족할 진보의 실적을 보이지 않는 것이 없으니, 각하께서 친히 개장을 선포하여 공중의 관람을 허락하기를 기冀하노이다. (이중화, 《경성기략》)

야마가타 정무총감이 경과보고를 끝내고 옆으로 물러서자 약간의 뜸을 두고 데라우치 총독이 자리에서 일어났다. 용상에 깊숙이 파묻히

듯 앉아 있던 그였다.

귀빈실로 사용된 교태전

데라우치는 단상 앞으로 서너 걸음 다가서더니 준비한 원고를 꺼내 들고는 치하를 시작했다. 목소리는 자못 근엄했다. 한껏 점잔을 뺀 모습이랄까. 그러나 눈가에 떠오르는 웃음기까지 억지로 감추려 들지는 않았다. 능갈맞은 웃음이었다. 평소 흐물흐물 웃는 법이 없는 그였지만 이날만큼은 달랐다. 아마 이날이야말로 그의 부임 이래 가장 흐뭇한 날이었는지도 모를 일이다.

> 사무총장의 보고처럼 물산 공진회의 모든 준비가 완전히 끝났다고 하니 이는 사무총장 이하 각 관계자와 출품자들이 노력을 다해 준 덕분이라 할 것이며, 본직本職은 이에 대해 매우 기뻐하는 바라. 각설하고, 조선에서 이러한 행사의 개최는 창시創始라 하겠지만 이를 계기로 삼아 식산 흥업의 발전을 촉진하며 총독부의 시정 방침과 상호 일치하여 더욱 만중萬衆의 복지를 증진케 한다 할지라. 본회의 개회식은 캉인노미야閑院宮 전하의 태림台臨의 날을 기다려 거행할지라. 그러나 물품의 진열이 이미 완전히 끝남으로써 예정과 같이 오늘 이후에는 공중의 관람을 허락하고 따라서 이에 개장을 선언하며 아울러 여러분의 노고를 치하하노라.

데라우치의 연설은 간단히 끝났다. 원래 군인들이란 말을 장황하게 늘어놓기를 싫어하는 법이었다. 그보다는 총칼을 빼드는 데 더 익숙하기 때문이었다. 그런데 여기서 데라우치가 얘기하는 '캉인노미야 전하'는 도대체 누구이며, 또 '태림台臨의 날'이란 무엇을 뜻함인가.

그것은 이러했다. 물산공진회의 정식 개회식은 그보다 스무날 뒤인 시월 초하룻날에야 열리기로 되어 있었다. 그리고 캉인노미야閑院宮 왕족인 노리히토載仁가 이때 경성을 방문키로 미리 계획이 잡혀 있던 터였다. '태림의 날'이란 바로 이를 뜻함이었다.

노리히토. 그는 저들 황실의 숨은 실력자였다. 그가 다이쇼 천황을 대리해 물산공진회에 참석한다는 것 자체가 그의 위상을 말해 주고 있었다. 어쨌거나, 공진회의 격은 한층 높아질 수밖에 없었다. 그것은 데라우치에게는 또 다른 정치적인 기회였다. 그가 공진회 준비 과정을 지켜보면서 남몰래 회심의 미소를 흘렸던 것도 그런 까닭이었다. 그는 역시 야심가였다.

그런데 왜 굳이 시월 초하룻날이었을까. 이날은 다름 아닌, 저들이 다섯 해 전 조선땅을 꿀꺽덕 집어삼킨 뒤 총독부를 정식으로 개청한 날이었다. 일부러 개회식을 늦춰가며 이날에 정식 개장식을 열기로 한 것은 이를 기념한다는 의미가 깔려 있었다.

'시정 5년 기념 조선 물산공진회'. 행사의 이름 자체가 그러했다. 하지만 이미 모든 준비가 끝난 마당에 하루라도 일반인의 관람을 더 미룰 까닭이 없다는 판단에서 이날 서둘러 개장식이 열린 것이었다. 달리 말해서, 정식 개회식은 추후 별도로 개최되긴 하지만 공진회장에 대한 일반인의 입장은 이날부터 허용한다는 뜻이었다.

이날 개장식이 끝나기를 기다려 전시관이 한꺼번에 열렸다. 개장식에 초대된 귀빈들에게는 일반인의 관람에 앞서 먼저 전시관을 둘러볼 수 있는 기회가 주어졌다. 대체로 터수가 점잖은 사람들이었건만, 각 전시관에 들어설 때마다 눈을 휘둥그렇게 뜨고 혀를 내두를 만큼 진기한 전시품들이 적지 않았다. 공진회는 그런대로 성공이었다.

데라우치 총독과 야마가타 정무총감은 교태전에서 손님들의 인사를 받았다. 총독은 일일이 내빈들과 악수를 나누며 껄껄 너털웃음을 터뜨리곤 했다. 그러다간 내지의 정치 문제가 갑자기 생각이라도 났다는 듯이 한참 동안 이런저런 수다를 늘어놓기도 했다. 그는 확실히 들떠 있었다.

그날 오후 두시, 참석자들이 전시장을 한 차례 주욱 둘러보기를 기다려 리셉션이 열렸다. 공진회 개장을 축하하는 소연이었다. 장소는 신무문神武門 바깥 백악산 기슭의 소나무 숲 속. 경복궁 뒷산의 소나무 숲은 울창하게 하늘을 뒤덮고 있었다. 늦더위 속에 막 낙엽이 떨어지기 시작할 무렵이었다.

리셉션을 주최한 것은 경성에서 활동 중이던 저들 기업의 친목단체인 경성 상공회였다. 이 모임의 요시하라 사부로吉原三郎 회장은 리셉션이 시작되기 전부터 벌써 거나하게 취한 듯했다. 그는 손님들을 대할 때마다 술잔을 높이 치켜들었다.

"무궁한 총독 정치를 위하여, 감빠이乾杯."

돼지우리까지 들어섰으니

물산공진회는 출품 내용부터가 풍성했다. 사무총장을 맡은 야마가타 정무총감이 틈날 때마다 부하 직원들을 채근한 결과였다. 데라우치가 어깨를 으쓱댈 만도 했다.

그때 전시된 출품점 수는 모두 4만 665점. 이 가운데 조선땅에서 길러지거나 만들어진 전시품이 3만 2,605점, 외국에서 들여온 전시품이 8,060점에 이르렀다. 총독부와 각 도가 만들어 내놓은 관청 출품도 자그마치 5,017점에 이르고 있었다. 모두 평의원회의 자체 심사를 거쳐 신경을 기울여 내놓은 것이었다.

이에 대한 총독부의 자금 지원도 그리 만만치는 않았다. 공진회 준비에 모두 50만 엔 이상의 막대한 예산이 들어간 것은 그런 때문이었다. 출품점 하나하나가 돈으로 이뤄졌다 해도 크게 틀린 얘기는 아니었다. 궁색한 살림살이에 제 주머니를 털어 출품작을 준비하고 경성 나들이에 나설 만한 사람이 과연 몇이나 되었겠는가.

총독부는 팔도 각지에서 올라온 이들 출품작 전체에 대해 기찻삯, 또는 뱃삯을 깎아 주도록 배려를 아끼지 않았다. 출품자 당사자들의 여비를 깎아 준 것은 물론이었다. 공진회가 열리기에 앞서 호남선과 경원선을 서둘러 개통시킨 것도 따지고 보면 공진회를 제대로 치르자는 뜻이 아니던가.

어쨌든 행사 진행에는 한 치의 어긋남이 없었다. 전시 품목이 적지 않았던 만큼 전시관도 부족함이 없어야 했다. 전시관은 무려 열여덟 개에 이르렀다. 전부 공진회 개최를 위해 새로이 세워진 것임은 두말할 나위가 없었다. 이들 전시관에 대해 이중화李重華는 《경성기략京城記略》에서 다음과 같이 얘기하고 있다.

　　근정전, 교태전, 경회루 등의 주요한 건물을 수리하여 전시회장의 일부로 사용하며 미술관 및 각종의 진열관을 신영新營 설비한지라. 진열관은 제1호관, 제2호관, 심세관, 미술관, 기계관, 박애관, 농업분관, 수산분관, 참고관으로 나뉘며 그 밖에 참고미술관, 인쇄사진관, 관측관 등이 나란히 세워졌다. 동양척식회사의 특설관과 영림창營林廠 특설관 및 철도국관도 별도로 설치됐음이라.

그쯤이면 전시 품목들의 분류도 꽤나 세부적으로 이뤄진 것이었다. 심지어 동양척식회사나 철도국 출품작에 대해서까지 별도로 전시관이 마련됐다니 말이다. 공진회 관람객들을 위하여 인천에는 별도로 수족관이 지어지기도 했다.

이제 각 전시관의 모습을 간단하게나마 살펴보자.

먼저 제1호관. 근정전 정면 입구의 담장을 허문 자리에 가장 큰 규모로 지어졌다. 여기에는 조선땅에서 산출된 농업, 척식拓殖, 임업, 광업, 수산 및 공업에 관련한 모든 품목이 진열됐다. 여주쌀과 호남쌀 같은 여러 쌀 품종을 비롯해 보리, 콩, 옥수수 등의 곡물이 가격표와 함께 선보였다. 조선면업회사와 천평면업회사에서는 면화를 출품했다. 면화는 그때 총독부가 한창 재배를 권장하던 작물이었다.

제2호관. 제1호관 앞으로 왼쪽 입구에 세워진 이 전시관에는 교육과 토목, 교통, 경제 등에 관련된 전시품들이 진열되었다. 위생, 자선 구제, 경무警務, 사옥司獄에 관한 출품들도 전시됐다. 《경성기략》은 "다이쇼 천황이 내린 임시 은사금恩賜金으로 이뤄진 각종 사업의 추진 상황도 이곳에 전시되었다"고 소개하고 있다. 은사금 사업 중에서는 면화 목화씨에서 실을 뽑아내는 제사製絲 활동이 대부분을 차지하고 있었다.

다음으로 심세관. 총독정치가 이루어진 다섯 해 동안에 각종 사회시설과 생활 모습의 변화된 과정을 한눈에 보여 주는 출품점들이 진열됐다. 이를테면, 총독정치 기간의 축도판을 보여주는 전시관이라 할 수 있었으리라. 출품을 맡은 각 도별로 데라우치의 눈에 조금이라도 잘 들기 위한 치열한 경쟁이 벌어졌던 것도 그런 까닭이었다.

데라우치 개인으로서도 스스로에 대한 평가로 받아들일 만했다. 벽면에는 빙 둘러가며 각종 자료 사진들과 통계 도표들이 잔뜩 붙여졌다. 전시관 규모도 번듯한 편이었고 장식도 비교적 호화롭게 꾸며졌다.

농업분관과 수산분관에는 농사를 짓고 고기 잡는 데 필요한 농기구와 어구漁具, 그리고 그것을 본뜬 여러 모형들이 진열되었다. 소나무의 송충이를 잡는 기구와 전라도, 경상도에서 올라온 대나무 제품도 여기에 전시됐다. 함경북도에서는 호랑이와 곰의 가죽 따위를 출품했다.

농촌의 부업을 장려하는 뜻에서 인형 제품도 전시되었다. 그러나 그보다는 "새끼 꼬아 시집가고 가마니 짜서 장가든다"는 설명 문구가 더 눈길을 끌었다. 준비 과정에서 설명 문구가 일본어로 씌어져 있었으나 이를 '언문'으로 바꾸어 조선인 관람객들이 쉽게 이해할 수 있도록 하라는 데라우치 총독의 지시에 따라 한글로 바뀌었다는 얘기도 소문으로 떠돌던 터였다.

기이한 볼거리가 또 하나 있었다. 근정전 회랑에 전시된 고래뼈였다. 머리에서부터 꼬리 끝에 이르기까지 길이가 마흔여덟 척에 이르렀으니, 전시품 가운데 가장 큰 품목임은 두말할 것도 없었다. 동양포경회사가 출품한 것으로 그보다 다섯 달 전쯤 강원도 통천군 해안에서 포획한 것이었다.

그때만 해도 고래가 근해에서 해마다 200마리도 넘게 잡혔는데, 마리당 가격도 1,500엔 이상을 쳐주고 있었다. 그때 근정전 회랑에는 이 고래뼈 말고도 각종 어구, 어망 따위가 함께 진열됐다. 회랑을 수산분관의 일부로 사용했기 때문이다.

이 밖에 박애관에는 적십자사가 출품한 긴급 구호용품 따위가 진열됐으며, 미술관에는 고고학 자료들과 그림, 조각, 자수, 칠기 같은 미술품들이 두루 전시되어 관람객들의 발길을 끌었다. 미술관 천정에 선녀 그림이 그려졌던 것도 기억할 만한 일이다.

또 기계관에는 전기 기계를 비롯해 세계적으로 새로 개발된 온갖 기계 장치를 진열해 놓고 관람객들이 보는 앞에서 시범 운전해 보이도록 했다. 전시된 기계들은 대체로 미쓰비시三菱를 비롯해 미쓰이三井, 히다치日立 제작소 회사의 제품들이었다. 일본이 유럽의 과학기술을 일찍 받아들임으로써 그 분야에서 앞서 있었음을 자랑하고 있었다.

총독부가 특히 신경을 쏟은 곳은 참고관이었다. 조선땅에서는 구경할 수 없는 외국의 진귀한 출품작만을 진열해 놓은 까닭이었다. 저들의 개화된 문물을 보여 주기 위해 출품된 물건들이 진열된 곳도 바로 여기였다. 저들의 앞선 모습을 보여줌으로써 조선 백성들의 콧대를 더욱 꺾어 놓으려는 뜻도 있었을 것이다.

이 참고관에는 타이완에서 실려 온 사탕수수와 바나나, 파인애플 같은 열대작물의 화분들도 수두룩하게 전시됐다. 관람객들은 신기한 눈초리로 이들 출품작을 쳐다보며 이 땅 말고도 멀리 남녘 바다 건너에 저들의 식민지가 또 하나 있음을 새삼 실감하기도 했다.

저들의 식민지라면 타이완 말고도 또 하나가 있었다. 바로 오키나와沖繩였다. 오래전부터 독립된 류큐琉球 왕국으로 존속해 왔으나, 도쿠가와 막부 시절 사쓰마 번의 침략을 받아 식민지로 복속되어 있었다. 오키나와에서도 물산공진회에 출품했음은 물론이다.

철도국관에는 증기 기관의 원리와 화륜차火輪車의 종류, 궤도 연결방식 등을 그림과 모형으로 전시해 놓았다. 1,435밀리미터짜리 표준 궤간과 러시아 철로인 1,524밀리미터짜리 넓은 궤간의 연결 방식도 그림으로 자세히 풀어놓았다. 아직은 일반 도회지 사람들에게조차도 화륜차는 마냥 신기할 때였다.

여기에다 소, 돼지, 염소 등 가축들의 품종개량 상태를 비교해 본다는 이유를 내세워 궁궐 담벼락을 헐어가면서까지 외양간, 닭장, 돼지우리를 궁궐 한가운데에 버젓이 지어 놓았다. 아무리 공진회를 위해 지어진 것이라고는 하지만 조선 백성들의 자존심을 여지없이 짓밟는 처사였다. 여기에 건축 사무소와 재료 창고도 세워졌으나 전시관이라기보다는 다른 전시관을 지원하는 용도로 지어진 것이었다.

한편 물산공진회가 열리는 동안 교태전은 내내 손님을 맞는 귀빈실로 이용되었다. 근정전과 경회루 등의 주요 전각들도 이따금씩 귀빈 접대를 위한 연회 장소로 쓰였다. 특히 경회루 옆에는 별도로 음악당이 설치되어 이따금씩 오케스트라가 연주되기도 했다. 공진회가 저들에게는 의기양양한 잔치판이요, 술자리였다.

고종, 개회식에 불참하다

물산공진회의 개회식이 격식을 갖추어 정식으로 열린 것은 예정대로 시월 초하룻날. 스무날 전에 데라우치 총독의 주관으로 이미 개장식이 열리긴 했지만, 캉인노미야 왕족인 노리히토의 경성 방문에 맞춰 이날 정식으로 다시 개회식이 열린 것이었다. 혼마치에 새로 세워진 경성우편국이 이날 낙성식이 열리도록 예정되어 있었던 것도 저들에게는 겹경사였다.

이날 아침, 용산의 총독 관저와 조선주차군 사령부 앞길에서부터 노리히토가 지나도록 되어 있는 경성역과 남대문을 거쳐 태평통을 지나 경복궁에 이르는 거리에는 히노마루와 더불어 만국기가 펄럭였다. 노리히토를 환영하는 플래카드도 곳곳에 내걸렸다. 그 옆으로는 데라우치 총독의 선정을 찬양한다는 플래카드들도 걸려 있었다.

총독부는 길거리마다 구경꾼들을 내세워 노리히토의 승용차가 지나가는 길목에서 깃발을 요란스럽게 흔들도록 시켰지만 분위기는 오히려 뒤숭숭했다. 부산스럽기만 했다. 천황과 관계가 매우 가까운 실력자라는 노리히토의 모습을 구경하기 위해 군중들이 거리로 몰려나오기는 했지만 깃발을 흔드는 것은 대체로 저들 일본인들뿐이었다.

개회식은 정확히 이날 오전 열시 삼십분에 열렸다. 근정전에는 아침 일찍부터 내외 귀빈들이 몰려들기 시작했다. 총독부 근처에서 얼씬거릴 정도의 위치라면, 내지인이나 조선인 가릴 것 없이, 적어도 한번쯤은 노리히토와 눈길을 맞출 필요가 있었다.

개회식이 시작되기 약 십분 전쯤이었을까. 노리히토를 비롯해 순종,

이준 등 세 명이 나란히 식장에 들어섰다. 그러나 '나란히'라고 했지만, 사실은 그렇지 않았다. 노리히토가 가운데에 섰고 순종과 이준 공은 양쪽 옆으로 반발짝쯤 뒤처져 그를 따르는 모습이었다. 그 뒤로는 세 사람의 부인들이 줄지어 따르고 있었다.

　데라우치는 육군 원수의 정복 차림에 수십 개의 훈장을 가슴에 번드르르하게 단 채 식장에 미리 자리를 잡고 있었다. 야마가타 정무총감과 도쿄에서부터 노리히토를 수행해 온 이치키 내무대신, 고노 농림대신 등도 그 옆에 자리를 잡았다.

　하지만 데라우치가 이 자리에 꼭 참석시키려고 미리부터 몇 번이나 손을 써 두었던 그 한 사람은 끝내 얼굴을 내밀지 않았다. 두말할 것도 없이 고종이었다.

　전날까지만 해도 아무런 얘기가 없다가 이날 아침에서야 불쑥 총독부로 전갈을 보내 개장식에 참석할 수 없음을 통고한 것이었다. 몸이 뻑적지근하다는 이유였다. 진짜로 몸이 불편했을까마는, 아마도 몸보다는 속마음이 훨씬 더 불편했을 것이다.

　며칠 전부터 이왕직 장관 민병석과 차관인 고미야 미호마쓰小宮三保松를 통해 고종에게 개회식에 참석하도록 초청장을 보내 놓은 데라우치였지만, 이날 아침 깨끗이 한판 당하고 만 셈이었다. 몸이 아프다는 전갈을 받았으니 먼저 안부를 걱정해주는 것이 도리였지만 그는 오히려 찌푸려진 얼굴로 역정을 감추려 들지 않았다.

　참석자들이 모두 제자리에 앉기를 기다려 야마가타 정무총감이 먼저 단상 위에 올라섰다. 공진회 사무총장으로서 그동안 진행되어 온 추진 경위를 보고하기 위한 것이었다. 야마가타의 보고는 간단히 끝났다.

그 뒤를 이어 데라우치가 연단에 올랐다.

시정施政 5년 기념 물산공진회의 설비가 모두 갖추어져 오늘 개회식을 열면서 특히 넉넉하고도 두터운 성지聖旨에 의해 캉인노미야 전하의 태림台臨을 황송히 여기며 고노河野 농상대신이 내지 각원閣員을 대표해 내임하며 또 국내외 진신縉紳들께서 두루 참석해 주신 것은 실로 본관本官의 영광으로 여기는 바라. 그러나 조선에서 이러한 행사는 이번이 효시嚆矢라 할지니, 모든 일이 완미完美를 기하기 어려우나 다행히 위로부터 성명聖明의 위덕威德에 의하고 아래로 요속僚屬의 익조翼助를 득하여 식산 흥업의 장려가 효과를 나타냄으로써 이에 여기 약 4만여 점의 생산물과 가공품을 수집 진열하게 된 것일지라. 바라건대 물산공진회는 호화로움을 다투어 기교를 보이자는 것이 아니요, 농경의 개선을 꾀하고 상공업의 발달로 이용후생의 길을 걷자는 데 뜻이 있는지라. 오늘의 상황으로써 시정 당초의 유치한 농상공업에 비하면 장족의 진보라 말하겠으며 이로 인해 일층 사업의 개선 발달을 고무하고 격려할 수 있게 된 즉, 각 개인의 이익을 증진할 뿐 아니라 국가의 복지에 공헌하는바 결코 작지 않을 것이라. 이에 개회식을 열면서 관민이 일치하여 장래 더욱 부원富源의 개발에 노력하여 본회 개최의 효과가 길게 지속되기를 희망하노라.

평소 거만하기 짝이 없던 데라우치였건만, 이날따라 그답지 않은 모습이었다. 연설하는 목소리가 진중하고도 차분했기 때문에 그렇게 보였던 것일까. 내용으로는 전체 참석자들을 향한 연설이었지만, 조선에서의 자신의 위상을 노리히토에게 보이려는 뜻이 더 짙게 배어 있었는지도 모른다.

그의 연설이 이어지는 동안 노리히토는 고개를 끄덕이며 뭔가 골똘히 생각하는 듯한 모습이었다.

노리히토의 영지諭旨

데라우치의 일장 연설이 끝난 다음 노리히토가 드디어 단상에 올랐다. 다이쇼 천황을 대신해 이 자리에 참석한 것인 만큼 얼굴에는 한껏 기품을 띠고 있었다. 그만하면 풍채도 의젓한 편이었다. 역시 왕족답게 말 한마디가 달라도 달랐다. 그의 연설 내용은 이러했다. 이른바 '영지諭旨'라 했던가.

> 이번 개회식을 맞아 제원諸員과 상견하니 어찌 환희를 참을 수 있으리요. 이제 조선총독부 시정 이래로 벌써 다섯 해가 지난지라. 전국이 나란히 획일劃一의 법을 받들며 많은 백성이 점차 천황 폐하께서 내리시는 은총을 누리니 거민居民이 안도하고 통치가 취서就緖하니 또한 물산의 개량과 사업의 발달을 꾀함으로써 장래에 진보를 쌓기에 족하지 않을손가. 데라우치 총독이 이 공진회를 시작할 때 미리 내다본 바 있어 전국의 물산을 수집 진열하고, 나아가 그 우열을 가리며 득실을 고려하여 백성들을 이롭게 하고 재물을 통하는 이치를 강구함으로써 방토邦土 개척의 공을 거두려 한 것일지라. 이번 물산공진회의 준비 상황을 살피건대 시정의 공로를 알리며, 만중萬衆을 거느려 천황 폐하의 성지聖旨를 베풂은 실로 총독의 노력이라 하지 않을 수 있으리오.

간단히 요약하자면, 조선 백성들도 이제 내지인들과 똑같이 천황께서 내리시는 부족함 없는 은총을 받고 있으며 이번 공진회도 그런 뜻에서 마련된 것이라는 얘기였으리라. 바로 그 얘기를 하기 위해 바다 건너 경성까지 먼 길을 온 것이 아니었겠는가. 거기에 데라우치의 숨은 노력이 적지 않다는 칭찬까지 곁들여진 연설이었다.

그의 연설이 끝나자 다시 데라우치가 일어나 답했다. 천황을 대신한 연설이었으므로 응당 그에 따른 신하로서의 예절이기도 했다. 일러 봉답사奉答詞라 했다. 그 내용 역시 다음과 같이 소개하는 바와 같다.

> 메이지 천황께서 조선 백성을 거두어 동양 평화를 보장할 굉모宏謨를 정하시고, 금상今上 폐하 그 대통大統을 이으시며 조선 통치에 진념하시는지라. 신臣 마사다케, 봉명鳳命을 받들어 산업을 펼치니, 시정 다섯 해 동안 강토가 무사하고 백반百般의 사업이 발흥하는지라. 이에 물산공진회를 개최함에 성지 보살핌으로 캉인노미야 전하를 파견하시니 조선 생민生民이 어찌 황은皇恩에 감읍하지 않으리오.

이처럼 데라우치와 노리히토의 요란한 변설이 번갈아 진행되는 동안 순종은 지그시 눈을 감고만 있었다. 그렇다고 얼굴에 어떤 표정의 변화가 있었던 것도 아니었다. 그는 과연 무엇을 생각함이었을까.

더욱이 불과 몇 해 전까지만 해도 오직 자신만이 앉을 수 있었던 옥좌에는 저들의 왕족이라는 노리히토가 떡하니 버티고 앉아 좌중을 내려다보고 있었으니 말이다. 어찌 그 아니꼬운 꼴을 눈뜨고 바라볼 수 있었으랴. 순종이라고 어찌 마음이 편해서 이 자리에 참석했을 것인가. 그것이 나라를 잃어버린 비애였다.

내지 내각의 대표로서 노리히토를 수행한 농상무대신 고노, 내무대신 이치키, 그리고 경성 협찬회 회장 요시하라가 차례로 연단에 올라 한 마디씩 축사를 했다. 의례적인 인사말이었다. 평소 술꾼으로 소문난 요시하라도 이날만큼은 술기운이 가셔진 말끔한 표정이었다.

마지막으로는 출품인 대표들이 연단에 올랐다. 일본인으로는 도미타 기사쿠富田儀作, 조선인으로는 김덕창金德昌 등 두 명이 뽑혀 나갔다. 이날 개회식에 참석한 인원은 모두 1,400여 명에 이르렀다고 했다. 데라우치의 주관으로 열렸던 개장식 당시의 참석 인원 300여 명에 비해서도 가히 엄청난 규모였다.

노리히토는 개회식이 끝나고도 며칠을 더 경성에 머물렀다. 일본 적십자사 총재로서 '조선본부 제2회 총회'에 참석키 위해서였다. 그의 부인 지에코智惠子 여사는 애국부인회 총재를 맡고 있었다.

적십자사 조선본부 총회와 애국부인회 행사가 공진회 개회식이 열린 다음날 창덕궁 후원에서 연달아 개최된 것도 이들의 경성 방문 일정에 맞춘 것이었다. 일정치고는 무척 바쁜 일정이었다. 순종도 윤비와 함께 이 자리에 억지로 모습을 나타냈으며, 이준도 그 옆에 임석할 수밖에 없었다.

이 자리에는 '사다코'라는 일본 이름으로 더 많이 알려진 배정자裵貞子도 화려한 옷차림으로 모습을 드러냈다. 안중근에게 저격당한 이토 히로부미를 아버지라고 부르던 그녀. 바깥으로는 서로 양아버지, 양딸이라 부르면서도 실제로는 베개 밑 시중을 들며 그 이상의 끈끈한 관계를 맺고 있었다던가.

이날 행사에서는 특히 조중응이 바쁘게 움직였다. 중추원 고문직을 맡고 있던 그는 일본적십자사 조선본부의 평의원을 겸하고 있었다. 그것만으로도 대단한 감투였다. 대한제국 적십자사가 1905년 고종 황제의 칙령으로 설립되었건만, 일본적십자사에 합병되어 버린 뒤였다.

또 그 다음날에는 경복궁 근정전에서 '조선 철도 일천리―千里 개통' 기념행사가 열렸다. 노리히토는 이 행사에도 참석해 축사를 늘어놓았다. 때마침 공진회가 열리기 한 달 전인 그해 팔월 함경선이 준공됨으로써 조선땅에 놓여진 철도의 전체 길이가 비로소 1,000리를 넘어섰는데, 이를 축하한다는 행사였다.

그가 용산역을 뒤로하고 제물포로 떠나는 경인선 열차에 몸을 실은 것은 시월 닷샛날. 그날 이른 아침, 노리히토 일행이 올라탄 특별열차가 한강 철교를 넘어 저 멀리 떠나가는 모습을 지켜보는 데라우치의 눈가에는 슬며시 웃음기가 번졌다. 그의 머릿속에는 전날 노리히토가 총독부 청사에 들러 모든 직원을 한 자리에 불러 모은 자리에서 자신의 손을 잡고 위로의 뜻으로 남긴 몇 마디가 맴돌고 있었다.

"총독, 정말 수고들 많았구려. 돌아가서 내가 본 대로 천황 폐하께 모두 아뢰도록 하리다."

공진회는 특히 데라우치 본인에게 더없는 성공이요, 기회였다. 정치적 야심을 충족시켜 줄 징검다리였다. 그는 내심 쾌재를 부르고 있었다.

공진회에 나타난 장쭤린

노리히토가 돌아간 뒤에도 공진회는 계속 붐볐다. 그중에서도 가장 기억될 만한 사건은 역시 장쭤린張作霖이 드디어 공진회장에 그 육중한 모습을 나타낸 일이었으리라. 공진회 폐막을 불과 열흘 남짓 남겨 놓고 있던 시월 열이렛날. 때마침 공진회 출품작들에 대한 포상식이 열리기로 예정되어 있던 날이다.

이날의 포상 대상은 모두 5,965명. 가장 우수한 출품작을 내놓은 20명에게는 명예 금패가 수여됐으며 그다음의 173명에게는 금패, 699명에게는 은패가 내려졌다. 그리고 또 다른 1,703명에게는 동패가 수여되었다. 나머지는 모두 장려상이었건만 표창 대상에 올랐다는 자체로 뻐길 만도 했다.

그러나 시상식도 시상식이었지만 그보다는 장쭤린 일행에 대해 더 눈길이 쏠리고 있었다. 중국 육군 제27사단장 겸 선양瀋陽 도독으로서 지린吉林, 랴오닝遼寧, 헤이룽쟝黑龍江 일대를 포함한 이른바 만주의 동삼성東三省을 한주먹에 틀어쥐고 흔들어대던 당대의 기린아. 그가 공진회에 참석했다는 자체만으로도 선전 효과는 그만이었다.

장쭤린 일행이 공진회를 구경하기 위해 경성에 온 것이었지만, 정작 그 자신들도 만만찮은 구경거리가 되어 버렸다. 옛말로 치자면, 그야말로 '오랑캐'의 후예들이 아니던가. 호기심을 자극하기에 충분했다. 이들을 구경하기 위해 그들이 지나는 길거리마다 어중이떠중이들이 우르르 몰려들었다.

장쭤린은 중국 정부의 대표 자격이었다. 그의 경성 방문에 농상무차장 진팡핑金邦平을 비롯해 동변 도윤道尹 팡따잉方大英, 연길 도윤 타오빈陶彬 등 중국 정부를 대표한 서른 여남은 명의 고관들이 함께 대동한 것은 그런 때문이었다. 모두 콧수염이 더부룩한 모습이었다.

포상식이 열리던 바로 그날, 장쭤린이 뒷자리에서 거만한 자세로 팔짱을 끼고 앉아 있는 동안 그를 수행해 온 선양 상장군 탄즈꾸이段芝貴가 중국 일행을 대표하여 치사에 나섰다. 일본 정부와 조선총독부에 대한 칭송으로 가득 찬 연설이었다. 그것은 자신들을 초청해 준 데라우치 총독 개인에 대한 칭송이나 다름없었다.

"대일본 제국의 치리治理를 받는 조선과 그 백성은 건강하며 물산은

번성하는지라. 을묘乙卯 가을, 한성漢城 물산공진회를 개최함에 있어 장차 창명彰明한 정치적 업적과 농업의 진보로 이웃 나라들의 모범이 될 것이라."

그의 칭송은 가히 입에서 침이 마를 정도였다. 이러한 칭송은 총독부가 베푼 환대의 대가이기도 했다. 데라우치는 황량한 만주 벌판에서 찾아온 중국 손님들에게 저녁마다 질펀한 술자리를 열어 융숭하게 접대했다. 장쭤린이 나이 어린 기생을 껴안고는 연신 엄지손가락을 치켜들며 "하오 하오好好", "셰 셰謝謝"를 연발했다던가.

데라우치가 이처럼 장쭤린 일행을 후하게 대접하며 구워삶은 데는 또 다른 이유가 있었다. 그가 손바닥을 들여다보듯 지배하던 동삼성 너른 벌판이야말로 저들의 가혹한 압제에 못 이기거나 뿌리치고 떠나간 조선 유랑민들이 힘겹게 살아가던 새로운 정착지가 아니던가. 장쭤린이 얼마나 협조해 주느냐에 따라 압록강과 두만강에 이르는 국경 지역이 시끄러울 수도, 또 조용해질 수도 있었다.

데라우치는 장쭤린이 열차를 타고 경성을 떠나가던 날 은근한 목소리로 "도독 관할 하에 있는 죠셴징들을 잘 부탁한다"고 몇 번이고 부탁했다. 이에 대한 장쭤린의 응답은 "만주는 다만 거친 황무지일 뿐"이라 했다던가. 그리 염려하지 말라는 뜻이었으리라. 밤새 풋내나는 어린 기생들과 노닥거리느라 아직 술기운이 채 가시지 않은 게슴츠레한 눈빛이었지만, 장쭤린 역시 한 시대를 풍미한 주인공이었다.

하지만 데라우치와 그토록 다정하게 손목을 마주 잡고 우의를 나누던 사이였건만, 그로부터 열세 해 뒤인 1928년 유월 나흗날 선양 만철선滿鐵線 교차 지점에서 느닷없이 폭탄이 터지는 바람에 얼굴도 분간할 수 없을 만큼 온몸이 피투성이가 되어 처참한 모습으로 이승을 마감하게 될 줄이야 그 누가 알았을까. 더욱이 문제의 폭파사건은 일본 관동군이 그의 목숨을 노리고 계획적으로 꾸민 것이라 했으니 말이다. 그때는 장쭤린으로서도 이미 발톱이 뽑힌 호랑이였건만, 일본 측에서 본다면 여전히 눈엣가시임에 틀림없었다.

어떻든, 그해 시월 삼십일일까지 계속된 이 물산공진회에는 무려 100만 명도 넘는 구경꾼이 몰려들었을 만큼 대단한 성황을 이루었다. 그야말로 개국 이래 최대의 인파였다(저들이 남긴 기록에는 모두 117만 6,523명이 입장한 것으로 나타나 있다).

노리히토의 경성 방문에 맞춰 일본인 비행사 오자키尾崎行輝가 특별 초청되어 비행 묘기를 선보인 덕분이기도 했다. 오자키는 저들 육군 포병공창에서 제작된 70마력짜리 훈련기로 여덟 차례나 경성 상공을 선회하면서 "경성 부민府民 여러분의 건강과 행운을 바란다"는 내용의 전단을 뿌리기도 했다.

데라우치의 야심도 야심이었지만, 물산공진회에 쏟아 부은 노력 자체도 결코 허술한 편은 아니었다. 거기에는 경복궁을 헐고 조선총독부 새 청사를 지으려는 속셈이 깔려 있었다. 아예 궁궐을 모조리 헐어낸 다음 총독부 간부들의 관사를 들이고 야외 음악당과 분수대 등을 갖춘 공원으로 만든다는 계획까지 만들어 두었다. 도쿄의 히비야日比谷 공원을 떠올렸던 것인지도 모른다.

식민지 청년, 라란데

　총독부가 새 청사 설계 작업에 본격적으로 들어간 것은 기초 조사가 모두 끝나 신축부지가 경복궁 앞뜰로 결정된 직후였다. 프로이센 출신 건축가인 게오르게 데 라란데가 총독부 고문으로 위촉되어 설계 작업을 맡게 되었다. 물산공진회도 경복궁 궐내에서 열리도록 계획이 차근차근 이뤄지고 있을 때였다.
　경복궁 앞뜰에서는 이미 측량이 시작되었다. 홍례문 담장을 따라 땅바닥 이곳저곳에 빨간 쇠못의 측량점이 박히고 흰 석회 가루로 주욱 금이 그어져 나갔다. 마치 헝겊이나 종이 쪼가리처럼 마음대로 줄을 긋고는 가위로 오려내고, 또 나머지는 언제라도 둘둘 말아 아무 구석에나 내팽개칠 수 있기라도 하다는 듯이….
　금천교 양쪽 입구에 놓인 세 마리 돌 천록^{天祿} 잔등이의 비늘과 갈기에도 하얗게 줄이 그어졌다. 이 세상의 온갖 간교함과 사악함을 물리친다는 긴 꼬리의 외뿔 짐승. 그 천록의 목숨과 숨결에 덜커덕 올가미가 걸린 것이나 다름없었다. 천록은 다리 이쪽과 저쪽에 각각 두 마리씩 세워져 원래 네 마리였는데, 한 마리는 이미 어디론가 치워진 뒤였다.

설계를 맡은 라란데는 머리가 빠른데다 꼼꼼하기도 했다. 더욱이 조선총독부 새 청사는 이방인인 자신에게 건축가로서 일생일대의 이름을 날릴 대작이 될 건축물이 아니던가. 그는 경복궁 앞뜰을 거닐며 자세히 살피고, 또 살폈다. 자신의 넓은 보폭으로 한 걸음씩 찬찬히 세어 가며 청사가 들어설 대지 면적을 대충 어림잡는 것도 같았다. 문득 생각이 떠오르는 대로 스케치북에 무엇인가 열심히 그려 넣기도 했다.

게오르게 데 라란데. 그는 또 누구이던가. 그가 태어난 시기는 1872년 구월. 프랑스가 낳은 불세출의 영웅 보나파르트 나폴레옹으로 인해 휘몰아쳤던 거센 폭풍이 거의 사그러들고 새롭게 등장한 프로이센의 철혈재상鐵血宰相 비스마르크가 유럽 대륙을 떡고물 다루듯이 마음껏 주무르고 있을 때였다.

프로이센 출신이라고 했지만, 라란데는 사실 폴란드 사람이었다. 바르샤바 남서쪽에 위치한 슐레지엔Schlesien의 히르쉬버그Hirschberg라는 조그만 시골 마을에서 태어났다. 슐레지엔은 영어식으로 실레지아Silesia라고 표기하기도 하지만 본디 실롱스크라는 이름으로 불리던 지역이다. 폴란드는 제정 러시아와 프로이센 사이에서 오랫동안 독립을 잃고 식민지로 전락해 있었다. 말하자면, 그는 식민지 태생이었다. 한편으로는 라란데가 프랑스 귀족의 후손으로 그의 몇 대 할아버지가 대혁명의 소용돌이 속에서 일가족을 이끌고 몰래 폴란드로 망명했다는 얘기도 전해지지만, 망명객이든 식민지 태생이든 처지는 거의 비슷했다.

그의 집안 역시 부유할 리 없었다. 건축 미장공인 아버지 밑에서 하루 세끼를 때우는 것조차 버거운 일이었다. 통일 독일을 이룬 프로이센의 수도 베를린에 유학해 스무살을 넘긴 1894년에서야 뒤늦게 정규 교육과정을 겨우 마칠 수 있었던 것이 그나마 다행이었다. 그가 겪어야 했던 이런 어려움들이 불행한 식민지 백성이라는 점과 결코 무관하지 않았으리라.

식민지 청년의 고달픈 생활은 금방 해소되지 않았다. 바르샤바와 비엔나 등 유럽의 여러 도시를 떠돌며 간간이 남의 건축사무소 잡무를 도와주었지만 밥벌이는 그다지 시원치 못했다. 그는 마침내 일거리를 찾아 눈길을 아시아로 돌리게 된다. 광활한 중국 땅이 그의 목적지였다. 험난한 뱃길을 돌고 돌아 그는 드디어 중국에 도착하고 만다. 그것도 탈랑 맨손으로…. 아직 젊다는 것이 그가 지닌 밑천 전부였다.

그나마 라란데가 믿었던 것은 중국의 칭따오가 독일의 조차지라는 사실이었을 것이다. 중국의 청나라가 아편전쟁에 패배해 영국에 홍콩을 떼어내 준 뒤로 독일도 1897년부터 칭따오를 자기네 땅처럼 지배하고 있었다. 칭따오가 지금껏 '중국 속의 유럽'이라는 별명으로 불리는 이유도 거기에 있다.

라란데가 다시 일본으로 활동 무대를 바꾼 것은 그로부터 몇 년이 지난 뒤. 1900년대에 갓 들어선 초엽이었다. 중국에서도 칭따오를 비롯해 베이징과 텐진, 상하이를 두루 거쳤으나 제대로 자리를 잡지 못하다가 우연찮게 일본으로 흘러든 것이었다. 청일전쟁의 승리로 일본이 중국을 제치고 동북아시아 정세의 주도권을 틀어쥐고 있을 때였다. 중국보다는 일본에 일거리가 더 많을 것으로 여겨졌을 법도 했다.

어쨌거나, 한낱 떠돌이 건축가인 그로서는 청춘을 건 모험일 수밖에 없었다. 그의 나이 기껏 서른 살 무렵. 차가운 바람조차 기꺼이 맨 가슴으로 맞아야 했던, 아직 애송이 시절이었다.

꺾여 버린 라란데의 꿈

일본으로 건너왔다고 해서 라란데의 생활이 금방 풀릴리는 없었다. 뿌리내리지 못한 이방인의 처지는 중국에서나 일본에서나 크게 다르지 않았다. 어차피 떠돌이 신세였다. 그나마 유럽의 도시들을 기웃거릴 때가 한결 여유로웠다는 생각이 들었던 것은 그런 때문이었을 것이다.

배편으로 요코하마橫濱에 도착한 그는 일단 그곳에서 자리를 잡으려고 했다. 항구 도시인 요코하마에는 무엇보다 유럽인들이 많이 거주하고 있었다. 일본 도시 가운데서도 가장 먼저 개항된 덕분이었다. 라란데는 여기에서 유럽 출신 건축가들이 열고 있던 사무소에서 일하기도 했다. 홍콩이나 중국의 칭따오처럼 이곳에도 서양 건축가들이 이미 적잖이 진출해 있던 참이었다.

그가 같은 독일 태생인 에디타와 만나게 된 것은 고베神戶로 옮겨간 직후였다. 고베에도 유럽 사람들이 상당히 거주하고 있었다. 하노버 은행가 집안에서 자라난 에디타 역시 자신을 보호하고 있던 이모부가 고베 지점으로 전근해 오는 바람에 함께 이곳에 머무르던 중이었다.

머나먼 외국땅에서 고국의 청춘 남녀들끼리 만났으니 금방 가까워질 수밖에 없었다. 사랑은 저절로 싹텄고, 결국 두 사람은 결혼에 이르게 된다. 그러나 청춘 남녀라 했지만, 에디타가 라란데보다 무려 열다섯 살 아래였다. 그녀가 일본 생활을 딱딱하게 여기고 있었으며, 또 거기서 벗어나려고 새로운 돌파구를 얼마나 갈망하고 있었는지 쉽게 짐작할 수 있을 것이다. 어려서 어머니를 일찍 여의고 이모의 손에서 성장한 때문이기도 했다.

라란데로서는 이 결혼으로 인생의 중요한 전환점이 마련된 셈이었다. 그 무렵, 그는 같은 독일 출신의 선배 건축가인 리하르트 젤Richard Seel의 사무소를 드나들며 일손을 거들어주고 있었다. 리하르트 젤은 베를린에 본사를 두고 있던 엔데 베크만 건축사무소 소속으로 도쿄 최고재판소와 사법성, 교토 도시샤同志社 대학의 클라크 기념관 등의 설계에 관여했던 인물. 그때는 엔데 베크만 사무소에서 떨어져 나와 요코하마에 자신의 건축 사무소를 두고 있었다. 그런데 그가 도중에 귀국하면서 라란데에게 사무소를 그대로 넘긴 것이었다.

그것이 바로 라란데가 에디타와 결혼하던 무렵의 일이었다. 이때는 이미 건축가로서 그의 이름이 두루 퍼지면서 나름대로 고객을 끌어들이기 시작하던 때이기도 했다. 베를린 소속의 건축사무소에서 근무했다는 자체로 그만큼 이력이 쌓인 것이었다.

그가 내친김에 아예 활동무대를 도쿄로 옮긴 것도 그런 배경에 힘입은 것이었다. 그는 어느새 일본 건축계에서 유명 인사가 되어 있었다. 이때 그의 나이 서른예닐곱. 시기적으로 본다면 일본이 조선을 합병하기 위해 갖은 모략과 술책을 짜내던 무렵이었다.

하지만, 그를 괴롭힌 것은 조국 폴란드에 대한 생각이었다. 독일 제국의 식민지로 변해 버린 폴란드가 어찌 조선의 처지와 다르다 할 수 있었을까. 그는 어엿한 프로이센 출신임을 내세우면서도 혼자 있을 때면 떠나온 고향땅 실롱스크를 생각하며 말없이 술잔을 들이키곤 했다. 프로이센이 철혈재상 비스마르크의 출현으로 오스트리아, 프랑스와의 연이은 전쟁을 승리로 이끌고 통일 독일을 이뤘지만, 그것은 폴란드로서는 오직 종속을 의미하는 것이었다.

이런 상황에서도 그는 당시 일본 건축가들 사이에서 유럽풍의 독특한 건축 스타일을 구사한다는 평가를 받고 있었다. 이른바 '유겐트 스틸 Jugendstil'이라는 새로운 양식이었다. 처음 벨기에와 프랑스의 화단을 중심으로 일어난 새로운 예술의 흐름이 유럽 각국에 영향을 미치게 되면서 뒤늦게 건축 분야로까지 번진 것이었다. 곡선적 아름다움과 화려한 장식에 중점을 두는 흐름이었다던가.

이렇게 이름을 얻기 시작하면서 라란데의 일거리도 부쩍 늘어나게 된다. 그때 교토京都에 세워진 YMCA 회관을 비롯해 미쓰이三井 은행의 오사카 및 후쿠오카 지점, 그리고 해외무역 회사인 다카다高田 상회의 도쿄 본점 사옥이 모두 그의 작품이었다. 현재 일본의 국가중요문화재로 지정된 고베의 가자미토리노간風見鶏の館도 라란데의 작품이다. 건축가로서의 명성과 위치는 이미 탄탄해진 셈이었다. 외국인이라는 사실이 오히려 유리하면 유리하게 작용했지 더 이상 약점은 아니었다.

그가 조선으로 활동 무대를 넓힌 것은 이처럼 명성이 두루 퍼지면서였다. 한때 평양의 모란대 공원 설계를 계획하기도 했으며, 드디어는 경성의 철도호텔 설계도 맡을 수 있었다. 특히 철도호텔은 조선총독부 직영으로 세워진 것이라는 점에서 그가 데라우치 총독에게도 개인적으로 인정을 받고 있었다는 증거다. 그때 도쿄 아자부麻布의 코우가이마치 笄町에 새로 지어진 데라우치의 저택을 설계해 준 인물이 바로 라란데였다. (김정동,《일본을 걷는다》)

그러나 뒤늦게 피어난 천재의 꿈은 결국 도중에 꺾이고 말았다. 총독부 청사 설계에 너무 집착했던 탓일까. 겉으로는 멀쩡해 보이던 라란데가 갑자기 병을 얻어 쓰러지게 되었다. 그리고는 요양을 위해 요코하마의 자택으로 돌아갔다가 짧았던 떠돌이 인생을 마감하게 된다. 그가 조선총독부 청사의 기본 설계를 맡아 거의 마무리해 가던 무렵인 1914년 팔월, 빗줄기가 부슬부슬 내리던 어느 저녁의 일이었다.

이때 그의 나이 마흔둘. 아직 창창할 때였다. 그의 유해는 끝내 조국으로 돌아가지 못한 채 요코하마 앞바다가 내려다보이는 야마테마치山手町 언덕의 외국인 묘지에 묻히게 된다. 라란데의 갑작스런 죽음으로 안타깝게 된 것은 부인 에디타와 그 사이에 남겨진 자녀들이었다. 젖먹이를 포함해 무려 다섯 명의 자녀를 두었다던가. 에디타의 나이 겨우 스물일곱 살, 큰딸의 나이 여덟 살 때였으니 말이다.

그런데 그 라란데의 미망인 에디타가 뒷날 태평양전쟁에서 일본이 패망할 당시 마지막까지 외무대신 자리를 지키게 되는 도고 시게노리東鄕茂德와 재혼하게 되었으니, 그래서 후일담은 더 이어진다. 더욱이 도고 시게노리는 임진왜란 당시 일본으로 끌려간 조선 도공의 후예가 아니던가. 원래의 이름이 박무덕朴茂德이었다.

이렇듯 에디타 부인을 연결고리로 하여 조선총독부 새 청사와 그 설계자인 라란데, 그리고 조선 도공의 후예로 일본 외무대신 자리에 오르는 도고 시게노리에 이르기까지 기묘한 인연이 이어지게 되었으니, 역시 세상일이란 알다가도 모를 일이다.

도쿄제국대학 건축과 동문들

요코하마 자택에 딸린 라란데의 작업실에서 발견된 유품으로는 총독부 청사 설계도 밑그림이 아무렇게나 그려진 스케치북 몇 권이 전부였다. 스케치북 사이사이에는 그의 어린 시절 실롱스크의 풍경을 떠올린 듯한 그림이 네댓 장 끄적거리듯 그려져 있었다. 그림에 나타난 폴란드의 산과 벌판은 이 땅의 산하와 별반 다르지 않았다. 혹시 조선의 야트막한 동산과 넓게 펼쳐진 들판을 그리면서 떠나온 고향땅을 생각한 것은 아니었을까 하고 여겨질 정도였다.

라란데의 사인은 끝내 정확히 밝혀지지 않았다. 일부에선 과로가 쌓인 탓이라고 했고, 또 다른 쪽에서는 급성 폐렴으로 죽었다는 소문이 떠돌았다. 한편으로는 폭음暴飮으로 인한 심장마비일 것이라는 얘기도 그럴싸하게 들려왔다.

하지만 그가 평소에도 술을 자주 마셨다는 점에서 과음으로 목숨을 잃었다는 설명은 별로 설득력을 지니지 못했다. 다만, 그가 총독부 청사 설계를 놓고 마음의 부담을 견디지 못해 스스로 주체할 수 없을 만큼 과음하게 됐다는 얘기는 여러 곳에서 흘러나왔다. 그는 과연 왜, 무엇을 번민했던 것일까.

라란데가 경성에서 돌아와 요코하마에서 갑자기 사망했다는 소문은 그곳 외국인들 사이에서도 꼬리를 물고 퍼져 나갔다. 그리고 그가 죽은 데 대해 안타까워하는 사람들이 없었던 것은 아니지만 "조선 백성들 가슴에 못을 박으려 했던 탓"이라는 투의 얘기까지 덧붙여 나돌게 되었으니, 같은 외국인들조차 그에 대해 어떤 생각을 갖고 있었는지 잘 보여준다. 폴란드를 점령함으로써 '제2의 조국'이 되어 버린 독일이 일본과 적대국의 위치에서 전쟁을 수행 중이었다는 사실도 번민거리였을 것임은 틀림없다.

한편으로는 라란데의 경우를 들어 프랑스 베르사이유 궁전의 정원 공사를 맡았던 앙드레 르 노트르Andre Le Notre 얘기를 꺼내는 사람들도 없지 않았다. 루이 14세 당시 천부적인 재능을 발휘했던 왕실 조경사 르 노트르. 오늘날의 파리 샹젤리제 거리를 꾸민 주인공이었으나 프랑스 대혁명으로 군중들에 의해 묘지가 파헤쳐지는 수모를 당하게 되는 당사자이기도 했다. 권력자의 비위에 맞춰 곤궁한 국민들을 혹사시키면서까지 호화스런 베르사이유 정원을 만들었다는 이유였다.

이렇듯 라란데에 대한 평가는 대체로 부정적이었다. 실력이 없어서가 아니라, 오히려 뛰어난 실력을 일본 정부를 위한 식민정책의 도구로 기꺼이 내주었다는 점에서다. 더군다나 처지가 비슷한 식민지 백성으로서였으니 말이다.

그의 사망으로 인해 당장 입장이 난처해진 것은 총독부였다. 청사 신축계획은 잠시 주춤해질 수밖에 없었다. 그러나 이미 벌여놓은 일을 도중에 그냥 내버려 둘 수는 없었다. 더구나 데라우치 총독의 성화가 보통이 아니었다. 결국 총독부는 라란데의 후임으로 노무라 이치로野村一郎를 새로 위촉하게 된다.

노무라 이치로. 타이완臺灣 총독부에서 토목과와 영선과 기사를 지내는 동안 그곳 총독 관저를 설계한 인물이기도 했다. 그를 조선총독부로 끌어오도록 추천한 사람은 한때 타이완에서 그를 거느렸던 모치지 로쿠사부로持地六三郎 토목국장이었다. 노무라가 워낙 열성으로 업무에 매달리기도 했지만 타이페이臺北 도시계획에도 관여했을 만큼 재주가 많다고 여긴 때문이었다. 1912년에 공사가 시작된 타이완 총독부 신축공사가 막 기초공사를 끝내가고 있을 무렵이었다.

이렇게 해서 설계 책임자로 발령받은 노무라가 마침내 조선총독부 청사 설계작업을 모두 마무리 지은 것은 1915년. 이 일을 새로이 떠맡은 지 한 해 만의 일이었다. 총독부 건축과장인 이와이 쵸사부로岩井長三郎는 물론 쿠니에다 히로시國枝博, 후지오카 시게카즈富土岡重一 등 밑의 직원들이 한마음으로 매달려 도와준 결과이기도 했다.

우연의 일치랄까, 이들은 모두 도쿄제국대학 건축과 선후배 사이였다. 서로 터울이 지는 만큼 끌고 밀어주는 이들의 동문 의식은 두터웠다. 횟수로 친다면 노무라가 최고참으로 제10회 졸업생. 그 뒤를 이어 이와이 및 쿠니에다 두 사람이 같은 20회, 막내뻘이자 신출내기인 후지오카는 26회였다. 불과 3년 전 대학을 졸업한 그는 대학을 마치자마자 총독부에 합류해 들어왔다.

이들은 모두 도쿄제국대학 건축과 졸업생 중에서도 엘리트로 꼽히던 인물임은 두말할 나위가 없었다. 그 가운데서도 쿠니에다는 을사조약 직후 대한제국 정부 탁지부의 산하 기구로 설립된 건축소 시절부터 현장 기사로 잔뼈가 굵은 장본인이었다. 따라서 조선의 서양식 관청 건축에 대해서는 일찍부터 훤히 들여다보고 있던 인물이기도 했다. 총독부가 새 청사 설계작업을 준비하는 단계에서 유럽 각국에 출장을 보낸 직원이 바로 쿠니에다였다.

하지만 어디까지나 관료 건축가라서 그랬을까. 스스로의 창의성을 내세우기보다는 국가의 필요에 따라 동원되는 건축가들이었다. 제국대학이라는 이름 자체가 이를 말해 주고 있었다. 대부분의 대규모 건축물이 국가적 용도에 의해 지어지던 당시의 상황을 감안할 때 어쩌면 당연한 일이었는지도 모른다.

제국대학은 일본 정부에 필요한 엘리트 관료들을 길러내기 위해 세워진 관학官學으로, 그중에서도 도쿄제국대학은 관학의 최고 학부였다. 이른바 '제국대학령'은 제1조에서부터 "제국대학은 국가의 필요에 응할 학술 기예를 가르치는 동시에 그 깊은 뜻을 규명하는 것을 목적으로 한다"고 규정하고 있었다.

이렇게 하여 조선총독부 새 청사는 도쿄제국대학 건축과 동문들에 의해 마침내 설계가 완성되었다. 그들은 설계가 마무리되던 날 저녁, 모처럼 한자리에 모여 술잔을 높이 치켜들고는 "도쿄제국대학 건축과 만세"를 외쳤다.

또 며칠 뒤에는 이시츠카 농상공부 장관, 모치지 토목국장 등도 함께 돌아가며 두 손을 맞잡고 "제국대학 만세, 아카몽赤門 만세"를 몇 번씩이나 외쳐댔다. 이들은 모두 도쿄제국대학 동문이었다. 아카몽이란 도쿄제국대학을 상징하는 정문으로, 붉은색이 칠해져 있다 해서 붙여진 이름이다.

이처럼 건축기술직이나 고위급 간부들뿐만 아니라 소관 부서의 관리직 자리에도 도쿄제국대학 출신들이 곳곳에 포진해 있었다. 이 무렵 토목과장을 맡고 있던 칸다 슌이치神田純一 사무관이 도쿄제대 법과 출신이었으며 계속해서 그 자리를 이어받게 되는 아베 센이치阿部千一, 오츠카 쯔네사부로大塚常三郎 등도 하나같이 도쿄제대 출신이었다. 이 땅을 침탈한 것은 군벌과 도쿄제국대학이었다.

노골적인 청사 설계

조선총독부의 설계는 노무라 이치로野村一郎에 의해 완성을 보았다. 그러나 총독부 청사의 가장 중요한 설계자를 꼽으라 한다면, 역시 라란데를 먼저 꼽아야 하지 않을까.

노무라가 설계를 최종 마무리 지은 것은 틀림없는 사실이지만, 어떻게 보면 그는 라란데가 남긴 기본 설계에 마지막 몇 줄을 더 그려 넣은 것일 뿐이었다. 그 마지막 몇 줄이 중요하지 않은바 아니겠으나 총독부 새 청사 설계는 폭음으로라도 마음을 달래지 않으면 안될 만큼 신경을 집중시켰던 라란데의 생애 마지막 작품이었다.

하지만 라란데는 거대한 작품을 남기겠다는 의욕에 치우친 나머지 이 나라 백성들의 쓰라린 마음의 상처에 대해서는 거의 무관심한 듯했다. 이 땅의 궁궐 건축이 지니는 역사적 의미에 대해서도 일부러 모른 체하려 들었다.

총독부 청사가 광화문과 근정문에서 불과 마흔여섯 간間, 열일곱 간씩 밖에 떨어지지 않은 가까운 거리에 자리 잡도록 설계됨으로써 경복궁의 의젓함과 아름다움을 완전히 무시하도록 한 발상은 도대체 무엇을 말함이었던가.

　비단 총독부 설계에서만은 아니었다. 그는 이보다 한 해 전에 철도호텔을 설계할 때도 원구단의 돌 축대를 가차없이 무너뜨리고 그 위에 호텔을 덮어 지음으로써 그나마 양식이 있다는 몇몇 일본 건축가들로부터도 두고두고 비난을 받아야 했다.

　건축에서조차 노골적으로 식민정책이라는 낯 뜨거운 냄새를 풍기고 있다는 지적이었다. 고작 팔각정 황궁우皇窮宇만 남기고 원구단의 모든 흔적을 깨끗이 지워 버렸으니 말이다. 그것이 건축가로서 라란데의 씻을 수 없는 결점이었다.

　"그는 창조적 건축가는 못된다. 다만, 건축 기술자일 뿐."
　"제 고장인 유럽에서도 인정받지 못한 떠돌이 건축가가 아니던가."
　크게 드러나지는 않았지만 라란데를 비난하는 얘기들은 혹독하기만 했다. 심지어 일본의 제국주의적 식민정책에 이용되는 '외인부대'라고도 했다. 돈다발과 명예에 눈이 어두워 제 스스로 몸과 영혼을 팔아넘긴 용병傭兵이라는 뜻이었으리라.

　이러한 따가운 시선들에 대해 라란데 자신도 마음속으로는 깊은 자책감을 느끼고 있었다. 하물며 그 자신도 나라를 빼앗긴 식민지 백성이 아니던가. 하지만 총독부가 내세운 가장 중요한 요구 조건을 자기 마음대로 바꿀 수는 없는 노릇이었다. 철도호텔이나 조선총독부나 마찬가지였다. 결국 번민과 고통이 가슴 속 깊이 응어리질 수밖에 없었다.

　바로 그것이었다. 그를 끝내 죽음의 구렁텅이로 몰아넣은 것은 번민과 갈등으로 시커멓게 굳어진 단단한 응어리였던 셈이다. 라란데 또한 가슴이 여리고 순박한 보통 사람일 뿐이었다. 굳이 잘못을 따진다면,

어찌어찌 떠돌다가 일본까지 흘러들어오게 됐던 기구한 신세 그 자체일 것이다.

한편, 조선총독부가 이렇듯 우여곡절을 겪어 가며 기본설계를 끝냈지만 당시 어수선하게 돌아가던 저들의 국내 정치 상황은 신축공사 예산을 쉽사리 배정해 줄 만큼 여유롭지 못했다. 그때 저들의 사정이야말로 발등에 떨어진 불을 먼저 꺼야 하는 처지였다. 그만큼 일본 정국은 다급하게 돌아가고 있었다.

총독부가 노무라의 노력에 힘입어 설계를 모두 끝내고는 1915년 다시금 본국에 신영비, 즉 건축 예산을 요구했으나 공교롭게도 중의원이 해산되는 바람에 예산을 타낼 수가 없었다. 그때 중의원은 오쿠마 시게노부大隈重信 내각과 심각한 알력을 빚은 끝에 결국 해산되는 사태에까지 이른 것이었다.

이때도 총독부는 준비비 명목으로 1만 5,000엔을 추가로 배정받아 세부 작업만을 계속할 수밖에 없는 상황이었다. 데라우치는 분통이 치밀었지만 실망하지는 않았다. 오동나무는 베이면 베일수록 그루터기가 굵어진다 하지 않던가. 그는 이러한 자연의 이치를 경험으로 깨닫고 있었다.

그리고 다른 한편으로는 본국의 중앙 정치무대가 자신을 필요로 하는 시기가 코앞에 닥쳐왔음을 본능적으로 느끼고 있었다. 이미 1912년, 사이온지 긴모치西園寺公望 내각이 총사퇴했을 때부터 궁중 원로회의에서 다음번 총리대신의 물망에 오르기도 했던 그였다. 그는 호흡을 깊이 가다듬고 있었다. 아직 제1차 세계대전이 한창이던 무렵이었다.

세계전쟁에 뛰어든 일본

잠시 당시의 일본 정치무대로 눈길을 돌려 보자. 그때 저들이 마주쳤던 정치적 고비는 과연 어디에서 비롯됐으며, 또 어떤 양상으로 펼쳐졌던 것일까. 또 이러한 여파가 사회적으로는 어떠한 문제점을 낳았으며, 국민들은 이에 대해 어떻게 반응했던 것일까. 조선 총독부 신축공사가 계속 늦춰져야 했던 사정도 이러한 맥락 안에서 쉽게 이해될 수 있을 것이다.

이에 대해 몇 마디로 간단히 풀어나가기는 그리 쉽지 않다. 그러나 일단 오쿠마 시게노부 내각이 중의원을 해산한 부분부터 되짚어 보기로 한다. 오쿠마 내각이 중의원을 해산하지 않으면 안될 만큼 막다른 골목에 처했던 것은 군비軍備 확대를 놓고 입장이 서로 심각하게 틀어진 때문이었다. 내각은 군비강화 정책의 일환으로 육군 2개 사단을 증설키로 하고 1914년 십이월에 시작된 제35회 중의원 회기에 예산안을 올렸으나 가볍게 부결되고 말았다.

내각과 대립했던 것은 중의원의 다수석을 차지한 정우회였다. 정우회는 두 차례에 걸쳐 총리대신을 지낸 사이온지 긴모치西園寺公望에 이어 새로 총재직에 오른 하라 다카시原敬가 이끌고 있었다. 정우회는 무거운 세금과 군벌을 주축으로 하는 관료 독재에 시달리는 일반 국민들을 대변한다는 뜻에서 군비 강화안을 부결시켰다고 선전해 댔다.

그러나 막상 선거가 치러진 결과 밑바닥 민심은 전혀 그렇지가 않았다. 중의원 해산으로 다시 선거가 치러졌으나 예상과는 달리 오쿠마가 앞장선 동지회가 오히려 세력을 크게 늘렸다. 중의원 다수당인 정우회를 물리치고 재집권에 성공한 것이었다. 여기에는 오쿠마 내각이 출범한 지 몇 달 지나지 않아 터져 나온 제1차 세계대전의 영향이 크게 작용한 것으로 여겨졌다.

세계대전이 발발한 것은 1914년 칠월. 그리고 전쟁이 전면전으로 확대될 조짐을 보이자 영국은 서둘러 일본에 참전을 요청하게 된다. 러시아의 극동 진출을 저지하는 한편 태평양 해상에 출몰하는 독일 함선을 찾아내 격파해 달라는 협조 요청이었다. 특히 중국의 칭따오靑島는 독일 극동함대가 진을 치고 있었으므로 웨이하이威海와 홍콩香港의 영국 주둔 시설을 공격할 가능성이 많다고 우려할 수밖에 없었다.

사실, 일본으로서는 이러한 사태를 은근히 기다리고 있었는지도 모른다. 참전의 명분만을 찾고 있던 일본이었다. 역사적으로 살펴보아도 바깥으로 진출할 만한 기회를 지나친 적이 없는 저들이다.

일본은 즉각 독일에 대해 선전포고를 한 데 이어 칭따오와 남양군도에서 한바탕 전투를 치러 만족할 만한 전과를 거두게 된다. 육군은 사단 병력을 칭따오에 상륙시켜 그곳에 주둔하고 있던 독일군을 항복시켰으며, 해군도 이에 뒤질세라 독일령이었던 적도 이북의 남양군도를 거의 점령하는 기세를 올렸다.

영국은 그제서야 일본에 참전을 요청한 것이 커다란 실수임을 깨달았지만 되돌리기에는 이미 늦어 버렸다. 오직 독일 세력을 견제하려는 데에 뜻이 있었지, 이를 계기로 일본이 극동에서 세력을 키워나가는 것은 결코 원하던 바가 아니었다.

영국은 며칠 뒤 에드워드 그레이 외상 명의로 "당분간 정식 참전을 늦추어 달라"는 뜻을 일본에 전달했지만 일본은 이를 단호하게 거절하게 된다. 일본 외상 가토 다카아키加藤高明는 "우리는 이미 전쟁터에 발을 들여 놓았다"며 입장을 누그러뜨리지 않았다. 일본은 동양 무대에서의 세력 강화를 노리고 있었다.

이처럼 점차 확대되고 있던 전쟁으로 인한 위기감이 국민들로 하여금 다시 오쿠마를 지지토록 한 것이었다. 강을 건널 때 말을 갈아타는 것처럼 어리석은 일은 또 없을 터였다. 특히 몇몇 재벌의 금고에서 흘러나온 막대한 자금이 선거판에 무더기로 뿌려진 데다 내각이 노골적으로 선거에 개입한 결과이기도 했다. 그중에서도 미쓰비시三菱는 엄청난 선거자금을 지원했다는 소문이 심심찮게 들려왔다.

그렇지 않아도 오쿠마 내각은 재벌기업들과의 정경유착이 심했던 것으로 전해지고 있었다. 오죽했으면 '미쓰비시 내각'이라는 항간의 손가락질을 달게 받아들여야 했을까. 동지회 당수로서 외무대신 겸 부총리라는 막중한 권한을 누리고 있던 가토 다카아키가 미쓰비시 재벌의 창업자인 이와사키 야타로岩崎彌太郎의 사위였다는 사실도 결코 우연한 일만은 아니었다.

이렇듯 오쿠마의 동지회가 중의원의 다수당 자리를 차지하게 됨으로써 1915년 유월에 열린 제36회 의회에서는 육군병력 증설과 군함 건조를 위한 추가 예산이 무난히 가결되기에 이른다. 일본 육군병력이 그때까지의 열아홉 개 사단에서 스물한 개로 늘었으며, 병력 규모가 무려 25만 명을 헤아리게 된 것도 이러한 결과였다.

일본이 이처럼 군비를 늘리려 했던 속셈은 결국 중국을 노린 것이었다. 그때 신설된 육군 2개 사단 병력이 중국과 맞닿은 조선 북녘의 평양, 나진에 나란히 전진 배치된 데서도 이러한 속셈이 그대로 드러나고 있었다. 이미 타이완과 조선반도를 집어삼킨 마당에 다음 표적은 당연히 광활한 중국 대륙이었다.

일본은 멀리 만주와 시베리아를 내다보고 있었다. 저들이 세계대전에 서둘러 참전했던 것도 실은 중국에 상륙해 있던 독일을 대신하여 대륙 침략의 발판을 다진다는 계산이 맞아떨어진 결과였다.

저들은 중립을 선언하고 있던 중국을 막무가내로 침범해 들어갔다. 그리고는 위안스까이袁世凱 총통에게 이른바 '21개조 요구 사항'을 들이대고는 도장을 찍도록 강요하기에 이른다. 이때가 1915년 정월. 여기에는 산뚱성 철도 부설권을 넘겨 줄 것과 남만주 철도의 권리를 99년간 연장할 것, 내몽고 동부를 일본 세력권으로 인정할 것, 그리고 중국 정부 내에 일본인으로 군사 및 재정고문을 두어야 한다는 따위의 강압적인 내용이 수두룩하게 포함되어 있었으니, 제국주의적 침략 야욕을 그대로 드러낸 것이었다.

갑자기 밀어닥친 불황 바람에 허덕이던 일본으로서는 세계대전 참전이라는 뜻밖의 계기로 경제가 한 단계 뜀박질할 수 있는 새로운 전기를 마련한 셈이었다. 전쟁에 들어가는 군사 무기의 대부분은 미쓰이 재벌의 니혼제강日本製鋼, 미쓰비시 재벌의 나가사키 병기제작소에 발주되었다. 이 무기들은 만들어지는 족족 조선땅을 거쳐 대륙으로 옮겨지게 된다. 한편으로는 저들의 재벌들도 신바람 나던 시절이었다.

다이쇼 정변政變

그러나 오쿠마 시게노부大隈重信 내각 이전에도 일본의 정치 상황은 그다지 안정적이지 못했다. 오히려 불안한 편이라고 해야 옳을 정도다. 내각을 이끄는 총리대신은 수시로 갈렸다. 저들이 조선을 강제로 병탄한 때로부터 오쿠마 내각에 이르기까지 4년 동안에 무려 네 차례나 내각이 개편되기에 이른다.

13대: 가쓰라 타로(제2차) 1908-1911
14대: 사이온지 긴모치(제2차) 1911-1912
15대: 가쓰라 타로(제3차) 1912-1913
16대: 야마모토 곤베에(제1차) 1913-1914
17대: 오쿠마 시게노부(제2차) 1914-1916

이처럼 내각이 빈번하게 갈림으로써 정치적으로는 물론 사회적으로도 적지 않은 문제점이 대두되고 있었다. 민생은 안정을 잃었고, 군중은 동요하고 있었다. 조선 합병을 이룬 가쓰라 타로가 이듬해 물러나고 입헌 정우회의 사이온지 긴모치西園寺公望가 그 자리를 이었으나 사이온지 내각도 식민지 정책과 대외 침략정책에서는 가쓰라 내각과 별반 다르지 않았다. 이를 일러 "양복도 군복과 다를 바가 없다"고 했다던가. 그것이 당시 일본 정계의 한계였다. 국민들의 불만이기도 했다.

특히 이 무렵 군부 일각에서는 중국에 대한 영향력을 높여야 한다는 여론이 점차 고조되고 있었다. 중국이 1912년 정월 초하룻날을 기해 난징南京에서 중화민국의 성립을 선언한 뒤였다. 이른바 삼민주의를 내건

쑨원孫文의 영도 아래 민중들이 1911년 시월 우창武昌에서 봉기한 신하이辛亥 혁명이 성공함으로써 청나라는 타도되고 말았다. 그러나 중국은 아직 혼란기였다.

일본은 이러한 기회를 은근히 엿보고 있었다. 이미 1909년부터 남만주에 군대를 증파시켜 중국으로부터 지린吉林과 쟝춘長春을 잇는 철도 부설권을 확보하는 등 일련의 침략정책을 노골적으로 감행하고 있던 저들이다. 1913년 중국 내전의 소용돌이 속에서 일본인 세 명이 살해된 것을 빌미로 남만주와 내몽고에 새 철도를 부설할 권리를 인정받은 '난징 사건'도 같은 맥락에서 비롯된 책동이었다.

그러나 이러한 군사 및 외교적 노력들이 결국 차례차례 실패로 돌아가게 되자 군부는 군부대로 불만이 커졌고, 그 불만은 엉뚱하게도 사이온지 내각에 대한 타도 운동으로 표출되기에 이르렀던 것이다. 육군과 해군이 저마다 병력 증설을 위한 예산을 요구하고 나섰지만 이마저 거부되거나 삭감됐던 때였다. 경제 불황으로 인해 재정 긴축이 요구되었기 때문이다.

정당 체제를 바탕으로 입헌제를 실시해야 한다는 일반의 여론은 거셌으나 사이온지 내각은 거의 아무런 변화를 보여 주지 못했다. 그리고 마침내 불과 한 해 남짓 만에 물러나고야 말았다. 이때가 1912년 십이월. 메이지 천황의 사망에 따라 다이쇼 천황이 그 뒤를 이은 직후였다.

조선총독부가 새 청사 신축계획을 마련한 것이 이러한 상황에서였으니 제대로 먹혀들 리 만무했다. 저들의 처지에서 본다면 총독부 청사 신축계획은 일단 뒷전이었다. 데라우치는 현해탄 넘어 들려오는 본국의 정치 상황을 살피며 속을 태울 수밖에 없었다.

이런 와중에서 가쓰라가 다시 총리대신의 자리에 오르게 되었다. 그로서는 세 번째로 내각을 맡게 되는 셈이었다. 다이쇼 천황의 내대신內大臣이라는 자리를 교묘히 이용해 아직 세상 물정에 어둡던 천황의 칙어를 얻어내 다시 집권하는 데 성공한 것이었다. 정치인으로 그만한 영예도 없었을 것이다.

그러나 가쓰라의 집권은 오히려 여론의 반발을 불러일으켰다. 이미 민심은 그에게서 멀리 떠나 있었다. 군부도 더 이상 그를 지지하지 않으려 했다. 평소 거리를 두었던 사쓰마 해군은 물론 그가 친정처럼 믿고 의지하던 죠슈의 육군마저도 등을 돌려 버렸다.

가쓰라가 그동안 노선을 달리해 오던 입헌 정우회와 긴급히 막후 타협에 들어갔다는 사실이 막다른 골목에 처했던 다급한 처지를 말해 준다. 하지만 상황은 크게 달라지지 않았다. 그를 따라나서려는 의원은 드물었다. 지지 세력을 충분히 끌어들이지 못한 것이다. 반대 세력의 주장은 갈수록 거세졌으며, 결국 힘에 부친 나머지 세 차례나 의회를 정회해야 했을 정도다.

더욱이 가쓰라의 정치 자금줄이 미쓰비시 재벌과 맞닿아 있다는 사실이 널리 알려지면서 그의 정치적 발판은 더욱 흔들리게 되었다. 이미 등을 돌린 군중들은 가쓰라의 궁색한 처사에 대해 참지를 못했다.

성난 군중들은 히비야日比谷의 국회 의사당을 포위하고 경시청을 습격했다. 더러는 가쓰라의 잘못을 감추는 대신 아부성 기사를 늘어놓았던 《호치報知 신문》과 《고쿠민國民 신문》으로 몰려가 사옥에 불을 지르고 돌팔매질을 하는 격렬한 투쟁을 전개하기도 했다. 이 같은 사태는 오사카, 히로시마, 교토, 나가사키 등으로 순식간에 번져나갔다.

결국 가쓰라 내각은 들어선 지 불과 50여 일 만에 총사퇴하기에 이른다. 천황의 칙어로 내각을 맡은 가쓰라가 끝내 민중의 투쟁에 의해 타도된 것이다. 그때가 1913년 이월. 일본 역사는 이를 '다이쇼 정변'이라 기록하고 있다.

가쓰라가 화병을 얻어 사망한 것은 그로부터 불과 여덟 달 뒤인 그해 시월의 일이다. 타이완 총독을 지냈고, 러일전쟁 직후 외무대신으로서 미국 측 윌리엄 태프트 육군장관과 밀약을 맺어 일본의 조선 지배권을 약속받았던 침략 정책의 선봉자. 하지만 그가 마지막 숨결을 거둘 때의 모습은 오히려 허망하고도 쓸쓸했다.

가쓰라를 이은 인물은 야마모토 곤베에山本權兵衛. 사쓰마 군벌 출신의 해군 대장. 하지만 그 역시 육군 2개 사단 증강 및 해군 전함 증설 방침을 강행함으로써 국민들의 반발에서 벗어날 수 없었다. 더군다나 바로 그 무렵 해군 고위급 간부들이 독일의 시멘스 슈케르트 회사와 영국 비커스 회사, 미쓰이 물산 등으로부터 무선 전신소 시설공사를 둘러싸고 거액의 뇌물을 받은 사실이 드러나게 된다. 일본 정부로서는 엎친 데 덮친 격이었다.

군중들은 다시 하루가 멀다 하고 규탄 대회에 나섰다. 곳곳에서 가두 시위도 벌어졌다. 일부 지방에서는 폭동까지 일어나 경찰과 정면충돌하는 사태마저 빚어졌다. 결국 이에 대한 정치적 책임을 지고 야마모토 내각도 집권 1년 만인 1914년 삼월 총사퇴하고 말았다.

다음으로 오쿠마가 총리대신 자리에 올랐지만 역시 정국 수습에는 역부족이었다. 오히려 거리낌 없이 드러내다 싶은 정경유착으로 인해 군중들의 불신만 증폭됐을 뿐이다. 도쿄전문학교를 세우는 등 나름대로 사회에 이바지했던 그였건만, 정치 마당은 또 다른 것이었다.

일본 정국이 이처럼 극심한 혼란을 겪었던 것은 메이지 천황의 뒤를 이어 즉위한 다이쇼 천황이 아직 정국을 이끌고 갈 영향력이 부족했던 데도 이유가 있었지만, 군벌 간의 알력 및 재벌의 정치 개입도 커다란 원인이었다. 특히 육군과 해군 사이에 싹트기 시작한 국방 문제를 둘러싼 대립은 파장이 결코 작지 않았다.

이른바 '육·해군 주종主從 논쟁'은 그 단편적인 사례에 지나지 않는다. 육군은 러시아와 중국을 잠재적인 적敵으로 간주해 북쪽 방면의 전력을 강화해야 한다는 주장을 편 반면 해군은 바다로 둘러싸인 섬나라로서 해군의 우위를 주장하며 남태평양을 향한 남진론을 내세웠다. 이러한 대립은 뿌리가 깊은 것이었다.

더구나 육군의 배후에는 죠슈長州 파벌이, 해군 배후에는 사쓰마薩摩 파벌이 긴장된 눈길을 쏟으며 웅크리고 있었다. 지역을 기반으로 하는 두 파벌은 메이지 이후부터 줄곧 일본을 지탱해 온 군벌의 가장 굵직한 두 기둥이기도 했다. 오죽하면, "사쓰마, 죠슈 출신이 아니면 사람이 아니다"라는 말까지 나돌 정도였을까.

데라우치의 영전

조선총독 데라우치가 총리대신으로 영전해 간 것은 이러한 상황에서다. 그러나 그는 먼저 총독부 신축 예산을 따내기 위해 애로를 겪어야만 했다. 결국 설계작업을 포함한 모든 준비가 끝난

1915년 마지막 단계에서도 의회 해산으로 얼마간의 준비비만을 배정받아 세부 작업을 계속할 수밖에 없는 처지였다.

드디어 조선총독부가 청사 신축을 위해 총경비 300만 엔을 한꺼번에 배정받은 것은 그 이듬해의 일이다. 그리고 그해 유월 이십오일 지진제를 연 데 이어 다음 달인 칠월 십일 기공식과 함께 본격 공사의 대장정에 돌입하게 된다.

이 공사는 당초 1924년까지 목표로 잡혀 있었으므로 여덟 해 동안 계속 이어질 사업이었다. 하지만 결과적으로는 예정보다 두 해를 더 끌게 된다. 그만큼 돌아가는 사정이 순탄치 않았음을 얘기해 주는 것이다. 나라 바깥에서는 '열강列強 대전쟁'이라 불리는 제1차 세계대전이 한창이었던 데다 조선에서도 식민통치에 대한 민중들의 반발이 서서히 행동으로 표출되고 있을 무렵이었다.

어찌 되었든, 총독부 신축공사를 위한 지진제가 벌어졌던 그날 늦은 밤중 데라우치는 사위인 고다마 히데오兒玉秀雄 총무국장과 딸 사와코澤子 부부를 총독 관저로 조용히 불러들였다. 이제 서서히 일본으로 돌아갈 채비를 갖추도록 지시하기 위함이었다. 자신이 조선땅에서 할 수 있는 임무는 모두 끝났다고 간주한 때문이었을까.

데라우치가 자신이 내다본 것처럼 오쿠마의 뒤를 이어 천황으로부터 제18대 총리대신으로 지명받아 도쿄에 당당히 귀환하게 된 것은 그보다 넉 달 뒤의 일이다. 오쿠마 내각이 전격 총사퇴한 것은 그해 시월 구일. 그동안 뒤를 밀어주던 이노우에 카오루가 불과 나흘 전에 사망함으로써 더 이상 버틸 만한 여력을 잃었던 때문이기도 했다. 드디어 원로회의는 긴급 회동 끝에 정국 수습을 위한 최적임자로 데라우치를 후임 총리대신으로 지명하게 된다.

데라우치로서는 기어코 꿈을 이룬 것이었다. 그동안 속으로 꾹꾹 눌러 참으며 얼마나 기다려 왔던 자리인가. 조선은행 총재인 가쓰다 쿠까즈에勝田主計가 대장성 대신으로 발탁된 것도 이때였다. 사위인 고다마 국장도 함께 도쿄로 귀환했음은 물론이다(고다마는 데라우치 내각에서 내각 서기관장을 지냈으며 사이토 마고토가 3·1만세운동 직후 제3대 총독으로 부임해 왔다가 물러간 뒤 두 번째로 1929년 제5대 조선총독에 임명될 당시 정무총감으로 발탁되어 다시 조선에 복귀하게 된다).

그러나 데라우치에 대한 일반 여론은 매우 부정적이었다. 무엇보다 무자비한 성격 탓이었다. 이미 조선총독으로서 그의 잔혹스러운 소행은 널리 소문이 퍼져 있었다. 일본에서도 일반 국민의 인권과 민생을 소중하게 여겨야 한다는 자유론적 사상이 서서히 번져가고 있었지만 그는 여전히 완강한 군인 티를 벗어내지 못했다.

다음은 데라우치에 대한 《만쬬호萬朝報》의 논평 내용. 아무리 진보적 성향의 신문이라는 사실을 감안하더라도 논평은 혹독하기만 했다.

> 우리 국민의 대부분은 새로 들어선 데라우치 내각을 위험하다고 생각하는 것 같다. 데라우치 총리는 이미 비非 입헌주의자로 널리 알려져 있다. 그는 지금까지 여섯 해 동안 조선땅에서 칼을 마구 휘둘러 국민들로부터도 많은 불만을 샀다. 그가 국내에서도 언젠가는 칼을 꺼낼 것이라고 염려하는 것은 당연하지 않겠는가. (강동진, 《일본 근대사》)

데라우치가 총리대신의 자리에 앉은 것은 이때부터 1918년 시월까지 두 해 동안. 하지만 데라우치 내각은 당시 일본이 맞닥뜨리고 있던 여러 현안을 원활하게 처리하지도 못했을 뿐만 아니라 이 무렵을 통틀어 가장 형편없는 내각으로 꼽히게 된다. 내각을 이끌던 데라우치 개인에 대한 인기도를 반영하는 것이었음은 물론이다.

그나마 조선 식민지에서 통하던 총칼의 으름장도 저들 본토에서는 어림도 없었다. 세상은 그만큼 바뀌어가고 있었다.

문화재를 빼돌린 데라우치

한편 데라우치는 조선총독을 지내는 동안 이미 상당한 문화재를 뒷구멍으로 슬쩍슬쩍 빼돌리고 있었다. 남몰래 빼내간 것이었다. 이렇게 하여 가야국 때부터 조선시대에 이르기까지 만들어진 적잖은 이 땅의 문화재들이 꾸러미째 일본으로 실려 갔다. 이 땅의 숨결과 얼이 두루 스민 소중한 공예품을 비롯해 그림, 글씨, 서적 등이 그 목록에 포함됐다.

데라우치는 한편으로는 총독부 박물관을 운영한다면서 다른 한편으로는 갖은 보물들을 야금야금 빼내갔던 것이다. 총독부는 경복궁에서 물산공진회를 개최하면서 미술관으로 지었던 건물을 공진회가 끝나고도 그대로 박물관으로 사용하고 있었다. 이 박물관이 마치 생선 가게를 맡은 고양이처럼 문화재 수탈에 동원됐음은 물론이다.

데라우치가 이렇게 개인적으로 빼내간 1,500여 점의 문화재들은 '오호 데라우치櫻圃寺內 문고'에 소장되고 있었다. 그의 고향인 야마구치에 설립된 도서관이었다. 이 도서관은 데라우치가 타계한 이듬해인 1920

년 그의 큰아들 히사이치壽一에 의해 착공되어 1년 뒤에 완공을 보게 된다. '오호櫻圃'라는 이름 자체가 데라우치의 별호라 했던가.

이 도서관은 데라우치 집안에서 운영해 오다가 1941년 바로 옆에 야마구치대학이 들어서면서 대학에 기증되었다. 큰아들 히사이치가 육군사관학교를 나와 조선주차군 참모장과 타이완 주차군 사령관을 거쳐 육군대신 자리에 오를 때까지만 해도 도서관 운영에는 아무런 문제가 없었다. 그러나 태평양전쟁에서 일본의 패전으로 남방군 총사령관을 맡고 있던 그가 말레이시아 포로수용소에서 숨을 거둠으로써 데라우치 집안이 도서관을 운영할 여력을 잃은 데 따른 것이었다.

그나마 데라우치 문고 소장본 가운데 일부가 지난 1996년 야마구치대학이 경남대학교에 기증하는 형식으로 반환된 것은 다행이다. 그때 반환된 것이 모두 135점. 김홍도를 비롯한 조선시대 유명 화가들의 그림을 모은 《홍운당첩烘雲堂帖》도 이때 비로소 돌아왔다. 1965년 체결된 한일기본조약에 따른 문화재협정으로 일본 정부로부터 1,300여 점의 문화재를 돌려받은 이후 거의 처음 있는 일이었다.

하지만 조선의 문화재를 빼돌린 것이 어찌 데라우치 한 사람뿐이었을까. 아예 전각을 통째로 뜯어간 경우도 없지 않았다. 조선총독부 청사의 기초공사를 맡았던 오쿠라 기하치로大倉喜八郎는 경복궁의 자선당을 해체해서 실어갔다. 총독부가 물산공진회에 앞서 전시장 터를 낸답시고 전각을 마구 헐어내 일반인들에게 팔았을 때의 얘기다.

오쿠라는 자선당을 도쿄에 복원시켜 놓고는 '조선관朝鮮館'이란 현판을 내걸고 조선에서 빼내간 문물들을 전시해 놓았었다. 자선당은 그 뒤 간토關東 대지진으로 허물어지고 말았다. 오쿠라 호텔 경내에 남겨져 있던 초석과 계단석은 김정동金晶東 목원대 교수에 의해 발견되어 삼성문화재단에서 반환받아 다시 경복궁 제자리로 돌아왔다.

일본의 조선 문화재 약탈은 벌써 오래전부터 시작된 것이었다. 1904년의 러일전쟁은 비단 러시아와의 전쟁만이 목적은 아니었다. 그 전쟁의 와중에서도 저들은 문화재를 노리고 있었다. 군부대에 문화재 약탈 요강을 하달한 것이 그 증거다.

이에 따라 저들 군대는 닥치는 대로 무덤을 파내고 도자기를 꺼내 갔다. 특히 고려 왕족과 귀족들의 무덤이 몰려 있던 개성 일대에서는 일반 묘까지 합쳐서 대략 1만여 기의 무덤이 파헤쳐졌던 것이다. 이토 히로부미伊藤博文 통감이 메이지 천황에게 진상했다는 고려자기 100여 점도 이렇게 마련됐을 것이다.

애기가 나온 김에 청일전쟁 때의 사례 하나를 더 들어 보자. 이때 전쟁을 치르기에 앞서 경복궁을 점령한 저들 군대는 궁궐 창고를 샅샅이 뒤져 왕실에서 보관 중이던 귀중품을 한꺼번에 실어갔다. 도자기와 서화, 금은 패물, 그리고 양반댁 부녀자들의 노리개 같은 온갖 진상품이 털렸다. 조선왕조 수백년 동안에 걸쳐 장인들의 피땀이 스민 집념의 결실들이 하루아침에 둘둘 묶여 제물포에서 배에 실린 것이었다.

"궁궐 내별고內別庫에 고이 간직해 두었던 금은보화가 모조리 약탈되어 텅 비었으니, 이 일을 도대체 어찌할꼬."

오죽했으면 한동안 저들과 비교적 친밀한 사이를 유지했다는 김윤식金允植조차 이렇게 개탄했을 것인가. 개화파로서 갑오개혁에 참여했으며 한때 외무대신을 지내기도 했던 그였다. 비슷한 무렵 고종의 밀명을 받고 중국에 파견됐던 민상호閔商鎬도 텐진에서 리훙장李鴻章을 만나 "오백년 동안 지켜 온 귀중한 패물들을 왜놈들에게 단지째 남김없이 빼앗겼다"고 울먹였다던가.

실상, 저들은 청일전쟁을 계기로 조선과 중국의 문화재 수집에 혈안이 되어 있었다. 심지어 전란이 진행되던 도중에도 청나라 땅에 사람을 몰래 집어넣고는 닥치는 대로 보물을 끌어모으도록 했다. 전쟁으로 온통 소용돌이칠 때야말로 보통 때 손에 넣기 힘든 보화들을 손쉽게 넣을 수 있을 것이라고 보았던 때문일까.

한편, 여기서 빼놓을 수 없는 인물이 바로 도쿄제국대학 건축과 조교수이던 세키노 타다시關野貞일 것이다. 이른바 학술조사라는 명목으로 조선 문화재 약탈을 도왔던 인물이다. 본인이 의도했든, 않았든 그러한 결과가 초래된 것은 서글프고도 안타까운 일이다.

세키노 타다시

지금까지도 한국의 옛 건축문화 분야에서 대표적인 저술로 꼽히는 《조선의 건축과 예술》. 이 책이 일본 학자에 의해 씌어졌다는 사실부터가 눈길을 끈다.

이 책은 당초 세키노 타다시關野貞 교수가 연구 보고서로 제출한 것이었다. 이 방대한 보고서에는 그가 도쿄제국대학의 지시를 받고 1902년 여름방학을 틈타 조선땅 구석구석을 샅샅이 헤집고 다니면서 조사한 문화 유적에 대한 내용이 세밀하게 기록되어 있다.

조사 내용과 함께 현지에서 촬영한 사진을 중심으로 보고서가 꾸며졌는데, 집필 기간이 무려 두 해나 걸린 회심의 노작이기도 했다. 이때 그의 나이 서른다섯. 제아무리 팔팔할 무렵이라고는 하지만, 불과 두 달 남짓한 짧은 기간에 이만한 조사를 수행했다는 자체가 실로 경탄할 만한 일이었다.

더욱이 조선땅 곳곳에서 저들의 침탈에 반발하는 움직임이 일어나고 있을 때여서 자칫 신변의 위협을 감수해야 했던 때였음에랴. 아무튼 이 보고서는 얼마 뒤에 다시 보완되어 《조선의 건축과 예술》이란 제목으로 출간되는데, 저들 학자들 사이에서도 '환상의 진서珍書'라고 불릴 만큼 높이 인정받은 것이 사실이다.

조선 문화재에 대한 연구가 거의 이뤄지지 않은 상태에서 본격적인 연구의 출발점으로 꼽힌 때문이었다. 또한 이것이 서구의 근대적 방법에 의해 작성된 조선 건축미술사에 대한 최초의 저술이기도 했다.

하지만 어쩐 일이었을까. 세키노는 맨 처음 이 연구를 시작하게 된 동기에 대해서는 끝내 입을 열지 않았다. 다만, 보고서의 머리말을 통해 "조사하러 떠나기에 앞서 다쓰노 학장으로부터 '조선 건축의 역사적 연구에 치중할 것, 그리고 폭넓게 관찰할 것'이라는 두 가지 특별 지시를 받았다"라고만 간단히 밝혀 놓고 있다. 대학 당국을 통해 조사 의뢰가 들어왔다는 얘기일 것이다.

다쓰노 깅고辰野金吾 학장. 두말할 것도 없이 일본은행 본점 청사를 설계했으며 그 뒤에 조선은행 청사를 설계한 바로 그 주인공이다. 영국 유학을 통해 가타야마 도쿠마片山東熊와 함께 일본에 서양식 건축을 처음으로 도입한 선두 주자. 니혼바시日本橋 옆의 다이에이大榮 빌딩과 네덜란드 암스테르담 정거장을 닮았다는 도쿄 중앙 정거장도 그가 설계한 것이었다.

그러나 무슨 일인지 다쓰노 학장은 세키노 교수가 보고서를 꾸미고 있던 도중인 그해 십이월 돌연 공과대학 학장을 사임하고 대학을 떠나게 된다. 그가 세키노 교수와 약간의 마찰을 빚었다는 야릇한 소문은 그 훨씬 뒤에 흘러나온 얘기였다.

하지만 이러한 얘기들은 별로 중요하지 않을는지도 모른다. 그보다는 세키노가 무슨 까닭으로 신상의 위험을 무릅쓰면서까지 은밀히 조선 곳곳을 둘러보며 문화재 보존 상태를 조사했을까 하는 점이다.

단순한 학술 조사였을까. 어쩌면 그럴 수도 있었으리라. 하지만 문제는 이 조사가 저들 내각의 의뢰에 따라 시작된 것이라는 데에 있었다. 세키노가 보고서를 작성한 것도 저들 내각에 제출하기 위한 것이었다. 더 이상 넘겨짚기는 곤란하지만, 혹시나 이 땅의 문화재를 약탈하려는 목적으로 목록 조사를 시킨 것은 아니었을까.

이렇듯 이 땅의 문화재 조사에 나선 속뜻 자체가 미심쩍거니와, 세키노가 조선의 문화를 바라보는 시각에서도 더러 수긍할 수 없는 점이 발견된다. "조선 사람들이 문화유산을 아끼려는 마음이 갖춰지지 않은데다 옛것을 보존해야 한다는 정신마저 모자랐기 때문에 예로부터 전해 내려온 귀중한 문화 유적은 점차 흔적이 사라져가고 있었다"는 것이 그의 주장이다.

자기 자신의 행적에 대한 변명이었을지도 모른다. 이 땅의 백성들이 아름다움을 아끼고 누리려는 마음이 부족한 탓에 문화 유적들이 파헤쳐지고 있으며, 따라서 귀중한 문화유산들이 망가지지 않도록 저들이 대신 돌보려 했다는 뜻이었을까. 도둑고양이가 어물전의 고등어 상하는 것을 걱정하는 꼴이나 다름없었다.

설사 세키노의 주장이 전혀 틀리지 않다고 치더라도, 저들이 몰래 발 벗고 나서서 선의를 베풀 만한 이유가 과연 어디에 있었던 것일까. 끝내 나라를 통째로 집어삼키고는 "혼자 힘으로는 일어서지 못할 것 같아 손을 잡아 준 것일 뿐"이라고 우기던 억지 수작과 다를 바 없었다.

이러한 주장은 비단 세키노만이 내세운 것은 아니었다.

"조선의 건축은 낙랑군 시기에 한나라의 건축 양식을 받아들임으로써 비로소 시작되었다. 삼국 시대의 건축이라는 것도 따지고 보면 멀리는 육조六朝, 가까이는 당나라의 양식을 모방한 것에 지나지 않는다."

세키노와 비슷한 시기에 활동했던 건축사가 후지시마 가이지로藤島亥治郎의 변설이었다던가. 그들의 생각이란 게 그렇고 그런 정도에서 크게 벗어나지를 못했다. 심지어 이 땅의 문화에 대해 이해를 아끼지 않은 것으로 여겨지던 야나기 무네요시柳宗悅조차도 기본적인 시각에서는 큰 차이가 없었다. 그러나 설령 그렇다 하더라도 야나기가 남긴 공적이 가볍게 평가되어서는 결코 안 될 일이다. 그에 대해서는 뒤에 가서 다시 살펴보기로 하자.

일본 지식인들의 생각을 지배하던 것은 바로 이러한 '식민주의 역사관'이었다. 조선에는 제 나름의 독창적인 문화가 없고 모조리 남의 것을 본뜬 것뿐이며, 그나마도 우울하고 쓸쓸한 멋 외에는 도저히 찾기 힘들다는 부정적인 시각이 바탕에 깔려 있는 역사관이다. 문화적으로 열등하다는 것이니, 깔보고 짓밟아도 된다는 논리였을까.

한강 인도교 낙성식

하세가와 요시미치長谷川好道 총독. 데라우치가 본국 총리대신으로 영전해 간 데 이어 제2대 총독으로 부임해 온 그 역시 총독부 신축 공사에 대해 남다른 관심을 보였다. 조선 백성들과 총독부 청사 문제를 잘만 요리한다면 앞으로 더 높은 자리를 바라볼 수 있을 것이라는 욕심이 하세가와라고 왜 없었을까.

그가 총독부 공사에 열성을 보인 것은 부임 이래 별다른 돌발적인 현안이 없었던 때문인지도 모른다. 역시 총칼의 위력은 대단했다. 최소한 조선땅 울타리 안에서 만큼은 물샐 틈 없이 조용했다. 그렇다고 총독부 공사 자체가 저절로 굴러갈 일은 아니었다.

때마침 한강 인도교 낙성식이 열렸다. 1917년 시월, 하세가와가 부임한 지 한 해가 지나가던 무렵이었다. 전임자인 데라우치가 시작해 놓은 야심 찬 과업 가운데 하나였다. 한강에 인도교를 놓는 사업이야말로 경성에서부터 영남과 호남, 충청 등 삼남 지방을 연결하는 중요한 사업이 아니던가. 가까이로는 대전을 비롯해 논산, 청주, 전주는 물론 멀리 부산, 목포, 광주 등에 이르기까지 신작로로 연결하는 시발점이 되는 다리가 바로 한강 인도교였다.

이미 경부선과 호남선 철로가 놓이긴 했지만 그것만으로는 부족했다. 마음을 놓을 수가 없었다. 여차직할 경우에 대비해서라도 군용 수송트럭들이 마음 놓고 누빌 신작로가 필요했다. 그만큼 한강 인도교 건설작업은 그 무렵 총독부 청사 신축공사와 함께 저들이 가장 신경을 쏟은 공사였다.

낙성식이 성대한 잔칫집 분위기 속에서 진행되었음은 물론이다. 하세가와는 이날 낙성식에 참석해서도 총독부 새 청사 얘기를 빠뜨리지 않았다.

"한강에 튼튼한 다리를 놓은 것은 조선 여러 지역에 이르는 동맥을 뚫은 것이라 할 것이다. 그러나 그보다 더 중요한 것이 있으니 바로 심장이지 않겠는가. 총독부 새 청사를 짓는 일이야말로 새로운 심장을 만드는 작업이다. 여러분들의 분발을 더욱 당부하는 바이다."

그의 연설이 아니라도 한강 다리보다 총독부 청사가 더 중요한 것이 사실이었다. 조선 통치의 상징으로 불려질 것이었기 때문이다. 낙성식이 끝난 뒤 마지막 순서로 답교식踏橋式이 있었다. 자동차와 인력거를 통행시키기 전에 먼저 걸어서 다리를 건너는 순서였다. 하세가와가 앞장서고 총독부 간부들이 그의 뒤를 줄지어 따랐다. 그는 다리를 건너면서도 총독부 공사 얘기를 꺼냈다.

"한강 인도교 공사에도 자그마치 83만 4,000엔이나 들어갔다는데,

총독부 공사를 기껏 300만 엔에 끝낼 수 있겠는가."

"총독부가 직접 맡아서 청사 신축 공사를 한다면 비용을 얼마나 줄일 수 있는가."

그는 주로 공사비용에 대해 관심을 갖고 있었다. 그럴 법도 했다. 이 무렵 막바지로 치닫던 유럽 전쟁으로 인해 총독부 공사에 들어가는 건축 자재비와 노임이 하루가 다르게 치솟고 있었으니 말이다. 일본은 이 전쟁에서 영국, 프랑스, 미국 등과 같은 연합국의 일원이었다. 물가는 공사가 시작되던 한 해 전에 비해 무려 3배도 넘게 올라 있었다.

이런 사정이었으니 하세가와가 부임해 오면서부터 유달리 예산 문제에 관심과 걱정을 쏟은 것은 어찌 보면 당연한 일이기도 했다. 실제로도 돈에 대해서만큼은 무척 까다롭게 따지는 위인이었다. 푼돈에 대해서도 낯짝이 두꺼운 사람이었다. 머릿속에서는 언제나 주판알이 튕겨지는 것 같았다. 만사에 정확을 기한다는 뜻에서보다 제 주머니에 얼마나 남을까를 미리 계산했는지도 모를 일이다.

그는 총독부의 공금公金조차도 자기 호주머니 속에서 슬그머니 움직이곤 했다. 뒷날 일본 사회에서 정치 평론가로 이름을 날리게 되는 이시모리 히사야石森久彌는 《조선통치의 비판》에서 "심지어 하세가와 총독이 기밀비도 마음대로 사용한다는 얘기까지 나돌 정도였다"라며 그를 은근히 비꼬고 있었다. 정보 수집과 비밀공작에 사용하도록 되어 있는 기밀비조차 제멋대로 끌어다 사용한 인물이 바로 하세가와였다.

이 무렵 총독부 공사는 어떻게 진행되고 있었을까. 다행이랄까, 아니면 불행이랄까. 세계대전의 와중에서도 공사판은 거의 사소한 차질도 없이 그날그날 제대로 돌아가고 있었다.

당초 빡빡한 정도의 예산밖에 배정받지 못해 총독부 간부들조차 공사 진행에 애로가 적지 않으리라 난감하게 여겨 오던 터였다. 공사가 시작되어 한 해가 지나는 동안 건축 자재값이 껑충 뛰어오름으로써 골조를 미처 올리지 못한 채 도중에 공사를 그만두어야 하는 형편이 되지 않을까 걱정이 들기도 했다.

이처럼 미리부터 염려하고 대비한 덕분이었는지 공사비용은 상당히 줄여졌다. 무엇보다 공사에 들어가는 건축 자재들을 조달하는 데 큰 어려움이 없었던 때문이기도 했으리라.

더욱이 저들은 이 땅의 아무 삼림이나 돌산에서 아름드리나무와 석재를 마음대로 베어내고 캐내 쓸 수가 있었다. 제국주의 일본은 이미 을사늑약이 맺어지던 1905년 무렵부터 대한제국으로부터 전국 광산의 채굴권과 함께 백두산 및 울릉도의 삼림 채벌권을 빼앗아 제멋대로 행사하고 있던 터였다.

더군다나 이제는 말 그대로 합병을 이루어 조선땅 어느 구석이라도 제 땅이라고 우기던 마당이 아닌가. 웬만한 삼림과 갯벌, 강변의 모랫터까지 이미 동양척식회사 대장에 그들의 소유로 기재되어 있었다. 마을 어귀의 논둑이나 밭둑까지도 형편은 크게 다르지 않았다.

게다가 잡역부들의 노임도 만만한 편이었다. 조선인 잡역부가 아니라도 짱꼴래 '쿠리苦力'들을 얼마든지 동원할 수 있었다. 조선인 인부나 쿠리들의 품값은 일본 노무자의 절반 수준에 그쳤다. 날품으로 지급되는 노임은 조선인 인부의 경우 이틀에 1엔. 그렇지만 일본인에 대해서는 하루 1엔으로 책정되어 있었다.

물론 이런 조건에서도 어깨품을 팔겠다고 공사판에 선뜻 나서려는 일본인은 드물었다. 조금만 둘러보면 힘들이지 않고도 돈을 벌 수 있는 일이 곳곳에 널려 있는데 굳이 땀 흘리는 일에 나설 이유가 없었기 때문이다. 일본의 농촌과 도시 변두리에서 흘러들어온 온갖 어중이떠중이들조차 이 땅에서는 이미 상전이나 마찬가지였다.

작업을 이끌고 감독해야 하는 십장의 경우는 더했다. 조선인 십장의 품값이 한 달에 25엔 안팎, 일본인은 그 곱절인 50엔을 받고 있었다. 그러나 누구 하나 "왜 품값을 적게 주느냐"고 마음 놓고 따질 형편이 못되었다. 대대로 물려받은 문전옥답 농토를 빼앗기고 소작인으로 전락한 품팔이꾼에게는 총독부 청사 공사가 그나마 목줄이었다.

하세가와 총독

여기서 잠깐 하세가와 총독의 이력을 들춰 보기로 하자. 그가 데라우치의 뒤를 이어 조선총독부 제2대 총독으로 발령받은 것은 1916년 시월. 그의 나이 예순여섯 때였다. 역시 육군 대장 출신답게 온몸으로 군인 냄새를 풍기는 인물이었다. 하지만 군인, 그것도 같은 육군 출신이면서 데라우치에 비해서는 몸집만 컸지 푼수는 오히려 미치지 못하는 편이었다.

"야망은 크지만 그릇은 작은 사람."

"하세가와가 가슴에 품고 있는 것은 야망이 아니라 오직 탐욕에 지나지 않을 뿐."

그가 조선총독에 임명됐다는 소식이 전해지면서 왜성대 주변에서는 이런 알쏭달쏭한 표현으로 그를 사정없이 내려깔고 있었다. 듣기에 민망할 정도의 표현도 없지 않았다. 그에 대한 불만의 표시였다.

하지만 하세가와는 현해탄을 건너 경성 부임길에 오르면서 잔뜩 기대에 부풀어 있었다. 조선에서의 임무를 끝내고 다시 도쿄로 돌아갈 때는 전임자인 데라우치처럼 꼭 내각 총리대신은 아닐지라도 그에 버금가는 감투 정도는 깊이 눌러쓰고 으스대며 돌아가리라 생각하고 있었는지도 모른다. 물론, 그때가 언제가 될지는 모르지만….

조선총독이라는 자리는 그에게도 정치적 야망을 실현시켜 줄 하나의 사닥다리였다. 더욱이 하세가와는 조선과는 남달리 인연이 많은 편이기도 했다. 스스로는 조선을 꿰뚫어 본다고 자부할 정도였다.

1904년 시월, 조선주차군 사령관으로 임명되어 한성에 파견된 것이 그 첫 번째 인연이었다. 러일전쟁 당시 제1군 소속으로 전공을 세워 육군 대장으로 진급한 직후였다. 당시 그의 휘하에는 2개 사단의 육군 병력이 언제라도 대기 태세를 갖추고 출동 명령이 떨어지기를 기다리고 있었다.

어쩌면 그때가 군인으로서 그의 전성기라 해도 과언은 아니었다. 조선으로서도 운명의 방향이 갈리는 시기였다. 그리고 통감부가 발족한 직후에는 한 달 임시로 '통감 대리'라는 직책을 겸임하기도 했다. 초대 통감으로 임명된 이토 히로부미伊藤博文가 한성에 부임하기까지의 공백 기간을 대신 메운 게 바로 하세가와였다.

하지만 그는 그렇게 마주칠 때마다 이 나라 백성들에게 쓰라린 상처를 입힌 인물로 기억되고 있다. 무엇보다 그의 주차군 사령관 재임 시절이 그러했다. 대한제국 군대를 무력으로 해산시킨 일이었다.

군대 해산 과정에서 시위연대 박성환朴性煥 참령의 장렬한 자결에 자극받은 대한제국 군대가 한꺼번에 쏟아져 나오자 가만히 팔짱만 끼고 있을 성미가 아니었다. 휘하 병력을 직접 이끌고 나선 그는 숭례문 성벽에 대포와 기관총을 걸어 놓고 마구 쏘아댔다.

이를테면, 그는 그러한 인물이었다. 결국 충돌은 진압됐지만 이 하나의 사례만으로도 물불을 가리지 않는 팍팍한 성격을 충분히 보여 주었다. 그만큼 잔인하고도 악랄했다. 성미가 모질었다고나 할까. 여섯 척 커다란 키에 얼굴이 길고 눈매마저 날카로운 탓에 어디 한 군데 인정머리라고는 찾을래야 찾을 수 없는 사람이었다.

그 뒤에도 탄탄대로는 이어진다. 육군 제3사단장, 근위 사단장 등의 요직을 거쳐 1912년에는 참모총장에 올랐고 다시 두 해 뒤에는 원수로 승진하게 된다. 역시 몸에 배인 철저한 생존 의식 덕분이었으리라.

오사카大阪 병학료 출신으로 이미 스물한 살의 한창때이던 1871년 육군 대위로 임관한 그는 세이난西南 전쟁에 참전했으며, 러일전쟁 때는 뤼순 전투에서 전과를 올리기도 했다. 말하자면 야전군 체질로 똘똘 뭉친 인물이었다.

그가 조선주차군 사령관직을 마치고 도쿄에 귀환한 것은 1908년. 네 해 동안이나 이 땅에서 악명을 떨치고 난 뒤였다. 그러니까 여덟 해 만에 다시 총독으로 영전되어 설레는 마음으로 조선땅을 밟게 된 셈이었다.

순수 야전군 출신으로 정치에는 거의 문외한이었던 그가 조선총독에 임명된 것은 데라우치가 시작한 무단정책을 그런대로 이어갈 수 있는 인물이라는 점에서였다. 잔혹한 점에서는 오히려 데라우치 못지않은 것으로 여겨지기도 했다.

어쨌건 그는 이 땅, 이 백성들에 대해 나름대로 일가견이 있다고 자부하는 편이었다. 최소한 어떻게 조선 백성을 다뤄야 한다는 정도의 생각만큼은 지니고 있었을 것이다. 그러나 그가 지녔던 생각이 틀려도 한참 틀렸다는 사실은 불과 세 해도 지나지 않아 그대로 드러나고 만다.

조선땅 방방곡곡에서 터져 나온 뜨거운 만세 소리가 그런 사실을 말해 준다. 다름 아닌 3·1 만세운동이었다. 그러나 하세가와는 그렇게 속으로 꿈틀대는 낌새를 전혀 느끼지 못하고 있었다. 조선 사람들을 그저 반벙어리, 반귀머거리 정도로나 얕잡아본 탓이었다.

시미즈쿠미의 골조공사

조선총독부 신축공사의 기초공사는 끝나 있었다. 어렵지는 않았다 해도 그리 쉬운 작업도 아니었다. 땅바닥을 다지는 데만 거의 한 해 가까이 걸린 셈이다. 그리고 1917년 여름에 접어들면서부터는 골조공사에 들어가고 있었다. 처음 일을 벌여놓은 것은 데라우치였으나 정작 본격 공사를 떠맡은 것은 하세가와 총독이었다.

오쿠라쿠미大倉組 토목회사가 맡았던 기초공사가 전부 끝난 것은 그해 삼월 말께. 전체 부지를 설계도상에 계획된 열다섯 척 깊이로 완전히 파낸 뒤에 소나무 말뚝을 박아 단단하게 다져 넣었다. 어떻게 보면 땅바닥을 파내는 것 자체만으로도 대단한 공사였다. 1916년 칠월에 기공식을 가진 지 아홉 달만의 일이었다.

그리고 그 위로는 철근 골조가 조금씩 올라가기 시작했다. 골조공사의 계약은 시미즈쿠미淸水組 회사에게로 돌아갔다. 땅바닥 공사를 맡았던 오쿠라쿠미에 이어 다음 단계인 철근 기둥 공사를 맡은 회사가 바로 시미즈쿠미였다. 1902년 원산에 지어진 저들의 병영兵營 시설과 조선은행 공사를 계기로 이 땅에 진출해 있던 시미즈쿠미는 한창 사업을 키워가던 참이었다. 용산의 총독 관저도 시미즈쿠미가 세웠다.

시미즈쿠미 기사들은 기둥을 세우는 작업에 들어가면서 다시 한번 콘크리트로 바닥을 굳혔다. 땅바닥에 낙엽송 말뚝이 촘촘히 박혀 다져지긴 했으나 그것만으로는 모자르다고 여긴 것이었다. 기초를 튼튼히 다진다고 해서 나쁠 것은 없었다. 저들에게는 건성으로 일을 마무리 짓는 '날림'이란 것이 체질적으로 허용되지 않았다.

적어도 그런 점에서는 본받을 만했다. 어떤 일에서나 최선을 다한다는 '잇쇼겐메이―生懸命' 정신. 그 자세와 신념은 총독부 공사에서는 더하면 더했지 조금도 덜하지 않았다. 그것은 공사를 맡은 사람들로서 최소한의 마음가짐이기도 했다.

자신들이 지은 건물이나 다리가 어느 날 갑자기 무너져 내려 괜한 사람이 다치고 목숨마저 잃을 경우 스스로 몹쓸 죄를 지은 것이나 다름없다고 여겼던 것이다. 심한 지진으로 땅바닥이 갈라지고 건물이 무너지는 사태를 너무도 자주 겪어온 탓이었을지도 모른다.

하지만 콘크리트라고 해야 기껏 석회 흙에 모래를 섞은 정도에 지나지 않았다. 그렇더라도 여기에 적당한 물기로 반죽한 다음 그늘을 만들어가며 제대로 굳히기만 한다면 바윗돌에라도 버금갈 만한 견고함을 낼 수가 있었다. 이것이 바로 혼응토混凝土였다.

이에 따라 근정전 앞쪽에는 얼기설기 철근 기둥이 올라가고 있었다.

홍화문과 금천교, 내사복, 그리고 그 앞으로 이어지는 담장이 철거되고 파헤쳐진 자리였다. 아직 철근의 짜임새가 엉성해 보이기는 했어도 저들은 별로 서두르는 기색을 보이지 않았다.

"서두를수록 건물의 수명은 짧아지는 법."

"어찌 하루아침의 아차 실수로 천황 폐하에게는 물론 1,000년을 서 있을 총독부 청사에 흠집을 남길 수 있겠는가."

이와이 죠사부로岩井長三郎 건축과장은 틈날 때마다 공사장 감독을 맡은 부하 직원들에게 몇 번이나 주의를 환기시키곤 했다. 그는 전체 토목국 간부 중에서도 매우 고지식한 편이었다. 공사 기간을 앞당겨야 한다거나, 자재를 절약하자는 얘기가 나올라치면 누구보다 앞서서 반대하곤 했다. 참을성이 부족한 하세가와 총독도 그를 마땅치 않게 여기긴 했지만 달리 어쩌는 수가 없었다.

전체 공사장을 빙 둘러 가면서는 발판으로 쓰일 발대목이 층층으로 설치됐다. 발대목은 삼나무를 밧줄과 철사로 둘둘 묶어 만들었다. 세워지는 철골 기둥에도 바깥쪽으로 나무 판대기가 함께 감겨 올라가고 있었다. 그 안에는 역시 석회흙 혼응토로 채워짐으로써 기둥을 굳히도록 한 것이었다.

그러나 공사가 진행될수록 경복궁은 더욱 볼품을 잃어갔다. 그 옛날, 나라와 백성을 이끌던 엄숙하고도 우람한 권부權府로서의 모습은 자꾸 지워져 가고 있었다. 담벼락은 허물어져 듬성듬성 구멍이 뚫렸으며, 그나마 남아 있는 전각들의 기왓장마저 비바람에 깨져 나갔지만 누구 하나 돌보는 이가 없었다. 근정전 지붕에는 흙먼지만 자욱했다.

이런 사정은 광화문을 사이에 두고 공사장 건너편 육조 거리에 주욱 늘어선 옛 대한제국의 관아들도 마찬가지였다. 의정부, 이조, 한성부, 병조 등등. 한마디로 형편없는 몰골이며 흉상들이었다. 더러는 총독부의 임시 사무실로 사용되고 있었지만 나머지 관아는 깨진 기와지붕 처마 밑으로 거미줄만 더덕더덕했다.

의정부 관아 뒤쪽으로 흐르는 얕은 실개천도 총독부 청사 공사장에서 섞여 들어온 흙탕물로 뿌옇게 흐려 있었다. 공사장으로 연결되는 웬만한 거리와 골목도 이리저리 굴러다니는 자잘한 건축자재 쓰레기와 트럭이나 달구지의 움푹 파인 바퀴자국으로 온통 지저분하던 때였다.

신토불이 건축재들

한반도 백두대간의 뿌리인 백두산. 때로는 장백산이라고도 불리기도 했다. 곳곳으로 겹겹이 뻗어나간 산줄기의 모든 기운과 숨결이 하나로 웅크려 맞닿은 바로 그 영산이다. 우리 배달민족의 시조인 단군 할아버지께서 구름을 타고 내려와 처음 나라의 기틀을 잡은 거룩한 터전도 이곳이었다.

그러나 그것도 벌써 아득한 옛말이 되고 말았다. 하늘을 가릴 듯 원시림이 빽빽이 우거진 백두산 삼림도 벌써 조선총독부의 차지가 되어버렸다. 신의주 영림창은 이곳 울창한 숲에서 목재를 마구 베어내는 대로 실어 날랐다. 여기서 나오는 판매 수입을 총독부에 올려 재원에 충당토록 할 정도였다던가.

그 바람에 백두산 기슭 여기저기에 흐드러지도록 엉키어 피어난 풀꽃 사이로 뿌리를 내린 산삼과 불로초가 닥치는 대로 뽑혀나갔다. 꽃사슴 떼도 자꾸만 바깥으로 쫓겨났다. 산신령처럼 영험하다는 호랑이 무리도 벌목꾼들 발자국 소리가 거슬렸는지 멀리 시베리아 벌판으로 떠나 버렸다. 태고의 신비와 원시 상태를 고이 간직하며 바깥사람들의 발걸음을 일체 거부하던 백두산 산림도 이러한 과정을 거쳐 한 귀퉁이에서부터 야금야금 처녀성을 잃어가고 있었다.

이렇게 백두산 압록강변에서 베어낸 아름드리 낙엽송들은 강줄기와 바다를 거쳐 운반됐다. 베인 그대로 잔가지만 쳐져 압록강 물줄기에 던져지면 그만이었다. 통나무들은 자꾸만 하류로 떠내려갔다. 그리고 의주義州 포구를 빠져나오면서는 다시 커다란 뗏목으로 엮여져 서해 바닷길을 통해서 한강으로 도착하게 되는 것이었다.

압록강변 외에도 지리산이나 속리산 등에서도 몇 바리씩의 소나무 말뚝이 실려 오긴 했지만 운반하는 데 애로가 심해 결국은 도중에 그치고 말았다. 소달구지 행렬로 구불구불 산길을 넘고 강을 건넌다는 것이 결코 쉬운 일은 아니었을 것이다.

화강석과 대리석도 모두 조선땅에서 캐내 썼다. 한때 장안에는 총독부 청사를 짓기 위해 멀리 유럽의 이탈리아로부터 대리석을 수입하고 있다는 소문이 그럴 듯하게 나돌았으나 이는 사실과는 거리가 먼 얘기였다. 실제로 그럴 만한 예산상의 여유도 없었다. 대리석 자체의 가격도 그렇거니와 뱃길로 실어오는 수송비도 만만치는 않았다. 더욱이 세계전쟁이 한창 진행되던 중이었다.

물론 몇 가지의 품목은 수입해서 조달하기는 했다. 집무실 바닥에 까는 카페트를 비롯해 커튼 레이스, 창문 틀 따위의 일부 장식 재료는 수입에 의존할 수밖에 없었다. 그 밖에도 수입이 불가피한 품목이 더러 있었다. 하지만 거기에 들어간 예산은 전체에 비해서는 극히 일부분에 지나지 않았다.

더욱이 이 땅에서 나는 건축 자재들은 외국산에 견주어서도 결코 손색이 없었다. 품질은 오히려 뛰어난 편이었다. 백두산 낙엽송만 해도 그러했다. 사시사철 북녘에서 불어오는 차가운 대륙풍을 머금고 속살을 키웠기에 나뭇결이 고르고 야무졌다. 화강석 역시 날카롭게 담금질한 정을 몇 번이고 별러야 겨우 모양대로 다듬을 수 있을 만큼 단단했다. 대리석은 우아하면서도 각양각색의 독특한 문양을 띤 게 얼마든지 있었다. 건축 자재로서는 그만이었다.

이에 대해 저들은 다음과 같이 기록하고 있다. 《조선총독부 신영지》에 적혀 있는 한 구절이다.

> 본 청사는 조선의 중앙 정청政廳으로 대표적 관청이기 때문에, 건축상 의미를 살리기 위해 건축 자재는 전부 조선산을 사용한다는 방침을 세워 겉벽은 화강석을, 내부 장식재로는 대리석을 쓰기로 했다. 조선에서 산출되는 우수한 건축 용재를 널리 소개하기 위한 의도에서였다.

실제로 화강석과 대리석은 빛깔과 결에 있어서 멋들어진다는 평가를 얻고 있었다. 외국산 석재에 비해 보온保溫, 보습保濕 효과도 뒤지지 않았다. 이 땅의 풍토와 기후에 길들여진 덕분이었다. 건물을 지어 놓고도 벽의 돌 틈새로 물기가 스며들어 실내가 따뜻하지 않고 눅눅해진다면 무슨 소용이 있겠는가.

총독부 간부들은 사전 조사를 통해 이러한 사실들을 일일이 확인하면서 저절로 무릎을 칠 수밖에 없었다. 지난날 강화도 조약으로 부산과 원산, 인천이 차례로 개항된 직후 오쿠라쿠미大倉組 회사가 원산 영사관을 지을 때만 해도 일본에서 거의 모든 건축재를 실어와 공사를 벌였던 저들이다. 뒤늦게나마 조선땅에서 나는 건축재들의 우수성을 깨닫게 된 셈이었다고나 할까.

조선땅에서 직접 자재를 조달하게 됨으로써 예산을 줄이는 데도 큰 도움이 되었지만, 건물 자체도 튼튼히 지을 수 있게 됐던 것이다. 기후 풍토상 제 땅에서 나는 것을 써야 자연적으로 조화를 이룰 수 있으며 건물도 오래 지속될 수 있는 법이었다. '신토불이身土不二'란 이런 경우를 두고 이르는 말이었을까.

낙산駱山의 화강석

경성부 동부출장소 창신방昌信坊. 총독부 청사의 바깥벽을 장식할 화강석은 창신방의 낙산駱山 채석장에서 떠냈다. 한때 행정구역상으로 경기도 고양군에 편입되기도 했던 이 채석장은 동대문, 즉 흥인지문興仁之門 바로 바깥에 자리 잡고 있었다. 따라서 채석장에서 떠낸 화강석을 건설 현장인 경복궁까지 실어 나르는 데도 별다른 불편함이 따르지 않았다.

무엇보다 산 전체가 화강석으로 노출되어 있어 돌을 떠내기가 편리했고 화강석의 석질도 뛰어났다. 이곳에서 떠낸 화강석은 은은한 회색빛에 윤택마저 감돌아 금방 식별될 정도였다. 건축재로는 더없이 훌륭한 편이었다. 돌을 뜨는 데는 이미 그 시절에 공기 압축기를 사용했다니, 그야말로 최신식 기술이었을 것이다.

창신방 돌산은 골조공사를 맡은 시미즈쿠미 회사가 직접 운영을 맡았다. 이미 옛 대한제국 정부로부터 정식 허가를 받아 돌을 캐내던 중이었다. 허가 기간은 1919년 삼월까지로 되어 있었다.

이곳 창신방의 낙산 주변은 그전부터도 경성 일대에서 채석장으로 널리 알려진 곳이었다. '너른 바위', '마당 바위' 등등. 이 일대에 전해 내려오는 적잖은 바위 이름부터가 이를 말해 주고 있었다. 옛부터 바위 이름이 없었던 고을이 없었으련만 낙산 주변이야말로 바위 이름값을 톡톡히 해낸 셈이었다.

낙산 화강석은 총독부 청사를 짓는 데만 들어간 것은 아니다. 뒷날 경성부청(지금의 서울 시청)과 조선신궁을 짓는 데도 쓰이게 된다. 이에 앞서 덕수궁 석조전과 조선은행 청사를 짓는 데 쓰였던 화강석도 대부분 이곳에서 캐낸 것으로 되어 있다. 대한제국 시절부터 웬만한 석조건축에는 낙산의 화강석이 쓰여졌다고 해도 과언이 아니다.

채석장의 일꾼들은 화강석 큰 덩어리를 쪼아내고 남은 부스러기 돌조각도 그냥 헛되이 버리지 않았다. 부스러기는 또 그것대로 신작로 공사에 잡석과 함께 다져 넣었다. 큰 덩어리에서 부스러기 조각에 이르기까지 모두 요긴하게 사용된 것이었다.

하세가와 요시미치長谷川好道 총독은 모치지 로쿠사부로持地六三郎 토목국장을 비롯한 부하 직원들을 거느리고 몇 번인가 돌산 시찰에 나섰다. 돌을 떠내는 작업을 직접 살피기 위한 것이었다. 이 일대는 예로부터 버들 경치로 널리 알려진 곳이어서 나들이도 겸한 외출이었다. 인왕산 기슭의 필운대弼雲臺와 서대문 바깥 천연정天然亭이 각각 살구꽃이나 연꽃으로 경치를 자랑했듯이 낙산 주변에도 초여름이면 능수버들을 구경하러 나들이꾼들이 몰려들곤 했다.

그런 때문인지 세도가들도 이 언저리에 적잖게 눌러 살았다. 철종 임금의 사위로 개화파의 한 사람이던 박영효朴泳孝의 저택도 이 근처였다. 언젠가부터 주변에서 '귀족회관'이라 불리게 된 바로 그 집이다. 옛 왕실 귀족이나 총독부 관리들의 출입이 잦았던 때문이었을 것이다. 갑신정변 이후 망명과 유배로 곤욕을 치렀던 그는 총독부의 중추원 고문으로 타계하기까지 이곳에 거주했다.

조대비의 친정도 이 근처에 있었다. 이 일대가 항간에 '궁골'로 불렸던 것도 그런 까닭이었으리라. 풍은 부원군 조만영趙萬永의 따님으로 순조의 세자빈으로 책봉됐던 조대비. 남편 익종翼宗이 일찍 죽는 바람에 왕비의 자리에 앉지는 못했지만, 아들인 헌종은 물론 철종 때에도 하늘 같은 위세를 누렸다. 흥선대원군의 둘째아들을 양자로 맞아들여 철종 다음의 왕위를 물려주도록 결정을 내린 것도 바로 조대비였다.

이곳에는 다음과 같은 얘기가 하나 남아 있다. 숙부인 수양대군에게 왕위를 빼앗기고 노산군魯山君이란 이름으로 지위가 낮춰져 강원도 영월로 쫓겨간 단종이 귀양길에 건넜다는 '영미 다리'도 이곳에 놓여 있었다. 그 뒤 이 다리는 대원군이 경복궁을 중건할 때 석재가 달리자 그만 헐려서 경복궁의 담장돌로 사용됐다는 것이다. 무심한 돌덩이에 얽힌 인간사의 비애요, 또한 무상함이다.

흥인지문 성벽 바로 바깥 언덕에는 동학東學 터가 자리 잡고 있었다. 조선시대 4학의 하나가 바로 동학이다. 이 동학 터에는 북평관北平館이

세워져 한때 '야인野人'으로 일컬어지던 여진족 사신들을 접대하는 숙소로 쓰여지기도 했다. 야인 사신들은 동소문을 통해서만 도성 출입이 허용됐는데 그들의 숙소가 바로 북평관이었다.

  잠깐 얘기가 빗나가긴 했지만, 창신방 일대는 경성에서도 그만큼 명소로 꼽히던 유서 깊은 지역이었다. 바로 그런 곳에서 총독부 공사에 쓰이는 화강석을 캐냈던 것이다.

전차로 실어 나르다

  황해도 금천군 고동면古東面과 평산군의 서봉면西峰面, 경기도 양평군 운악면雲岳面, 평안도 순천군 자산면慈山面…. 조선총독부 내부를 꾸미는 데 사용된 대리석을 캐내 온 지역들이다. 조선 팔도에 걸쳐 모두 아홉 군데에서 대리석을 실어 왔다. 화강석뿐만 아니라 대리석도 이처럼 자체적으로 조달했다. 압록강 너머 중국의 샤마탕下馬塘 대리석도 일부 들여다 썼다. 만주 안뚱安東과 선양瀋陽 사이의 지역이다. 중국산 대리석도 나름대로 질이 좋은 편이었다.

  그러나 대리석을 캐내는 일은 화강석에 비해 그리 쉽지는 않았다. 무엇보다 대리석의 돌결이 연하고 부드럽기 때문이었다. 자칫 거칠게 다뤘다가는 어딘가 한군데라도 흠집이 나기 마련이었다. 화강석을 남자에 비유한다면, 대리석은 가녀린 여자나 다름없었다. 총독부가 이를 위해 특별히 미노 아카사카美濃赤坂 회사에서 대리석 채굴 경험이 있는 돌꾼들을 데려온 것도 그런 까닭이었으리라.

대리석 채굴 공사에는 폭약을 사용할 수가 없었다. 그 대신 일일이 줄칼로 잘라내거나 군데군데 홈을 파고 거기에 쇠막대기로 된 쐐기를 집어넣어 조심스럽게 떠내야 했다. 쓰다듬고 보듬는 작업이 필요했다. 폭약을 함부로 사용했다가는 대리석 속으로 깊이 금이 갈 염려가 있었다. 금결이 눈에 보이지 않아도 속으로 멍이 들면 금방 부스러지기 십상이었다. 대리석의 석질은 그만큼 섬세했다.

총독부 공사에 조달된 대리석은 캐낸 지역에 따라 단단함과 입자의 크기가 서로 달랐다. 색깔과 문양도 제각각이었다. 따라서 전체적으로 표현하고자 하는 모양과 구상에 따라 이 대리석과 저 대리석을 마음대로 골라 쓸 수가 있었다.

예를 들어, 황해도 고동면 대리석은 엷은 구름무늬를 띠고 있었다. 마치 구름이 유유히 흘러가는 듯한 모습이랄까. 때로는 뭉게구름도 있었고 금방이라도 비를 뿌릴 듯한 검은 먹구름도 있었다. 경기도의 운악면 대리석은 그려 넣은 듯한 선명한 뱀껍질 무늬를 나타냈다. 가지런하면서도 정교한 것이 마치 비늘이 살아 꿈틀대는 것만 같았다. 평안도 자산면 대리석은 팥보라색, 황해도 서봉면 것은 흰색을 띠었다. 그리고 샤마탕 대리석은 붉은 줄과 노란 줄이 그어져 한눈에도 쉽게 구별할 수가 있었다.

황해도나 평안도에서 떠낸 대리석은 돛배로 서해를 거친 다음 한강을 거슬러 올라와 용산 포구까지 운반됐다. 압록강 삼림에서 벌채된 소나무 말뚝이 운반된 경로와 비슷했다. 그리고 다시 이곳에서 전차로 경복궁 공사 현장까지 실어 날랐다. 총독부가 경성전기회사에 부탁해 특별히 전철 지선支線을 깔아 놓은 덕분이었다.

창신방의 낙산에서 캐낸 화강석을 운반하기 위해서도 청량리까지 이르는 전차선에 지선이 놓여졌다. 채석장에서 전철 지선을 통해 실어 낸 화강석을 황토마루의 칭경기념비각 앞까지 운반해 오면 이곳에서부터 경복궁 공사 현장까지 또 다른 갈래의 지선이 깔려 있어 다시 전차로 화강석을 실어 나르도록 되어 있었다.

화강석이나 대리석이나 운반하기 전에 크기에 맞춰 적당히 다듬어져 미리 무게를 줄여야 하기는 마찬가지였다. 그것이 일손을 더는 방법이었다. 물론 경복궁 공사 현장 옆에도 석공 작업장이 마련되어 있어 세부적인 마무리 작업을 수행하도록 했다.

혼응토. 즉, 콘크리트에 섞이는 자갈과 모래는 한강변에서 채취했다. 한강변 모래는 알갱이가 고르면서도 접착력이 뛰어난 편이었다. 용산선 전차 노선이 한강 모래사장 가까이까지 지선으로 연결됨에 따라 모래도 전차로 실어 날랐다. 처음 얼마 동안은 가마니에 실어 소달구지로 운반하다가 일손을 덜기 위해 지선을 설치한 것이었다. 황해도나 평안도에서 배편으로 실려 온 대리석을 공사 현장으로 실어 나른 것도 바로 이 용산선 전차 지선이었다.

벽돌은 마포의 관립 연와煉瓦 제작소에서 구워냈다. 대한제국 시절부터 탁지부 건축소 소속으로 설치되어 벽돌과 기와, 토관 등을 찍어내던 공장이었다. 조선은행 청사에 들어간 벽돌도 여기서 구워낸 것이었다. 관급 공사에 들어가는 벽돌은 대체로 여기에서 만들어 조달했던 것이다.

마포 일대에는 예로부터 기와나 항아리, 독 따위의 도기를 주로 굽는 가마가 널려 있었다. 이 일대가 오랫동안 '독막 마을'로 불려 왔던 것도 그런 까닭이다. 벽돌 또한 전차로 운반되었다. 이곳으로는 마포선이 연결되어 있었다.

한편, 이 땅에 전차가 처음 개통된 것은 1899년. 미국인 콜브란에 의해 조선과 미국의 합작회사인 한성전기회사가 설립되면서 그해 홍릉에서 종로를 거쳐 서대문(돈의문)까지 이어지는 청량리선에 뒤이어 보신각에서부터 원효로까지 연결되는 용산선이 차례로 개통되었다. 곧이어 서대문에서 마포까지 이어지는 마포선이 개통됨으로써 초창기의 전차선 교통망을 형성했던 것이다. 노량진과 돈암동, 왕십리까지 연결하는 전차선이 추가로 개통된 것은 그 이후의 일이다.

어쨌거나, 이들 전차선은 사람을 실어 나르는 것 말고도 총독부 새 청사 건립에도 커다란 한몫을 거들었다. 오히려 그 무렵에는 총독부 건축 자재를 실어 나르는 일이 더 중요한 임무였는지도 모른다. 그리고 이처럼 전차선이 미처 깔려 있지 않았다면 총독부 공사는 훨씬 힘들었을 것이다.

경복궁, 큰 복을 받으리니

　제국주의 일본이 조선총독부 새 청사를 짓는 것은 다른 한편으로 경복궁을 파헤치는 작업이었다. 궁궐을 훼손시키려고 총독부 청사를 짓는 것이라고도 할 수 있었다.
　그 누가 말했던가. "서양에 파르테논 신전이 있듯이, 동양에는 경복궁이 있다"라고. 그만큼 경복궁에는 묘한 조화가 감돌았다. 의젓함과 우뚝한 자태로는 적어도 조선 궁궐 중에서는 으뜸을 이루었다. 수수하면서도 누추하지 않았고, 고집하지 않으면서도 위엄을 갖추었다. 온 백성과 더불어 가히 오래도록 태평세월을 누릴 만했다.
　거기에는 면면히 이어져 내려온 배달민족의 얼이 배어 있었다. 담장 밑에 나뒹구는 깨어진 기왓장 하나라도 다르지 않았다. 그런 만큼 저들이 경복궁을 그대로 두고는 총독정치를 펴나가는 데 애로가 적지 않을 것으로 여겼던 것은 당연했다.

여기서 잠시 경복궁으로 얘기를 돌려 보자.

'경복궁景福宮'이라는 이름을 건의한 것은 정도전鄭道傳이었다. 당대에 손꼽히던 한학자 정도전. 그는 이 이름을 마음 깊숙이 새기고 있다가 태조 이성계가 술잔치를 베푼 자리에서 명을 내리자마자 앉은 자리에서 곧바로 꿇어 엎드려 다음과 같이 아뢴다. 새 궁궐의 이름을 지으라는 어명에 대한 아룀이었다.

"온 백성과 더불어 태평을 누린다는 뜻이니, 경복궁으로 하옵소서 (旣醉以酒旣飽以德君子萬年介爾景福)."

《시경詩經》 '주아周雅' 편에서 유래한 이름이었다. 즉, "이미 술에 취하고 덕에 배부르니 만년에 이르도록 그대의 큰 복을 빌게 하리라"는 뜻이었다. 명을 내린 이태조의 얼굴에도 때마침 얼큰히 술기운이 감돌고 있었다. 새 나라, 새 터전을 꾸미는 마당에 임금과 신하의 마음이 눈빛으로 통했으니 어찌 누구라도 기분이 흡족지 않았을 것인가.

당연히 경복궁의 궁궐 배치에는 일정한 법식이 따랐다. 일반 백성들의 여염집에도 안채, 바깥채의 구분이 있거늘 하물며 임금께서 나랏일을 살피는 정궁에 있어서랴. 좌묘우사左廟右社의 법식에 따라 왼편에는 종묘, 오른편에는 사직단을 거느렸다. 또 경복궁 앞길에는 육조의 관아가 줄지어 들어섰다.

동궐東闕인 창덕궁과 서궐西闕인 경덕궁이 세워진 것은 그 이후의 일이다. 북악에서부터 인왕, 목멱(남산), 낙타산(낙산) 등 네 개의 산마루를 연결하는 굳건한 성벽이 쌓이고 숭례문을 비롯해 흥인지문, 돈의문, 숙정문 등 동서남북으로 드나드는 네 개의 큰 문이 난 것도 경복궁을 중심으로 해서였다.

경복궁의 궁궐은 정전인 근정전을 중심으로 삼아 주요 전각을 좌우로 배치했으며 임금께서 나랏일을 살피는 외전은 남쪽을 향해 앞에 놓도록 하고 침전과 후원은 그 뒤에 배치토록 했다. 이른바 전조후침前朝後寢이라는 법식이었다.

음양의 질서도 결코 무시될 수 없었다. 그것은 천지조화의 기본 바탕이었다. 양陽과 음陰. 지붕은 양인 반면에 기둥은 음이었다. 하늘에 맞닿은 때문이었고, 땅에 뿌리를 박고 서 있는 까닭이었다. 그 둘을 조화시키는 것은 포작이었다. 지붕과 기둥 사이에 끼어 있어 음양을 함께 아우른다고 여겨졌다.

지붕 장식에도 적잖은 신경을 쏟았다. 같은 기와라 해도 암키와와 수키와가 서로 쓰임새가 달랐으며 여기에 또 암막새, 숫막새가 구별되었다. 역시 음양의 조화였다. 이 밖에 귀면와를 비롯해 치미, 취두 따위는 액운을 막아 주는 것으로 여겨졌다. 치미는 용을 먹고 산다는 물고기의 꼬리를, 취두는 용을 먹고 산다는 독수리의 머리를 나타낸 것이라 했으니 어찌 요사스런 잡귀 따위가 함부로 궁궐에 드나들 수 있었을까.

근정전勤正殿. 경복궁의 중심은 근정전이었다. 나라님이 좌정하고 백성을 다스리던 곳이었다. 임금이 문무백관의 조하를 받던 곳도 바로 이 근정전이었다. '우물 정井' 자를 사방으로 연결한 것처럼 소란을 맞추어 짠 천정 한가운데에 여의주를 놀리며 구름 사이를 유유하게 날아가는 두 마리의 황금빛 용龍 또한 임금을 상징하는 것이었으리라.

해와 달, 그리고 높은 다섯 봉우리를 그려 넣은 일월오악日月五嶽 병풍이 바로 그 밑으로 드리워졌고, 또 그 앞에는 용상龍床이 높다랗게 놓였다. 돌계단 앞뜰에 양편으로 나뉘어 정1품에서부터 종9품까지 문관과 무관의 열여덟 품계를 표시한 품계석이 나란히 박혀 있었던 것도 근정전의 임자가 임금이란 사실을 뜻하는 것이었다.

그러나 백성 위에 마냥 군림하려고만 하는 임금은 결코 아니었다. 근정전이란 이름이 지닌 뜻을 잠깐만이라도 생각해 보라. '인군人君은 마땅히 부지런해야 한다'는 뜻이라지 않는가. 백성 앞에서 공연히 거들먹거리고 어쭉대는 것이 아니라 오히려 백성을 올바로 다스리기 위해 몸소 부지런히 움직이는 임금이었던 것이다.

근정전은 다포식多包式으로 지어졌다. 공포를 겹겹으로 질러 처마와 지붕의 무게를 받치도록 하는 다포식. 얼개가 복잡하면서도 이음 못을 하나도 쓰지 않고 오로지 기둥과 대들보, 공포에 은장홈이나 들쭉날쭉 사개만을 내서 틈새를 끼워 맞추어 엮어 올렸다. 한 치의 어긋남도 없는 정교한 솜씨가 자귀나 마치 따위의 간단한 몇 가지 연장으로 이뤄졌다 하니 지난날 대목들의 뛰어난 손놀림을 엿볼 수 있다.

경회루慶會樓. 경복궁에서 근정전에도 버금갈 만큼 커다란 팔작지붕의 2층 다락집이다. 임금이 신하들과 외국 사신을 위해 잔치를 베풀던 장소임은 두말할 것도 없다. "임금과 신하가 경사스럽게 만난다"는 이름 뜻 그대로다. 연못 한가운데에 넓다란 터를 올리고 그 위를 빙 돌아가며 마흔여덟 개의 기둥을 세웠는데 바깥쪽 기둥은 네모꼴로, 안쪽 기둥은 둥근꼴로 만들었다.

특히 바깥쪽 기둥은 위에서 아래로 내려올수록 폭이 넓어지는 흘림기둥으로, 서양식 표현으로는 엔타시스entasis 형식이라 했는가. 그 흘러내리는 기울기가 급하지도 않고, 그렇다고 둔하지도 않은 채 은근한 편이다. 기둥에는 구름과 용이 새겨졌다.

경회루 연못은 정취가 더욱 그윽했다. 순조 때 규장각 검서관인 유본예柳本藝는《한경지략漢京識略》에서 경회루 연못을 이렇게 읊었다.

> 못물은 파랗고 맑으며 솔솔 바람이 비단결 같은 잔물결을 일으키는데 연밥 껍질과 마름 뿌리가 잠겼다 떠올랐다, 흩어졌다 모아졌다 한다. 작은 붕어 새끼 몇 마리가 얕은 곳에 모여 물을 들이키며 내키며 희롱대다가 사람의 발자국 소리를 듣고는 들어갔다가 다시 나오기도 한다. 연못 동쪽에는 돌다리를 놓았다.

'정문正門'. 광화문은 원래 정문이라는 이름으로 불렸다. '남문'이라고도 불렸는데, 경복궁에 드나드는 네 개의 출입문 중에서 가장 남쪽에 위치한 까닭이었다. 정도전은 여기에 정문이라는 이름을 붙이고는 이 태조에게 감히 아뢴다.

"옛부터 제왕이 남쪽을 바라보고 나랏일을 살피는 것은 바른 것을 근본으로 삼겠다는 뜻입니다. 임금께서 내리시는 모든 하명과 교지가 이 정문을 통해 백성에게 내려갈 것이니, 교지가 바르면 거짓이 사라져 바른 정치가 이뤄질 것입니다. 그리고 갖은 상소가 정문을 통해 들어올 터이니, 위에서 바르게 판단하시면 허위나 참소가 함부로 들어오지 못할 것입니다. 앞으로 소인과 간신배 무리에 대해서는 이 문을 꼭꼭 닫아서 제멋대로 드나들지 못하도록 하옵시고, 어진 백성에게는 활짝 열어젖혀 사방에서 충성스런 신하를 가득 불러 모으도록 하십시오."

무엇보다 '바른 정치'를 펴야 한다는 진언이었다. 이 이름이 '광화문'으로 고쳐진 것은 그 뒤 세종 8년에 이르러서다. "나라의 위엄과 예절을 만방에 널리 비친다(光被四表化及萬方)"는 뜻의 이 이름은《서경書經》의 한 구절에서 따온 것이었다.

돌로 된 기층 위에 무지개 모양을 한 홍예문虹霓門 세 개를 나란히 만들었고 다시 그 위에 중층 우진각 지붕의 목조 문루를 올린 광화문. 건춘문과 영추문, 신무문은 모두 문이 하나씩밖에 없는데 비해 세 개의 문이 만들어진 것은 가운데 큰 문은 임금과 왕비가, 오른쪽은 문반이, 그리고 왼쪽은 무반 벼슬아치들이 드나들도록 된 때문이었다.

구조가 웅대하면서도 전체적으로는 균형과 조화를 이루어 그 지어진 솜씨는 단연 조선 건축의 으뜸으로 꼽혔다. 경복궁의 위엄이 한층 돋보였던 것도 이 광화문이 바로 앞에서 지키고 있던 때문은 아니었을까. 경복궁의 이러한 질서와 구조를 깨뜨리는 작업이 총독부 청사를 짓는 것이었다는 얘기다.

경복궁 배치의 비밀

계좌정향癸坐丁向. 여기서 '계癸'는 정북 방향인 자방子方에서 동쪽으로 슬며시 기울어진 북미동北微東을 가리키며, '정丁'은 정남인 오방午方에서 서쪽으로 치우친 남미서南微西 방향을 가리킨다. 지표상의 남북 관통선을 자오선子午線, meridian이라 부르듯이, 간지干支로써 하늘과 땅의 스물네 개의 방위를 나타내는 방법이다. 따라서 '계좌정향'이란 북북동 방향으로 틀어 앉아서 남남서쪽을 내다보는 방향을 뜻한다 할 것이다.

다름 아닌 현재 경복궁의 배치가 그러하다. 백악을 주산으로 삼아 야트막한 골짜기 벌판에 세워진 경복궁은 정남쪽이 아니라 약간 서쪽으로 비스듬히 배치되어 있다. 궁궐의 전체적인 배치에 따라 근정전과 사정전, 강녕전, 교태전을 잇는 궁궐의 중심축도 정남북 방향에서 그만큼 비스듬히 비껴날 수밖에 없었다.

광화문 역시 마찬가지다. 경복궁의 정문인 까닭에 같은 방향을 바라보도록 배치된 것은 당연했다. 경복궁과 광화문은 이처럼 정남북 방향에서 조금은 엇비스듬히 배치되어 있음으로써 광화문 앞에서 숭례문까지 곧게 뻗어 있는 육조六曹 거리와도 방향이 틀어져 있었다.

도대체 무슨 연유였을까. 왕조의 정궁을 이렇게 비스듬히 배치해야 했던 까닭이 어디에 있었단 말인가. 혹시나 이곳에 궁궐터를 잡았다는 정도전이 기묘한 장난기를 부린 탓일까, 아니면 정도전에게 주도권을 빼앗겨 버린 무학대사가 부아 끝에 심술기를 발동한 때문이었을까.

그러나 장난기도 아니고, 더군다나 심술기도 아니었다. 경복궁의 이 같은 배치는 백악의 훤칠한 봉우리로부터 저절로 흘러내린 자연 지형의 꺾어짐과 높낮이를 그대로 따른 결과였다. 마치 시냇물이 울퉁불퉁한 바윗돌을 비켜 흐르듯이, 솔바람이 나무 잔가지를 스쳐서 불어 가듯이…. 하늘과 땅이 허락한 높은 섭리에의 순응이며 조화였다. 지맥의 혈穴을 다치지 않고 자연스럽게 이어 주는 방법이기도 했다.

다만, 경복궁의 기본 배치와 관련해서는 이와 다른 측면에서도 검토해야 할 필요를 느낀다.《태조실록》이나《신도궁궐조성도감》등의 기록에 따르면 경복궁의 좌향을 명백히 '임좌병향壬坐丙向'으로 표현하고 있기 때문이다. 신궐조성도감을 설치하고 심덕부, 김주, 이염 등을 판사에 임명하여 "해산亥山 북악을 주산主山으로 삼고 임좌병향壬坐丙向의 터를 잡았다"는 것이다.

여기서 '임壬'은 방위상으로 북북서를, '병丙'은 남남동을 뜻하니 앞서의 '계좌정향'과는 오히려 대칭의 방위를 가리킨다. 광화문을 '오문午門'이 아니라 '병문丙門'으로 불러야 한다는 얘기도 그래서 나왔을 것이다. 남쪽을 향해서 나 있는 것이 아니라 동쪽으로 약간 비껴나 있다는 얘기일 터였다.

다시 말하자면, 경복궁의 궁궐터를 잡을 때는 원래 '임좌병향'으로 잡았으나 지금의 실제 방향은 '계좌정향'으로 나타나고 있는 것이다. 좌향이란 햇빛을 비롯해 바람과 물의 기운을 받아들이고 뱉어내는 중요한 요소이므로 결코 소홀히 여길 수 없는 부분이기도 하다. 면밀히 따지고 따져서 좌향을 정했을 것이 분명하다면 지금의 이런 차이를 어떻게 설명해야만 하는가. 앞으로 남겨진 중요한 과제의 하나다.

저들이 총독부 청사를 설계하는 과정에서 가장 의아심을 품었던 것도 바로 이 대목에서였다. 어째서, 무슨 까닭으로 궁궐을 비스듬히 배치했는가. '임좌병향'이든, '계좌정향'이든 마찬가지였다. 설계자인 게오르게 데 라란데George de Lalande가 그랬고, 노무라 이치로野村一郞가 그랬을 것이다. 고개를 갸우뚱거릴 수밖에 없었다. 이 문제는 청사를 짓는 문제를 떠나서도 결코 가볍게 넘길 수 없는 근본적인 물음의 하나였다. 자연에 대한 기본 철학이며, 문화文化의 바탕이기도 했다.

저들이 이런 의문에 만족할 만한 해답을 얻었는지는 확실히 알 수 없다. 그러나 그들은 끝내 총독부 청사를 광화문 방향과는 비스듬히 틀어 정남향으로 앉히도록 결정하기에 이른다. 경복궁의 기본 배치를 어그러뜨린 것이었다(총독부 청사가 경복궁의 방향과 어긋난 각도는 정확히 3.75도. 문화재 관리 당국이 공식 실사를 통해 얻은 결과다. 현재 광화문 복원작업을 하는 것도 조선총독부 청사 신축으로 옮겨지면서 틀어져 버린 광화문의 좌향과 위치를 바로잡는다는 뜻이다. 정부는 박정희 대통령 시절인 1968년 광화문을 지금의 위치로 옮기면서 원래 위치를 찾아 주지 못하고 총독부 청사의 방향에 맞추어 복원시키는 잘못을 저질렀다).

조선총독부의 이에 대한 설명은 단지 다음과 같을 뿐이다. 그때 총독부가 발간한 《신영지》에 적힌 내용을 살펴보기로 하자.

"경복궁 근정전 및 광화문의 위치는 그 건물의 중심선이 앞쪽 광화문 거리의 중심과 일치하지 않고 약간 서쪽으로 기울어져 있다. 따라서 새 청사를 짓는 위치를 경복궁이나 광화문의 중심선과 맞추게 되면 정면 도로의 중심선과 어긋나게 됨으로써 그 위용을 살리지 못하게 될 것이다. 그럼으로써 태평통太平通 도로 중심선으로 새 청사의 중심을 삼게 되었다."

이른바 '유현幽玄의 아름다움'을 높이 평가한다는 저들이다. 어울리는 모습이 너무도 그윽하고 미묘해 이치를 쉽게 깨우치기 어려워도 그 자체로서 의미를 찾는다는 뜻일 것이다. 그렇지만 경복궁이 지닌 깊숙한 유현의 멋을 제대로 이해하기는 끝내 어려웠던 모양이다. 그게 아니라면 일부러 경복궁과의 조화를 깨뜨린다는 뜻에서 총독부 청사의 방향을 틀었다는 얘기일 것이다.

하긴, 저절로 나타난 자연적인 멋을 중시하면서도 만들어진 멋에 대해서도 그만큼이나 충실했던 저들이다. 일본의 건축이나 공예품들이 '다듬어진 멋'을 추구하는 측면이 강하다는 사실에서도 그것을 알 수 있다. 굳이 표현하자면 '다듬어진 자연스러움'이라고나 할까. 귀한 손님을 맞이하면서 낙엽이 떨어진 다실茶室의 마당을 말끔히 쓸어낸 다음 일부러 나무를 흔들어 인위적으로 낙엽이 지게 만들었다는 옛 얘기도 그러한 본보기에 속한다 할 것이다.

경복궁의 배치가 자연의 조화를 살린 것이었다면, 총독부의 배치는 인위적인 조화의 결과였다. 더욱이 저들은 총독부를 이렇게 배치함으로써 언젠가 광화문도 철거할 것임을 예고하고 있었다. 광화문의 방향이 앞으로 들어설 총독부 청사와 어긋날 뿐 아니라 그 모습을 전면에서 가로막을 것이기 때문이었다. 그것이 광화문의 운명이었다.

정도전과 무학대사

과연 경복궁의 궁궐 위치를 어떻게 잡아야 하는가. 이러한 물음은 태조 이성계李成桂가 새 왕조를 일으켜 한양에 도읍을 정할 때부터 적잖은 논란을 불러 일으켰다. 왕조와 사직의 장래가 궁궐터를 어떻게 앉히느냐에 따라 흥할 수도, 또는 쇠할 수도 있다고 여겼다. 궁궐터는 도읍의 중심이자 나라의 중심인 때문이었다.

정도전鄭道傳과 무학대사. 이 문제를 놓고 옥신각신 논란을 벌인 것은 바로 이들 두 사람이었다. 정도전은 당시 한학 분야에서 가장 앞섰던 학자였으며, 무학대사는 도선과 지공, 나옹선사의 맥을 이어받아 스스로 도참풍수의 맨 앞자리라 자부하고 있었으니 이들이 벌인 논쟁 자체가 만만치 않았다.

더욱이 정도전은 일등 개국공신이었으며, 무학은 이태조로부터 스승의 예우를 받고 있었다. 경복궁에 대한 이해를 얻기 위해서는 먼저 이들의 논쟁을 귀담아들을 필요가 있을 것이다.

무학대사는 유좌묘향酉坐卯向을 내세웠다. 즉, '유酉'는 서쪽이고 '묘卯'는 동쪽이니 서쪽에 자리를 잡고 들어앉아 동쪽을 내다보아야 한다는 동향론東向論이었다. 백악을 등지고 도읍을 일구는 것보다는 인왕산을 진산으로 하여 남산을 좌청룡左靑龍으로, 백악을 우백호右白虎로 삼아야 한다고 무학은 주장했다.

그러나 정도전의 견해는 달랐다. "모름지기 제왕은 남면南面하고 나라를 다스리는 법." 아마도 점잖게 수염을 쓸어내리면서 타이르듯 말했을 것이다. 궁궐터는 반드시 백악 밑자락에 잡아야 한다는 주장이었다. 인왕산을 주산으로 삼을 경우 궁궐을 남향으로 앉히기는 어려울 수밖에 없었다.

무학의 주장이 풍수설에 근거를 두고 있었다면, 정도전의 주장은 옛 경서에 바탕을 깔고 있었다. 어차피 서로 물러설 수 없는 한판 싸움이었다. 앞으로 조선 왕조를 통치해 나갈 학문이나 사상적 풍토의 근거를 놓고 다투는 논쟁이기도 했다.

이태조는 결국 정도전의 주장을 받아들였다. 무학이 "궁궐을 남쪽으로 앉힐 경우 관악산의 불기운과 시흥 호암산虎岩山의 사나운 호랑이 모습으로 큰 재난이 끊이지 않을 것"이라고 거듭 진언했지만 이태조는 귀를 기울이지 않았다. 그리고는 정도전의 얘기대로 백악 기슭에 궁궐을 세우기로 마지막 결정을 내리게 된다. 무학이 도읍지의 위치를 골랐다면 거기에 궁궐터를 정한 것은 정도전이었다.

한눈에 보아도 백악산 앞 들판은 궁궐터로서 제격이었다. 무엇보다 지세가 습하지 않고 햇볕이 발랐다. 흙은 두텁고 윤택이 났으며 물길도

얕지 않았다. 검붉은 신흙이나 개흙이 섞인 자갈, 또는 누런 모래가 섞인 흙은 병들거나 죽은 흙으로 거기에서 흘러나온 샘은 반드시 병 기운이 있다 했으나, 궁궐터로 잡힌 이 땅은 전혀 그렇지 않았다.

더욱이 터전의 앉은 형세가 뭇 용龍이 꼬리를 내리고 고개를 조아려 읊조리는 형상이었다. 백악의 깊은 골짜기에서는 맑고 시원한 명당수도 흘러나왔다. 어찌 아니 절묘한 자연의 궁합이던가.

"그 역년이 능히 천년 동안 지속되리라(歷年可卜千年)."

정도전이 '신도팔경시新都八景詩'에서 이렇게 노래했던 것도 반드시 임금에 대한 아첨만은 아니었다. 그것은 그의 믿음이었다. 또한 간절한 바람이기도 했다. 이곳에 정한 도읍과 사직이 후세에도 길이길이 보존되리라는….

그러나 무학대사의 예언은 불길했다.

"200년이 지난 뒤 필경 후회하게 되리라."

자신의 말을 따르지 않았으니 나라와 백성에 액운이 닥칠 것이라는 얘기였다. 궁궐의 위치가 자신의 진언대로 정해지지 않은 데 대해 못마땅히 여긴 탓만은 아니었으리라. 경복궁이 태조 3년(1394년)에 착공(완공은 1395년)되어 그로부터 정확히 198년이 지난 선조 25년 왜구의 침입으로 도성이 온통 쑥대밭이 되었으니, 이를 미리 내다보고 말한 것이었는지도 모른다.

그러나 또 그보다 300여 년이 지나서는 사직마저 송두리째 빼앗겨 경복궁 앞뜰이 샅샅이 파헤쳐지는 지경에까지 이른 것이었으니, 어찌 이 허물을 잘못된 궁궐터에만 돌릴 수 있었을까. 무학대사의 주장을 물리친 정도전이 뒤늦게나마 관악산의 불기운을 누그러뜨리려고 경복궁

경복궁, 큰 복을 받으으리니 165

의 좌향을 슬그머니 틀고는 호암산에도 우물을 깊이 팠건만 그것으로 해결될 문제는 아니었던 모양이다.

사실, 그동안 경복궁이 훼손되기 벌써 서너 차례였다. 중종 38년(1543년)과 명종 8년(1553). 기껏 10년 사이를 두고 두 차례에 걸쳐 큰불이 일어나 강녕전과 사정전, 흠경각 등 전각들이 화재로 소실됐다. 여기에 다시 선조 임금 때인 1592년 왜구의 침입으로 인해 대부분 전각이 불타 잿더미로 변해 버렸다. 그 뒤로 무려 270여 년 동안이나 손도 대지 못한 채 거의 폐허로 내버려 두다시피 했던 경복궁이었다.

경복궁이 복원되어 제 모습을 되찾기 시작한 것은 고종 2년(1865), 대원군에 의해서였다. 다시 터가 닦이고 기단이 놓여졌으며 그 위에 우람한 기둥이 세워졌다. 여기에 기와가 올려지고 단청이 칠해진 것이었다. 그것은 새로운 역사의 시작이기도 했다.

그러나 중건된 지 50년 만에 일제의 손아귀에 송두리째 넘어갔으니 경복궁이 또다시 엄청난 시련에 부닥친 셈이었다. 궁궐의 기본 배치마저 완전히 허물어져 가고 있었다.

세키노의 《조선의 건축》

경복궁에 대해서는 일본의 학자들도 적잖은 관심을 보였다. 무엇보다 건축이 아름답고도 정교한 때문이었다. 그 가운데서도 도쿄제국대학 교수였던 세키노 타다시關野貞의 관찰과 평가가 돋보인다. 여기서 그가 남긴 《조선의 건축》의 내용을 훑어보자. 다음은 세키노가 경복궁에 대해 기술한 부분.

> 경복궁은 축조 규모가 크고 법식이 엄격해 본디 창덕궁, 창경궁 등 다른 궁궐에 비교되지 않을 만한 규모이다. 지금의 전우殿宇는 고종 즉위 초에 다시 세워진 것이지만 그 중요한 부분들은 창건 때부터의 기초에 따른 것이다. 즉, 지금의 건물 바닥 형태가 옛날과 똑같다는 점은《동국여지승람》의 기록에 견주어 보아도 잘 알게 된다. 따라서 제대로 갖춰진 조선 궁궐의 모습을 알려면 모름지기 경복궁의 바닥 배치를 연구해야 할 것으로 여겨진다. 또 조선 시대를 통틀어 가장 웅장하고 아름다운 건축물 또한 모두 이 경복궁 안에 들어 있음으로써 궁궐의 전당, 문랑 연구자들의 적지 않은 관심을 끌고 있음은 당연한 일이라 할 것이다.

세키노는 이처럼《동국여지승람》의 기록까지 들어가며 경복궁에 대한 설명을 자세히 곁들이고 있다. 여기서《동국여지승람》의 기록도 함께 들여다볼까나.

> 경복궁은 태조 3년 한양 중심부에 세워져 둘레가 1,813걸음步에 높이가 스무 척尺 한 치寸이며 동서남북 네 개의 문이 있다. 남쪽은 광화문으로 옛 이름은 정문이며, 북쪽은 신무문, 동쪽은 건춘문, 서쪽은 영추문이라 한다. 근정전은 조하를 받는 정전인데 남쪽에 근정문이 있으며 더 남쪽에 홍례문이 있다. 그 동편과 서편에는 일화문, 월화문이 있으며 홍례문 안에 개천이 흐르는데 다리 이름을 금천이라 하며 다리의 양쪽에 전각이 있다. 사정전은 근정전 뒤쪽에 있는데 정도전이 아뢰기를 '이 전은 매일 아침 정사를 살피시는 곳이라'라고 하였다(景福宮太祖三年建在漢陽之中周一千八百十三步高二十尺一寸立門四南曰光化舊名正門北曰神武東曰建春西曰迎秋勤政殿受朝賀正殿也南曰勤政門又其南曰弘禮門東曰日華門西曰月華門弘禮門內有御溝橋曰錦川東西有水閣思政殿在勤政殿北鄭道傳文曰是殿也每朝視事於此).

세키노는 조선 태조 당시 창건된 경복궁이 뒷날 '분로쿠文祿·게이쵸慶長 전쟁' 때 병화兵火에 타서 황폐해진 것을 고종 황제 즉위 직후에 대원군이 옛터에 다시 일으켰다며 역사적인 내용에 대해서도 소개하고 있다. "분로쿠·게이쵸 전쟁 때 우리 군사가 한성에 쳐들어감에 앞서 난민 때문에 경복궁이 다시 소실되어 초토가 되고 창덕궁과 창경궁 또한 함께 재화를 당했다"고 기술한 부분이 바로 그것이다.

그가 여기서 말하는 '분로쿠·게이쵸 전쟁'이란 두말할 것도 없이 임진왜란을 뜻한다. 임진전쟁을 자신들의 연호를 써서 붙인 이름이다. 경복궁에 대한 그의 관찰 내용을 좀 더 살펴보자.

> 경복궁 둘레에는 높다란 돌담을 쌓고 모퉁이 성벽 위에는 다락집을 지었으며 사방에 문을 냈다. 남쪽 정문 안에 홍례문이 있으며, 그 안에 개천이 동서로 흐른다. 개천에 돌다리가 걸쳐 있는데 이름하여 금천교라 한다. 더 다가가면 근정전의 정문인 근정문에 이른다. 근정문을 들어서면 2층의 기단 위에 세워진 근정전이 앞쪽에 나타난다. 근정전은 경복궁의 정전이다. 임금이 이곳에서 조하를 받고 대의大儀가 이뤄진다. 그 뒤편의 사정문을 들어서면 사정전이 나오는데 임금이 매일 아침 만기萬機를 살피는 곳이 그 동쪽에 있는 천추전이다.

세키노는 근정전을 비롯한 궁궐의 모습에 대해서도 이렇게 썼다. 표현 하나하나가 마치 정밀사진에서 풀려나오듯이 세밀하고 바로 눈앞에 펼쳐지듯 선명하게 느껴진다. 그 자신이 단순한 건축학 교수가 아니라 심미안과 표현력이 뛰어난 예술가적 기질이 다분했음을 보여주는 사례라 할 것이다. 다음의 부분도 마찬가지다.

근정전 단상과 계단에는 모두 돗자리를 깔았다. 단상 기둥의 머리 부분에는 연잎과 꽃봉오리를 돋아나게 새겼으며, 계단 양쪽의 난간 끝에 있는 기둥에는 사자가 조각됐다. 네모 모양으로 된 어좌御座 다리는 쇠시리를 갖추었으며 그 위에 다시 돗자리를 깔고 뒤에는 병풍을 둘렀다. 벽 나무판에는 모두 모란, 당초 무늬를 새기고 위에는 봉황 두 마리를, 양켠에는 두 마리 용을 새겼다. 모두 구름 무늬를 알맞게 그려 넣었다.

그 뒤에 다시 다섯 산봉우리에 해와 달을 색칠한 병풍을 세웠다. 보좌의 천개天蓋는 창덕궁 인정전仁政殿의 것과 비슷한데 포개진 공포로 천장을 받치고 처마 돌림과 그 밑 부분에는 정교한 조각과 무늬로 화려하게 꾸몄다. 여기에는 두 마리 용과 여의주, 구름 무늬 등을 새겼다.

건물의 형식, 수법 및 꾸밈새가 인정전을 본떠서 지었다고 여길 만큼 비슷하지만 인정전에 비해서는 규모가 웅대하고 꾸밈도 섬세 화려하다. 근정전의 색채 장식은 조선 단청 꾸밈의 본보기라고 할 수 있다. 바깥의 기둥, 문선, 하방은 붉은 색의 석간주칠을 하고 창호窓戶의 문짝 및 창살에는 녹청색의 뇌록을 발랐다. 창방 및 평방 양쪽 가장자리에는 당초 무늬를 그렸고 그 사이에는 뇌록을 발라 위 아래로 흑백 두 줄을 나란히 새겨 넣었다. 기둥머리에는 녹청색 바탕에 흑백 두 줄로 윤곽을 그렸고 붉은 색 바탕에 첨차를 만들었으며 그 아래쪽은 양옆으로부터 검정, 빨강, 흰색, 회색 등 네 가지 색으로 구분했다. 그 마구리에는 녹색을 가장자리에 두르고 검은 색 바탕에 매화꽃 무늬를 그렸다.

이미 그 당시에 그가 근정전과 창덕궁 인정전을 비교해서 차이점을 설명할 만큼 조선 궁궐 건축에 대해 두루 꿰고 있었다는 사실은 가히 놀랄 만하다. 세키노의 저서가 그들 학자들 사이에서 '환상의 진서'라고 불렸다는 얘기가 하나도 과장이 아니다.

단청만 해도 색깔이 단순하고 밋밋한 일본 건축에 비해 우리의 단청은 많은 차이점을 보여주고 있었지만, 그는 경복궁 단청에 대해서도 자세히 파악하고 있었다. 이처럼 세키노의 관찰과 연구는 경복궁 구석구석에까지 미치고 있었던 것이다.

신선의 세계인지, 용의 세계인지

세키노 타다시의 기록을 살펴보면 이 땅의 문화와 역사에 대한 저들의 관심이 상당한 경지에 올라 있었음을 금방 알게 된다. 그때 조선 사람 어느 누구가 일본의 궁궐 문화에 대해 이만한 정도의 관심을 갖고 있었을까. 그러한 작은 차이가 차곡차곡 쌓여져 결국 조선으로 하여금 저들의 식민지라는 불행한 역사를 경험하게 만들었는지도 모를 일이다.

더욱이 세키노 교수가 이러한 기록을 남기기에 훨씬 앞서 이미 임진왜란 때 저들 군사를 따라 한양에 들어온 당시 태장원 주직住職 주지 스님이던 제타쿠是琢도 제 나름대로 경복궁에 대해 보고 느낀 바를 글로 기록해 놓았다. 메이린明琳이라는 이름으로도 불렸던 스님이다. 경복궁을 처음 대한 느낌을 문장으로 남긴 일본인은 그리 많지 않지만 제타쿠는 그 가운데서도 경복궁을 일찍 찾은 사람에 속한다.

"이곳이 바로 용의 세계인지, 신선이 사는 세계인지 속세 사람의 눈으로는 도저히 분간할 수가 없구나(誠龍界耶 仙界耶 不所及凡眼)."

다름 아닌 제타쿠가 경복궁을 둘러본 뒤 첫마디에 터뜨린 경탄이었다. 침략전쟁에서 이겨 궁궐을 탈취한 입장이었으면서도 궁궐의 아름다움에 대해서는 인색하지 않았다. 저들에게도 그보다 200여 년이나 앞서 아시카가 요시미츠足利義滿가 세운 킹가쿠지金閣寺와 아시카가 요시마사足利義政가 지은 깅가쿠지銀閣寺가 있는데도 경복궁에 대한 그의 놀라움은 작지 않았다.

하긴, 킹가쿠지나 깅가쿠지가 화려하고 산뜻한 맵시이기는 하지만 개별적인 전각 하나를 말하는 것이어서 수많은 전각이 어우러진 경복궁과는 비교가 어려웠을지 모른다. 제타쿠의 소감은 《경성부사》에 기록된 '조선일기朝鮮日記'에 자세히 나타나 있다.

> 백악 산기슭 밑에 남쪽을 향하여 자궁紫宮이 세워졌는데 돌을 깎아 사방 벽을 둘렀다. 다섯 걸음마다 누각五步一樓이 있고 열 걸음마다 전각十步一閣이 있으며, 전각과 전각 사이엔 행랑이 둘러 있는데 처마가 높이 맞붙어 이 집채는 무슨 전殿이며, 저 집채는 무슨 각閣인지 그 이름을 도대체 알 수가 없다.
>
> 붉은 바닥돌을 깔아 개울을 냈는데 서편에서 동편으로 흐른다. 그 개울 위로 돌다리가 놓였으며 난간에는 연꽃 무늬가 새겨졌다. 다리 기둥 양쪽에는 돌사자 네 마리가 웅크리고 앉아 다리를 지키고 있다. 그 한가운데에는 다듬은 돌을 포개어 기단을 쌓았는데, 높이가 여덟 척이고 네 귀퉁이마다 동서남북의 각 방향을 따라 네 마리씩, 모두 열여섯 마리의 돌짐승이 앉아 있다. 자신紫宸, 청량淸凉의 두 전당이 그 위에 세워졌으며 돌기둥 아래 위에는 용을 새겼다.
>
> 지붕은 기와로 덮였으며 잇닿은 기와의 줄마다 푸른 용처럼 꿈틀대는 것 같다. 매단梅檀 나무로 만들어진 서까래마다 풍경風磬이 하나씩 달려 있다. 단청이 칠해진 들보와 붉은 발에는 금박, 은박이 펴져 돌려졌고 구슬이 주렁주렁 달렸다. 천장에는 오색팔채五色八彩로 기린, 봉황, 공작, 난학, 용호가 그려졌으며 계단 한가운데와 좌우 양옆에는 돌로 만들어진 봉황과 단학丹鶴이 세워졌다.

제타쿠가 남긴 이 글은 경복궁의 옛 모습을 살펴볼 수 있도록 하는 중요한 자료이거니와 임진왜란 당시 경복궁을 누가 훼손시켰는지에 대해서도 해답의 실마리를 던져 주고 있다. 최소한 왜군이 한양에 쳐들어와 경복궁에 처음 들어갔을 때만 해도 경복궁은 이처럼 제 모습을 그대로 유지하고 있었음이 틀림없다.

세키노가 기록했듯이 "분로쿠·게이죠 전쟁 때 우리 군사가 한성에 쳐들어감에 앞서 난민 때문에 경복궁이 소실됐다"는 얘기와는 분명히 차이가 있는 것이다. 물론 이에 대해서도 상반된 내용의 여러 기록이 전해지는 만큼 좀 더 연구가 필요하다.

한편 일본에도 교토 및 에도江戶 지금의도쿄를 중심으로 상당한 수준의 옛 건축물들이 적잖게 지어졌다. 이를테면, 도요토미 히데요시는 세력을 평정한 다음 석공과 목공, 대장장이를 총동원해 오사카 성을 쌓았다. 요도가와淀川 강물을 끌어들여 안팎 이중으로 연못을 두른 성이었다. 이 성은 오다 노부나가織田信長가 교토 근교에 세운 아즈치성安土城과 함께 아름다우면서도 우뚝한 위엄을 나타낸 것으로 전해진다.

흰 벽, 하늘 높이 치솟은 천수각, 깊이 파 두른 연못, 높다랗게 쌓아올린 돌담…. 그러나 유감스럽게도 지금은 이들 건축물들이 대부분 전해지지 않는다.

분로쿠文祿·게이죠慶長 전쟁

경복궁은 조선총독부가 들어서면서 본격적으로 파헤쳐지게 되지만 이미 이보다 320여 년 전에도 저들의 공격을 받아무참히 짓밟혔다. 마치 폐허처럼 허물어지고 무너져 내린 것이었으니…. 성한 기왓장 하나 남지 않았던 무차별적인 유린이었다.

비단 경복궁 뿐만은 아니었다. 왜군의 침입으로 조선 8도 전역이 쑥대밭이 되어 버렸던 선조 25년 당시의 임진왜란. 백성들도 도륙을 당하거나 저들에게 맥없이 포로로 끌려갔다. 무려 일곱 해 동안이나 계속된 전쟁이었다. 저들의 표현으로 '분로쿠文祿·게이죠慶長 전쟁'이라 불리는 바로 그 침략전쟁이다.

일본의 막부 세력은 그 훨씬 이전부터 호시탐탐 조선 침략을 노리고 있었다. 눈을 치켜들면 바로 옆에 기름진 조선땅이 펼쳐져 있던 까닭이다. 그렇지 않아도 중국 대륙으로 뻗어나가자면 어차피 조선이라는 길목을 지나야만 했다. 벼르고 벼르다가 이때서야 비로소 쳐들어온 것은 저들이 일단 내부적으로 천하 통일을 이룬 때문이었다.

도요토미 히데요시豊臣秀吉. 그다지 내세울 것 없는 하급 무사의 집안에서 태어나 사무라이 정치인으로 발판을 굳힌 그가 바로 세력을 규합한 장본인이었다. 침략전쟁의 총사령부는 나고야名古屋에 설치되었다. 오다 노부나가織田信長의 뒤를 이은 도요토미는 그보다 몇 해 전에는 멀리 바다 건너 류큐琉球, 오키나와는 물론 타카잔고쿠高山國, 대만, 루손呂宋, 필리핀에까지 조서를 띄워 공물을 보내도록 요구하는 등 일대를 주름잡으려는 욕심을 불태우고 있었다.

드디어 1592년 4월 12일. 이날 저녁, 고니시 유키나가小西行長가 거느린 1만 8,000여 명의 제1군 병력은 점고를 마치자마자 쓰시마를 출발했다. 이들이 아직도 잠에서 깨어나지 않은 부산포에 닿은 것은 이튿날 새벽 어스름께. 정발鄭撥 장군이 지키던 부산성은 미처 준비 태세도 갖추지 못한 채 하루 만에 저들 손에 들어가고 말았다.

왜병들은 기고만장했다. 마치 천둥벌거숭이라고나 해야 했을까. 더구나 저들 손에는 불딱총이 들려 있었다. 포르투갈로부터 받아들인 철포鐵砲를 나름대로 고쳐 만든 화승총火繩銃이었다. 불꽃이 붙은 심지를 이용해 총알을 발사하는 방식으로, 이른바 조총鳥銃이라 불리던 신무기다. 이름 그대로 날아가는 새도 쏘아 떨어뜨릴 정도였으니 그때까지 싸움터에서 겨루던 창이나 화살에 비해서는 대단한 위력이었다.

저들은 여세를 몰아 다시 동래성으로 지쳐 들어갔다. "명나라를 치러 가겠으니 길을 빌려 달라(征明假道)"는 구실이었다. 자신들의 요구에 따르지 않으면 모조리 도륙하겠다는 엄포도 덧붙여졌다. 그러나 길을 빌려 달라는 것은 간교한 술책에 지나지 않았다.

어차피 싸움은 피할 수 없었다. 저들이 "싸우려는가, 아니면 우리에게 길을 빌려 주려는가(戰卽戰不戰假我道)"라는 글귀를 내걸었다던가. 그러나 동래 부사 송상현宋象賢의 답변은 간단했다. "죽기는 쉽다. 그러나 길을 내주기는 어렵다(死易假道難)"는 한마디뿐이었다. 저들의 속셈을 간파하고 있었기 때문이다.

그러나 기개가 넘치던 송상현도 끝내 저들의 압도적인 병력과 조총의 위력을 당해내지는 못했다. 노인네들까지 괭이와 낫을 들고 싸움을 거들었건만 성 안으로 한꺼번에 밀려든 왜병들을 당해 내기에는 끝내 역부족이었다. 이처럼 부산성과 동래성이 연달아 떨어진 뒤 한양으로 진격해 올라오는 왜병들을 막으려고 신립申砬과 이일李鎰 장군 등이 연달아 투구를 갖춰 쓰고 나섰지만 차례차례 패하고 말았다.

왜군은 결국 출병 스무날 남짓해서 한양까지 내쳐 올라오기에 이르렀으니, 그 누가 율곡의 '10만 양병설'을 다시금 떠올리지 않았을 것인가. 그러나 이미 지나버린 상황이었다. 선조가 저들에게 포로로 잡힌 두 왕자를 내버려둔 채 버선 바람으로 황급히 의주로 도망쳐야 하는 사태까지 벌어지고야 말았다.

경복궁이 불길에 휩싸여 모조리 파괴된 것은 바로 이때의 일이다. 돌계단만 남긴 채 잿더미로 변해 버렸다. 기둥 자리로 겨우 전각의 터를 알아볼 수 있을 따름이었다. 왕조의 상징이 아니라 이미 흉물이나 다름없었다. 무능력한 조정에 억장이 무너진 우리 백성들이 불을 놓았건, 왜군들이 불을 질렀건 애초에 저들의 침략이 없었다면 이런 변고도 당연히 없었을 것이다.

이때 도요토미는 한양 점령 보고를 접하고는 조선을 식민지로 만든다는 꿈에 마냥 부풀어 있었다던가. 선조 임금을 교토에 불러들여 무릎을 꿇린다느니, 더 나아가 명나라 땅에 울타리를 두르고 천황의 직할지로 만든다느니 하는 식이었다. 그뿐이 아니었다. 심지어 인도까지 쳐들어간다는 계획을 세우는 등 제법 호기를 부렸다. 잘 믿어지지는 않겠지만, 그가 당시 포르투갈 선교사들을 통해 인도와 관련한 얘기들을 전해 듣고 있었던 사실 만큼은 확실해 보인다.

몸집이 남달리 작았던 까닭에 유난히도 크게 만든 겉옷을 걸쳐 입고 위용을 과시하려 했다던 그였다. 실제로 위용은 대단했다. 여러 갈래로 나뉘어져 있던 일본의 세력 판도를 처음으로 통일한 주인공이 바로 도요토미가 아니던가. 하지만 그는 조선 정복이라는 첫 단계 꿈마저도 이루지 못한 채 병으로 눈을 감고 말았다. 전쟁을 일으킨 지 여섯 해만인 1598년의 일이다.

설령 그가 오래 살아 있었다 하더라도 쉽게 이루어질 목표들은 아니었다. 벌써 한산도 일대의 바다에서는 이순신李舜臣의 뛰어난 작전과 철갑선의 위력으로 왜병들이 밀리고 있었으며, 땅 위에서도 곽재우, 김시민, 권율 등의 눈부신 활약으로 저들이 점차 쫓겨나던 참이었다.

그러나 무엇보다 가장 큰 손실은 경복궁의 훼손이었다. 그 뒤로 대원군에 의해 중건될 때까지 270여 년 동안 궐내에는 잡초만 무성하게 피어나게 되었으니….

경복궁 지날 때면 한탄하노니

"명나라 선덕 2년. 임금께서 왕세자와 문무백관을 거느리고 의식에 따라 망궐례를 행하시고 근정전에서 조하를 받았는데 멀리 왜나라와 야인국 사신을 비롯하여 회회나라 귀화인과 승려들도 참석했다(大明宣德二年率王世子及文武群臣行望闕禮如儀御勤政殿受朝賀倭野人向化回回及僧人耆老)."

《세종실록》에 그려진 세종 9년 정월 초하루조의 내용이다. 여기서 앞부분의 '선덕宣德'이라 함은 명나라 선종 때의 연호로서 조선이 정치적으로 중국에 예속되어 있음을 보여준다. 아직 중국은 황제 폐하의 종주국이었고, 조선은 조공을 받쳐야 하는 국왕 전하의 신하 나라였다. 어찌 되었든, 실록의 내용은 이렇다.

새해를 맞아 임금께서 신하들로부터 조하를 받았는데, 일본 사신들도 이 자리에 함께 고개를 조아리고 엎드렸다는 얘기다. 여진족 사신과 이슬람교 귀화인들도 함께 참석한 것으로 나타나 있다. 망궐례란 각 관아에서 임금과 궁궐을 상징하는 '궐闕' 자를 패에 새겨 봉안해 놓고 예를 올린 데서 유래된 이름이다. 임금에 대한 공경심을 나타내는 의식으로, 세종 임금이 참석한 망궐례였다면 명나라 선종 황제에 대한 충성심을 표시하는 의식이었을 것이다.

이처럼 일본은 임진전쟁을 일으키기 전까지만 하더라도 새해를 맞아 첫날 조하 때면 거의 빠지지 않고 사신을 보내 근정전 망궐례에 참석하도록 했다. 조선 임금에게 인사를 올리고 선물을 바친 것이었다. 이는 조선 왕조를 거슬러 어느 임금 때나 대체로 마찬가지였다.

이미 고려 말부터 남쪽 바닷가 일대에서 왜구가 발호했으나 조선 왕조에 들어와 "오려는 자 막지 않고 가려는 자 내몰지 않는다(來者莫拒去者勿追)"는 평화적인 교류관계를 펼쳐온 결과였다. 한편으로는 아예 조선으로 귀화하는 경우도 없지 않았다.

다시 《세종실록》을 들춰가며 이러한 내용을 확인해 보자. 이름하여 《세종장헌대왕世宗莊憲大王 실록》. 그것이 좀 더 정확한 이름일 것이다. 세종 13년 정월 초하루조에는 "왜나라 손님도 함께 참석했다(倭客三十七人亦隨班)"고 기록되어 있다. 그것도 무려 서른일곱 명이나 한꺼번에 참석했다는 내용이다.

《세조혜장대왕世祖惠莊大王 실록》을 살펴보아도 마찬가지다. "임금께서 망궐례를 행하신 뒤 문무백관으로부터 조하를 받는데 왜인, 야인 500여 명도 참석했다(上行望闕禮仍受百官朝賀倭野人五百餘人隨班)"라고 기록하고 있다. 세조 2년 정월 초하루조의 내용이다.

《노산군魯山君 일기》에서도 비슷한 내용이 엿보인다. 노산군이란 실권을 잃은 뒤의 단종을 지칭하는 표현이다. 단종 3년 정월조의 기록은 "임금께서 조하를 받으셨는데 왜인, 야인도 함께 특산물을 드렸다(受朝賀倭野人皆隨班獻土物)"라고 되어 있다.

이 같은 기록은 저들이 불의의 침략을 감행했던 선조 임금 바로 직전의 명종 때까지도 두루 나타나고 있다. 다음은 명종 14년(1559년) 정월 초하루조의 기록.

"임금께서 면복 차림으로 백관을 거느리고 근정전 뜰에서 망궐례를 행하셨다. 낮때에 익선관과 곤룡포를 갖추고 근정전에 나아가 회례연을 행하셨는데 승지와 사관 등이 입시하였다. 왜인과 야인도 참석했다. 일곱 작을 행하고 파하였다(上具冕服率百官行望闕禮于勤政殿庭午時具翼善冠衮龍袍御勤政殿行會禮宴承旨史官等入侍倭野人亦入參行七爵而罷)."

이처럼 새해를 맞을 때마다 인사를 드리러 왔던 저들이었건만, 전쟁을 일으켜 한양에 난입해 들어와서는 마구잡이로 약탈을 일삼았다. 경복궁이 불에 타 잿더미로 변한 것도 바로 이때였다. 불기둥 속에서 기왓장은 사방으로 튕겨져나갔으며 돌기단도 열기를 견디지 못하고 갈라졌다. 나무로 올려진 기둥과 서까래는 남김없이 타버렸다.

그렇다면, 과연 그때 경복궁에 불을 지른 사람들은 누구였을까. 하지만 저들은 궁궐에 불을 놓은 것은 자신들이 아니라고 주장한다. 선조 임금이 도읍과 백성을 버리고 멀리 피신해 가자 노비들이 앞장서서 궁궐에 불을 지르고 귀중품을 털어 갔다는 것이다.

앞서의 세키노교수가 이런 입장을 대변한다. 이에 대한 세키노의 얘기를 다시 들어 보자.

"우키다 히데이에宇喜多秀家가 여기에 진을 쳤다가 퇴군할 때에 한꺼번에 불을 질렀다고 했지만, 그것이 잘못됐다는 것은 조선 사람들이 기록한 《징비록懲毖錄》, 《조야집요朝野輯要》, 《동국문헌비고》 등의 기록에 의하여 분명해진다."

사실은, 《선조실록》에도 다음과 같은 내용이 없는 것은 아니다.

"상것과 난민들이 자신들의 노비 문서가 보관된 장예원掌隷院과 형벌을 다루는 형조에 불을 질러 갖은 문서를 태우고, 내탕고內帑庫에 들어가 금은보화를 약탈했으며 경복궁과 창덕궁, 창경궁에 불을 질렀다. 이리하여 일대의 보물과 융문루, 융무루, 홍문관에 소장됐던 서적마저 모두 불에 타 없어졌다."

유성룡柳成龍이 기록한 《징비록》에서도 마찬가지다. 하층 난민들이 경복궁에 불을 질렀다는 것이다. 그러나 《징비록》의 다른 한 구절을 자세히 들여다보면, 저들이 뒤에 도주하면서 자신들이 기거하던 집들만 남겨 둔 채 모두 불을 지른 것이 아닌가도 여겨진다.

"집이란 집은 모두 불에 타 버려 흔적조차 찾을 길 없었다. 오직 숭례문으로부터 남산 밑까지는 저들이 기거했던 곳이라 다치지 않고 그대로 남아 있었다. 종묘와 세 궁궐, 종루, 그리고 육조거리의 관아도 모두 잿더미로 변해 버렸다."

앞서 지적했듯이, 제타쿠是琢의 기록에서도 이에 대한 해답을 부분적으로나마 찾아볼 수 있을 것이다. 설혹 세키노의 주장대로 난민들이 처음 불을 지르기 시작했더라도 여기에 왜병들이 가세함으로써 사태가 더욱 커졌을 가능성도 없지는 않다. 백성들조차 닥치는 대로 도륙한 것을 보면 궁궐이라고 그냥 놔뒀을 것으로 여겨지지 않는다.

그러나 어차피 모두 지나가 버린 일이다. 더구나 침략전쟁이라는 밑

뿌리를 놓아두고 궁궐이 타버렸다는 곁가지 사실만을 논한다는 자체가 부질없는 얘기일 뿐이다.

어쨌든, 이때 불타 버린 경복궁은 오랫동안 그대로 폐허더미에 묻혀 있게 된다. 그것은 이 나라, 이 백성들에게 더없는 수치요 부끄러움이었다. 한편으로 울분이 없을 수 없었다. 정조 당시 실학자로 규장각 검서관을 지낸 유득공柳得恭이 지은 다음의 시 한 편이 그런 처연한 감정을 대변한다. 그의 뒤를 이어 순조 때 검서관을 지내게 되는 아들 유본예柳本藝가 《한경지략漢京識略》에서 부친의 통곡을 소개하고 있다.

궁궐을 지날 때면 한탄하노니
일찍이 왜놈들을 거꾸러뜨리지 못했음을
용틀임 기둥만 잡목 사이로 쭈뼛쭈뼛 섰는데
사자 그림 새겨진 난간은 허물어졌다
나무 그늘 아래 수문장 꾸벅이고
지나는 나그네 우거진 풀섶에 주저앉았네
아, 지난날 생각나니 어진 정승들
옥패 차고 정문 드나든 것을
(每過此宮嘆 曾未滅倭奴 柱林總在 獅欄剝欲無 衛兵眼落絮 騷客坐春蕪 緬想古賢輔 端門佩玉趨)

대원군의 등장

흥선대원군. 고종 임금의 아버지로 이하응李昰應이 본디 이름이다. 임진왜란 당시 왜군에 의해 폐허로 변해 버린 경복궁을 다시 제 모습으로 되돌린 것이 바로 흥선대원군이었다. 국력은 피폐하고 백성들은 지친 탓에 역대 임금들이 엄두도 내지 못하던 것을 그가 비로소 팔소매를 걷어붙이고 나선 것이었다.

그는 야심가였다. 둘째아들 명복命福이 열두 살의 어린 나이로 조선왕조 스물여섯 번째 임금인 고종으로 등극하게 되자 때를 기다렸다는 듯이 김씨 세도로부터 정권을 낚아채듯 틀어쥐었다. 철종 임금이 후사가 없었던 틈을 노려 신정왕후 조대비에게 접근한 끝에 자신의 아들을 후계자로 삼는 데 성공한 것이었다.

그리고는 곧바로 수렴청정에 들어가게 된다. 주변으로부터 비웃음과 따돌림의 손가락질을 받으면서도 일부러 개망나니 술주정꾼 노릇을 하며 견뎌낸 결과이기도 했다. 야심가가 아니었다면 흉내도 내지 못할 일이었으리라. 그는 마음에도 없는 파락호였다.

대원군은 정권을 움켜쥐자마자 곧바로 조정을 쇄신하는 작업에 착수했다. 쇄신작업은 급격히 진행되었다. 그는 두 주먹을 불끈 치켜들었다. 한편으로 왕권을 일으키고, 다른 한편으로는 나라를 살리기 위한 것이었다. 경복궁을 일으키기로 한 것은 그러한 쇄신책의 일환이었다. 왕조의 정궁을 잡초더미에 묻혀 둔 채로 어찌 실추된 나라의 위엄과 권위를 되찾겠다고 나설 수 있겠는가. 이것이 대원군의 생각이었다.

결코 쉬운 일은 아니었지만 그는 고집스러웠다. 고종이 즉위하고 한 해 반 가까이 지난 1865년 사월 초사흗날, 대원군은 문무백관을 창덕궁 희정당熙政堂에 불러 모았다. 그리고 이 자리에서 경복궁 중수 계획을 전격 발표하기에 이른다. 대왕대비인 조대비의 전교를 내리는 형식이었다.

중수 계획 발표와 함께 즉각 영건도감이 설치됐으며 영건도감 총감에는 금위대장 이경하李景夏가 임명됐다. 영상 조두순趙斗淳과 좌상 김병학金炳學이 도제조를 맡았으며 그 밖에도 여나믄 명이 제조와 부제조를 맡았다. 그러나 공사 책임을 떠맡게 된 당사자들조차 처음에는 이 일에 대해 미심쩍어할 수밖에 없었다. 경복궁 복원 계획은 그만큼 엄두가 나지 않는 일이기도 했다. 하지만 대원군은 막무가내였다.

경복궁 복원 공사가 정식 착공된 것은 그보다 정확히 열흘이 지난 그달 열사흗날. 그날 손시巽時를 기해 착공식이 열렸다. 왜군의 침입으로 궁궐의 전각과 돌담이 허물어지고 여기저기 구멍이 뚫린 지 정확히 273년 만의 일이었다.

착공식에서는 잡귀를 내쫓는 궁중 나례儺禮 의식이 벌어졌으며 천지신을 맞이하는 터벌림 춤이 추어졌다. 뒤이어 벌어진 고유제告由祭에서는 "경복궁을 복궁復宮함으로써 사직이 천년에 이어지도록 하옵시라"는 내용의 축문이 낭독되었다. 축문은 낭독이 끝난 뒤 불태워져 공양에 올려졌다.

공사가 시작되면서 대원군은 전국 팔도에 명령을 내려 부역을 공출토록 했다. 일꾼을 징발토록 한 것이었다. 명령은 서릿발 같았다. 감히 누구라도 어길 수 없었다. 역군들은 경상도, 전라도, 충청도 각도에서 골고루 징발되었다. 각 군문軍門에도 제각기 역할이 맡겨졌다.

그러나 이러한 명령이 아니더라도 백성들은 기꺼이 부역에 나섰다. 스스로 부역을 자청한 사람이 한 달 만에 무려 3만 6,000여 명에 이르렀다. 경복궁을 되살려야 한다는 백성들의 간구가 작지 않았음을 보여주는 대목이다. 그동안 척신의 세도와 양반들의 발호에 억눌려온 탓이기도 했다.

강원도와 전라도, 충청도에서는 기둥과 대들보로 얹힐 아름드리 재목들이 달구지에 실려 속속 한양으로 올라왔다. 달구지 행렬은 과천 길에서부터는 끊이지 않고 이어졌다. 멀리 함경도에서도 재목이 올라왔다. 한강이 지나는 물목에서는 재목들이 뗏목으로 엮여 운반되기도 했다.

대원군은 부역에 나선 사람들에 대해 술과 고기를 사먹도록 격려금을 내리기도 했다. 한 사람에 1전씩. 일하는 데 힘을 내라는 뜻이었다. 이를 이른바 '건호찬乾犒饌'이라 했다던가. 도성에 거주하는 사람에 대해서는 양반이나 상민 집안을 막론하고 방칸을 내어 부역꾼을 먹이고 재우도록 하는 등 뒷받침도 아끼지 않았다.

돌 다듬는 망치 소리는 우렁찼다. 경복궁 궐내에서 울려 퍼지는 망치 소리는 북악과 인왕산에까지 메아리쳤다. 그 메아리에 화답하듯 장정들은 더욱 신바람 나게 움직였다. 공사장에서는 남사당 놀이패의 흥겨운 놀이마당이 벌어지기도 했다. 경복궁 복원공사는 한바탕의 잔치였다. 이때 부역꾼들이 나무를 대패로 깎으며, 자귀로 다듬으며, 망치로 박으며 불렀다는 '경복궁 타령'을 다시 들어 볼까나.

남문을 열고 파루 치니 계명산천 밝아 온다
단산丹山 봉황은 죽실竹實을 물고 벽오동 속으로 넘나든다
남산하고 십이봉에 오작烏鵲 한쌍이 훨훨 날아든다
왜철쭉 진달래 노간죽하니 맨드라미 봉선화가 영산홍이로다
우광꽝 소리가 웬 소리냐
경복궁 짓는 데 회방아 찧는 소리라
조선 팔도 유명한 돌은 경복궁 짓는 데 주춧돌감이로다
좋은 나무는 경복궁 짓는 데 다 들어간다

근정전을 드높게 짓고 만조백관이 조하를 드리네
경복궁 역사가 언제나 끝나 그리던 가족을 만나 볼까
춘당대 연못에 노는 금잉어 태평성대를 자랑한다
수락산 떨어져 도봉이 생기고 북악산 줄기에 경복궁 짓네
삼각산은 천년산이요, 한강수는 만년수라

    공사는 활기차게 진행됐다. 장정들이 땅바닥을 고르게 다져 놓으면 돌꾼들은 주춧돌을 놓고 기단을 쌓았으며, 목수들은 기다렸다는 듯이 다림추를 늘어뜨려 미끈한 기둥을 세웠다. 기둥머리에는 능숙한 자귀질로 사개를 냈으며, 그 위에 도리나 대들보, 장여를 올렸다. 그리고 마지막으로 암키와가 깔린 홈을 따라 수키와를 놓이면 버젓한 전각이 하나씩 세워지게 되는 것이었다. 지붕의 각 마루에는 취두鷲頭, 용두龍頭, 잡상雜像 따위를 어우러지게 배치했다.
    근정전과 경회루를 비롯해 사정전 등이 제자리에 새로 지어지고 말끔히 단장되었다. 단청도 칠해졌다. 큰 기둥마다 붉은색 석간주가 칠해졌으며 문짝과 창살에는 녹청색의 뇌록을 발랐다. 뇌록磊綠은 철분이 더러 섞여 약간 우중충한 녹청색을 띠었지만 여기에 흰색 안료인 밀타승密陀僧을 조금 섞어 쓰면 밝고도 구수한 느낌을 나타낼 수 있었다.
    궁궐 마당은 생석회에 백토를 섞어 다졌다. 이른바 '강회剛灰 다짐'이라 했다. 이렇게 다져 놓으면 아무리 비가 세차게 퍼붓고 땅바닥이 추위에 얼어 터져도 흙이 패거나 떠내려가는 법이 없었다. 깨진 바닥 돌도 걷어내고 다시 깔았다. 다람쥐 드나들던 허물어진 담벼락 구멍에도 벽돌이 올려졌다.

벽돌 틈새의 줄눈에도 강회와 백토를 섞어 메워 나갔다. 이렇게 줄눈을 고쳐 놓게 되면 벽돌 사이에 바람이나 물기가 스며드는 것을 막을 수 있었다. 벽돌 틈새에 물기가 스며드는 것을 그대로 놓아둘 경우 벽돌이 빗물에 닳거나 곰팡이 또는 이끼가 슬어 썩어들어가기도 했다.

고종 임금도 자주 공사장에 납시었다. 서까래 끝에 올라선 목수들이 가느다란 막대기에 몸을 의지해 가며 장단에 맞춰 큰 메로 내리쳐 나무를 박는 소리를 듣기 좋아했다던가. 이때 고종의 나이 겨우 열서너 살 때였다. 대원군과 고종, 이제는 아버지와 아들 사이가 아니라 임금과 신하의 관계였다. 하지만 고종을 일으켜 세운 것은 대원군이었다.

공사장에 불이 났으니

그러나 호사다마 好事多魔라 했던가. 경복궁을 다시 일으켜 세우려는 공사가 활기차게 시작됐건만 어느 날 한밤중에 큰불이 일어났다. 산더미처럼 쌓아 둔 목재들이 손쓸 사이도 없이 순식간에 모두 불타 버렸다. 생각지도 못했던 사태였다.

불이 난 것은 공사가 시작된 이듬해인 고종 3년 삼월 초닷샛날. 이날 이경二更, 밤 아홉시부터 열한시 사이 쯤이나 되었을까. 화공畵工들이 사용하는 동십자각 쪽의 어느 구석에서 난데없이 불길이 일어난 것이었다. 단청 공사를 맡고 있던 화공들의 구역이었다. 불길은 불어오는 바람을 타고 창고로 지어 둔 800여 간 규모의 임시 가건물과 그 옆에 쌓아 놓은 목재에 훌쩍 옮겨 붙었다. 어렵게 징발한 아름드리 목재들이 몇 줌의 잿더미로 변해 버린 것은 그야말로 눈 깜짝할 새였다.

대원군은 펄쩍 뛰었다. 눈길을 부라리며 노발대발했다. 그날 입직 당상이던 훈련대장 임태영任泰瑛이 다음날로 파면되는 등 이하 책임자들이 모두 엄벌에 붙여졌다. 하지만 그렇다고 간단히 해결될 문제는 아니었다. 재목을 다시 거둬들이는 문제도 그렇거니와 반발도 더욱 거세지고 있었다.

대원군에게 일대 시련이 닥쳐온 셈이었다. 정치적으로 중대한 위기에 맞닥뜨리게 되는 시발점이기도 했다. 몇몇 대신들은 고종에게 경복궁 중건 공사를 즉각 중지시킬 것을 간언하기에 이르렀다. 공사가 시작되면서 이런저런 명목으로 세금을 물리거나 물품을 강제로 걷는 일이 없지 않던 터였다. 가뜩이나 불만이 많은 상황에서 불이 나자 아예 공사를 그만두도록 해야 한다는 반발이 터져 나온 것이었다.

하지만 대원군은 고집불통이었다. 누구도 그의 마음속 깊은 결심을 돌이키도록 할 수는 없었다. 어차피 내친걸음이기도 했다. 그는 오히려 논두렁, 밭두렁에 대해서도 따로 세금을 붙여 거두었다. 곡식을 심는 토지 1결에 100문씩을 물렸으니, 이를 결두세結頭稅라 했다. 한양 도성을 드나드는 사람들에게도 세금을 내도록 했다. 말 그대로 문세門稅였다. 경복궁 건축에 드는 비용을 새로 염출하기 위한 방안이었다.

원납전願納錢이라는 이름을 붙여 공사비를 바치도록 한 것도 이때였다. 그러나 이름과는 달리 스스로 좋아서 낸 것이 아니라 강제로 징수한 기부금이었다. 이런 방식으로 공사가 끝날 때까지 모두 770만 냥을 거두어 들였다고 했던가. 그러나 원납전의 등쌀에 못이긴 백성들은 이를 원납전怨納錢이라 불렀으니, 대원군에 대한 원망의 목소리가 작지 않았음을 보여 주었다. 나라가 중요하긴 하지만 먼저 내 배가 부른 다음에야 나라도 있는 법이었다.

'호대 당백전當百錢'. 엽전 한 닢의 액면가가 무려 백 푼이라 해서 붙여진 이름이었다. 대원군은 점차 돈을 걷기가 어려워지자 금위영禁衛營으로 하여금 당백전을 찍어 내도록 하여 억지로 시중에 유통시켰다.

이 당백전을 찍어 내느라 경복궁 큰종까지 녹여서 썼다. 이미 깨져 버린 것이기는 했지만 이 큰종까지 녹여 썼다는 사실은 대원군이 얼마나 다급한 처지에 놓여 있었는지 여실히 보여 준다. 대원군을 일러 '인경 떼어 주머니에 넣을 놈'이라는 말이 퍼진 것도 바로 이때였다.

그러나 이로 인해 화폐의 값어치가 갑작스레 떨어지는 등 도처에서 아우성이 일어나자 한 해 만에 당백전의 사용이 금지되고 말았다. 천하를 호령하던 대원군이 점차 힘을 잃어가는 과정이기도 했다. 이렇게 무리가 따랐지만 공사는 멈추지 않았다.

그러한 가운데 경복궁도 서서히 옛 궁궐의 면모를 갖추기 시작했다. 드디어 근정전이 첫 상량을 보게 되었다. 고종 4년 이월. 공사가 시작된 지 두 해만의 일이다. 사정전과 수정전修正殿도 함께 상량을 보았다. 눈물 보일 줄 모르던 대원군도 돌아서서 남몰래 눈물을 훔쳤으리라.

하지만 어쩐 일이었을까. 근정전 상량식을 가진 바로 그날 저녁 또다시 불이 나는 바람에 다듬어 놓은 재목과 가건물이 모두 불타 버렸다. 백성들의 원성을 들어가며 각지에서 모아다 놓은 미끈한 원목 더미였다.

민심은 술렁댈 수밖에 없었다. 나라 잘되자고 하는 것은 좋지만 백성들을 너무 못살게 군다는 원망의 소리가 여기저기서 터져 나왔다. 경복궁 공사로 쥐어 짜인 탓에 살림은 찌들어졌으며 인심은 야박해졌다. 여기저기서 흉흉한 소문이 나돈 것도 당연했다.

그렇지만 대원군은 조금도 수그러들지 않았다. 도리어 힘쓸 만한 장정은 모조리 불러다가 강제 부역을 시키는 한편 옛 임금들의 묘지 터에 가꾸어져 있던 나무들마저 죄다 베어 들였다. 백성들 묘지에 있는 재목감은 더 말할 것도 없었다. 마을마다 수호신으로 떠받드는 서낭당 나무까지 모두 베어다 공사에 충당토록 했다. 심지어 곳곳의 돌로 된 다리조차 헐어내 사용토록 했다. 흥인지문 바깥의 영도교永渡橋를 헐어낸 것도 이때였다. 어차피 도중에 그만둘 수는 없는 일이었다.

결국 이런 노력에 힘입어 이미 완공을 본 근정전과 사정전에 이어 교태전, 강녕전 등이 제 모습을 찾았으며 근정문, 홍화문도 차례로 완공되었다. 황폐했던 궁궐터가 그나마 차츰 위엄을 갖추기 시작했다. 규모가 큰 광화문과 경회루는 막판에서야 겨우 제 모습으로 돌아왔다. 경회루는 마흔여덟 개의 기둥 가운데 여덟 개가 부러져 나가 버렸으므로 그것을 새로 놓는 작업이 무척이나 어려웠다.

마지막 단계에 이르러 교태전 주변의 담장도 복원되었다. 여기에는 새로 구워낸 회색과 붉은색 등 각종 채색 벽돌을 사용했다. 교태전 담장은 옛 모습을 그대로 되살리기 위해 거북 껍질 문양과 卍자 문양을 그려넣었다. 그리고 '장락만세 수복강녕(長樂萬歲壽福康寧)'이라는 축문을 새겼는데 경복궁 중건을 계기로 온 백성이 오래도록 건강하고 즐겁게 살 수 있도록 해 달라는 기원문이었다.

제 모습을 찾은 경복궁

드디어 고종 5년(1868년) 칠월 스무하룻날. 고종은 이날 경복궁에서 만조백관을 불러 모아 조하를 받았다. 경복궁의 중건 공사가 끝난 것을 축하하는 자리였다. 중건 공사가 시작된 지 세 해 하고도 넉 달만의 일이다.

고종은 이와 함께 이태조 당시 경복궁 창건 때의 옛 공신들을 추념한다는 뜻에서 각 고을의 관리들로 하여금 정도전鄭道傳, 남곤南袞, 이직李稷, 심덕부沈德符 등의 묘소를 찾아 참배토록 했다. 고종이 그 뒤 덕수궁(경운궁)으로 처소를 옮기기까지 30년 동안을 경복궁에서 거처하게 되는 것도 바로 이때부터다.

그러나 경복궁의 전체적인 모습이 창건 때와는 약간 달라지기도 했다. 근정전 앞의 댓돌 규모가 달라졌으며 한 줄로 늘어서 있던 회랑의 기둥은 두 줄로 바뀌었다. 근정전 앞뜰 바닥의 디딤돌도 모두 새로 깐 것이었다. 하지만 창건 당시의 기본 뼈대는 거의 그대로 지켜졌다.

근정전 기둥 사이의 벽은 흙벽을 두지 않고 창문과 문짝으로만 처리했으니, 그만큼 햇빛을 많이 받아들이기 위한 것이었다. 또 천정 반자는 '우물 정井' 자를 여럿 연결한 것처럼 소란을 맞추어 짜고 그 가운데의 천개天蓋 널판에는 구름 속을 헤치고 날아가는 쌍룡을 새겼으며 그 바로 아래에는 옥좌가 놓이는 단이 만들어졌으니 이것은 모두 옛 법식 그대로 따른 것이었다.

하지만 새로 모습을 되찾은 경복궁은 대체적으로 사치한 편은 아니었다. 그렇다고 누추하지도 않았다. 이른바 '불사불누不奢不陋'다. 음양

조화에 따라 중용을 지킨 결과다. 이 땅에 산이 많으니 만약 산세에 어울리지 않게 크고 화려한 집을 많이 짓는다면 언젠가는 반드시 나라가 쇠망할 것이라는 가르침을 받아들였다는 얘기가 남아 있다.

예기치 않던 화재를 겪어가며 황급히 세워진 까닭에 어느 구석에서는 제대로 솜씨가 나타나지 않았다는 지적을 받기도 했다. 건축가에 따라서는 이를 두고 '말기적 수법의 졸작拙作'이라고 폄하하기도 한다던가. 더러는 근정전을 일러 '도끼집'이라 비꼬기도 하지만 좀 더 치밀하게 복원하지 못한 데 대한 아쉬움의 표현일 것이다.

아무튼 이 중건된 경복궁이야말로 대대로 이어져 내려온 조선의 전통적 건축 양식이 마지막으로 꽃피운 작품이었다. 이를테면, 도제徒弟 방식에 의해 전승되던 옛 장인들의 숨은 솜씨가 경복궁 복원작업에 한꺼번에 어우러진 셈이었다.

여기에는 당대의 으뜸으로 손꼽히던 도편수 최원식崔元植이 동원되었다. 또 김원석金元碩이 맡아 작업을 통솔했다고도 하며, 큰 전각 공사는 그때 스물네 살에 불과하던 김수연金守淵이 혼자서 도맡아 솜씨를 보였다는 얘기도 전해진다. 김원석이나 김수연이나 모두 뛰어난 대목이었다. 광화문 앞을 지키는 돌해태 두 마리도 다시 만들어졌는데 당시 이 분야에서 대가 중의 대가로 꼽히는 이세욱李世旭의 작품이다.

경복궁 중건에 대해 다시 세키노 교수의 얘기를 들어 보자. 그의 얘기 중에서도 귀담아들어야 할 만한 부분이 적지 않기 때문이다. 다음은 《조선의 건축》 내용 가운데 몇 구절이다.

    조선시대에 들어 규모가 가장 큰 것으로 자랑하던 경복궁의 전당殿堂, 문랑門廊

도 분로쿠·게이쵸 전쟁 때 폐허가 된 이래 무려 250년 이상을 황초荒草 사이에 잡풀만 남길 뿐이었다. 그러나 고종이 즉위하자 대원군이 만기萬機를 잡아 왕실의 쇠퇴를 개탄하며 중흥의 뜻을 세우고 이에 결단으로써 경복궁 옛터에 궁궐을 일으킴으로써 천하의 눈길을 경쇄驚殺하고 왕실의 존엄을 되찾고자 하여 전국에 명을 내리고 대공사에 착수하였다. 그 명령이야말로 엄숙하고 터럭만큼도 용서함이 없었다. 대원군은 전국에 징발하여 각지의 산림으로부터 미끈미끈한 아름드리 기둥, 대들보감들을 베어 실어 오도록 하고 조금이라도 이를 어기는 자는 각형刻刑에 처했다. 여러 곳에서 포렴주구暴斂誅求라고 원망하는 소리가 일어났어도 대원군은 완강히 굽히지 않았다.

그러나 때마침 어느 누군가 광화문 밖에 불을 질러 쌓아 두었던 아름드리 목재가 순식간에 재로 변했다. 대원군은 굽히지 않고 더욱 가혹한 세금을 걷었으며, 드디어 천하에 명령하여 신령의 산림, 분묘의 나무를 자르게 함에 이르렀다. 이렇게 하여 조선에 과분한 장대위려壯大偉麗한 경복궁 대공사는 백성의 골육을 쌓고 고혈을 발라서 북악산 아래 현출現出되었다. 그 착수는 고종 즉위 2년으로 두 해 뒤에 새 궁에 들었으며 다시 세 해 뒤에 전부 준공을 보았다. 이후 30여 년간 왕궁으로 사용되었으나 을미乙未의 변을 만나 왕비의 조락凋落을 거쳐 얼마 지나지 않아 고종이 아라사 공사관에 머물다가 그 한 해 뒤에 다시 경복궁에 들어가지 않고 경운궁을 수리하여 새 왕궁으로 삼았다. 이에 경복궁은 점차 황폐해져 다시 기둥이 기울고 지붕이 무너졌으며 기단은 높이 자란 잡풀에 묻히고, 뭇 쥐새끼들이 기와 사이에서 숨바꼭질하는 지경이 되었으나 공연히 비바람에 맡겨 돌보지 않는 것이 애석하다.

특히 세키노의 지적 중에서는 누군가 일부러 공사장에 불을 질렀다는 부분이 눈길을 끈다. 백성들의 불만이 높았으니 으레 그러려니 생각한 탓이었을까. 아마 그랬을지도 모른다. 하지만 단순한 추측으로 당연한 사실인 것처럼 단정을 내리고 있으니, 역시 이러한 부분들이 일본인으로서 그의 한계라고 여겨지는 것이다.

한편 대원군은 경복궁을 중수한 외에도 조정 쇄신을 위한 여러 정책들을 줄기차게 펴나갔다. 그중에서도 왕권에 사사건건 참견하던 외척의 틈바구니에서 왕실의 권위를 바로잡은 일은 커다란 공적이라 할 것이다. 이러한 노력이야말로 기울어져가던 나라의 기틀을 세우기 위한 발걸음이었다.

그러나 그는 결국 눈길을 바깥으로 돌리지 못한 채 나라 전체의 발걸음을 더디게 만들어 버렸다. 이 나라, 이 백성들에게는 애석한 일이었다. 나라의 문호를 막고 바깥 문물을 받아들이지 못하도록 만든 장본인이 바로 그였다. 바깥으로 통하는 나라의 대문에 커다란 빗장을 질렀던 것이다. 이른바 쇄국정책이었다. 뒷날 조선이 외국 여러 나라에 따돌림 당하고 제국주의 일본에 번번이 휘둘리다가 끝내 집어 먹히는 가장 커다란 요인으로 꼽히게 된다.

여기에는 거듭된 외세의 강압적인 침범도 중요한 원인이었다. 경복궁이 중건되고 있던 무렵 미국의 장삿배 제너럴셔먼호가 대동강을 거슬러 올라와 총을 쏘아대는 등 억지로 교역을 요구하는 일이 벌어졌다. 결국 우리 군사들이 배에 불을 지르는 바람에 선원 모두가 떼죽음을 당하는 비극적인 사태로 막을 내리게 된다.

다시 그보다 석 달 뒤에는 프랑스 함대가 우리 조정의 천주교 박해에 항의하며 교역을 이끌어내려고 강화도에 쳐들어왔다가 역시 격퇴당하고 말았다. 바로 병인양요丙寅洋擾로 불리는 사건이다. 그러나 프랑스는 이때 조선으로부터 귀중한 문화재들을 약탈해 갔으니, 지금까지 반환 문제가 해결되지 않고 있는 외규장각 도서가 그때 빼앗긴 것이다.

사건은 거기서 그치지 않았다. 다섯 해 뒤인 1871년에는 미국 극동함대의 군함 다섯 척이 강화도 앞바다까지 쳐들어오는 사태가 초래됐다. 앞서 제너럴셔먼호 사건을 빌미로 그에 대한 진상 해명을 요구하며 억지로라도 문호를 열겠다는 의도였다. 그러나 우리 조정의 완강한 대응으로 빈손으로 쫓겨나게 된다. 그것이 신미양요辛未洋擾다.

대원군은 두 차례에 걸쳐 이들 함대를 쫓아내고는 그들이 별로 두려워할 상대가 아니라는 생각을 더욱 굳히게 된다. "서양 선박 그을은 연기로 하늘이 그믐날처럼 어두우나 동쪽 나라의 하늘과 땅은 만년토록 밝구나(西舶煙塵天下晦東方日月萬年明)"라며 마냥 호기를 부렸다던가. "서양 오랑캐가 침범하는데 나가 싸우지 않으면 화친하자는 것이니, 화친을 주장하는 것은 곧 나라를 파는 것이다(洋夷侵犯非戰卽和主和賣國)"라는 내용의 척화비가 곳곳에 세워진 것도 그 무렵이었다. 백성과 나라의 사직社稷을 지킨다는 명분이었다.

조정의 쇄신을 내세운 대원군이었건만 눈길을 바깥으로 돌려야 한다는 생각에는 미처 이르지 못했다. 누구라도 바깥 나라들과 문을 열고 교역을 하거나 새로운 문물을 받아들여야 할 필요성을 언급했다가는 나라의 밑바탕을 흔드는 역적으로 몰려 단죄될 판이었으니 조선의 진운은 한풀 수그러들 수밖에 없었다.

결국 이런 과정을 거치면서 조선은 바깥 나라들과 높은 담장을 쌓게 되었으며 끝내 일본에 의해 강제로 문이 열려 젖히는 수모를 당하게 되었다. 이를테면, '은둔隱遁의 나라'란 '우물 안 개구리'를 점잖게 나타낸 표현에 지나지 않았는지도 모른다.

타이완 총독부

여기서 잠시 타이완으로 눈길을 돌려 보자. 조선에 앞서 제국주의 일본의 식민지가 되어 있었던 그 당시의 타이완으로 말이다.

타이완臺灣. 중국 대륙의 동남쪽에 떠 있어 북회귀선이 지나는 섬. 16세기 말, 유럽인 가운데 이곳에 처음 상륙했던 포르투갈 뱃사람들에 의해 '일하 포르모사Ilha Formosa'라고 불리기도 했던 곳. 풀이하여 '아름다운 섬'이라는 뜻이라던가. 그때 포르투갈 사람들은 오대양의 거센 파도를 헤치며 활발하게 뱃길을 개척하고 있었다.

타이완을 발견한 때와 비슷한 무렵 포르투갈 뱃사람들은 일본 큐슈의 남쪽에 위치한 다네가種子 섬에 닻을 내리기도 했다. 일본 열도의 제패를 노리는 오다 노부나가織田信長가 등장하기 바로 직전이었다. 일본의 역사책에 의해 전국시대라고 구분되는 시기의 일이다.

그리고 그 뒤로 19세기 말, 타이완은 어느덧 일제의 손아귀에 들어가게 되었으니, 류큐琉球,오키나와에 이은 저들의 두 번째 해외 식민지가 바로 타이완이었다.

이제 그 과정을 간단히나마 살펴보기로 한다.

타이완에는 이미 14세기 중반 몽골족에 의한 원나라 때부터 순검사巡檢司가 설치되어 부분적으로 중국 본토의 지배를 받고 있었다. 그러나 대륙 땅덩이만 해도 워낙 광활한 까닭에 타이완은 그다지 눈길을 끌 만한 입장이 못되었다. 먼바다를 드나들며 고기를 잡는 어부들이 오다가다 쉬어가는 기착지에 불과했다.

그러다가 17세기 초엽에 들면서 갑자기 유럽의 극동 진출기지로 각광을 받게 된다. 네덜란드가 이 섬의 남서부 타이난臺南에 '제란디아 성'을 쌓으면서부터다. 시기적으로 포르투갈 사람들에 의해 발견된 직후였으니, 포르투갈로서는 네덜란드에 선수를 놓쳐버린 셈이다.

비슷한 무렵 스페인도 타이완에 진출해 해안선을 따라 섬의 북쪽인 지룽基隆에 '산살바도르 성'을, 그리고 단쑤이淡水 항구에는 '산토도밍고 성'을 쌓았다. 그렇지만 곧바로 네덜란드 진영에 의해 쫓겨남으로써 타이완은 한동안 네덜란드 세력권에 들게 된다. 타이완이 이미 외세에 좌지우지되던 참이었다.

이미 네덜란드는 동인도회사를 중심으로 여러 유럽 국가 중에서도 무역시장 독점을 위한 해외 식민지 개척에 선두를 달리던 때였다. 인도네시아에서도 몰루카 섬의 향료 시장을 독차지했으며 자바 섬에도 굳건한 근거지를 확보하고 있었다. 희망봉에서 타이완과 일본에 이르기까지 동양 무역의 황금시대를 열어가던 무렵이었다.

이 시기에 대륙에서는 만주족이 세운 청나라가 명나라에 대신해 중원의 새 주인으로 들어서고 있었다. 이에 따라 명나라에서 벼슬을 지냈던 유랑객들이 떼를 지어 타이완 섬으로 몰려들었으며, 이들에 의해 네덜란드 세력도 점차 밀려날 수밖에 없었다. 타이완을 점령한 명나라의 후예들은 한때 이곳을 본거지로 삼아 청나라에 맞서 싸우기도 했다.

하지만 대륙을 휩쓸던 만주족이었음에랴. 청나라는 이 섬에 진격해 들어와 통치권을 굳게 틀어쥐고는 푸젠성福建省에 예속시켜 버렸다. 이때가 17세기 말엽. 중국 역사책은 타이완이 청나라의 지배에 들어가게 된 시기를, 좀 더 정확하게는, 1683년이라 기록하고 있다. 타이완의 중심 근거지가 아직 타이난일 때였다.

그 뒤 청나라의 위세를 입은 만주족들이 한꺼번에 건너 들어와 정착하게 됨으로써 섬의 전체 주민이 크게 늘어나게 되었다. 타이완이 푸젠성에서 떨어져 나와 하나의 독립된 성을 이루게 된 것은 바로 이러한 시기였다. 1860년을 전후한 무렵. 타이페이臺北가 타이완의 성도省都가 된 것도 바로 이때였다.

그러나 한 번 어긋난 역사의 수레바퀴는 또다시 어긋나게 마련이런가. 이번에는 일본이었다. 타이완이 일본의 식민통치를 받게 된 것은 1894년에 벌어진 갑오甲午 전쟁에서 청나라가 일본에 패배한 데 따른 강화조약의 결과였다. 흔히 청일전쟁이라 부르는 바로 그 전쟁이다. 조선 땅의 쟁패권을 놓고 벌어진 전쟁으로 타이완에까지 엉뚱하게 불똥이 튄 것이었다.

타이완 전체가 펑후澎湖 섬을 비롯한 지뻬이吉貝, 왕안望安, 치메이七美 등 서쪽 해협의 여러 섬들과 함께 일본에 넘겨진 것이었다. 그러한 결정이 내려진 당시의 강화조약이 바로 시모노세키下關 조약이 아니던가. 마지막까지 밀고 당기며 내용을 조정한 끝에 청나라의 리훙장李鴻章과 일본의 이토 히로부미伊藤博文가 마주앉아 서명한 조약이다. 그때 일본의 총리대신이 바로 이토였다.

모두 11개 조항으로 이루어진 시모노세키 조약은 제2조에서 "청국은 랴오뚱遼東 반도와 타이완臺灣 및 펑후섬澎湖島 등을 일본에 할양한다"고 규정하고 있다. 물론 2억 량에 이르는 막대한 배상금을 지불한다는 내용도 포함되어 있었다.

그러나 그보다 더 중요한 것은 "청국은 조선국이 완전한 자주독립국임을 인정한다"는 제1조였다. 조선에서 중국의 지배권을 명시적으로 몰아낸 조약이기도 했다. 일본은 이처럼 청일전쟁의 승리를 통해 중국의 조선에 대한 지배권이 사라졌음을 확인하는 한편 타이완을 식민지로 챙기는 짭짤한 소득을 올리게 됐던 것이다.

시모노세키 조약이 체결된 것은 1895년. 사쓰마 군벌 출신인 카바야마 스케노리樺山資紀가 초대 총독에 임명되어 타이완에 부임한 것도 바로 그해였다. 청나라와 전쟁을 치르면서 해군 군령부장軍令部長이라는 막중한 역할을 수행했던 카바야마가 승전고의 환호를 받으며 해군대장 진급과 함께 대만 총독으로 임명된 것이었다.

일본으로서는 새로운 식민지를 다스리는 '리번理蕃 정책'의 시발점이었다. 원주민들에 대해 몸과 마음으로 견딜 수 없을 정도의 희생을 요구하는 수탈정책이었다. 아름답고 평화롭기만 하던 타이완 주민들로서는 굴욕적인 역사를 현실로 받아들여야 하는 서글픈 처지였다.

그러나 일본은 이처럼 승전의 대가로 청나라로부터 타이완을 할양받기에 앞서 메이지 유신 직후 한창 표출되던 무사 계급의 불만을 바깥으로 돌린다는 뜻에서 1874년 한때 타이완을 무력 침공하기도 했다. 이때의 선봉장이 사이고 쥬도西鄕從道. 일본이 대륙으로 뻗어나가려면 조선을 먼저 정벌해야 한다는 '정한론征韓論'을 주장했던 사이고 다카모리西鄕隆盛의 손아래 동생이다.

저들이 대원군의 실각을 기다려 강화도에 운요마루雲揚丸를 파견해 도발을 시도한 것은 또 그 이듬해의 일이다. 제국주의 일본이 본격적으로 본색을 드러내던 때였다. 타이완과 조선이 모두 일본의 탐욕스런 눈초리에서 벗어나지 못하고 있었던 것이다.

무릎 꿇고 살기보다

그렇지만 그 누가 남의 손에 다스려지는 것을 달가워했을까. 외세에 의해 지배받는다는 것은 결국 굴종과 착취로 이어지는 법인 것을. 타이완 주민들이라고 그런 사정을 모를 리 없었다. 이미 부분적으로 몽골족과 네덜란드에 의한 간섭을 겪었던 그들이다. 사실 원주민의 입장에서는 본토를 지배하는 청나라의 간섭조차도 성가실 뿐이었다.

타이완 백성들은 즉각 궐기했다. 일본의 식민통치를 거부하겠다는 집단적인 의사 표출이었다. 정식으로 독립을 선언하고는 국호를 '타이완 민주국'이라 선포하기에 이른다. 그리고 현지에 부임해 있던 청나라 관리인 탕징쑹唐景松과 류융푸劉永福를 차례로 내세워 일본에 대한 저항운동에 돌입하게 된다.

이때 발표된 독립선언문의 내용은 비장했다.

우리 타이완 백성들은 외적에 무릎 꿇고 비굴하게 봉사하느니보다 차라리 죽을 것을 결의한다. 이에 타이완 섬을 영토로 하는 대의국가를 세우고 모든 나라 살림을 백성들에 의해 선출된 관리로서 운영케 하도록 한다. 이러한 계획을 위해, 그리고 외적의 침략에 맞서 싸우기 위해 새 국가 조직의 중추가 될 지도자가 필요하다. 우리는 새 지도자를 중심으로 우리의 향리와 평화를 지켜 나갈 것이다. 그러므로 이 자리에서 경앙하는 순무 승선포정사承宣布政師 탕징쑹을 타이완 민주국의 새 지도자로 추대할 것을 모두가 손을 들어 결의한다. (오상훈,《중국 현대사》)

하지만 이미 대륙을 호령하던 청나라의 정부군까지 꺾어 버린 일본이었다. 하물며 어린아이 손바닥 만한 타이완 정도였으랴. 일본은 마지막으로 2개 사단 병력을 투입해 저항 세력이 최후까지 버티던 타이난 성벽 꼭대기에 히노마루日の丸를 꽂음으로써 항일 투쟁을 마무리 지어 버렸다.

타이완 총독부가 설치된 것은 이러한 과정이 모두 끝난 뒤였다. 이때가 1896년. 저들이 행사 때마다 극구 강조했던 시정 기념일은 유월 십칠일. 총독부가 정식으로 문을 연 날이었음은 두말할 필요도 없다.

타이완을 점령한 일제는 당연히 총칼을 앞세워 군정을 실시했다. 그러다가 타이완 백성들의 반발이 점차 느슨해지면서 군정 철폐를 선언하기에 이른다. 영국의 인도 총독부를 본떠서 민정을 실시하기로 약속한 것이었다. 그러나 이 약속은 조선에서 3·1 만세운동이 일어남에 따라 그 여파로 타이완 총독이 덴 겐지로田健治郎로 바뀔 때까지 거의 지켜지지 않았다. 민정이 실시된 것은 그 이후의 일이라는 얘기다.

그렇다면 타이완이 일본에 넘어가는 계기가 됐던 청일전쟁은 과연 어떻게 시작됐으며 어떻게 끝났는가. 스스로 천하대국임을 자랑하던 중국이 어떻게 해서 섬나라 일본에 패배할 수밖에 없었던 것일까.

일본이 조선에 군대를 파병한 것은 1894년 팔월. 조선에서 녹두장군 전봉준 全琫準이 이끄는 농민군이 군사를 일으켜 혼란이 야기된 것이 빌미였다. 일본은 농민군을 토벌해 조선의 안정을 지켜 주겠다는 핑계를 내세웠다. 조선 땅덩어리를 집어삼키기 위해 어떤 식으로든 꼬투리를 찾던 저들로서는 절호의 기회였다.

그러나 일본이 조선에 먼저 군대를 보낸 것은 청나라에 대한 선전포고나 다름없었다. 청나라는 스스로 조선의 종주국이라 자부하던 터였다. 이에 뒤질세라 청나라도 함대와 병력을 급파했다.

두 나라 군대는 맞부딪칠 수밖에 없었다. 어차피 한판 승부는 피할 수 없는 상황이었다. 일본으로서는 조선을 차지하겠다는 음흉한 속셈을 드러낸 것이며, 청나라로서는 조선에 대한 종주국의 자리를 내주지 않겠다는 뜻이었다.

싸움이 벌어진 곳은 물론 조선의 산하였다. 조선 땅덩어리 전체가 전리품으로 넘어갈 판이었다. 두 나라 군대가 처음으로 맞닥뜨린 곳은 제물포 앞바다의 풍도 豊島. 청나라는 이 첫 번째 싸움에서부터 심각한 타격을 받고 말았다. 아산만 방면으로 병력을 실어 나르던 군함 광을호 光乙號와 수송선 조강호 操江號가 포격을 받아 좌초하거나 격침됐으며, 또 다른 수송선 고승호 高陞號는 나포되었다.

이 전투에서 대대적인 승리를 거둔 일본은 연이어 서해에서 청나라 북양함대의 주력 부대를 궤멸시키기에 이른다. 그리고 마침내 웨이하이威海의 류공다우劉公島 사령부까지 공략함으로써 전쟁을 승리로 장식했다. 그때까지만 해도 동양 최대의 무적함대로 불리던 북양함대의 무참한 패배였다. 당시 청나라를 좌지우지하던 서태후西太后가 별궁을 호화롭게 건축하는 등 재정난을 부르는 바람에 북양함대가 그 몇 해 동안 한 척의 함선도 늘리지 못했다던가.

그러나 청나라 측으로서는 북양함대가 패배하고 띵루창丁汝昌 제독이 자결하기까지 남양함대는 이를 못 본 체했을 뿐 아니라 나아가 중립을 선언하기까지 했으니, 애초부터 이길 수 없는 싸움이었다. 중앙 무대에서도 광서제光緖帝와 서태후의 알력이 극심했으며 고관대작들도 여기에 눈치를 보느라 나랏일이 제대로 돌아가지 못하고 있었다. 사정이 이러하니 병사들이라고 군령이 먹혀들리 없었을 것이다.

"담금질한 쇠로는 못을 만들지 않듯이 촉망받는 남자는 군인이 되지 않는다."

당시 이 전쟁의 결과를 풍자하여 중국 사회에서 떠돌던 얘기라던가. 기강이 풀어진 병사들이 어찌 전투에서 이기기를 바랄 수 있겠는가. 병사들은 전쟁 중에도 함정과 막사에서 술타령이었으며, 심지어 고급 장교 중에서도 영내에서 버젓이 아편을 피우는 경우가 없지 않았다.

뒷날 쟝졔스蔣介石는 이에 대해 "갑오전쟁이야말로 중국 역사상 가장 수치스러웠던 전쟁"이라고 회고했을 정도다. 그가 "이 전쟁으로 중국인에게는 민족사상이나 국가 관념이 전혀 없다는 사실을 나라 안팎에 드러낸 결과가 되었다"고까지 개탄했다던가.

어쨌든 일본은 전쟁에 대한 승리의 대가로 타이완 섬을 할양받은 것 외에도 2억 량에 이르는 막대한 배상금을 받았다. 타이완이 조선을 무대로 벌어진 싸움으로 인해 불의의 재난을 당한 셈이었다.

니혼 제당주식회사

타이완을 복속시킨 일본이 처음 손댄 일은 무엇이었을까. 역시 수탈 정책이었다. 그럴 것이 아니라면 애초부터 식민지로 거느릴 필요도 없었을 것이다. 총독부가 설치되면서 곧바로 설탕 회사인 '니혼日本 제당주식회사'가 진출한 것은 타이완에 대한 경제 침략의 시발점이었다. 17세기에 들면서 영국이나 프랑스, 네덜란드가 인도에서 면직물과 설탕, 후추 등의 무역권을 독점하려고 경쟁적으로 세웠던 동인도 회사를 본보기로 삼아 설립된 회사다.

특히 사탕수수에서 설탕을 뽑아내는 제당업의 경우 니혼 제당을 필두로 하여 여남은 개의 회사가 그야말로 우후죽순처럼 생겨났다. 이름을 구체적으로 열거하자면 '메이지'를 비롯해 '타이완', '신코新興', '다이니폰大日本', '쥬오中央', '데이고쿠帝國', '도요東洋', '코슌恒春' 등등.

그때 타이완의 설탕은 세계적으로도 널리 이름을 얻고 있었다. 적어도 쿠바 설탕 다음으로는 꼽힐 정도였다. 이렇게 설탕회사들이 한꺼번에 설립되면서 사탕수수 밭이 밭떼기 채로 차례차례 일본인 업자들 손에 넘어갔지만 일제가 노린 것은 비단 설탕만이 아니었다.

쌀이나 감자, 파인애플, 장뇌, 차茶, 참대竹 따위도 마찬가지였다. 결국 이런 품목의 교역권도 속속 일본인의 손아귀에 들어가게 된다. 타이완의 물산은 풍부했으나 이미 백성들과는 거리가 멀어져 있었다. 미쓰비시를 비롯해 미쓰이, 스즈키 등 재벌회사들의 타이완 진출이 잇따른 것도 이 무렵의 일이다.

설탕과 비교해 그리 큰 비중을 차지하지는 못했지만 석탄과 사금, 유전 등도 일본의 눈초리에서 벗어나지 못했다. 타이완 총독부는 당연히 삼림 벌채권도 거머쥐었다. 독뱀, 말라리아, 페스트의 위험 속에서도 현지인을 앞세운 일본의 벌채 활동은 지칠 줄 몰랐다. 1905년에는 일본과 타이완에서 동시에 연초 전매제가 실시되어 전매 이익을 챙기기도 했다.

'타이완 은행'이 설립된 데에도 경제 침략을 효율적으로 뒷받침하기 위한 의도가 깔려 있었음은 더 말할 나위가 없다. 1899년에 설립된 타이완 은행은 화폐 발행권을 앞세워 타이완 군수산업 분야의 육성에 집중적으로 관여하게 된다.

타이완 백성들 위에 군림했던 역대 총독의 면면은 이러하다.

초대 총독인 카바야마 스케노리樺山資紀. 가고시마鹿兒島 출신으로 세이난西南 전쟁에서 반란군으로부터 구마모토성을 지키는데 큰 공을 세운 인물이다. 현역 해군 대장으로서 총독을 맡아 군정의 기틀을 다지게 된다. 총독부 기관지인 《니치니치신보日日新報》도 발간되기 시작했다.

카바야마가 부임하면서 가장 먼저 처리해야 했던 일은 총독부 관제를 정비하는 것이었다. 그때 갖추어진 것이 비서실인 총독관방 외에 내무, 문교, 재무, 식산, 경무 등 5국局과 교통, 전매 등 2개의 외국外局 조직이다. 일본이 타이완 식민통치에 대해 배정한 첫해 예산은 150만 엔. 그해 일본 정부 전체 예산의 10분의 1 정도에 이르는 규모였다. 대체로 도쿄시 운영에 책정된 예산과 비슷한 수준으로 전해진다.

그러나 식민통치에 반대하는 항쟁군을 막으려고 주로 치안 유지에 관심을 쏟아야 했으므로 카바야마 총독은 그렇게 두드러진 활동을 보이지는 못했다. '반도우蕃童 교육소'를 설치해 원주민들에게 일본말을 가르치는 작업도 시작됐지만 교육소의 교사들이 모두 총독부 경찰관들로 이루어져 있었다는 사실도 그런 점을 뒷받침한다. 카바야마는 부임한 해만에 물러나면서 제2차 마쓰카타 내각에서 내무대신을, 제2차 야마카타 내각에서는 문부대신을 역임하게 된다.

제2대 총독 가쓰라 타로桂太郎. 야마구치山口의 하기萩城 출신으로 죠슈벌의 선두 주자. 그러나 그의 총독 재임기간은 기껏 넉 달여에 그쳤다. 식민지 총독으로나 썩고 있을 그가 아니었다. 육군 차관으로 본국에 귀환한 그는 1898년에는 육군대신으로 영전하게 된다. 이토 히로부미의 제3차 내각에서였다. 그 뒤로도 출세가도를 타고 총리대신을 세 번이나 역임할 만큼 막강한 인물이었는데, 조선이 일본에 병탄된 것은 그의 두 번째 총리대신 재임 기간 중의 일이다.

제3대 총독 노기 마레스케乃木希典. 역시 죠슈 야마구치 출신. 청일전쟁 당시 여단장의 직책을 맡았으며 육군 중장의 현역으로 1년 6개월 동안 타이완 총독을 지냈다. 육군 대장으로 진급한 것은 총독에서 물러난 뒤 러일전쟁이 터져 제3군 사령관을 맡으면서다.

이 전쟁에서 끝내 뤼순旅順을 함락시키기는 했지만 전투 과정에서 13만 명에 이르는 휘하 병력 가운데 6만 명 가까이 잃고 자신의 두 아들도 전사하는 희생을 치러야 했다. 가쿠슈인學習院 원장으로 재직하던 중에 메이지 천황이 사거하자 부인과 함께 천황을 따라 목숨을 끊을 만큼 충성심이 강한 인물이었다.

다음으로 제4대 총독 고다마 겐타로兒玉源太郎. 역시 야마구치 태생의 육군대장 출신. '사가佐賀의 난'과 세이난 전쟁에 참전했던 것은 물론 육군 참모본부 국장과 육군대학 교장을 지내면서 가쓰라 타로에 이어 일본군에 독일식 전술을 도입하는 데 앞장선 인물이다. 뒷날 데라우치의 사위로서 조선총독부 정무총감을 지내게 되는 고다마 히데오兒玉秀雄가 그의 장남이다.

그는 부임하자마자 '지적地籍 규칙'과 '토지조사 규칙'을 공포한 데 이어 '임시 토지조사국'을 설치해 토지에 대한 본격 징탈을 시작했다. 동양토지회사는 그런 의도에서 설립됐다. 주민들로부터 토지 등록을 받아 임자가 없는 땅은 저절로 총독부 소유로 등재되었다. 뒤에 조선에 설립된 동양척식회사가 취한 수법은 여기에서 따온 것이었다.

이와 함께 타이완 쌀이 본격적으로 일본으로 실려 나가기 시작했으며 때를 같이하여 지룽基隆, 까오슝高雄 등 두 항구의 축항 공사에도 착수했다. 이때 등장하는 민간 청부업자가 후지와라 쿠마타로藤原熊太郎라는 인물. 타이완 총독부가 발주하는 토목공사로 톡톡히 재미를 본 그는 조선에서도 비슷한 방식으로 청부업을 벌이게 된다.

타이완에서 북쪽의 타이페이와 남쪽의 항구 도시 타이난을 잇는 종단 철도가 완공된 것도 고다마의 재임 때였다. 이 철도는 이미 일제 식민통치가 시작되기 직전 서양의 문물을 받아들여 부강을 이루자는 양무운동의 일환으로 시작된 사업이었다. 고다마 총독은 특히 민정장관에 고토 신페이後藤新平를 임명함으로써 철저한 식민정책을 펴나갔다.

여기서 타이완 총독부 민정장관을 맡았던 고토 신페이에 대해 잠깐만 더 살펴보자. 뒤에 러일전쟁에서 승리한 일본이 만주 침략을 본격화하면서 만철滿鐵을 설립했는데 그 초대 총재로 영전해갈 만큼 업무 추진력이 뛰어난 인물이었다. 그가 계속해서 내무대신과 체신대신, 외무대신을 역임하고는 도쿄시장까지 지낸 사실에서도 확인되는 일이다. 거기에 1924년 도쿄방송국(NHK의 전신)을 설립했으며 일본 보이스카우트 연맹 초대 총장을 지낸 주인공이 또한 그였다.

제5대 총독 사쿠마 사마타佐久間左馬太. 역시 야마구치 태생. 역대 군벌 출신 중에서도 도쿄 위수총독衛戍總督이라는 흔하지 않은 경력을 지닌 인물이다. 러일전쟁이 끝나고 포츠머드 강화조약이 체결됐을 때 그 결과에 항의하는 대규모 반대시위가 일어나자 도쿄 일대에 계엄령이 선포되었는데 그때의 계엄사령관을 맡았었다.

그는 총독으로서 비교적 장수한 편이었다. 재임 기간이 1906년부터 1915년까지 무려 아홉 해 동안이나 이어졌으니 말이다. 울울창창한 타이완의 열대 숲 아리산阿里山에 대한 본격 삼림 채벌이 시작된 것은 사쿠마 총독 때의 일이다. 타이완 총독부 청사도 이때에 비로소 지어지기 시작한다.

다음으로 제6대 총독 안도 데이비安東貞美. 카바야마 초대 총독 때 갖추어진 총독부 조직은 안도 총독 때 이르러 다시 대폭 확대되기에 이른다. 총독 관방과 문교, 재무, 광공, 농상, 경무 등 5국과 인사부, 법무부 등으로 늘어나게 된다. 이 밖에 공탁국, 교통국, 항무부, 전매국, 기상대 등의 조직도 새로 생겨났다.

태평양 전쟁에서 일본이 패망하는 1945년까지 타이완 총독은 안도 리키치安藤利吉에 이르기까지 모두 19명으로 이어진다. 역대 타이완 총독이 모두 쟁쟁한 인물들이었음은 앞서 소개한 바와 같다.

하지만 타이완 총독부의 경우 처음부터 내무대신 급이 총독을 맡도록 되어 있었다. 따라서 타이완 총독에 비해 조선총독은 신분상으로 월등히 격이 높았다. 조선총독부 개청 때 데라우치 총독 밑에서 헌병 사령관을 지낸 아카시 모토지로明石元二郎가 육군 참모차장을 거쳐 1918년 안도 데이비에 이어 제7대 타이완 총독으로 영전해 간 것만 보아도 두 곳 총독부의 위상 차이를 엿볼 수 있을 것이다.

대동아 공영권

'일시동인一視同仁'. 일제가 타이완 식민통치에서 내세운 구호였다. 식민지라고 해서 타이완 백성들을 업신여기거나 깔보지 않겠다는 뜻이었을 것이다. 실제로 일본은 제 나라 국민들에 대해 타이완 본토인들과의 결혼을 장려하기도 했다. 그러나 그것은 어디까지나 철저히 식민지로 묶어 두기 위한 고도의 술책이었다.

저들의 '일시동인'이란 타이완을 일본처럼 똑같이 만드는 것이나 다름없었다. 그것은 타이완의 거리 이름에서도 드러난다. 도심지의 거리 이름이 '혼마치本町'니 '사카에마치榮町', '교마치京町', '다이헤이쵸太平町', '오모테마치表町'라는 식으로 바뀌어 갔다. "황은皇恩으로 옮겨 심어진 사꾸라꽃 뿌리가 가지를 뻗고 푸른 잎을 드러내 타이완 천지에 온통 분홍색 꽃잎이 활짝 피어나게 하리라"는 투였다.

일제는 타이완 식민통치의 모델을 영국과 네덜란드, 프랑스가 세웠던 동인도회사에서 찾았다. 이들 동인도 회사들은 16~18세기의 제국주의 시대 유럽 여러 나라들이 해외 식민지 무역 수탈을 위해 거느리던 통치 기구였다.

특히 영국이 인도와 극동 지역에서의 무역 촉진을 위해 설립한 동인도회사는 인도의 무굴제국과 마라타왕국을 차례로 굴복시킨 뒤 19세기 중엽까지 인도의 정치에까지 부분적으로 간섭하면서 경제적 수탈을 일삼았다. 뒤에 영국이 중국에까지 손을 뻗쳐 아편전쟁을 야기시킴으로써 결과적으로 홍콩香港을 할양받게 되는 것도 바로 이 동인도회사의 진출에 기인한 것이었다.

일본의 타이완 침략은 이른바 '대동아 공영권'을 이루기 위한 시발점이었다. 말인즉슨, 동아시아 지역이 똑같이 번영을 이루어야 한다는 뜻이지만 동아시아를 모두 집어삼키고야 말리라는 응큼한 속뜻을 드러내고 있었다. 이미 류큐와 타이완을 식민지로 거느리는 데 성공했고 조선에 대한 공략도 차근차근 진행되던 터였다.

가쓰라가 제2대 총독을 지내면서 이토 히로부미에게 보낸 비밀스런 의견서에서도 이런 점을 엿볼 수 있다. "청나라와의 전쟁이 끝난 오늘의 상황에서 앞으로는 마땅히 '북수남진北守南進' 정책을 펴야 하며, 타이완을 남양 진출기지로 삼아야 할 것"이라는 내용이다. 러시아의 입김이 강해진 조선반도로의 진출보다는 타이완을 거점으로 삼아 대륙 연안의 푸젠성福建省이나 저장성浙江省으로 진출하는 방안이 더 원활할 것이라는 의견이기도 했다.

북쪽을 지키고 남쪽으로 뻗어나가야 한다는 주장. 이는 육군 출신인 그로서는 약간 동떨어진 건의이기도 했다. 남쪽 바다로 진출해야 한다는 것은 해군이 내세워 온 일관된 입장이었다. 반면 육군의 활동 무대는 땅으로 이어진 북쪽 대륙이어야 했다. 이 문제는 그 뒤로도 일본 군부 안에서 육군과 해군 사이에 끊임없는 갈등 요인으로 작용하게 되지만, 일단 타이완을 낚아챈 이상 너른 남쪽 바다로 뻗어나가야 한다는 공감대가 널리 형성된 것만은 틀림없는 사실이었다.

일제는 타이페이에도 총독부 청사를 새로 지었다. 사쿠마 총독 때인 1912년 착공되어 아카시 총독 때인 1919년 완공됐다. 현재 중화민국 정부가 총통부로 사용하고 있는 청사가 바로 당시에 지어진 타이완 총독부 건물이다. 쟝제스蔣介石 정부가 대륙 본토에서 타이완으로 쫓겨간 1949년 이래 리덩후이李登輝와 천수이벤陳水扁을 거쳐 현재의 마잉주馬英九 총통에 이르기까지 줄곧 총통부로 사용되어 왔다.

뽀아이루博愛路와 지에셔루介壽路가 교차하는 중심가에 있는 이 총통부는 붉은 벽돌의 5층 건물. 옥상 정면 가운데에는 4층 높이의 탑옥이 설치됐으며 위에서 내려다보면 일본을 상징하는 '일日 자' 구조를 나타내고 있다. 그러나 태평양 전쟁 당시 미군의 공습으로 건물이 상당히 파손됨에 따라 그동안 몇 차례 대대적인 보수공사가 이루어졌다.

한편, 일본은 1928년 다이호쿠臺北 제국대학을 설립하게 된다. 현재 타이완 대학교의 전신이다. 조선총독부가 경성제국대학을 설립한 것이 1926년이었으니 시기가 거의 비슷하다. 특히 아카시 총독은 대만인들이 일본의 학제에 편입될 수 있도록 제도를 마련했는데, 뒷날 리덩후이가 교토제국대학에 유학할 수 있었던 것도 이에 따른 것이었다. 타이완 지식인들을 친일화시키는 하나의 방편이었다.

일본의 여명

일본은 타이완에 비해서는 말할 것도 없고 조선에 비해서도 개화가 훨씬 앞서 있었다. 서양 문물을 일찌감치 받아들인 덕분이었다. 그러나 처음에는 자발적으로 받아들였다기보다 강압에 의해 억지로 받아들일 수밖에 없던 애매한 처지였다.

1853년 칠월의 어느 날 아침. 에도江戸 만 입구의 포구 마을 우라가浦賀. 한가롭기만 하던 이곳 포구 앞바다에 돌연 한 떼의 함선이 출현하게 된다. 검은색으로 꾸며진 이 함선들은 미국 깃발을 달고 있었다. 이른바 '구로후네黑船'였다. 이 뜻하지 않은 사건이 앞으로 일본의 역사를 급격히 뒤바꾸는 중요한 전환점이 될 것이라 짐작한 사람은 그때까지만 해도 별로 없었다.

미국의 동인도 함대 사령관 페리Matthew Perry 제독. 중국 파견함대 사령관 겸 일본 특파대사라는 직함도 지니고 있었다. 그가 성조기가 펄럭이는 네 척의 군함을 이끌고 우라가 만灣까지 접근해 들어와 일본의 문호를 개방하도록 강요한 것이었다.

그때 미국으로서는 무역도 무역이지만 고래잡이를 위한 거점을 확보하는 것이 큰 일거리였다. 18세기 초엽부터 고래잡이에 뛰어든 미국은 이미 700척 이상의 포경선을 확보하고 있었을 만큼 고래잡이에 톡톡히 재미를 붙이던 터였다.

여기에다 증기선이 태평양을 가로질러 항해하기 시작하던 무렵이었으므로 연료를 보충할 석탄 기지를 확보하는 문제도 중요한 관심사였다. 때마침 미국은 1848년 멕시코와의 전쟁에서 캘리포니아를 빼앗은 데다 이 일대 곳곳에서 거대한 금광을 찾아냄으로써 팽창주의적인 분위기가 더욱 고조될 무렵이었다.

그러나 일본은 문을 열기를 거절했다. 당시 고메이孝明 천황이 바깥 나라 사람들을 무척이나 꺼려했기 때문이다. 말과 피부색이 다르다는 사실만으로도 거부감이 일기 마련이었다. 고메이 천황은 "우리 바다에 들어서는 외국 선박은 이유 여하를 막론하고 모두 쫓아내라"는 명령을 내려놓고 있었다. 이 바람에 일본에 거주하던 외국 사람들 상당수가 추방되기도 했다. 이 역시 쇄국정책에 다름 아니었다.

그때 일본이 문호를 열지 않으려 했던 것은 천주교 신자가 갑자기 늘어나면서 신자들의 집단적인 움직임이 염려됐던 때문이기도 했다. 천주교 금지령은 이미 그전부터 내려져 있었다. 교회는 기둥이 뽑혔으며 서양 선교사와 신도들은 줄줄이 붙잡혀 가혹한 처벌을 받았다. 심지어 화형에 처해지기도 했다.

일본에 천주교가 처음 전래된 것은 16세기 중엽인 1549년. 스페인 출신의 예수회 교단 소속 수도사인 프란시스 사비에르가 큐슈 남쪽의 가고시마에 상륙한 것이었다. 그 이후 도요토미 히데요시豊臣秀吉 막부의 선교사 추방령에 이어 도쿠가와 이에야스德川家康 막부가 금교령을 내려야 할 만큼 천주교는 널리 퍼져 나가게 된다.

실제로 일본에 천주교가 전파된 이래 포교활동은 활발하게 이루어졌다. 프란시스 사비에르 이후 80년 만인 1630년까지 일본에서 약 100만 명의 신도들이 세례를 받은 것으로 전해질 정도다. 결국 이에 대한 박해의 방법으로 실시된 것이 '후미에踏絵'가 아니던가. 1626년 나가사키에서 후미에가 시작되면서 적게는 20만 명, 많게는 30만 명의 신도가 처형된 것으로 추정된다.

성모 마리아와 예수의 그림을 밟고 지나가게 함으로써 기독교인들을 색출하는 방법이 바로 후미에였다. 진실한 믿음을 지녔다면 그림을 밟는 대신 신앙을 고백할 것이었으므로 신도를 가려내기가 어렵지 않았다. 일본 작가 엔도 슈샤쿠遠藤周作의 '친모쿠沈黙'라는 소설에 당시의 극한적인 상황이 잘 그려져 있다.

천주교의 포교활동이 고메이 천황 당시의 일본으로서도 심각한 위협으로 받아들여질 수밖에 없었다. 떠오르는 최선의 방법은 외국과의 왕래를 미리 차단하는 것이었다. 이에 따라 해외 무역이 금지됐으며 외국에 머물다가 돌아온 자기네 사람조차 목숨이 위태로울 정도였다. 페리 함대의 요청을 거부한 데는 그런 배경이 깔려 있었다.

일본이 문호를 열기를 완강히 거절하자 페리 함대는 일단 빈손으로 철수할 수밖에 없었다. 그리고는 이듬해 이월 다시 찾아왔다. 이번에는 군함 열 척을 거느린 대함대였다. 끝내 요구를 받아들이지 않고 고집을 피울 경우에는 그냥 넘어가지 않겠다는 무력시위나 다름없었다.

결국 일본은 페리의 요구를 받아들이게 된다. 받아들일 수밖에는 달리 방도가 없었다. 더욱이 중국에서 벌어진 아편전쟁에 관한 소식은 일본 막부를 긴장시키기에 충분했다. 1842년에 끝난 이 전쟁에서 중국이 영국에 패배당해 샹하이上海와 광뚱廣東을 포함한 다섯 항구를 무역항으로 개방키로 한 것은 물론 홍콩香港을 식민지로 내놓았다는 애기는 일본으로 하여금 마냥 고집을 피울 수 없도록 만들었다.

미국과 일본 두 나라의 화친조약은 가나가와神奈川에서 맺어졌다. 미국은 이 조약에서 시모다下田, 하코다테函館 두 항구를 개방할 것과 항해

중인 미국 선박에 석탄과 식량, 물 등 필요한 물품을 제공해 주도록 요구했다. 말이 화친조약일 뿐이었지, 당연히 불평등 조약이었다.

미국에 이어 여러 나라가 한꺼번에 달려들었다. 영국과 러시아, 프랑스가 연달아 일본에 조약 체결을 요구했으며 일본은 결국 나가사키長崎 항구를 추가로 개항하기에 이르렀다. 또 러시아에는 북방의 지시마千島 열도가 영토로 인정되었다. 러시아는 이미 몇 해 전부터 극동함대 사령관인 푸챠틴Putyatin을 일본에 보내 사할린과 지시마 열도를 자신의 영토로 인정해 줄 것을 요구하던 터였다.

이러한 여러 나라와의 조약에 따라 요코하마橫濱와 고베神戶에는 미국, 영국, 프랑스의 군대가 주둔하기도 했다. 자유무역을 핵심 내용으로 하는 통상수호조약에는 일본의 의사와 관계없이 영사 재판권이나 협정세율, 최혜국 조항 따위가 포함되었다. 일본으로서는 일방적으로 당했던 쓰라린 조약이었다.

이에 따라 대서양과 인도양을 누비던 영국의 데이비드 쌧슨, 덴트, 자딘 매디슨, 길면 무역회사와 미국의 스미드 베이커, 월시 홀 상사 등이 태평양으로 눈길을 돌려 요코하마에 앞을 다투어 지점을 개설하기에 이르렀다. 외국의 은행과 선박회사들도 차례차례 일본에 상륙해 들어왔다. 영국의 오리엔틀 차터드 은행과 당시 아시아 최대 항로를 운영하던 퍼닌슐라 오리엔틀을 비롯해 미국의 태평양 우선회사, 프랑스의 제국우편 기선회사 등이 일본의 대외무역을 잠식했다.

이런 상황에서 외국인에 대한 배척 운동도 간간이 나타나게 된다. 1862년 구월 요코하마의 나마무기生麥에서 영국인 세 명이 습격당하는 사건이 발생했으며, 그 몇 달 뒤에는 영국 공사관이 습격을 받기도 했다. 이 공사관 습격 사건의 주동자들이 이토 히로부미와 이노우에 카오루 등인 것으로 뒤늦게 알려지게 된다.

저들 막부의 굴욕적인 개항 정책에 항의하는 움직임이었다. 한편으로는 서양 세력을 물리쳐 나라의 자주성을 찾자는 '존왕양이尊王攘夷' 운동의 시작이었던 셈이다. 나름대로는 일본의 미래를 걱정하던 주인공들이었으며, 또 그들에 의한 자주 운동이었다.

이 무렵 러시아는 크리미아 전쟁의 뒷수습으로, 프랑스는 이탈리아 통일 문제로, 미국은 남북전쟁 조짐을 앞두고 저마다 제 발등의 불을 끄기에 바쁜 처지였다. 영국도 세포이 반란으로 인해 자칫 인도에서 발판을 잃을 위기에 처해 있었으며, 중국도 '태평천국의 난'으로 눈을 딴 데 돌릴 틈이 없었다. 서서히 자주화 움직임이 일어나던 일본으로서는 커다란 다행이었다.

메이지 유신

메이지明治 천황이 등장한 것은 바로 이러한 상황에서다. 본명 무쓰히토睦仁. 고메이 천황의 둘째 아들. 열여섯이라는 어린 나이로 황위를 물려받은 그는 즉위하자마자 목청을 높여 서구화를 부르짖게 된다. 아버지인 고메이 천황 때만 해도 빗장을 닫아걸고 완강히 버티던 일본이 아들인 메이지에 이르러 오히려 바깥 문물을 적극적으로 받아들이게 됐던 것이다. 역사의 전환이며, 변절이었다.

엉뚱하게 들릴지 몰라도, 메이지 천황의 치적으로 꼽히는 서구화는 자주화의 한 방법이었다. 그는 스스로 양복을 즐겨 입었으며 서양식 음식을 자주 차려내도록 할 만큼 서구화에 앞장섰다. 포크와 나이프를 사용하는 솜씨도 금방 익숙해졌다던가. 일단 그렇게 방향을 정한 마당이었다.

일본에서 개화의 속도가 빨랐던 것은 그런 때문이다. 이에 따라 일본 정치와 사회의 구조도 급속히 변화하게 된다. 이미 임진왜란 이전에 포르투갈로부터 조총의 원리를 받아들였으며, 네덜란드에서도 도쿠가와 막부 시절부터 근대과학에 바탕을 둔 서양 학문을 받아들였던 일본이다. '란가쿠蘭學'라 일컬어지던 학문이 바로 그것이다.

그런 내용을 함축하는 것이 메이지 천황이 발표했던 '5개조 서문誓文'이다. 천황으로 즉위한 직후 막부 세력을 평정하기 위해 에도성에 대한 총공격에 나서면서 발표한 서약문이다. 메이지는 이 서문에서 "지식을 세계에서 찾아 황기皇基를 크게 떨쳐 일어난다"며 개혁과 서구화에 대한 뚜렷한 의지를 보여 주었다. 앞으로 자신의 통치 과정에서 이루어 나갈 개혁 방향의 대원칙이기도 했다.

그가 이 서문을 발표하면서 선황으로부터 물려받은 커다란 지구의를 뜰 앞에 내놓고 굳게 다짐했다던가. 일본이 섬나라 땅덩어리를 지키려면 스스로 섬나라를 벗어나야 한다고…. 그의 눈길은 진작부터 거센 파도가 너울거리는 수평선 너머 너른 바깥 세계를 향하고 있었다.

'메이지 유신'이라 불리는 이러한 일련의 개혁 조치 가운데서도 가장 괄목할 만한 사실은 왕권을 강화함으로써 명실 공히 중앙집권제의 발판을 구축했다는 점이다. 근위병 조직을 강화하는 한편 종래의 지방 족벌을 해체하고 중앙정부가 관리를 파견해 통치토록 하는 '폐번치현廢藩

置縣'이 비로소 이루어진 것이었다.

그때까지 각 지방의 토호인 막부들이 적당히 분할하여 누리고 있던 권력이 중앙으로 집중되기 시작했고, 이에 따라 막부 세력의 휘하에 속해 있던 사무라이 신분은 저절로 해체되어 버렸다. 부국강병을 토대로 일본을 '아시아의 대영大英 제국'으로 만들겠다는 원대한 노력이 시작된 것이다.

징병제도를 확립하여 정부군의 골격을 새로 구성한 것도 중앙집권제를 강화하려는 부국강병책의 일환이었다. 해군은 영국식으로, 육군은 프랑스식의 군제를 따르기로 결정된 뒤였다(육군은 그 뒤에 다시 독일 군제로 바뀌게 된다). 이때 육군과 해군이 분리되면서 이른바 '죠슈벌'과 '사쓰마벌' 사이의 경쟁을 본격적으로 유발하게 되었고, 그것은 결과적으로 군사 대국으로 뻗어나가는 받침을 마련하게 된다.

내각에 해군성이 설치되면서 정식으로 육군과 해군이 분리된 것이 1872년의 일. 육군의 죠슈벌을 대표하는 하기萩와 해군의 사쓰마벌을 대표하는 가고시마鹿兒島가 '메이지 유신維新의 메카'로 불리는 데도 그런 뜻이 배어 있다. 가고시마의 사쓰마 군벌이 류큐琉球 왕국을 점령해 오키나와沖繩라는 완전한 속번으로 만든 것도 비슷한 무렵인 1879년의 일이다.

해외 사절단의 파견도 이때부터 본격적으로 이루어지게 됐다. 1871년 이와쿠라 도모미岩倉具視를 전권대사로 삼고 이토, 오쿠보 등을 부사로 삼는 미국 파견단이 구성되어 시찰길에 올랐다. 유럽 시찰단 파견은 그보다 훨씬 빨랐다. 1865년 사쓰마번의 유학생 열아홉 명이 영국으로 유학을 가게 된 것이었다. 시찰과 유학을 통해 서구 문화를 적극적으로 받아들이게 되는 계기가 됐다. 그때의 유학생들이 뒷날 조선 침략의 맨 앞자리에 섰던 것은 결코 우연이 아니다.

그 당시를 풍미했던 여러 인물 가운데서도 이노우에 카오루井上馨는 서구화 정책의 선봉장이었다. "일본을 유럽의 나라처럼, 일본 국민을 유럽 국민들처럼 변화시켜야 한다"고 내세운 것도 바로 그였다. 서양식 법률을 제정하는 데 대해서도 적극 찬동했다. 자신들의 생활에 도움을 준다기보다는 유럽 각국으로부터 호의를 얻어내는 데 유리하다는 생각에서였다. 이쯤이면 서구화 정책도 너무 극성스럽게 비쳐질 만했다.

단발령이 내려져 '쫀마게'라 불리던 일본식 상투를 자르도록 했으며 일본의 전통 옷 대신에 양복을 입는 새로운 스타일이 나타나기 시작한 것도 이런 흐름에 따른 것이었다. 음력설도 과감히 폐지되고 양력설로 대체되었다. 지금껏 음력을 사용하는 사람이 극소수에 불과한 것도 메이지 유신의 산물이다.

한편으로는 제국대학이 메이지 유신의 중요한 방법이며, 지렛대였다. 천황을 중심으로 진행된 일본의 근대화에 제국대학이 중요한 역할을 수행했던 것이다. 1877년 도쿄에 최초의 제국대학이 설립됐고, 뒤에 제국대학이 점차 늘어나면서 이것이 도쿄東京 제대로 이름이 바뀌었다. 교토京都 제대는 1897년, 도호쿠東北 제대는 1907년, 큐슈九州 제대는 1911년에 각각 설립된다.

국민들의 일상생활에서도 커다란 변화가 나타나기 시작했다. 1872년에는 도쿄 신바시와 요코하마를 잇는 일본 최초의 철도가 놓였다. 그보다 두 해 뒤에는 오사카-나고야, 다시 세 해 뒤에는 교토-오사카를 잇는 철도가 연달아 개통됐다. 또 우편제도가 도입되어 도쿄와 오사카

사이에 편지 왕래가 가능해졌으며 곧이어 전화도 설치되어 도쿄와 요코하마 사이에 사설 전화가 개설되기에 이르렀다.

미국 메사추세츠 농과대학 교수인 스미드 클라크 박사가 홋카이도北海島 개척단의 초청으로 일본에 건너가 삿포로 농업학교를 설립한 것도 거의 비슷한 무렵이었다. 홋카이도 대학의 모태가 된 학교다. 꿈이 많은 어린 학생들에게 "소년들이여, 큰 뜻을 품어라(Boys, be ambitious)"라는 격려의 말을 남긴 주인공이 바로 그 클라크 박사였다.

정한론征韓論도 이 무렵부터 본격적으로 대두되기 시작했다. 일본이 대륙으로 뻗어나가려면 조선을 먼저 정복해야 한다는 주장이었다. 자신들이 외국에 당했듯이, 은근히 분풀이 대상을 찾던 중이었다. 그러나 대원군 때문에 조선을 만만하게 넘볼 수는 없었다. 대원군이 물러난 직후인 1876년, 저들이 영국으로부터 들여온 군함 일곱 척을 강화도 앞바다에 파견한 것은 줄곧 이쪽을 주시하고 있었다는 반증이다.

그러나 정한론의 대표 주자였던 사이고 다카모리가 조선사절단 파견을 둘러싼 집권부의 분열로 정계에서 물러났다가 고향인 가고시마에서 중앙정부의 지방 영주제領主制 폐지에 반대하는 군사를 일으킴으로써 뜻밖의 파란을 불러일으키게 된다. 바로 세이난西南 전쟁이다.

반란군은 구마모토熊本 성을 포위하고 한때 하늘을 찌를 듯한 기세를 떨쳐 보였으나 결국 정부군에 의해 진압되고 말았다. 주동자인 사이고도 고개를 떨군 채 스스로 목숨을 끊었다. 자신을 가까이 따르던 벳부 신스케別府晉介에게 마지막으로 목을 쳐 주도록 카이샤쿠介錯를 부탁한 것이었다.

일본 정부는 이렇게 반란군을 진압함으로써 더욱 권력을 굳건히 다지게 되었고, 더 나아가 조선 침략의 기반을 마련하게 된다. 정한론을 내세웠던 사이고 다카모리의 반란과 자결로써 오히려 정한론은 현실적으로 더욱 힘을 얻게 된 것이었으니….

로쿠메이칸 시대

도쿄에 로쿠메이칸鹿鳴館이라는 사교장이 만들어진 것도 이 시기의 일이다. 외국의 외교관을 비롯해 각국 귀빈들을 위한 서양식 댄스 클럽이었다. 외무대신이던 이노우에 카오루의 생각에 따른 것임은 말할 것도 없었다. 영국의 건축가로서 당시 도쿄에서 활동 중이던 죠시아 콘더가 설계한 작품으로 건물 자체가 프랑스 파리의 오페라 하우스 외양을 그대로 본떠서 만들어졌다.

일본 사람 중에서도 정치가를 비롯해 귀족이나 자본가 자녀들이 양장 차림으로 로쿠메이칸을 뻔질나게 드나들었다. 이토 히로부미나 이노우에도 자기의 부인과 딸에게 서양 드레스를 입혀 여기에 출입하도록 했다던가.

원래는 서양 사람들의 호감을 사려고 만든 사교장이었지만 부작용도 적지는 않았다. 춤바람에 곁들인 추문이 연달아 터져 나왔고, 한편에서는 외국인과의 잡혼雜婚으로 아예 일본인에 대한 인종 개량을 추진하자는 해괴한 주장까지 제기되기도 했다. 클럽을 운영하기 위해 들어가는 막대한 비용에 항의하는 움직임도 없지는 않았다.

'녹명鹿鳴'이란 사슴이 먹이를 찾게 되면 무리들과 같이 먹으려고 울음소리로 멀리까지 알린다는 뜻. 그러나 그때의 로쿠메이칸이 이처럼 고상한 이름만큼이나 역할을 했는지에 대해서는 견해들이 크게 엇갈리고 있다. 어쨌거나 '로쿠메이칸 시대'의 명암이다.

　이 시절, 일본은 정치적으로도 근본적인 변화를 모색하게 된다. 사실은 정치적인 개혁이 메이지 천황에 의한 개혁정책의 핵심을 이루고 있다 해도 과언이 아니다.

　유럽의 내각제를 받아들여 시행에 들어간 것은 1885년. 연이어 이토 히로부미를 중심으로 헌법 제정 작업에 착수했으며, 그 결과 1889년 이월 열하룻날 천황이 국민들에게 선물로 내리는 형식으로 제국헌법이 공포되기에 이른다. 비록 제한선거에 의한 것이기는 했지만 그 이듬해에 양원제 의회가 설립된 것도 이 헌법에 따른 것이었다. 이러한 일련의 과정이 바로 '메이지明治 유신'이다.

　그러나 자세히 살펴보면 이 메이지 유신이란 왕정복고를 내걸고 천황의 정치 및 종교적 권위를 전면 부활시키는 과정에 다름 아니었다. 천황은 태양의 여신인 아마데라스 오미카미天照大神의 직계 후손으로 떠받들어져 아라히토카미現人神로 추앙받게 되었다. 사람의 모습을 하고는 있지만 신과 마찬가지로 드높이 추앙되어야 한다는 것이다.

　황실 전범이 제국헌법과 동시에 제정·발표됨으로써 천황의 절대 권력에 대한 불가침성을 두루 인정받기에 이른 것은 마지막 단계였다. 제1대 천황인 진무神武 천황이 기원전 660년에 즉위했다는 날을 기리는 '기겐세쯔紀元節'를 기해 발표된 것이었다. "일본 제국은 만세일계萬世一系의 천황이 통치한다"고 명시한 것은 제국헌법 제1조이며, 제3조에서는 "천황은 신성하므로 침범할 수 없다"고 다시금 못 박고 있다.

이로써 일본은 입헌 군주국으로 정착하는 기본적인 토대를 굳히게 된다. 이를테면, 근대 천황제 국가의 법적 기초가 마련된 셈이다. 천황은 국가 원수로서 정치적으로 최고 권력자인 동시에 육군과 해군의 최고 통수권자였다. 천황이 육군 대장의 기장인 별 세 개와 해군 대장의 기장인 세 개의 벚꽃 장식은 물론 여기에 다시 오동나무 잎을 첨가한 계급장을 추가로 달도록 되어 있었던 것도 같은 의미다.

여기서 육군과 해군만 언급된 것은 아직 공군에 해당하는 별도의 편제가 마련되지 않았을 때였던 까닭이다. 기구를 띄워 적진을 정찰하는 임무를 띤 임시 기구대氣球隊의 편성 자체가 러일전쟁 직전인 1903년에 이뤄졌으며, 이후 1915년에 이르러서야 육군에 항공대대가 정식으로 설치되었다. 제로센零戰 전투기를 주력 기종으로 하는 해군 항공대의 창설은 그보다 훨씬 뒤인 1942년의 일이다.

메이지 천황은 서구화를 앞세운 개혁주의자였지만 한편으로는 누구도 따를 수 없는 국수주의자이기도 했다. 천황의 즉위식 날짜를 정하는 방법부터 바꾸어 버렸다. 그때까지 중국식 의례를 지켜 거북점으로 날짜를 택하도록 했으나 일본의 전통 의식인 신토神道 의례를 지키도록 명을 내린 것이 대표적 사례로 꼽힐 만하다. 이에 따라 즉위식에서 중국식 예복인 애면袞冕이 폐지되었으며 제단에는 폐幣를 걸친 비쭈기 나무가 세워지게 된 것이었다.

궁중 예복에 저들의 전통 문양인 오동나무와 대나무, 봉황, 그리고 기린의 모양을 군데군데 수놓도록 했으며, 머리에 앞쪽이 치켜 올려진 입영관立纓冠을 쓰도록 한 것도 신토 의식에 따른 것이었다. 일본의 역사를 바꾸는 메이지 시대는 이처럼 화려하게 막을 열어가고 있었다.

운요마루雲揚丸 사건

　조선은 아직 미몽迷夢 중이었다. 전통적인 인습의 굴레에서 벗어나지 못하고 있었다. 양반은 모름지기 뒷짐을 지고는 헛기침을 하면서 위엄스럽게 걷지 않으면 안 된다거나, 아녀자는 부엌일에 아이들이나 잘 키우면 된다는 따위의 고리타분한 사고방식에 젖어 있던 시절이다.
　그렇게 꿈속에 잠들어 있던 조선을 흔들어 깨운 것이 운요마루雲揚丸 사건이다. 섭정이라는 형식으로 정권을 주무르던 대원군이 며느리인 민비閔妃와의 심각한 알력에 밀려 뒷전으로 물러난 직후 벌어진 일이었다. 빗장을 풀고 교섭을 맺자며 조선에 사신을 파견했다가 뜻을 이루지 못한 일본의 후속적인 무력 조치였다.
　일본 군함 운요마루가 강화도 앞바다에 불쑥 모습을 드러낸 것은 1875년의 구월 스무날. 조선 주변의 바다를 탐사한다는 이유를 내걸었지만 그것은 하나의 핑계에 불과했다. 이미 해로를 측량한다는 이유를 앞세워 부산에서 원산에 이르는 동해안 일대를 휘저으며 함포艦砲 시위를 벌인 뒤끝이기도 했다.

하지만 어떠한 명분에도 불구하고 조선 조정으로서는 이런 막무가내 방식의 침범과 요구를 받아들일 수가 없었다. 강화도 초지진草芝鎭을 지키던 수비병들이 운요마루에 대해 물러가도록 위협 공격을 가한 것은 당연한 대응이었다. 그러나 운요마루 승무원들은 오히려 기다리기라도 했다는 듯이 함포 공격으로 맞서기에 이른다. 이미 무력으로는 조선보다 한 수 위에 올라 있던 일본이다.

이렇게 운요마루가 한바탕 소동을 일으키고 물러간 이듬해 일본은 다시금 함대를 파견했다. 강화도로 접근한 함대는 넉살 좋게도 이번에는 아예 갑곶甲串에 상륙하고야 말았다. 구로다 기요타카黑田淸隆 전권대신이 함대를 지휘하고 있었다. 뒤에 이토 히로부미에 이어 저들 내각의 제2대 총리대신에 오르게 되는 인물이다. 그는 운요마루 포격사태에 대한 조선 조정의 해명과 개항을 제시해 왔다.

달갑지는 않았으나 조선으로서도 이런 제의를 마냥 뿌리칠 수만은 없었다. 실학파 학자들을 중심으로 나라 바깥의 돌아가는 추세에도 눈길을 돌리기 시작할 무렵이었다. 결국 조선 조정은 중추부 판사 신헌申櫶을 강화도로 보내 일본 측 대표인 구로다와 조약을 체결하도록 결정을 내리게 된다.

그것이 바로 강화도 조약이다. 병자수호조약이라고도 불리는 이 조약은 조선으로서는 최초의 서양식 조약이기도 했다. 단순히 서로의 뜻을 전달하고 받아들이는 그동안의 봉건적인 통문通文 외교 행태에서 벗어나 국제법적인 질서의 테두리 안에서 새로운 외교관계가 성립된 것이었다. 하지만 무력을 앞세운 일본의 강압에 의해 맺어졌다는 점에서 어차피 불평등 조약이기는 마찬가지였다.

이로써 조선과 일본 사이에 정식으로 공사 관계가 맺어지게 되었다. 저들이 돈의문 바깥의 천연정天然亭을 공사관으로 사용하게 된 것도 이때부터다. 그때까지 경기 감영監營의 관할에 속해 있던 이 천연정은 무악재를 넘어 오가는 지체 높은 벼슬아치들을 맞이하고 보낼 때 잔치를 베풀던 연회장으로 곧잘 이용되던 터였다.

초대 공사로 부임한 인물은 하나부사 요시모토花房義質. 일찍부터 해외 시찰을 통해 유럽 사정에 밝은 외교관이었다. 저들은 이 공사관 건물을 기요미즈소淸水莊라고 불렀으니, 교토의 기요미즈테라淸水寺 만큼이나 운치가 있고 아름답다는 뜻이었을 것이다. 실제로도 근처의 연못에는 연꽃이 무성해서 옛부터 여름철이면 시인 묵객들이 풍류를 즐기려고 찾던 곳이었다.

그러나 이 공사관은 갑신정변이 일어나면서 애꿎게도 불에 타 없어지고 말았다. 김옥균金玉均을 중심으로 결집된 개화파가 일본 세력을 등에 업고 일을 꾸몄으나 결국 사흘 천하로 끝나고 당시 다케조에 신이치로竹添進一郞 공사를 비롯한 공사관 직원들이 책임 추궁을 피하려고 황급히 본국으로 도망가면서 건물에 불을 지른 탓이었다.

청나라가 베트남에서 프랑스와 전쟁을 벌이던 틈을 타 일본이 조선의 지배권을 굳히려고 배후 조종했던 변란이 갑신정변이다. 하지만 당시 한성에 주둔하던 청나라 병력은 1,500명 규모였던 데 비해 일본군은 기껏 150명 남짓한 경비병이 공사관에 주둔하고 있었을 뿐이니, 정변을 꾸밀 수는 있었지만 성공하기란 처음부터 쉬운 일은 아니었다.

이 무렵 일본 정치인 가운데서 조선 침략의 교두보 역할을 맡았던 대표적 인물은 이노우에 카오루井上馨였다. 이토 히로부미와 어린 시절부터 동네 친구 사이로서 갑신정변 뒤처리를 위한 전권대사 자격으로 파견되어 한성조약漢城條約을 체결한 당사자이기도 했다.

이노우에는 그로부터 10년이 지난 뒤 다시 한성 주재 공사로 부임하게 된다. 청일전쟁 직전의 혼미스런 상황에서였다. 일본의 조선 책략이 본격 시작되는 무렵이기도 했다. 그러나 그는 한 해 만에 물러가고 그 뒤를 이어 육군 출신인 미우라 고로三浦梧樓가 부임해 오게 되었으니 그가 바로 을미사변을 꾸며낸 장본인이었다.

대원군과 을미사변

'희대의 책략가'. 저들은 고종 왕비인 민비를 이렇게 위험인물로 간주하고 있었다. 그럴 만도 했다. 일본과 청나라 사이에서 적당한 거리를 유지하며 조선 왕실을 지켜가는 한가운데에 민비가 있었으니 말이다. 일본이 청일전쟁에서 이긴 뒤 조선을 마구 압박해 들어오면서는 러시아와 더 가까운 관계를 유지하고 있었다.

일본으로서는 자신들의 뜻을 이루는 데 가장 껄끄러운 존재라고 여길 수밖에 없었을 것이다. 여자라고 해서 결코 호락호락하지도 않았다. 저들이 민비를 없앤다는 엄청난 음모를 꾸미게 되는 것도 그런 때문이다. 뒷날 을미사변으로 기록되는 사건이다.

미우라 고로三浦梧樓. 당시 한성에 주재하던 일본 공사로서 이 흉계에 앞장섰던 인물이다. 육군 중장 출신인 그는 계략에도 밝았다. 일본 육군에서조차 '괴물'이라는 별명으로 통하던 그였다. 죠슈 군벌에 속해 있으면서도 군벌의 우두머리인 야마가타 아리토모山縣有朋에 대해 노골적인 거부감을 숨기지 않았을 만큼 괴팍하면서도 음모로 가득 찬 모사꾼이 또한 그였다.

민비를 목표로 하는 음흉한 계략에 흥선대원군을 끌어들인다는 잔꾀를 낸 것도 바로 미우라였다. 겉으로는 조선 왕실의 내부 싸움으로 비쳐지게 한다는 나름대로의 속셈이었을 것이다.

그러나 문제는 대원군에게도 없지 않았다. 천하를 쥐고 흔들던 영웅일수록 권좌에서 쫓겨난 뒤에는 더욱 초라하고 허전해지는 법이 아니던가. 더군다나 쓸쓸하게 늙어가면서 마음 한구석에 회한과 미련이 없을 수 없었다. 이러한 회한과 미련이야말로 대원군을 끝내 돌이키지 못할 엄청난 파란의 구렁텅이로 몰아가게 된 것이었다.

대원군으로서는 임오군란으로 인해 반짝 빛을 보는가 싶었으나 그때뿐이었다. 일본식 훈련을 받은 별기군과의 차별대우에 불만을 품은 훈련도감 군병들의 폭동으로 대원군의 옹립 움직임까지 제기됐던 것이다. 그러나 폭동은 민비의 재빠른 대응으로 진압되었고 그는 결국 위안스까이袁世凱에 의해 청나라에 붙들려가 네 해 동안이나 유폐의 곤욕을 겪어야 했다.

그럴수록 지난날의 화려했던 기억은 그의 처지를 괴롭히기라도 하겠다는 듯이 자꾸만 되살아났다. 한편으로는 무상했던 과거의 영화를 스스로 비웃듯 지내고 있던 터였다. 그 자신 거처하던 공덕리의 별장을 '아소정我笑亭'이라 이름을 붙였다던가. 그때 읊었다는 시 한수를 들어

보아도 그의 처연한 마음을 조금은 짐작할 수 있다.

> 내 한 몸 저버리니 맡은 일 가볍지 않은 것이
> 벼슬자리 물러나 한가롭게 술잔이나 기울이네
> 지난날 생각하면 모두 한바탕 꿈인 것을
> 어쩌다 남은 나날 세상 물정에 맡길 건가
> 나막신 신고 산촌에 들어 앉아 얘깃거리 즐기며
> 갯가 버들 그늘에 매미소리 들으며 노래나 읊는다네
> 인생살이 백년에 무슨 일을 어떻게 해야 하는가
> 전생도 저승도 스스로 웃고 말 뿐인 것을
> (吾負吾身任不輕退公閑日酒樽傾
> 從知往事皆吾夢惟愧餘年任世情
> 理屐山村俚談好聞蟬溪柳古詩成
> 細論百歲安排地我笑前生又此生)

그러던 대원군에게 마지막 기회가 찾아왔다. 그때가 1895년, 고종 32년 팔월. 그의 나이 일흔여섯이었다. 미우라 공사가 대원군의 마음을 떠보기 위해 아소정으로 사람을 보낸 것이었다.

그날따라 아소정에서 건너다보이는 한강 물살은 달빛을 받아 더욱 교교히 흐르고 있었다던가. 강가에 어른거리는 버드나무 그림자, 밤하늘을 무리지어 날아가는 기러기 떼, 여름인데도 서리를 머금은 듯한 서늘한 바람….

대원군은 한참 생각한 뒤에 음모에 가담하기로 승낙하고야 말았다. 이튿날, 대원군은 날이 트기가 무섭게 저들의 칼잡이들과 함께 돈의문을 거쳐 경복궁으로 향하게 된다. 이 칼잡이들은 일본 군부의 밀정인

오카모도 류노스케岡本柳之助가 지휘하고 있었다.《한성신보》의 사장인 아다치 겐조安達謙藏와 그 휘하에 있던 무리들도 이 음모에 함께 가담했다.《한성신보》자체가 일본 외무성의 직접적인 자금 지원으로 만들어진 저들 정부의 비밀 기관지였다.

이날 동원된 일본인 칼잡이들은 대륙을 떠돌던 낭인들을 포함해서 모두 예순 여남은 명. 이들은 경복궁에 도착하자마자 미리 준비한 사다리로 담을 타고 들어가 광화문 빗장을 풀고는 일제히 난입해 들어갔다. 궁궐을 지키던 훈련대 연대장 홍계훈洪啓薰이 "뭣들 하는 놈들인가"라고 호령을 치며 막아섰으나 워낙 갑자기 닥친 일이었다.

대원군을 앞세워 광화문을 들어선 이들은 그 길로 곧장 민비의 처소인 건청궁乾淸宮 옥호루까지 내쳐 들어갔다. 궁내부 대신 이경직李耕稙이 몸으로 막아섰으나 칼날 앞에는 아무런 소용이 없었다. 그들은 이경직을 한칼에 처리한 다음 왕후를 찾아내 스스럼없이 베었다. 사체는 비단 홑이불에 둘둘 말아 녹산鹿山 소나무 숲으로 끌어다가 기름을 뿌려 불태웠다던가.

칼잡이들은 고종 앞에서도 거리낌이 없었다. 궁녀들의 머리채를 마구 낚아채거나 칼날을 코앞에 들이댔으며, 고종의 곤룡포 자락을 끌어당기며 희롱하기도 했다. 몇몇 자객은 궁내부 대신 이경직이 방안에서 칼을 맞고 엉금엉금 기어 댓돌 아래로 기어 나오자 임금이 보는 앞에서 잔인한 웃음을 흘리며 기어코 찔러 죽이고 말았다.

천인공노할 일이었다. 하늘 아래 어느 나라 역사에 이런 일이 또 있었을까. 이날 저들의 작전 암호명이 '여우 사냥'이었다. 그 자체가 민비 살해를 암시하고 있었다.

"드디어 꽃은 지고야 말았도다."

그날 일이 모두 다 끝난 뒤 미우라 공사는 이 한마디를 흘리며 음흉한 웃음을 흘렸다. 민비를 처리한 만큼 이제 자기네 세상이 왔다고 믿은 까닭이었을까.

하지만 저들은 이토록 엄청난 일을 저질러 놓고도 모든 책임을 대원군에게 뒤집어씌우려 들었다. 그 누가 "대원군의 기습에 의한 민비의 몰락은 조선 근세사에 기록된 여러 쿠데타 중에서도 가장 두드러진 사건"이라고 표현했다던가. 애초의 각본이 그러했다. 대원군은 그들에게 이용당한 데 지나지 않았다.

그러나 조선 조정의 뒤처리도 딱할 정도였다. 궁내부는 왕비가 살해된 마당에도 그냥 어물쩍거리고 있다가 두 달 정도가 지난 그해 시월에 이르러서야 비로소 이 사건을 정식으로 공표하기에 이른다. 이때 발표된 조칙의 내용은 이러하다.

"향자向者 변란의 때에 왕후의 소재를 알지 못하였더니 시일이 흐르면서 당일 붕서崩逝한 증거가 명확하니 개국 504년 팔월 스무날 묘시卯時에 왕후의 곤령각坤寧閣에서 승하하심을 공표한다."

세계 여론도 이 사태에 촉각을 곤두세우고 있었다. 이미 청일전쟁 당시 저들이 뤼순을 점령했을 때 무기를 버린 포로와 일반인들을 학살하고 길거리에 불을 지른 만행으로 규탄을 받던 터였다. 한결같이 일본의 야만적인 횡포에 비난의 화살을 쏟아 부은 것은 당연했다.

사태가 확대되자 일본 정부도 팔짱만 끼고 있을 수는 없었다. 가만히 있는다는 것은 스스로 책임을 인정하는 꼴이나 다름없었다. 이토 히로부미 내각은 즉각 외무성 정무국장 고무라 쥬타로小村壽太郎에게 진상을 조사토록 임무를 맡겼다. 여기에는 요코하마 지방재판소의 검사인 안토 겐스케安藤謙介 및 제물포 영사관의 영사관보 야마자 엔지로山座円次郞 등도 함께 따라붙었다.

이 사건은 당초 피의자 전원에 대한 공판이 한성에서 열리도록 되어 있었다. 그러나 고무라 정무국장의 고집스런 반대로 재판 장소가 일본으로 바뀌는 등 일본 당국의 은폐 기도가 계속 이어지게 된다. 사건 관련자들에게 소환 명령이 내려져 재판이 열렸으나, 히로시마 법정은 마흔여덟 명의 피고인 모두에게 증거가 충분하지 않다는 이유로 무죄 판결을 내리고 말았다. 사실은, 미리부터 정해진 결과나 다름없었다.

더구나 주모자의 한 명인 《한성신보》 사장 아다치 겐조는 그 뒤 와카쓰키 레이지로若槻禮次郞 내각에서 체신대신 및 내무대신의 자리까지 올라가게 된다. 민비 시해사건에 가담했던 것을 오히려 탁월한 공적으로 인정받고 있었다는 증거로 받아들여진다.

한편, 뒷날 대원군이 죽게 되자 그의 아들 고종은 그의 장례식에 얼굴도 내비치지 않았다. 대원군의 자업자득이었다. 어느 한때인가는 고종을 폐위하고 큰아들 이재황李載晃을 옹립하려고까지 했던 그였으니 말이다. 끝내 권력의 단맛을 잊지 못한 탓이었다.

러시아의 굴욕

청일전쟁에서 이긴 일본은 러일전쟁에서도 큰 승리를 거두면서 조선에 대한 지배권을 안팎에 두루 과시하게 된다. 조선을 둘러싼 여러 주변국 가운데서 일본이 마지막 승자로 입지를 굳히는 계기가 바로 러일전쟁이었다.

1904년 이월 육일 이른 새벽. 일본 큐슈의 사세보佐世保 항구. 군함 60여척이 조용히 닻을 거두었다. 그리고는 항구를 벗어나 아직 어둑어둑한 틈을 타서 대한해협 쪽으로 미끄러지듯이 사라져갔다. 짙게 드리운 바다 안개가 아직 걷히지 않고 있었다.

이들 군함의 선두가 제물포 앞바다에 닿은 것은 그보다 이틀 뒤. 이른바 '대한제국 파견군'이라 했던가. 제물포 항구 바깥에 정박해 있던 러시아 함대 소속의 '바리악', '코리에츠' 등 군함 두 척이 맥없이 격침된 것은 바로 그날 오후의 일이다. 러시아 정벌군을 태운 일본 함정들은 계속 서해 바다를 거슬러 북쪽으로 향했다. 그들의 최종 목적지는 러시아의 뤼순旅順 앞바다. 도고 헤이하치로東鄕平八郞가 연합함대 사령관으로서 해전을 총지휘하고 있었다.

일본이 러시아에 정식으로 선전포고를 한 것은 그보다 또 이틀 뒤인 이월 십일. 저들의 건국 기념일인 기겐세츠紀元節를 하루 앞두고였으니, 러시아를 건국 기념일의 제물로 바치겠다는 뜻이었을까. 만주 벌판 북쪽으로 대한제국과 국경을 맞대고 있던 러시아. 보통 '아라사俄羅斯'라는 이름으로 불리던 그 나라다.

러시아는 이에 앞서 일본에 대해 조선반도 서해 북쪽에 위치한 용암포龍巖浦에 대한 조차를 요구해 놓고 있었다. 용암포는 신의주의 바깥 항구. 러시아는 겨울에도 얼지 않는 부동항不凍港을 찾고 있었다. 극동지역에 블라디보스톡 항구가 있긴 하지만 이조차도 겨울이 되면 얼어붙어 날이 풀리기까지 모든 군함이 꽁꽁 묶여 있어야 했다.

러시아가 조선으로 눈길을 돌린 것은 당연했다. 을미사변 직후 고종이 잠깐이나마 저들 공사관에 피신했던 것을 계기로 이미 압록강과 두만강 주변 삼림의 벌채권을 얻어냈던 그들이다.

그러나 일본도 그리 만만치는 않았다. 더군다나 압록강 하구의 용암포가 러시아의 손에 들어가 병참기지가 되어 버린다면 일본으로서는 엄청난 타격을 피할 수 없는 노릇이었다. 장차 대륙 진출에도 막대한 장애가 될 것은 뻔했다.

러시아는 이미 극동 진출을 목적으로 1891년 시베리아 철도 공사를 착공한 이래 10년 동안이나 공사를 벌여 1902년에 완공해 놓은 터였다. "시베리아 철도가 한 걸음 길어지면 일본의 수명은 한나절 줄어든다"는 유행어가 떠돌 만큼 일본은 이를 심각히 받아들이고 있었다. 결국 일본으로서는 한판 승부를 걸기로 작정한 것이었다.

이런 돌발적인 상황을 감지하기라도 한 듯이 무장 병력을 태운 미국, 영국, 이탈리아, 프랑스 등 열강의 함대가 제물포 앞바다에 차례로 집결하기 시작했다. 이들 각국의 무장 병력이 한성에 들이닥친 것은 불과 열흘 사이에 벌어진 일이었다.

제각기 자기 나라의 거류민을 보호한다는 구실이었다. 그중에서도 병력 동원에 가장 민첩함을 보인 나라는 역시 일본이었다. 그만큼 모든 일이 계획적으로 이뤄졌음을 보여 준다. 그때 용산방龍山坊 일대에 밀집해 있던 일본 거류민단도 자체적으로 의용병을 조직해 무라다 소총으로 무장하고 스스로 거류지 보호에 나설 만큼 사태는 긴박하게 돌아가고 있었다. 일본과 러시아가 맞붙은 러일전쟁 초야의 모습이다.

사세보 항을 떠나 제물포에 상륙한 일본군 2개 대대 병력은 다음날

열차편으로 한성에 들이닥쳤다. 이 가운데 1개 대대는 만리창萬里倉 부근에 주둔했으며 또 다른 1개 대대는 소공정 대관정大觀亭 터를 점거했다. 이때 사령관으로 병력을 총지휘한 인물이 하세가와 요시미치長谷川好道. 소공정이 하세가와쵸長谷川町로 불리게 되는 것은 바로 이 때문이며 만리창 일대에는 뒷날 오시마쵸大島町라는 이름이 붙게 된다.

일본은 러시아와의 전쟁에서 기선을 제압하고 있었다. 한성에 주재하던 러시아 공사관의 파블로프 공사 부부와 공사관 직원들, 거기에 여든 명 남짓한 병사들이 일본군에 둘러싸인 채 쫓기듯 떠나 제물포 항구에서 프랑스 군함 파스칼 호를 타고 본국으로 철수한 것은 그보다 또 사흘 뒤의 일이다.

일본은 계속해서 기세 좋게 싸움을 벌여 나갔다. 오야마 이와오大山巖를 총사령관으로 하는 육군이 만주에 발판을 구축하고 러시아군과 대치하는 동안 노기 마레스케乃木希典가 지휘하는 제3군은 뤼순으로 향했다. 일본군은 뒤이어 션양에서 맞붙은 싸움에서 승리를 낚았으며, 거제도에서 발진한 도고 제독의 연합함대는 동해 독도 부근 해역에서 발틱함대를 고스란히 고기밥으로 바쳤다. 도고 제독이 일본 해군의 영웅으로 불리게 되는 것도 이때부터다.

이때부터 이미 조선 조정은 일본의 눈치를 살펴야 했다.

"대한제국 황제 폐하는 일본 함대의 명예로운 승전 소식에 접하고 이를 진심으로 축하하노라."

심지어 고종이 저들에게 이러한 내용의 칙서를 보냈다던가. 그뿐이 아니었다. 일본군의 노고를 위로한답시고 떡과 담배를 선물로 함께 보냈다고도 했다. 국호를 대한제국으로 바꿨건만 나라는 벌써 기울대로 기울어가고 있었다.

일본으로서도 러일전쟁에서 승리를 거둠으로써 대한제국에 대한 간섭을 본격화할 수 있는 토대가 마련된 것이었다. 전쟁이 끝나면서 간섭이 더욱 노골화된 것도 당연했다.

러일전쟁의 총성이 멎은 지 불과 며칠도 지나지 않은 그해 이월 이십삼일, 두 나라 간에 맺어진 '한일 의정서'는 그 첫 번째 단계였다. 일본의 특명전권공사 하야시 곤스케林權助와 대한제국 외부대신 임시서리인 이지용李址鎔 사이에 서명된 이 의정서는 양국의 '동맹 관계'를 약속하는 조약이었다.

그러나 어디까지나 동맹 관계를 빙자한 침략의 과정이었을 뿐이다. 일본이 조선땅에서 정치 및 군사상의 특수 지위를 누리게 되는 것은 바로 이 의정서가 맺어진 다음부터다.

"한일간의 항구불역恒久不易한 평화를 확립키 위해 대한제국 정부는 일본 제국을 확신하고 시설 개선에 관하여 그 충고를 받아들인다."

이 조약의 제1조에 규정된 내용이다. 또 제4조는 "제3국의 침해나 내란으로 인하여 대한제국 황실의 안전과 영토 보전에 위험이 있을 경우 일본은 속히 필요한 조치를 취할 것이요, 일본 정부는 이를 위해 군사상 필요한 지점을 수의隨宜 수용할 수 있다"고 규정하고 있었다. 일본의 조선에 대한 군사 침략의 발판을 허용한 셈이나 다름없었다.

저들이 이듬해 이른바 '고문 정치'에 착수하게 된 것도 바로 이 한일의정서에 따른 것이었다. 가장 먼저 경무 고문이 파견되어 왔으며, 그 첫 번째 책임자가 도쿄 경시청 제1부장으로 근무하던 마루야마 시게토시丸山重俊. 저들로서는 먼저 경찰권부터 휘어잡는 것이 급선무였다. 경찰서

마다 일본인 경부警部와 순사들이 배치되어 경찰권을 거의 빼앗다시피 한 것은 그런 결과다.

일본은 러일전쟁이 끝난 뒤 미국의 중재로 열린 포츠머드 강화조약에서도 러시아 정부로부터 이런 사실에 대해 확실한 약속을 받아냈다. 어떻게 보면, 포츠머드 조약은 한일 의정서의 내용을 러시아로부터 다짐받는 절차에 지나지 않았다.

"일본은 대한제국에서 정치·군사상 탁월한 이익을 가지며, 러시아는 일본의 대한對韓 정책에 대해 간섭하지 않는다."

포츠머드 강화조약의 첫 번째 조항이다. 일본은 러시아로부터 북위 50도 이남의 사할린 남부와 만주 철도 부설권을 넘겨받은 것 이외에는 한 푼의 배상금도 받지 못했지만 최소한 조선에 대한 기득권만큼은 충분히 인정받은 셈이었다. 물론 배상금을 받아내지 못한 협의 결과에 대해 일본의 내부 여론은 분통을 터뜨려 결국 폭동으로까지 번지게 되었지만 말이다.

이에 앞서 일본은 한 달 전에 열린 미국과의 '가쓰라-태프트 밀약'에서도 대한제국에서의 지배권을 승인받게 된다. 미국의 필리핀에 대한 지배권을 인정한 데 대한 대가였다.

한편 일본은 1896년 니콜라이 2세의 대관식을 기회로 러시아에 특사로 파견된 야마가타 아리토모山縣有朋를 통해 러시아 외상 로마노프에게 조선을 분할 통치할 것을 비밀 제의했었다. 그때 처음 거론됐던 분할선이 바로 북위 38도선이라는 얘기다.

어떤 기구한 운명이 도사리고 있었던 것일까. 그로부터 약 50년이 지나 일본의 식민통치가 끝나면서 한반도가 38도선에 의해 다시 남북으로 갈리게 되었으니, 역사는 과연 돌고 도는 것일까.

시일야방성대곡

이토 히로부미 후작. 추밀원 의장으로 일본 정계의 막후 실력자인 그가 한성에 파견된 것은 '가쓰라―태프트 밀약'과 포츠머드 조약이 체결된 그해 십일월. 스스로 '동양의 비스마르크'를 자처하던 그는 메이지 천황의 친서를 지니고 당당히 조선땅을 밟았다. 흰 수염을 날리며 한성에 도착한 그는 숙소인 손탁孫擇 호텔을 무대로 마지막 정지 작업에 들어간다.

드디어 십일월 십칠일. 덕수궁 중명전重明殿에서는 고종 주재 하에 어전 회의가 열렸다. 덕수궁은 저들 군대에 의해 삼엄하게 포위되고 있었다. 이토가 '제2차 한일협약'을 조인시키기 위해 일본군을 동원한 것이었다. 두말할 것도 없이 대한제국 대신들에 대한 으름장이었다.

"해와 달이 하늘에 함께 떠 있어 광명이 겹친다"는 뜻의 중명전. 다시 말해서, 임금과 신하가 서로 맡은바 직분을 다할 때 나라가 밝아진다는 의미였건만, 실제로는 서글픈 역사의 현장이 되어 버렸다. 사실은, 회의 자체가 저들의 닦달에 의해 마지못해 열린 것이었다. 그날의 사태에 대해 당시 영국 《런던 데일리 메일》의 기자였던 F.A.맥켄지는 자신의 저서 《한국의 비극The Tragedy of Korea》에서 이렇게 기록하고 있다.

"그날 밤 일본 군대는 완전 무장한 채 궁성의 내정으로 침입해 황제의 어전을 둘러쌌다. 그리고 이토 히로부미가 하세가와 사령관을 대동하고 궁궐에 들어가 각료들에 대해 다시 협박을 시작했다. 이토는 고종 황제가 알현을 거절하자 제멋대로 면전에 뛰어들기까지 했다."

이때 이토가 고종 황제에게 전달한 메이지 천황의 친서 한 구절을 읽어보자.

"동양 평화를 유지하기 위해 이토 대사를 파견하노니 대사의 지휘를 받으라."

고종에게 이토의 지휘를 받으라는 얘기였으니, 이미 조선은 일본의 식민지나 다름없었다. 그러나 어쩌랴. 왕실을 밝히던 가냘픈 촛불은 마지막 심지까지 가물가물 타들어 가고 있었으니….

그렇다고 대한제국의 대신들도 그리 호락호락하지는 않았다. 참정대신 한규설韓圭卨을 비롯한 몇 명의 대신은 완강히 버텼다. "설사 고종 황제의 뜻이라 하더라도 수긍하지 못하겠다"고까지 했다.

하지만 박제순朴齊純, 이지용李址鎔, 이근택李根澤, 이완용李完用, 권중현權重顯 등 다섯 명의 대신이 기어코 손을 들고 말았으니 일은 크게 저질러진 것이었다. 이들에게 '을사오적五賊'이란 검붉은 낙인이 찍힌 것은 이때부터다.

이때 조인된 제2차 한일협약이 뒷날 '을사보호조약'이라 불리게 되는 바로 그것이다. 하지만 어디까지나 협약이 아니라 늑약勒約이었다. 이 조약의 제1조는 "일본 정부는 대한제국의 외교 관계와 외교 사무를 감독 지휘하며 외국에 거류하는 한국인과 그 이익을 보호한다"라고 규정하고 있다. 한마디로 외교권을 빼앗겠다는 뜻이었다. 대한제국 정부의 외부아문과 해외에 파견된 외교 공관이 모조리 폐쇄된 것은 이 조약에 근거한 후속 조치였다.

런던에 파견됐던 주영駐英 대리공사 이한응李漢應과 명성황후의 조카로서 고종의 총애를 받던 시종 무관장 민영환閔泳煥이 울분을 참지 못하고 스스로 목숨을 끊었다. 원로대신을 지낸 조병세趙秉世가 음독 순절로 충정을 표시한 것도 이때였다.

《황성신문》의 사장이자 주필을 맡고 있던 장지연張志淵은 '시일야방성대곡是日也放聲大哭'이라는 제하의 피 끓는 논설을 썼다. '이날을 목 놓아 통곡한다'라는 뜻이었으니, 토해 내듯 울부짖는 듯한 내용이었다.

> 평소 동양 3국의 정족안녕鼎足安寧을 솔선하여 주선한다고 나선 이토 히로부미가 천만 뜻밖에도 어찌 5조약을 내놓았는가. 이는 비단 한국을 망하게 할 뿐 아니라 동양 3국의 분열을 빚어낼 조짐이라 걱정됨이라.
> 아~, 저 개 돼지만도 못한 우리나라 정부 대신이라는 것들은 눈앞의 이익만을 바라고 거짓 위협을 두려워하여 우물쭈물 결단을 내리지 못하고 스스로 나라를 팔아먹는 자가 됨으로써 4000년을 이어 온 나라의 땅과 오백년 역사를 남에게 바치고 2000만 동포를 노예로 만들었다.
> 아아~, 원통하고 분하다. 이제는 남의 나라 종이 된 2000만 동포여, 살 것인가 죽을 것인가. 단군 이래 4000년의 면면한 정신이 하룻밤 사이에 스러져 버린단 말인가. 아, 슬프고 슬프도다. 동포여, 동포여!

장지연에 앞서서도 이미 구한말의 우국지사 윤치호尹致昊가 비슷한 심정으로 울부짖었다. 이 나라의 앞길에 짙은 먹구름이 서서히 드리워지고 있음을 내다본 때문이었다.

"이 나라가 칭제 건원建元하고 국호도 대한제국이라 하여 세계만방에 독립을 선포한 것은 틀림없는 사실이다. 그러나 궁중에는 아직도 간신 소인배가 넘나들며 정부는 철도, 광산, 삼림 등의 국가 권익을 외국에 넘겨주는 데 바빴고 뇌물 거래와 매관매직은 날로 더할 뿐이다. 이 누란의 국운을 어찌할 것인가."

이로써 대한제국은 한낱 일본의 '보호국'으로 전락했으며 외교권은 저들의 손아귀에 완전히 넘어가게 된다. 나라는 이미 빈 껍데기뿐이었다.

이토 히로부미

초대 조선 통감에는 이토 히로부미가 임명됐다. 저들로서는 을사조약을 맺도록 공을 세운 당사자였다. 그러나 조선주차군 사령관이던 하세가와 요시미치가 당분간 대리 통감을 맡을 수밖에 없었다. 이토가 필요한 준비를 갖춰 정식으로 한성에 부임하기까지의 공백을 메우도록 한 조치였다.

하세가와 대리 통감이 모든 직원을 불러 모은 가운데 통감부 사무 개시식을 거행한 것은 1906년 이월 초하룻날. 그때까지의 공사관 직제가 이날부터 통감부로 전환되는 것이었다. 통감부 청사는 광화문 앞쪽 육조 거리의 대한제국 외부外部 청사를 사용하도록 되어 있었다. 대한제국 외부는 을사조약에 따라 이미 폐쇄된 뒤였다.

미국과 영국, 러시아, 프랑스 등 정동貞洞 일대의 각국 공관도 차례로 문을 닫고 말았다. 그 무렵 한성에서도 외국 공관들이 몰려 있어 그야말로 외교가로 불리던 지역이었다. 상정승골(남창동)의 독일 영사관과 회현방의 벨기에 영사관도 문을 닫을 수밖에는 없었다.

이토 통감이 도쿄로부터 한성에 부임한 것은 그보다 한 달여가 지나서였다. 그는 부임하자마자 통감부 청사를 마련하는 작업에 매달리게 된다. 통감으로서 첫 번째로 해결해야 할 중요한 과제이기도 했다.

청사를 마련하는 일은 그렇게 어려운 일은 아니었다. 이미 남산 왜성대에 저들 공사관이 자리 잡고 있었으므로 일단 그것을 개축하는 정도로도 충분할 것으로 여겨지던 터였다. 임진왜란 당시 한성에 쳐들어온 왜병들이 제멋대로 남산 성축을 헐어내고 그 돌로 축대를 쌓았다 해서 붙여진 이름이 왜성대였으니, 저들로서는 더욱 의기양양할 만했다.

청사 개축 작업은 통감부가 개청한 한 해 뒤인 1907년 이월 준공을 보게 된다. 여기에 일본 공사관이 처음 지어진 것은 1885년. 갑신정변 직후 한성조약에 의해 조선 조정이 공사관 터로 내준 것이었다. 돈의문 바깥의 천연정 공사관은 갑신정변의 와중에서 불에 타 잿더미로 변해 버린 뒤였다.

결국 이러저러한 과정을 거친 끝에 대한제국은 저들에 의해 외교권을 빼앗긴 채 서서히 운명의 날을 맞게 되었다. 그 뒤 고종 황제는 네덜란드 헤이그에서 열린 만국평화회의에 이상설李相卨, 이위종李瑋鍾, 이준李儁 등 세 명의 신하를 밀사로 파견해 을사늑약의 무효를 주장하려 했으나 결국 스스로의 퇴위만 재촉한 결과를 빚고 말았다.

여기서 이토 히로부미에게 잠깐 시선을 돌려 보자. 1841년 야마구치현 스오노구니周防國 태생으로 어릴 적 이름은 리츠케利助. 1885년 일본에서 내각이 처음 발족했을 때 첫 총리대신을 맡아 1901년까지 무려 네 차례에 걸쳐 총리대신을 지냈을 만큼 일본 정계의 대표적인 인물이었다. 일본이 청나라와의 전쟁에서 승리한 것은 그의 세 번째 총리대신 때였다. 1889년에 발표된 제국 헌법의 초안을 마련한 것도, 또 중의원과 참의원 등 양원제 의회를 수립토록 하는 등 현대 일본의 정치적 기반을 다지는 데 중추적 역할을 한 것도 바로 그였다.

그의 뒤에는 오쿠보 도시미치大久保利通와 이와쿠라 도모미岩倉具視가 있었으며, 야마가타 아리토모 및 이노우에 카오루 등은 그와 절친한 친구 사이였다. 그가 메이지 혁명 직후 해외에 파견된 '이와쿠라 사절단'의 일원이 되어 미국을 비롯한 세계 각국을 돌아보며 세금, 예산, 조약 등 여러 분야에 대해 폭넓은 견문을 쌓을 수 있었던 것도 이러한 유대 관계가 뒷받침됐음은 물론이다. 제국 헌법의 초안을 마련할 당시에는 독일에서 1년 6개월 동안 헌법을 공부하기도 했다.

그가 통감을 지낼 당시 집무실에서 즐겨 들었던 축음기도 유럽을 돌아보며 프랑스를 방문했을 때 가져온 것이었다. 감아 놓은 태엽이 풀리면서 음악이 나오도록 되어 있었으니, 일종의 '음악 상자'였다. 이 축음기는 그가 통감을 그만둔 뒤에도 데라우치 총독이 글을 쓸 때 사용하던 벼루, 하세가와 총독이 입었던 군복 등과 함께 총독부의 전시품으로 전해지게 된다.

그가 조선 통감으로 임명됐을 무렵에는 이미 옛 친구인 야마가타에게 겐로元老의 자리를 내주고 정치 무대의 뒷전으로 물러난 이후였지만 그는 한 세대를 풍미한 풍운아였다. 도쿄 자신의 집에 통감부 출장소를 차려 놓고 한성과 도쿄 사이의 연락 업무를 맡도록 할 만큼 나름대로는 의욕을 부리기도 했다.

특히 이토는 일본에서 신사비를 옮겨와 자신의 후암동 사택 정원에 설치해 놓고는 하루빨리 조선을 완전한 속국으로 다스릴 수 있도록 해 달라고 빌었다는 얘기가 전해진다. 이 신사비가 지금은 독립기념관에 역사 자료로 보관되어 있다. 일본인들이 집안에 신주단지처럼 모셔 놓고 아침마다 소원을 빈다는 가미타나神柵. 이토뿐만 아니라 당시 저들의 지도자 대부분이 아침저녁으로 그렇게 빌고 또 빌었을 것이다.

덕수궁의 비밀

여기서 잠깐 고종 황제의 퇴위를 야기시켰던 '헤이그 밀사사건'으로 말머리를 돌려 보자. 이와 더불어 고종이 장차 후손들이 독립운동에 쓰도록 덕수궁 어딘가 땅속 깊숙이 묻어 두었다는 '황금 항아리'에 대한 이야기가 빠질 수 있으랴.

먼저 헤이그海牙 밀사사건. 때는 1907년 유월. 네덜란드 헤이그에서 제2차 만국 평화회의가 열리고 있을 때였다. 제정 러시아 황제인 니콜라이 2세의 발의로 열린 국제회의였다. 고종은 이 평화회의에 이상설과 이위종, 이준 등의 밀사를 은밀히 파견했다. 이들에게는 회의에 참석하는 각국 대표들에게 대한제국이 일본과 두 해 전에 맺은 강압적인 을사조약이 무효임을 설득시키는 막중한 임무가 맡겨져 있었다.

고종은 먼 길을 떠나는 이들에게 얼마간의 여비를 마련해 주려고 자신이 투자했던 한성전기회사 소유 지분까지 처분하게 된다. 미국인으로 회사 경영을 맡고 있던 콜브란에게 주식 일부를 넘겨 준 것이었다. 일본인들의 감시의 눈초리가 날카로운 만큼 예사 방법으로는 비용을 염출하기가 어려웠기 때문이다.

고종은 러시아 황제 니콜라이 2세에게는 친서를 썼다. 간곡하게 도움을 요청하는 내용이었다. 이 편지는 어렵게나마 전달되었다.

> 아라사俄羅斯 황제 폐하,
> 대한제국은 1905년 11월 18일 늑약 이래 일제 침략의 노골상이 갈수록 가중되어 국사가 도탄에 빠지게 되니 매우 걱정하는 바라. 듣건대 장차 해아海牙 평화회의가 열릴 예정이라 하는 바, 의정부 참찬을 지낸 이상설 등 세 명의 대표단을 보내 일본의 불법 행위를 각국 위원에게 선포토록 했으니, 천하 사람들이 대한제국의 정황을 깨닫게 하는 바라. 그러나 파견된 우리 대표들이 모두 자격 밖의 사람들이므로 너그럽게 헤아리기 바라는 바라. 폐하의 나라와 대한제국은 우의가 두터우니 폐하가 비밀리에 해아에 있는 귀국 위원에 전칙轉勅하여 우리 대표들이 평화회의 석상에서 호소하는 말을 할 수 있도록 도와주기 바란다.

이 세 사람 가운데 이상설은 의정부 칙임 벼슬인 찬정贊政을 지낸 인물이고 이위종은 러시아 공사관 서기관이었으며, 이준은 평리원 검사를 역임한 터였다. 벼슬들이야 모두 그렇고 그랬지만 나라와 백성을 걱정하는 마음은 세 사람 모두 어느 누구보다 뜨거웠다.

하지만 이들은 결국 뜻을 이루지 못했다. 뿐만 아니라 다시는 고국 땅을 밟지 못한 채 머나먼 이국땅에서 애절하게 생애를 마감해야 했으니, 민족 전체의 불행이 아니고 무엇이겠는가.

이준은 네덜란드에 파견됐다가 저들의 방해로 끝내 뜻을 펴기 어렵게 되자 숙소인 헤이그 와건가街 124번지 드용 호텔에서 뜨거운 피를 토해 내고는 마지막 눈을 감고 말았다. 이때 그의 나이 마흔아홉. 시신은 호텔에 이틀간 안치됐다가 근처의 공동묘지에 묻혔다. 조국을 지켜내려 했던 풍운의 꿈과 함께…. 고향인 함경남도 북청에서 갑오경장 이듬해인 1895년 서른여섯의 늦깎이로 한성에 올라와 어렵사리 공부를 마쳤던 그의 꿈은 이렇게 덧없이 끝나 버리고 말았다.

다음으로 이위종. 외교관인 아버지 이범진李範晉을 따라 외국을 두루 돌아다녔던 덕분에 비교적 외국어에 능통했던 입장이었다. 부친이 러시아 공사로 임명되자 페테르스브르그(옛 레닌그라드) 공사관의 참서관이 되었으며 을사조약 직후 일본의 소환령에도 응하지 않고 외교 활동을 벌이다가 헤이그 특사로 임명됐다.

그는 헤이그에 도착한 뒤 세계 언론인들을 상대로 '한국을 위한 호소A Plea for Korea'라는 제목의 연설을 했다. 연설은 즉각 커다란 반향을 불러 일으켰다. 특히 그의 유창한 프랑스 발음은 회의를 취재하기 위해 몰려든 각국 기자의 눈길을 사로잡기에 충분했다.

그러나 그 역시 평화회의에는 참석하지 못했다. 헤이그 임무가 이렇게 물거품으로 끝나자 다시 러시아로 돌아가 귀족 가문의 엘리자베다 발레리아노브나와 결혼했으며 결국 아내를 따라 러시아에 귀화하고 말았다. 그 뒤 한때 레닌그라드 기차역에서 임시 서기로 일하다 제1차 세계대전이 터지면서 군 입대를 자원하기에 이른다. 소위로 임관한 그는 러시아군 제16예비대에 배속되어 전쟁에 참가했으나 결국 두 해 만에 전사하고 말았다. 그러나 무덤조차 남아 있지 않은 실정이었으니, 누구 하나 그의 시신을 챙겨 두지 않았기 때문이다.

이상설도 헤이그 특사 임무를 이루지 못하자 세계 각국을 돌아다니며 일제의 침략성을 폭로하는 동시에 대한제국의 영세 중립화 방안을 주장하기에 이른다. 한일합병이 이뤄진 뒤인 1914년에는 이동휘李東輝, 이동녕李東寧, 정재관鄭在寬 등과 함께 중국과 러시아에서 활동하는 동지들을 불러 모아 최초의 망명정부인 '대한광복군 정부'를 세우고 정통령

正統領에 선임됐다.

그는 1917년 망명처인 연해주에서 사망했다. "조국 광복을 이루지 못한 죄인이니 조상 볼 면목이 없다"면서 "제사도 지내지 말고 몸과 유품은 불태워 달라"는 유언 몇 마디를 남겼다던가. 설사 땅에 묻히고 싶다 했더라도 묻힐 만한 땅 한 뼘 마련하기가 어려운 신세였다. 풀뿌리만도 못한 처지였으니 말이다.

한편 고종은 이들 세 사람 외에도 김좌진金佐鎭과 남필우南弼佑, 이지용李地鎔 등 세 사람을 별도로 헤이그에 파견했는데 이들은 블라디보스톡까지만 갔다가 도중에 되돌아옴으로써 평화회의에 참석하려는 뜻은 이루지 못했다. 하지만 다음에 이어지는 얘기는 이들로 인해 계속된다.

고종은 국내외의 어려운 여건 속에서도 언젠가는 조선 독립의 시기가 닥쳐올 것이라 굳게 믿고 있었다. 조선 독립의 때를 생각하면서 이에 대비한 최소한의 자금조차 마련해 두지 않을 고종이었을까.

이에 대한 선우훈鮮于燻의 얘기를 들어 보자. 안창호安昌浩가 이끌던 신민회 회원으로 독립운동에 가담했던 그는 자신이 쓴 《덕수궁의 비밀》에서 고종이 모두 85만 냥의 금덩어리를 비밀 자금으로 남몰래 숨겨 두었다고 적어 놓았다. 이 가운데 43만 냥은 석금石金, 나머지 42만 냥은 사금沙金이라 했다. 아직까지 이 금덩이를 찾았다는 얘기가 없었으니, 여전히 비밀로 남아 있다고나 할까.

그렇다면 헤이그 밀사들에게조차 여비를 쥐어 주기 힘들어 한성전기회사 지분까지 처분해야 했던 고종이 이처럼 많은 금덩어리를 어떻게 모을 수 있었을까. 과연 어느 정도나 믿을 수 있는 얘기일까.

결론부터 말하자면, 이 금덩이들은 평북 운산雲山의 북진北鎭 금광에서 거둬들인 세금과 순안順安 사광沙鑛에서 상납받은 세금을 모아 놓은 것이었다. 조선 왕실은 1896년부터 미국인 모오스Morse에게 북진 금광에 대해 스물다섯 해 동안의 특허를 주어 채굴케 했는데, 미국 회사는 이 금광에서 무려 1,400만 달러 이상의 이익을 챙겼다. 이로 인해 조선 왕실에 사용료로 다달이 600원에 해당하는 금덩어리를 상납한 것 외에도 사례비조로 20만 원어치의 금덩이를 추가로 보냈는데, 문제의 금은 아마 이를 차곡차곡 모아 둔 것일 듯싶다는 얘기였다.

고종은 운산 광업권 외에도 경인철도 부설권을 미국 사람들에게 내주었다. 나름대로 청나라와 일본을 견제하면서 미국 측의 도움을 받기 위한 방안이었다. 그러나 실제로는 아무런 효과도 보지 못하고 쓸데없이 선심만 베푼 꼴이 되고 말았다.

고종은 이상설 등 세 명의 밀사를 헤이그에 파견할 때도 이 금덩어리를 처분할까 몇 번이나 망설였지만, 함부로 밖에 내놓았다가 만일 일본 관헌의 감시에 걸려들 경우 모든 것이 끝장이라는 생각에서 그때까지 깊이 간직해 두고 있었다. 고종은 이 금덩이들을 모두 얇은 조각으로 만들었다. 그리고 그 위에 '관官'이라는 도장을 찍고는 흰 종이로 싸서 항아리에 담았으니, 이렇게 만든 항아리가 모두 열두 개에 이르렀다. 이 일에는 내장원경內藏院卿 이용익이 남몰래 심부름을 맡았는데, 내장원경이란 궁중의 살림을 도맡는 벼슬이었다.

고종은 이들 열두 개의 금 항아리에 물을 가득 부어 석 자 깊이로 파헤친 온돌 속에 묻은 뒤 다시 그 위를 석회와 흙으로 단단히 덮어 버렸다. 당장 꺼내지 말고 뒷날 꼭 필요할 경우에나 꺼내 쓰라는 뜻이었으리라. 그리고는 이 금 항아리에 대해 다음과 같은 글을 남겼다.

짐朕은 이용익李容翊과 함께 대금大金을 지하에 깊이 매장한다. 왜국은 일청전쟁 끝에 한국이 자주독립 국가임을 인정하였으나, 그 뒤 또다시 로서아와 싸워 한국에서 로국露國의 세력을 몰아내고는 경술년庚戌年 8월 29일 강권으로 한국을 병탄하여 버렸다.

짐, 어찌 슬픔과 아픔을 촌각인들 잊을 수 있으랴. 천지신명은 우리를 음조陰助하리니 우리는 준비 없이 때를 기다릴 수 없다. 화기난양和氣暖陽의 때가 와서 만물을 소생케 함과 같이 조화造和의 신은 우리를 도우리니 짐이 매장하는 대금은 창생을 건지는 구국대업의 새로운 기운이 올 때에 사용케 하노라.

대한 광무光武 10년 10월 15일

고종이 이 금덩어리를 묻은 것은 글 끝의 표기에서 보이듯 광무 10년, 즉 1906년의 일이었으니, 헤이그 밀사사건으로 황위에서 물러나기 한 해 전이었다. 고종은 이 글의 신빙성을 보장한다는 뜻에서 어인御印을 찍었으며 그 밑에는 이용익의 도장도 함께 찍도록 했다. 그리고는 이 편지를 서대문 바깥 찬우물골冷井洞에 사는 자신의 칠촌 조카뻘인 이지용李地鎔에게 맡겨 간수토록 했는데 결국 때를 찾지 못한 채 승하하고 말았다.

그렇다면 이 금 항아리는 도대체 어디에 숨겨져 있는 것일까.《덕수궁의 비밀》에 의거하여 이야기를 계속 이어가 보자.

고종이 후세에 남기는 이 편지글을 넘겨받은 이지용은 편지가 발각될까 염려한 나머지 아예 벽 속에 넣고 그 위에 도배지를 발라 놓은 상태로 보관하고 있었다. 그러나 언제든지 시기가 오면 꺼내 쓰겠다는 생각을 갖고 때를 기다리던 참이었다.

그런데 당시 만주 벌판에서 독립운동을 벌이던 김좌진金佐鎭도 이에 대한 이야기를 어렴풋이나마 알고 있었다. 이지용 자신이 언젠가 무심코 꺼냈던 이야기를 기억하고 있었던 것이다. 이 이야기를 들었던 것은 헤이그 평화회의에 참석하러 가는 길에서였다.

문득 이 일을 떠올린 김좌진이 이지용에게 연락을 취해 금덩이를 함께 꺼내려고 시도하게 된다. 독립운동을 벌이다가 마침 군자금이 달리게 되자 불현듯 이 일을 생각하게 된 것이었다.《덕수궁의 비밀》을 남긴 선우훈 자신이야말로 김좌진의 부탁을 받고 이지용에게 "금덩어리를 캐내 독립군 군자금으로 쓰도록 하자"는 전갈을 전한 주인공이었다.

그러나 이들은 몇 차례에 걸쳐 금덩어리를 캐내려 했으나 결국 불발로 그치고 말았다. 여기에 대해서는 당시 민족 지도자의 한 사람이었던 안창호도 지대한 관심을 보였던 것으로 알려진다.

선우훈은 이 책에서 "비단 이 일뿐만 아니라 일본의 강점 직후 본위화本位貨 없는 지폐 4,000만 원 뭉치가 한꺼번에 발견되어 용산 창고에서 불태워졌는데, 태우는 데만 꼬박 열흘도 넘게 걸렸다"고 밝히고 있다. 누군가 나라와 백성을 위해 요긴한 일에 쓰려고 빼돌리려다가 미처 빼돌리지 못한 것으로 여겨진다는 것이 그의 추측이다.

실제로 러시아 혁명이 터지자 지위가 위태해진 니콜라이 황제가 땅속에 금덩이를 묻었으며, 중국 역사상 가장 강력한 여성 지배자로 꼽히는 청나라의 서태후西太后도 자신이 지녔던 금은보화를 땅속에 묻었다는 얘기가 전해질 만큼 금덩이를 땅속에 숨겨 놓는 것은 이미 상식적인 일에 속한다 할 것이다.

어쨌든, 이 이야기가 사실이라면, 아직도 이 금덩이는 발견되지 않은 채 물 항아리 속에 담겨 덕수궁의 어느 구들장 밑인가에 묻혀 있는 셈이다.

황태자 요시히토의 방문

숭례문崇禮門. 한성을 둘러싼 도성 남쪽에 자리 잡았다고 해서 남대문이라고도 불리는 문이다. 어느 백성을 가리지 않고 이 성문을 통해서만 도성 출입이 허용될 만큼 삼남 지역으로 통하는 관문이었다. 겉모습이 장중하고 견실하며 당당한 아름다움을 지녀 조선 초기의 대표적 건축으로 꼽히는 이 숭례문이 저들에 의해 겪은 수난도 만만치 않았다.

그중에서도 가장 대표적인 사례를 하나만 들어 본다. 일본 황태자 요시히토嘉仁의 횡포에 의한 수난이었다. 어렸을 때 앓았던 뇌막염의 후유증으로 나이를 먹어서도 가끔씩 정신질환에 시달렸다는 요시히토. 성격도 모질고 괴팍할 수밖에 없었다. 숭례문이 겪었던 수모도 그러한 결과였는지 모른다.

고종 황제가 헤이그 밀사 사건으로 퇴위하고 순종 황제가 그 자리를 물려받은 것은 1907년 칠월 스무날. 그러나 양위식 자체가 당사자이면서 주인공인 두 사람이 참석하지 않은 채 진행됐으니, 그 배경을 미루어 짐작할 수 있을 것이다. 덕수궁 중화전에서 거행된 양위식은 총칼로 무장한 저들 군사들이 식장을 에워싼 가운데 두 명의 내시가 고종과 순종의 역할을 대행하는 방식으로 이뤄졌다. 세계 역사에 웃음거리로나 남을 희한한 일이 벌어진 것이었다.

어쨌거나, 일본 황실이 순종의 즉위를 축하한다는 명목으로 요시히토 황태자를 한성에 파견한 것은 그보다 세 달이 지나서였다. 고종에게 자리에서 물러나도록 압력을 행사한 일로 치솟기만 하던 조선 백성들의 감정을 누그러뜨린다는 의미를 지닌 발걸음이기도 했다.

요시히토는 그로부터 다섯 해 뒤인 1912년 메이지 천황의 사거로 123대 천황인 '다이쇼 천황 폐하'에 오를 신분이었으니, 그가 직접 한성에 발을 디뎠던 것은 그만큼 조선 백성들의 반일 감정이 격렬해지고 있음을 깨달은 것이었으리라.

그러나 요시히토는 조선 백성들의 분통을 덜어 주려고 하기보다는 일단의 신하를 대동하고 마치 시위라도 하듯이 이 땅에 들어왔다. 그것이 그해 시월 열엿샛날. 군함 가토리香取 호를 타고 제물포항에 도착했을 때의 모습 자체가 당당했다.

양쪽 옆으로 거느린 문무 대관들만으로도 일본 황실의 위세를 충분히 과시하고 있었다. 아리스가와노미야有栖川宮 친왕인 다케히토威仁와 육군 대장 가쓰라 타로, 해군 대장 도고 헤이하치로 등등. 이 가운데 가쓰라는 내각 총리대신까지 지냈으며 도고는 러일전쟁 때 연합함대 사령관으로서 화려한 전공을 올린 인물이 아니던가.

이러한 위세에 떠밀린 것이었을까. 순종 황제가 직접 제물포까지 황태자 일행을 맞으러 마중 나가야만 했다. 그것도 즉위한 지 기껏 두 달밖에 지나지 않은 입장에서였으니 말이다. 앞뒤가 바뀌어도 한참 뒤바뀐 것이었지만 어쩔 수 없는 일이었다. 아직 어린 나이였던 이은李垠 황태자도 순종에게 손목을 이끌려 요시히토 마중에 동행해야 했다.

그러나 제물포에서 열차편으로 한성역에 도착한 요시히토는 도착 직후부터 언짢은 표정을 지었으니, 가장 먼저 트집 대상에 오른 것이 바로 숭례문이었다. "숭례문을 통해서는 도성 안으로 들어갈 수 없으니 이를 부수어 버리겠다"고 을러댔다. 여차하면 대포라도 갈겨댈 태세였다. 조선 역사를 통해 여러 나라의 사신 중에서 숭례문을 드나들 수 있도록 허락되었던 것은 유일하게 중국 사신들뿐이었으니, 이 문을 바라보는 저들의 심사가 뒤틀릴 수밖에는 없었을 것이다.

저들 사신은 반드시 한강을 통해 두무깨頭毛浦 나루에 닿아 광희문을 통해서만 도성에 들어올 수 있었으니 말이다. 지금의 옥수동 근처의 나루터인 두무깨. 여진족이 동소문을 통해서만 도성 출입이 허용되었던 것과 견주어 별로 다를 바가 없었다. 지난날의 차별대우를 떠올리며 요시히토의 성깔이 터져 나온 것이었다.

결국은 빗발치는 반대에 부딪쳐 숭례문을 헐어 버리겠다는 일본 측의 기도는 일단 엄포로만 그치고 말았다. 하지만 저들은 그 이듬해 대한제국 조정을 움직여 숭례문에 연결된 북쪽 성벽을 기어이 헐었으며 또 그 이듬해에는 남쪽으로 연결된 성벽마저 헐어 버리게 된다. 그럴 만큼 숭례문은 저들에게 눈엣가시였다.

이에 앞서 '제3차 한일협약'에 따라 대한제국 군대가 해산되는 과정에서도 숭례문은 쓰라린 역사의 현장을 지켜보았다. 총사령관이던 하세가와가 무장한 군인들을 지휘해 숭례문 성벽에 대포와 기관총을 설치토록 한 것이었다. 박성환朴性煥 참령의 순절에 자극받은 대한제국 군인들이 무기를 들고 나섰지만 끝내 진압당하고 말았다.

숭례문 옆에 '조선신궁 참도參道'라고 쓰인 팻말이 설치된 것은 그보다 약간의 세월이 더 흐르고 나서다. 저들은 합병을 이룬 뒤인 1915년 팔월 '신사 사원규칙'을 만들어 곳곳에 신궁神宮과 신사神社를 세워 조선 사람들에게 참배를 강요하기 시작했다. 매일 오전 열시만 되면 조선 사람들도 사이렌 소리에 따라 이 팻말 앞에서 머리 숙여야만 했으니, 숭례문은 그런 장면들을 하나도 빼놓지 않고 지켜보았을 것이다.

　남산에도 왜성대 근처에 경성신사京城神社가 들어서는 등 수난을 피할 수 없었다. 그때 한성에 거주하던 저들 거류민들이 남산 중턱에 부지를 정하고 아키쯔키 사츠오秋月左都夫 영사와 거류민 대표를 이세 신궁에 보내 필요한 준비를 갖추도록 하면서 신사 신축 작업이 시작된 것이었다. 남산에 조선신궁이 들어선 것은 그보다 더 뒤의 일이다.

　골짜기가 그윽하고 철을 바꿔가며 경치가 뛰어났던 남산. 저들은 이름마저 '미나미야마'라며 자신들 편리한 대로 불러댔다. 서쪽 등성이 언덕 아래에는 세조가 마신 어정御井이 있고 그 위에 정자가 있어 녹천정綠泉亭이라 불렸거늘 저들은 이 정자마저 자신들의 놀이터로 만들어버렸다.

　그때까지 주로 용산 일대에 몰려 살던 일본인들이 회현동, 남산동, 장충동 등 남산 기슭으로 밀려들면서 수풀을 야금야금 훼손하게 되는 것도 이 무렵부터의 일이다.

전명운과 장인환

　1908년 삼월 이십삼일. 미국 샌프란시스코의 오클랜드 기차역 앞에서 난데없는 세 발의 총성이 울려 퍼졌다. 대한제국 정부에서 외교 고문을 맡고 있던 친일인사 D.W. 스티븐스가 총소리와 함께 피를 흘리며 길바닥에 쓰러졌다.

　그가 워싱턴으로 가기 위해 세인트 프란시스 호텔 맞은편의 오클랜드 기차역에 도착했을 때 조선 유학생인 전명운田明雲과 장인환張仁煥이 그를 사살한 것이었다. 전명운은 유학생 단체인 보국회 소속 회원이었고 장인환은 또 다른 단체 공립협회의 회원이었다.

그때의 미국 대통령 디어도어 루스벨트의 가까운 친구이기도 한 스티븐스는 일본과 러시아의 비밀 협약안을 미국 정부에 설명하고 협조를 얻기 위해 귀국해 있었다. 그러나 그를 손꼽아 기다리고 있던 이들 두 명의 조선 유학생에 의해 이처럼 최후를 맞은 것이었다.

스티븐스가 지녔던 소지품에서는 이토 통감과 일본 하야시 다다스 林董 외무대신 앞으로 남긴 유서가 발견됐다. 스스로 친일 행위로 인해 신변상의 위협을 느끼고 있었음일까. 유서의 내용 자체도 그러했다.

"지난 스무 해 동안 일본편에 서서 일해 온 것을 감안해 달라. 혹시 나에게 무슨 일이 생길 경우 남은 가족들에게 후한 대우를 부탁한다."

그의 주머니에서는 예금통장도 발견되었다. 정기예금과 당좌예금, 채권 등 모두 2만 6,000원이 넘는 거액이 입금되어 있었다. 당시 그의 보수는 한 달에 100원 남짓. 그가 친일의 대가로 정해진 보수 외에도 상당한 대우를 받고 있었음을 드러낸 것이었다.

이 사건에 대한 재판이 시작되자 여론의 눈길이 쏠렸다. 특히 조선 유학생들과 교포들의 관심은 적지 않았다. 전명운과 장인환이 속해 있던 보국회와 공립협회는 대대적인 모금 운동을 벌인 끝에 세 명의 변호사를 선임했다. 그리고 수소문한 끝에 당시 조선 유학생 중에서는 비교적 영어가 수월했던 한 학생을 통역으로 추천하게 된다. 그가 바로 뒷날 대한민국 초대 대통령이 되는 이승만李承晩이다.

이승만은 이때 워싱턴 대학을 졸업하고 하버드 대학에서 석사학위를 받은 뒤였다. 학업도 학업이었지만 나름대로 민족과 나라의 장래를 무척 걱정하던 입장이었다. 하지만 이승만은 재판이 열리도록 되어 있던 샌프란시스코에 도착해서 돌아가는 사정을 살피고는 재판 통역을 맡기를 거절해 버렸다.

이 무렵 오하이오 대학에 유학하며 민족운동을 이끌던 김원용金元容은 《재미在美 한인 50년사》에서 이에 대해 다음과 같이 적고 있다.

"이때 한인 중에 영어 아는 사람이 귀하여서 통역이 곤란하던 까닭에 하버드 대학에서 석사 학위를 받은 리승만을 통역으로 청하였다. 리승만이 샌프란시스코에 와서 형편을 살피고 통역하기를 거절하였는데 시간 관계로 오래 있을 수 없으며, 예수교인 신분으로 살인 재판 통역을 원하지 않는다는 이유였다."

그러나 이러한 이유보다는 사건이 자꾸 확대될 경우 자칫 미국인들이 살인사건을 저지른 조선 사람들에 대해 부정적인 생각을 갖게 될까 봐 걱정한 때문이라는 얘기도 전해지고 있었다. 이승만은 가까운 친구들에게 "스티븐스는 애버린 대학 졸업생으로 영향력이 퍽 강한 인물이었다"고 말하곤 했다 하니, 혹시나 스티븐스에 대해 개인적인 연민을 지녔던 것은 아니었을까.

하지만 변호인들은 달랐다. 장인환과 전명운의 변호를 맡았던 커글린, 배렐 등 변호인단은 "우리의 부모형제가 일본인의 손에 죽고, 우리의 강산이 일본 군대의 말 먹이는 목장이 되며, 일본 사람들이 재산을 몽땅 차지하고 음모의 소굴로 만든다면 우리 중에 미치지 않을 사람이 몇이나 되겠는가"라며 이들의 정당성을 배심원들에게 호소했다.

변호인들의 변론 덕분이었을까. 전명운은 재판 결과 불기소 처분으로 석방되었다. 그리고 일본의 위협을 피해 블라디보스톡으로 잠시 피신하게 된다. 이곳에서 뒷날 이토 히로부미를 저격하게 되는 안중근安重根과 조우하게 되었으니, 운명이란 참으로 묘한 것이다.

안중근은 이 무렵 블라디보스톡에서 한글로 발행되는 《해조海朝 신문》에 조선 동포들의 단결을 호소하는 글을 몇 번인가 기고하고 있었다. 기고명은 어릴 때 이름인 안응칠安應七. 그가 기고했던 글의 내용을 다시 한번 천천히 읽어 보자.

"우리 조선이 오늘날 삼천리강산을 왜놈에게 빼앗기는 지경에 이른 것은 서로 화합하지 못하는 '불합병不合病'에 걸린 때문이 아니고 무엇이랴. 불합병의 근원은 교만과 오만 때문이라. 이 병에서 벗어나려면 우리 동포들이 서로 자기를 낮추는 겸손과 용서의 마음을 가져야 하지 않겠는가. 그러나 오히려 무엇이 부족하여 어떤 동포는 내정을 정탐하여 저들에게 빼내 주며 충의한 동포의 머리를 베어 바치려 하는고."

안중근이 기고한 이 신문은 을사조약 직후 《황성신문》에 '시일야방성대곡是日也放聲大哭'이라는 논설을 쓴 장지연이 발행하던 신문이었다. 이이름 자체가 '해삼위海參威 블라디보스톡에 사는 조선인들이 만든 신문'이라는 뜻이었다던가.

전명운은 이곳에서 조선인이 경영하는 여인숙에 투숙하게 된다. 이여인숙은 독립투사들이 블라디보스톡을 지나다니며 자주 묵어가던 곳으로 안중근도 이곳에 투숙하고 있었다. 전명운은 이곳에서 공장 직공으로 생활하며 독립운동 단체인 동의회同義會에 들게 되는데 안중근은 이미 이 단체의 회원이었다. 당시 전명운이 스물다섯, 안중근이 서른 살로 전명운보다 다섯 살 위였다.

전명운이 미국으로 되돌아간 것은 1909년 칠월. 안중근이 이토 히로부미를 저격한 것은 그보다 석 달 뒤인 그해 시월의 일이었다.

안중근의 유언

1909년 시월 이십육일 오전 열시께, 만주 하얼빈哈爾濱역. 이토 히로부미가 기차에서 내려 러시아 재무상 코코프체프의 안내를 받으며 귀빈실로 들어가려는 순간 러시아 의장대 바로 뒤편에서 총탄 일곱 발이 연달아 발사됐다. 삼엄한 경비망 사이로 브라우닝 8연발 권총이 통렬하게 불을 내뿜은 것이었다.

이토는 그 자리에서 무릎을 꺾고 고꾸라졌다. 의거의 주인공은 조선 청년 안중근安重根. 그는 이토가 쓰러지자 당당하게 앞으로 나서며 "대한독립 만세"를 외쳤다. 그리고는 러시아 군인과 헌병들에 의해 현장에서 기꺼이 체포되었다.

"천주님, 침략자는 마침내 제 손에 죽었습니다. 이것은 천주님의 가르침입니다. 감사합니다."

안중근은 체포된 직후 이토가 절명했음을 확인하고는 그 자리에 꿇어앉아 환한 웃음으로 기도를 올렸다. 그는 독실한 천주교 신자였다. 영세명은 토마스多默라고 했다던가.

이날 일본에서 발행되는 《오사카아사히大阪朝日 신문》은 호외를 통해 "이토 공公, 저격당하다"라는 제목으로 급보를 전했다. 그가 조선 통감에서 물러나 추밀원 의장을 맡고 있을 때였다.

안중근은 이듬해인 1910년 이월 십사일, 뤼순旅順 지방법원에서 사형 선고를 받고 한 달여 만인 삼월 이십육일 사형이 집행됨으로써 의연히 눈을 감았다. 이토를 저격한 지 정확히 다섯 달 만이었다. 그의 나이 아직 서른두 살 때였다.

그러나 그는 공판 진술을 통해 "이토 공작은 통감으로 조선에 부임한 이래 백성을 파리 다루듯 죽이고 선제先帝인 고종 황제를 폐위시켰으며 순종 황제를 마치 부하처럼 압제했다"며 자신의 행동이 정당했음을 거듭 강조했다. 또 "그는 영웅이 아니요 간웅奸雄"이라고 거침없이 주장하기도 했다.

안중근이 전명운을 만난 것은 두세 번 정도. 그의 법정 진술에서 드러난 사실이다. 재판부가 미국 샌프란시스코 법원에 전명운의 재판 기록을 보내 달라고 요청한 것도 이런 까닭이었다. 이는 현재 일본 외무성이 보관중인 '스티븐스 조난사건' 문서철에서 확인되고 있다.

안중근은 사형이 집행되기 직전 정근定根, 공근恭根 등 두 동생에게 남긴 유언에서 "슬퍼하지 말라. 조국과 민족을 위해 모든 것을 바쳤는데 무엇을 슬퍼한단 말인가"라고 오히려 위로했다. "내가 죽은 뒤 유골을 하얼빈 공원 근처에 묻었다가 국권이 회복된 뒤에 고국에 묻어 달라"는 것이 그의 마지막 부탁이었다.

그의 어머니 역시 눈물 많은 여성이었지만 애국심만큼은 아들에 조금도 뒤지지 않았다. 그것은 마지막 면회에서 조만간 형이 집행될 아들의 손목을 붙잡고 전한 말을 보면 알게 된다.

"네가 나라의 의를 좇아 장한 일을 이루었으니 이 어미 기쁘구나. 내 언젠가 저승에서 네 아버지를 만나면 얘기하겠노라. 큰 애가 자랑스럽노라고…."

안중근은 형이 집행되기 전까지도 뤼순 감옥에서 인간적인 모범을 보였다. 당시 일본인 헌병 간수인 치바 도시치千葉十七가 그의 생활 태도에서 감화를 받은 것도 그런 때문이었다. 치바는 안중근이 형장의 이슬로 사라진 뒤에도 오래도록 그의 영정을 간직하고 있었다.

이로써 일세의 풍운아 이토 히로부미도 마침내 종말을 고하고 말았다. 도쿠가와 바쿠후德川幕府의 몰락과 개화 세력의 등장으로 빚어진 혼란한 정국 속에서 메이지 시대를 화려하게 주름잡았던 이토. 한편으로는 후쿠자와 유키치福澤諭吉와 함께 일본 근대화의 두 기둥으로 추앙받는다지 않는가.

이토는 대체로 같은 시대 일본인들에 비해서는 타협을 앞세워 조화로운 해결을 추구한 편이었으나 조선 통감으로서는 성공을 거두지 못했다. 오히려 실패로 끝나고 말았다. 노회하면서도 한편으로 온건하고 동정적인 듯한 접근 방식이 일본인은 물론 조선인에게도 지지를 받지 못했다.

이토가 총탄에 맞고 응급실로 옮겨지면서 자신을 저격한 사람이 조선 청년이라는 얘기를 전해 듣고는 "바카나 야쓰다('바보 같은 놈'이라는 뜻)"라는 한 마디를 남겼다던가. 그리고 브랜디 한 모금을 겨우 넘기고는 마지막으로 눈을 감았다고 했다. 과연 어떤 점이 그에게 바보 같다고 느껴졌던 것일까. 혹시 자신으로서는 조선 사람들에게 베풀 만큼 충분히 베풀었는데도 자신의 속마음을 헤아려 주지 못해 야속하다는 뜻은 아니었을까.

그가 조선에서 펼치려 했던 정치 스타일을 '화려 정치'라 평하는 논객들이 있었을 만큼 그는 휘날리는 수염만큼이나 화려한 것을 즐겼다.

"나는 술에 취하면 여인의 무릎을 베고 잠이 든다. 그러나 술에서 깨어나면 권력의 고삐를 힘차게 감아쥔다."

그가 남겼다는 이 말도 실은 '화려 정치'를 구사하려 했던 한 풍운아의 기고만장한 자랑이라 할 수 있었다. 도검刀劍 수집과 여체女體 감상. '동양의 비스마르크'로 불리던 이토의 유별난 취미였으니, 그는 소문난 난봉꾼이었다.

이토가 하얼빈에서 안중근의 총탄에 저격되어 두 달이 지나지 않았을 무렵인 1909년 십이월. 매국노 이완용이 한 젊은 우국지사의 칼에 혼쭐이 빠지는 일이 또 다시 벌어지게 된다. 그가 종현 천주교당에서 거행된 벨기에 황제 레오폴드 2세의 추도식에 참석하고 나와 돌아가려고 막 인력거에 올라탔을 때 사건이 벌어졌다.

주변을 맴돌던 군밤장수 차림의 한 젊은이가 갑자기 뛰어들어 먼저 인력거꾼을 찌른 다음 뛰어내리려는 이완용의 허리와 어깨를 찌른 것이었다. 그러나 몇 번 더 찌르기도 전에 젊은이는 총칼을 겨누고 몰려든 호위 경찰들에게 격투 끝에 체포되고 말았다. 그의 이름은 이재명李在明. 그는 다음 표적으로 송병준, 이용구에 대해서도 위해를 가할 생각이었으나 모든 것이 수포에 그치고 말았다.

이재명 또한 이듬해 곧장 사형이 집행됐다. 그때 나이 스무살. 꽃다운 나이의 아까운 목숨이 덧없이 저버린 것이었다.

날조된 합병문서

　1910년 팔월 스무아흐렛날. 제국주의 일본이 조선을 식민지로 삼아 조선총독부로 하여금 통치토록 한다는 사실이 정식 발표된 날이었다. 을사늑약에 의해 1906년 이월 이 땅에 통감부를 설치하고 대한제국의 외교권을 박탈했던 저들은 또 다시 네 해 여섯 달 만에 이 나라의 기둥뿌리를 밑둥부터 완전히 잘라 버린 것이었다.

　태조 이성계가 조선 왕조의 새 주춧돌을 놓은 때로부터 오백년 하고도 열여덟 해. 고종이 만천하에 대한제국을 선포하고 '광무光武'라는 연호를 사용하며 스스로 황제에 오른 때로부터는 열세 해 만의 일이었다. 일본 연호로는 메이지 43년이라 했던가.

　그러나 이 합병안은 발표되기 며칠 전 이완용李完用과 데라우치 두 사람 사이에 이미 은밀히 도장이 찍힌 것이었다. 이완용은 대한제국의 총리대신이었으며, 데라우치는 조선 통감이었다. 그때 조인된 합병문서

맨 뒤에 양측의 전권 위임자로서 부서된 이름이다.

>제1조. 한국 황제 폐하는 한국에 관한 일체의 통치권을 완전히, 또한 영구히 일본국 황제 폐하에게 양여한다.
>제2조. 일본국 황제 폐하는 한국의 양여를 수락하여 한국을 일본 제국에 병합함을 승낙한다.
>제3조. 일본국 황제 폐하는 한국 황제 폐하, 태황제 폐하, 황태자 전하 및 그 후비后妃와 후예가 각각의 지위에 상당하는 존칭, 위엄, 명예를 누리도록 하며 충분한 세비를 지급한다.

이른바 '일한日韓 합방 조약안'의 내용이다. 모두 여덟 개 조항이었지만 나머지 다른 조항들도 보나마나였다. 더욱이 이완용과 데라우치 두 사람이 모든 뒷수작을 부려 놓고는 "본 조약은 한국 황제 폐하 및 일본 황제 폐하의 재가를 얻은 것이니 공포일로부터 이를 시행한다"라고 못박고 있었다. 나라와 백성을 한몫에 팔아먹고 사들인 셈이었다. 가뜩이나 '을사 5적'의 한 명으로 꼽히던 이완용이 돌이킬 수 없는 매국노의 대명사로 불리게 된 것은 바로 이때부터다.

그러나 다시 돌이켜 자세히 살펴보자. 이때 발표된 칙유문勅諭文에는 마땅히 찍혀 있어야 할 '척坧'이라는 이름이 빠져 있었다. 그것은 다름 아닌 순종의 이름이었다. 이 시기에 작성된 다른 조약문에는 순종 친필의 이름이 서명되어 있으나 그가 친히 재가를 내렸다는 이 칙유문에서는 그렇지 않았다.

도대체 무슨 곡절이 있었던 것일까. 그것은 순종이 끝내 이 칙유문에 서명하기를 거부한 까닭이었다. "백성들을 곤궁함에서 구하고 동양

평화를 앞당기기 위해 조선의 통치권을 대일본 황제에게 양여한다"고 작성된 칙유문은, 이를테면, 날조된 것이었다. 일본과 그들에 빌붙어 먹던 몇몇 부일배附日輩들이 일방적으로 작성한 결과였다. 여기에는 순종의 친필 서명이 빠져 있었을 뿐 아니라 국새國璽도 찍히지 않았다.

단지 어새御璽 하나만 덜렁 찍혀 있을 뿐이었다. 어새란 간단히 말하면 임금의 도장이며, 국새란 나라 도장이다. 결국 저들이 그 뒤로 무려 서른다섯 해 동안이나 조선을 손아귀에 틀어쥐고 억눌렀던 것은 총칼을 앞세워 국새도 찍히지 않은 채 허겁지겁 날조된 이 칙유문 한 장에 근거한 것이었다. 어디 가당치나 했던 일인가.

어쨌든 석 달 전인 그해 오월 데라우치가 통감으로 발령받았을 때부터 간간이 나돌던 소문이 어느 날 하루아침에 그대로 실현된 것이지만 누구라도 처음에는 눈과 귀를 의심했다. 이것이 정녕 사실인가 싶었다. 그대로 받아들이기에는 너무도 엄청난 일이었다.

이러한 과정을 거쳐 저들은 조선을 식민지로 복속시키게 되지만 사실 정한론征韓論은 메이지 유신 직후부터 줄곧 제기되어 온 과제의 하나였다. 무려 일곱 해 동안이나 지속됐던 임진왜란도 따지고 보면 같은 성격의 침략 전쟁이었다.

사이고 다카모리西鄕隆盛. 메이지 유신 이후 가장 먼저 목청을 높여 정한론을 주장했던 장본인. 그는 일본 육군의 최고 수뇌이자 유력한 정치 지도자의 한 사람이었으니, 이러한 주장은 그의 추종자들에 의해서도 기회 있을 때마다 자꾸 불거져 나오게 된다.

사이고가 정한론을 처음 내세운 것은 1873년 무렵. 그러나 해외 시찰에서 돌아온 이와쿠라 도모미 등이 '내치內治 우선론'을 내세워 침략론을 일단 저지시키게 된다. 그러자 사이고를 위시해 이타가키 타이스케板垣退助, 에토 신페이江藤新平를 포함한 정한론자들은 정부의 요직을 내놓은 채 반정부 운동에 나섰다. 메이지 정부가 폐도령廢刀令을 내려 사무라이 계급의 권위를 깎아내리려 한 데 대한 반발이기도 했다.

결국 사이고는 1877년 고향인 가고시마에서 메이지 정부에 대항하여 세이난西南 전쟁을 일으켰다가 패배하자 스스로 목숨을 끊고 말았다. 에토 신페이도 폭동을 일으켰으나 결국 실패하고 사형에 처해졌다. 그러나 이타가키는 여론에 따른 대의정치를 주장하고 자유당을 결성해 민권운동을 선도하는 등 정치투쟁에 나서게 된다.

정한론은 이처럼 메이지 정부 안에서는 한동안 권력투쟁의 구실로 이용되었을 뿐 끝내 실현되지는 못했다. 조선에 대원군이 집권하고 있는 한 조선 정벌은 불가능하다고 판단한 때문이었다. 그런 상황에서 일본이 눈길을 타이완으로 돌려 침략에 나선 것은 정한론의 다른 표현이었다.

정한론을 뒷받침하는 논리들도 적지 않게 제시됐다. 임종국林鍾國의 《친일논설선집》은 이에 대해 자세히 소개하고 있다. 먼저 무라타 시게마로村田懋磨. 그는 "조선 민족의 정기는 그 땅기운이 오래된 것처럼 늙고 쇠했다. 노쇠한 민족은 젊은 민족에게 그 사명을 넘겨주고 물러가는 것이 당연한 자연의 섭리"라는 주장을 폈다.

후쿠자와 유키치福澤諭吉는 "서양 세력이 동양을 차지하기 위해 밀려드는 상황에서 일본은 주변 나라의 깨우침을 기다려 아시아를 일으킬 여유가 없다. 차라리 아시아 동방의 악우惡友인 조선과 청국을 뿌리쳐야 할 것"이라고 말했을 정도다. 그가 내세운 '탈아론脫亞論'의 요점이다. 게

이오 대학慶應義塾의 창시자이며 《지지時事 신보》 창간 운영자로서 당시 일본 지식인 중의 지식인으로 평가받던 그의 주장은 끝내 청일전쟁을 유발하는 중요한 사상적 실마리로 작용하게 된다.

청일전쟁이란 그의 말처럼 '나쁜 친구'를 떨쳐버리는 절차였다. 그가 《학문의 권장》이라는 저술의 첫머리에서 "하늘은 사람 위에 사람을 만들지 않았으며, 사람 아래 사람을 만들지 않았다"라고 썼다던가. 결국에는 일본 사람들에게나 해당하는 논리이며, 찬사였다.

저들의 합병 논리는 계속 이어진다. 오카쿠라 텐신岡倉天心은 "아시아의 뿌리는 하나이다. 아시아에서 발흥한 유교와 불교, 그 밖의 각종 문명은 궁극과 보편에 대한 사랑을 추구한다는 점에서 일치하기 때문이다"고 말했다지만 그도 결국에는 일본의 울타리를 넘어서지 못했다. 자신의 이 말을 곧바로 부정하기라도 하듯이 "일본은 아시아의 사상과 문화의 신탁의 창고로서 아시아 의식의 전체를 반영할 능력을 부여받았다"라고 말했다지 않는가.

역시 그 시기에 활동했던 아오야기 쓰나타로青柳綱太郎의 주장도 논거가 비슷했다. 그는 《조선사朝鮮史》라는 저술을 통해 "조선 민족이란 대륙의 생존경쟁에서 패배하여 쫓기고 쫓긴 끝에 마침내 조선반도까지 내려온 열등민족"이라며 "이런 민족은 우수한 우리 야마토大和 민족에게 지배를 받아 마땅하다"고 썼다.

막상 합병을 이룬 뒤에도 저들 일부 지식인들과 언론의 오만함은 조금도 수그러들지 않았다. 심지어 조선을 '사이비 국가'라고 부르는 경우마저 있었다. 조선은 국가라고 부르기에는 수준에 미치지 못한다는 얘기였으니, 그만한 멸시도 없었다. 그 중 가장 적나라한 논조를 폈던 《도쿄아사히 신문》의 논평을 하나만 들춰 보자.

조선과 같은 '사이비 국가'가 폼페이 박물관에나 진열되지 않고 지금껏 우리의 이웃에 존재하였던 것은 국제 교류가 밀접하지 못한 결과로서, 교통·무역에 힘쓰지 않은 동양 국가들의 치욕이다. 이번에 조선이 일본에 합병된 데 대해 더러는 2000년 전부터의 오랜 현안을 해결했노라고 자랑스러워하는 사람도 있는 듯 하지만 이 문제가 그만큼 긴 세월 동안이나 처리되지 않고 있었다니, 어지간히 유장悠長한 노릇이라 하지 않을 수 없다. 또한 2000년 전부터 줄곧 일본의 노림을 받아 왔으면서도 그에 대한 대비책을 마련하지 못한 조선인의 무딘 신경은 더 한층 놀라운 것이라 말하지 않을 수 없을 것이다.

그동안 줄곧 일본의 위협에 시달려 왔으면서도 마땅한 대비책을 마련하지 못한 조선에도 책임이 있다는 논리다. 맞는 얘기다. 하지만 조선 지식인들 스스로 반성하는 입장에서 말했다면 모를까, 약탈자 입장에서의 이러한 발언은 뻔뻔스러움의 극치를 넘어선다. 그때 저들 사회의 대체적인 분위기가 그러했다.

천황의 조서

한성 한복판의 길거리였건만 사람들은 온통 일본 사람들뿐이었다. 황토마루에서도, 진고개에서도, 소공주골에서도, 또 야주개에서도 저들의 시시껄껄대는 웃음소리 밖에는 들리지 않았다. 그들은 손과 손에 붉은 동그라미 하나만 덜렁 그려진 히노마루를 치켜들고 있었다.

여기저기서 "반자이萬世—" 소리가 들려왔다. 골목마다 딸그닥 소리도 더 요란해진 것 같았다. 게다짝 끌리는 소리였다. "임금의 나라는 천세만세 조약돌이 바위가 되어 이끼가 낄 때까지…"라는 키미가요의 노랫소리가 길거리에 울려 퍼졌다. 그러한 기세가 마치 천년만년이라도 이어질 것처럼.

도쿄에도 집집마다 깃발이 내걸렸고 시가지에는 꽃전차가 지나다녔다. 날마다 크고 작은 축하 행사와 연회도 베풀어졌다. 그러나 요란한 흥분의 물결이 한 차례 휩쓸고 지나간 한성에서는 광화문 앞 육조거리를 비롯해 큰 길목마다 무장한 군인들로 주욱 깔렸다. 민심의 동요를 감시하는 저들의 눈초리는 삼엄하기만 했다.

조선 백성들은 그날로부터 머리를 풀어헤쳤다. 땅바닥에 주저앉아 가슴을 치며 분노와 울분의 눈물을 삼켰다. 그토록 치를 떨었건만 이미 되돌려 놓기에는 너무도 늦어 있었다. 그야말로 '사이비 국가'의 뿌리 없는 백성들이 되어 버린 것이었다.

분통을 참지 못해 스스로 손가락을 깨물고 목숨을 끊는 우국지사들이 줄을 이은 것도 그런 까닭이었다. '매천梅泉'이라는 호 만큼이나 성품이 고결했던 선비 황현黃玹. 그는 간악한 일제에 의해 끝내 오백년 사직이 무너지자 열흘여 동안이나 침식을 전폐하다가 시 한 편을 울음처럼 화선지에 토해내고는 순절하고 말았다.

    난리 속에 휩쓸려 흰머리 되도록 살아 왔다
    몇 번이나 삶을 버리려 했으나 끝내 못하였으니…

> 쓰러져가는 집에 서까래 반 동아리도 받쳐 주지 못했음을
> 다만 이로써 어진 뜻이나 이룩하려 함이요, 결코 충성은 아니니

그가 이승의 마지막 문턱을 넘으며 나타낸 참담한 심정이었다. 어찌 황매천 뿐이었을까. 사헌부 벼슬을 지낸 종정원경宗正院卿 이면주李冕宙도 며칠 뒤 역시 음독 순절했으며 러시아와 프랑스, 미국 공사를 지내고 러시아에 망명해 있던 이범진李範晉도 멀리 동쪽 하늘을 우러러 무릎을 꿇고는 스스로 목숨을 끊었다. 이범진은 헤이그 밀사로 파견됐던 이위종李瑋鍾의 아버지였으니, 그 아버지에 그 아들이었다. 이 밖에 방방곡곡에서 이름 없는 필부들이 나라 빼앗긴 설움을 자결로 씻었다.

양기탁梁起鐸과 영국인 배설裵說 Ernest T. Bethell이 발행하던 《대한매일신보》는 '합방론자에게 고함'이라는 논설을 실었다가 신문을 모조리 몰수당하기도 했으며 끝내는 경영권을 빼앗기고 말았다. 이 신문이 그 뒤 《매일신보》로 제호를 바꾸고 총독부의 기관지로 전락하게 된 것 또한 역사의 장난이었을까.

조선 합병이 발표되던 바로 그날, 일제는 '조선총독부 관보 1호'를 통해 합병에 즈음한 천황의 조서詔書를 발표했다. 조선총독부 관보 1호는 한성 시내 모든 관청과 일본인 사무실마다 무더기로 뿌려졌다.

메이지 천황의 조서 내용은 대략 이러했다.

> 짐朕은 동양의 평화를 영원히 유지하고 제국帝國의 안전을 장래에 보장하는 필요를 생각하며 또 한국이 화란禍亂의 연원됨을 고려하여 짐의 정부로 하여금 한국 정부와 협정케 하고 한국을 제국의 보호 아래 둠으로써 화원禍源을 두절하고 평화를 확보함을 기한지라. 이미 지난 4년여 동안 짐의 정부는 한국 시정

날조된 합병문서

의 개선을 위해 예의 노력하여 그 성적成績이 내세울 만한 것이 없지 않으나 한국의 현 제도는 아직 치안의 보지保持를 완전케 함에 족하지 못하니 의구疑懼의 걱정이 국내에 충일充溢하야 백성들이 안도를 느끼지 못하나니, 공공의 안녕을 유지하여 민중의 복리를 증진함을 위할진대 현 제도를 혁신함을 피하지 못함이 요연瞭然함에 이른지라.

짐은 한국 황제 폐하와 더불어 이 사태를 살피고 한국을 들어 일본 제국에 병합하여 시세의 요구를 응應함이 부득이한 일이라는 결론에 이르러 이에 영구히 한국을 제국에 병합케 함이라. 한국 황제 폐하 및 황실 각원各員은 병합한 뒤라도 상당한 우우優遇를 받으시며 민중은 직접 짐의 안무按撫 아래에 서 있어 강복康福을 증진할지라. 산업 및 무역은 치평治平을 누리며 현저한 발달을 보게 될지니 동양의 평화가 이에 따라 더욱 기초를 공고케 함이 의심치 않는 바라. 짐은 특히 조선총독을 두고 짐의 명을 받아 육·해군을 통솔하며 제반 정무를 총할總轄케 하니 중서衆庶로 하여금 영원히 치평의 경사에 힘입게 함을 기할지어다.

한마디로 이 땅에 총독부를 설치하고 식민지로 다스리겠다는 얘기였다. 그것은 한국의 안녕과 백성들의 복리 증진을 위해서도 부득이한 조치라고 했다. 더 나아가 '영구히' 다스리겠다는 것이었으니 이 나라 백성들로서는 그저 어안이 벙벙할 따름이었다.

메이지 천황의 서명과 옥새를 대신해 '어명御名 어새御璽'라고 인쇄된 그 밑으로는 총리대신 겸 대장 대신인 가쓰라 타로桂太郎를 비롯해 육군, 외무, 해군, 내무, 체신, 문부, 농상무 및 사법대신 등이 차례로 연명하고 있었다. 조선 통감으로 부임해 있던 데라우치 마사다케寺內正毅는 그때 육군대신도 겸하고 있었다.

"고바야카와, 가토, 고니시가 살아 있었다면 과연 오늘 저녁 저 달을 어떻게 볼 것인가."

데라우치는 이날 저녁 거나하게 술잔을 들이키면서 임진왜란 당시 조선 침략에 나섰던 도요토미 히데요시 휘하 장수들의 이름을 거론하며 득의양양한 표정을 감추지 못했다. 고바야카와 다카카게小早川隆景, 가토 키요마사加藤淸正, 고니시 유키나가小西行長 등등. 그들이 이루지 못했던 조선 정벌의 꿈을 비로소 자신이 이뤄낸 의기양양한 기분을 나타낸 표현이었으리라.

그러나 저들이라 해서 모두 으스대고 기뻐만 했던 것은 아니었다. 한편으로는 비통한 마음을 표현한 사람도 전혀 없지는 않았다.

"메이지 43년의 가을, 나의 마음은 유난히 심각하게 되어 슬프기도 하구나."

저들의 '국민 시인'으로 불리던 이시카와 하지메石川一. 다쿠보쿠啄木라는 이름으로, 지적이면서도 냉소적 표현을 즐겨 구사했던 그는 이러한 글귀로 깊은 비애를 나타냈다.

그는 또 이렇게도 읊었다.

"조선 지도에 시커멓게 먹칠을 하면서 가을바람 소리를 듣노라."

여름철이 지나면서 그에게 닥쳐왔던 가을은 음울과 침잠이었다. 대한제국을 그런 식으로 합병하는 것이 결코 온당치 않다고 여겼던 것이다. 가난과 병고 속에서도 천재 시인으로 평가받았던 그는 그로부터 채 두 해도 지나지 않아 "고향땅 이와테岩手의 사투리가 듣고 싶다"는 한마디를 남기고는 스물일곱의 젊은 나이로 이 세상을 등지고 말았다.

가뜩이나 저들의 음울한 국내 사정까지 겹쳐 사회주의 운동가인 기노시타 나오에木下尙江는 "초목은 시들고 바람도 그쳤다"며 한숨을 몰아쉬기도 했다. 몇몇 낭만적 사회주의자들에 의한 메이지 천황 암살모의 사건이 과격한 체제수호 움직임에 거꾸로 이용당한 탓이었다. 그 무렵 사회주의 운동을 이끌던 고토쿠 슈스이幸德秋水 등 열두 명이 대역죄를 뒤집어쓰고 하루아침에 형장의 이슬로 사라진 것도 그런 결과다.

마치 황폐한 겨울 빈들에 맨몸을 드러낸 것과 같은 시절이었다. 마음도 몸도 시릴 수밖에 없었다. 아무리 소리쳐도 메아리조차 들려오지 않았다. 그것은 현해탄을 사이에 두고 이쪽 땅이나 저쪽 땅이나 거의 마찬가지였다.

대한제국에서 조선으로

대한제국이라는 국호도 이날부터 조선으로 바뀌었다. 천황의 칙령에 따른 것이었다. 앞서의 조선총독부 관보 1호는 "짐은 한국의 국호를 고쳐 조선이라 칭하는 건件을 재가해 이를 공포한다"는 내용의 천황 칙령을 함께 싣고 있었다.

대한제국 당시 높은 벼슬자리에서 거들먹거리며 저들의 눈꼴에 비위를 맞추던 일흔여섯 명의 친일 인사들은 귀족 작위를 받았다. 이른바 '조선 귀족령'에 따른 것이었다.

그중에서도 이재완李載完을 비롯해 이재각李載覺, 이해창李海昌, 이해승李海昇, 윤택영尹澤榮, 박영효朴泳孝 등 여섯 명에게는 후작 작위가 내려졌다. 이지용李址鎔과 민영린閔泳璘, 이완용李完用 등 세 명은 백작을 받았다. 이 밖에 스물두 명에게는 자작이, 나머지 마흔다섯 명에게는 남작 작위가 주어졌다.

그렇지만 가장 직급이 높은 공작 작위는 한 명도 없었다. 아무리 겉치레로 주는 것이라고는 했지만 조선인에게 대뜸 공작 작위를 내리기에는 저들의 자존심이 도무지 허락하지 않는다는 애기였을까. 사실은, 저들로서도 카마쿠라 귀족이나 도쿠가와 귀족, 그리고 메이지 유신에 직접적으로 기여했던 공로가 아니라면 공작 작위를 받는 것은 거의 불가능한 실정이었다. 가쓰라 타로 총리대신이 자작, 백작을 거쳐 아직 후작 작위에 머무르고 있었으며, 데라우치 총독은 자작일 때였다.

총독부는 특히 합병 문서에 마지막 도장이 찍히기까지 앞잡이로 나섰던 몇몇 인물들에게는 은사 공채금까지 두둑하게 쥐여 주었다. 이완용의 경우 훈일등 백작 작위 외에도 욱일동화대수장旭日桐花大綬章 훈장과 은사 공채 15만 원을 받았다. 그가 대한제국 정부로부터 마지막으로 받은 퇴직금은 1,458원 33전, 잔무처리 수당 60여 원. 은사금은 거기에 견주면 비교할 수도 없는 엄청난 액수였다.

이완용은 합방과 함께 중추원 고문이 되었으며 1920년에는 후작으로까지 작위가 오르게 된다. 송병준도 저들에게 자작 작위와 은사금을 받았으며 뒤에 백작으로 올랐다. 조중응은 자작 작위와 아울러 10만 원의 은사금을 받았다.

전국을 통틀어 열세 자리에 이르는 도 장관에는 조선 사람 여섯 명이 임명됐다. 황해도 장관에 조희문趙羲聞, 충남 박중양朴重陽, 함남 신응희申應熙, 강원 이규완李圭完, 경북 이진호李軫鎬, 전북 이두황李斗璜 등등. 대한제국에서 감투를 썼던 벼슬아치 가운데 360여 명의 군수는 단 한 명의 사표 제출자도 없이 모두가 조선총독부 치하의 군수로 탈바꿈했다. 판임관判任官 이하 아랫급 관리들에 대해서는 가능한 범위 안에서 다수의 조선인을 채용토록 방침이 서 있던 터였다.

데라우치 통감은 이날로 조선총독 직무대행으로 임명되었다. 그리고 그로부터 한 달이 지난 구월 삼십일에는 일본 정부 칙령 제357호가 발표되었다. 비로소 '조선총독부 관제'가 정식 공포된 것이었다. 조선총독부가 정식으로 현판식을 갖고 개청하게 된 것은 또 그 바로 다음날인 시월 초하룻날. 저들이 두고두고 '시정 기념일'로 받들어 모시게 되는 바로 그날이기도 했다.

당연한 일이었지만, 초대 총독에는 데라우치가 임명되었다. 그는 결국 자기에게 떠맡겨진 임무를 '훌륭히' 수행해 냈고, 그 공로를 인정받아 예상대로 초대 총독에 임명된 것이었다. 이제, 저들의 표현을 그대로 빌린다면, 이 땅에서 이토 히로부미의 화려했던 영웅정치 시대는 막을 내리고 드디어 준엄한 무단정치가 시작되는 셈이었다.

정무총감에는 데라우치와 함께 부통감으로 발탁되어 부임해 왔던 야마가타 이사부로山縣伊三郎가 임명됐다. 조선 주둔군 헌병 사령관 아카시 모토지로明石元二郎도 그대로 유임되었다. 통감부의 기존 지휘체계가 일단은 그대로 이어진 셈이었다.

한성이라는 이름도 경성으로 바뀌었다. 이 땅을 식민지로 만든 저들은 도읍의 이름부터 뜯어고치고 한낱 경기도 소속으로 편입시켜 버렸다. 첫 경성 부윤에는 오니와 칸이치大庭寬一가 임명됐다. 동네 이름조차도 메이지쵸明治町니 하세가와쵸長谷川町니 하는 따위의 일본식으로 불리게 됐다. 메이지쵸는 진고개, 하세가와쵸는 작은공주골을 각각 이르는 이름이었다.

혼마치本町, 충무로, 야마또 쵸大和町, 필동, 사꾸라이쵸櫻井町, 인현동, 에이라

꾸쵸永樂町, 저초동, 하나죠노쵸花園町, 예관동, 와까쿠사쵸若草町, 초동, 고도부끼마치壽町, 주자동, 아사히마치旭町, 회현동, 고가네쵸黃金町, 을지로 같은 이름도 공식적으로 사용되었다. 일찍부터 저들이 거주지로 정착했던 용산의 이름은 모토마치元町였으며 저들 공사관이 처음으로 자리 잡았던 서대문 천연정 일대는 다케조에쵸竹添町가 되어 버렸다. 이곳에 부임했던 다케조에 신이치로竹添進一郎 공사의 이름을 딴 것이었음은 물론이다.

바뀐 것은 비단 동네 이름만이 아니었다. 상점 곳곳에 일본 간판도 늘어만 갔다. 저들은 제땅인 듯이 마냥 활개치고 있었다.

한편 대한제국 말기 해외 공관 중에서는 유일하게 대한제국 정부 소유로 남아 있던 주미駐美 공사관 건물이 합병 직전 강제로 일본 정부에 팔려가게 되었는데, 역시 저들의 치밀하고도 끈질긴 공작에 의한 것이었다. 미국 워싱턴 D.C. 로건Logan 로터리 15번지에 자리 잡고 있던 공사관 청사는 1891년 조선 정부가 미국인으로부터 2만 5,000달러에 사들인 3층짜리 건물이었다. 이 청사마저 일본에 빼앗기다시피 넘어간 것이었으니 그때가 1910년 유월 이십구일. 병탄이 이루어지기 정확히 두 달 전이었다.

계약서상의 양도인은 '한국 태황제 폐하 이희李熙', 매수인은 '주미 일본공사 우치다 고사이內田康哉'. 이희는 고종의 이름이었다. 이 계약서에는 덕수궁을 관리하는 승녕부承寧府 총관 조민희趙民熙가 서명했으며 주한 미국 총영사 고울드Gauld가 증인으로 도장을 찍었다.

팔려간 가격은 단돈 5달러. 이를 어찌 팔려갔다 할 수 있었을까. 그만한 강탈도 또 없었다. 쓰러져가던 나라를 구하기 위해 미국을 무대로 외교 활동을 펼치던 마지막 보루마저 기어코 일본에게 빼앗겨 버리고 만

셈이었다.

그러나 사실은 미국 땅에서 펼쳐진 조선의 외교 활동이 썩 훌륭했다고 보기에는 어려운 점이 적지 않았다. 심지어 고종의 둘째아들인 의왕義王, 일본식 이름은 '의친왕'이 미국 유학 중이던 1903년에 백인 우월주의자로부터 뭇매를 맞는 봉변까지 벌어졌으니 말이다.

당시 의왕이 델라웨어에 머물던 어느 날, 근처의 공원에 놀러 갔다가 엉겁결에 백인 청년에게 주먹질과 발길질을 당한 것이었다. 그때 의왕의 나이 스물여섯. 주먹질을 한 죠셉 스타우트는 세 살 밑이었다. 스타우트가 "중국 놈들은 모조리 죽여야 한다"고 소리치며 달려들었다 하니 직접적으로 조선인을 겨냥한 행패였다고 보기는 힘들지만 실제로는 미국인들에게 조선이 제대로 알려지기조차 못했을 때였다.

어쨌든 이 일로 의왕은 꼬박 사흘 동안 병원 신세를 져야 했으며 조선 조정은 외교 경로를 통해 미국 정부에 항의했다지만 그냥 그뿐이었다. 지금도 미국 국무부 외교 자료에 남아 있는 기록의 한 토막이라 하니 전혀 허튼 얘기는 아닐 것이다. 당시 조선 안팎의 현실이 그러했다.

총독 임명은 친임으로

데라우치 총독의 권력은 실로 막강했다. 통감부 시절과는 또 달랐다. 육군 대장 출신에 현직 육군대신이라는 개인적인 영향력도 무시할 수 없었겠지만 총독이라는 자리에 주어진 권한 자체가 그러했다. 조선총독. 말 그대로 조선을 치리한다는 뜻이 아니던가.

그에게 이래라저래라 얘기할 만한 사람은 아무도 없었다. 적어도 조선땅에서는 그랬다. 조선에서는 일본의 헌법이 시행되지 않는 대신 총독이 대권大權의 위임에 의해 정무를 통할하는 권한을 가졌으며, 또 필요에 따라서는 아무 때라도 법률에 버금가는 명령을 발동하는 권한이 주어졌다. 살리고 싶으면 살리고, 죽이고 싶으면 죽일 수 있었다.

조선총독은 천황의 친임親任에 의해 임명되도록 했다. 총독이 어느 누구에게도 간섭받지 않고 오직 천황의 명령에 의해서만 움직인다는 사실을 보여 주는 것이었다. 그는 천황에 의해 임명된 조선의 새로운 통치자였다.

따라서 조선총독은 형식적으로는 총독부의 모든 정무政務에 대해 본국 총리대신을 거쳐 천황에게 보고하고 재가를 얻도록 되어 있었으나 실제로는 총리대신과 위아래에 거의 차이가 없었다. 이처럼 총리대신과 어깨를 나란히 하는 자리였으니 최고재판소장인 대심원장大審院長과는 말할 것도 없었다.

다만 봉급의 많고 적음에서는 조선총독이 총리대신에 비해 약간 뒤진 게 사실이었다. 이미 통감부 시절부터 적용되어 오던 일본 정부의 칙령 제137호와 조선총독부가 출범하면서 발표된 조선총독부령 제15호 규정에 따라 데라우치 총독은 연간 1만 2,000엔의 봉급을 받도록 되어 있었다. 연봉 8,000엔에 특별수당 50퍼센트를 합친 액수였다. 그렇지만 가쓰라 총리대신의 연봉은 수당 없이도 1만 2,000엔에 이르렀다.

이처럼 50퍼센트의 수당을 더 얹어 주도록 되어 있었던 것은 저들 본토를 벗어나 근무하는 데 대한 해외 근무자 특별 수당이었다. 조선총독부 외에도 타이완총독부, 만주 및 가라후토樺太,사할린에 근무하는 저들 대부분의 별정직, 고등관, 판임관 등의 직책에 대해서는 이 같은 규정이 비슷하게 적용됐다.

데라우치도 마음속으로는 조선총독이 총리대신보다는 어차피 한꺼풀 꿀리고 들어가는 위치라는 점을 인정할 수밖에 없었다. 그러나 결코 내색하지는 않았다. 더욱이 가쓰라 총리대신은 그의 든든한 후견인이 아니던가. 그리고 그의 다음 목표는 바로 그 자리였다.

데라우치는 자신의 포부를 이루기 위해서도 조선을 철저히 다스려야 할 필요를 느끼고 있었다. 조선 땅덩어리는 당장 손아귀에 들어온 고깃덩이였다. 어떻게 요리를 해나가든 그것은 총독인 자신의 심사에 달린 일이었다. 그는 칼을 더욱 날카롭게 벼리고 있었다.

그런 때문에도 데라우치의 통치 방식은 철저하면서도 혹독했다. 통치자의 권위는 칼집에서 나온다고 했던가. 애초부터 일본 정부의 방침이 그랬다. 조선총독은 육군, 또는 해군 대장 중에서 임명토록 한 것도 그런 뜻이었다. 육해군을 통솔하며 조선 지역 방어에 관한 임무를 장악하도록 한다는 얘기였다.

그것이 바로 무단통치였다. 총칼을 앞세운 통치 방식이었다. 식민지 백성들의 불만을 전혀 허용하지 않겠다는 뜻이기도 했다. 물론 '천황으로부터 위임받은 범위 안에서'라는 곁가지 단서가 붙긴 했지만 이 역시 형식적인 표현에 지나지 않았다.

"조선 백성들에게는 오로지 숨 쉬고 밭고랑 가는 일 이외에는 아무것도 허용해서는 안 될 것이다."

이미 통감부 시절부터 총칼을 앞세운 무단통치가 실시되지 않은바 아니었건만 특히 데라우치는 이 땅의 백성들에 대해 무자비했다. 숨통을 조이면 조일수록 괜스레 쓸데없는 생각을 하지 못할 것이라 여겼다.

데라우치가 한성에 부임하면서 "이제 조선 백성들은 굴복 아니면 죽음뿐"이라고 뇌까렸다고 하지 않던가. 그가 첫 조선총독으로 임명된 것은 육군사관학교 교장과 육군성 요직을 두루 거쳐 육군대신에까지 오른 대표적인 무골이라는 점에 있었다. 무단정책을 펴려면 아무래도 군부를 마음대로 휘어잡을 수 있는 무관을 총독으로 내보내야 했다.

일본에게 이러한 무관 총독제 통치 모델을 제공한 나라는 영국과 러시아였다. 그중에서도 인도에 대한 영국의 식민통치 유형에 좀 더 가까운 편이었다고나 할까. 일본은 이를 처음 타이완 식민지에 적용했으며 다시금 조선에 적용한 것이었다. 하지만 조선에서의 무단통치는 타이완에서보다 훨씬 가혹했다.

그때의 일본 내각 자체가 강성이었던 점도 철저한 무단통치가 이뤄진 하나의 배경을 이루었다. 이때의 일본 내각 진용을 간략하게나마 살펴보자.

총리대신 겸 대장상인 가쓰라 타로 후작. 역시 육군대신 출신인 그는 일찍이 1901년 첫 번째로 총리대신에 올랐으며, 그 뒤 1908년 두 번째로 총리에 올라서는 데라우치를 앞세워 조선 합병을 성사시킨 장본인이기도 했다. 육군대신으로 임명되기에 바로 앞서 짧은 기간 동안 타이완 총독을 지냈으며, 입헌정우회를 이끌던 사이온지 긴모치에게 잠깐 내각을 넘겨주었다가 1912년 또다시 총리대신에 오름으로써 모두 세 번이나 총리대신을 지내게 된 정략가가 바로 가쓰라였다.

내각으로는 육군대신 데라우치, 외무대신 고무라 쥬타로小村壽太郎, 해군대신 사이토 마고토齋藤實, 내무대신 히라다 도스케平田東助, 체신대신

고토 신페이後藤新平, 문부대신 겸 농상무대신 고마쓰바라 에이타로小松原英太郎, 사법대신 오카베 나가모토岡部長職 등이 자리를 차지하고 있었다.

이 가운데 '연미복을 입은 불여우'라 불리던 고무라 외무대신은 미국 하버드 유학생 출신의 인텔리겐차였다. 한성 공사를 지낸 탓에 조선에 대해서는 누구보다 정통했다. 을미사변으로 일본에 국제적인 비난이 쏠렸을 당시 뒤처리를 해낸 것도 바로 그였다. 더욱이 러일전쟁이 끝난 뒤 포츠머드 강화조약 전권대사로서 배상금을 제대로 받아 내지 못했다는 비난에 휩싸여 곤욕을 치렀기 때문에 그에게는 식민지에 대해서는 드세게 나가야 한다는 생각이 깊이 자리 잡고 있었다.

'국제 신사'로 불리던 사이토 해군대신. 늘 잔잔한 미소에 점잖은 편이긴 했지만 역시 그 가슴 속에 무엇이 들어 있는지는 잘 드러내지 않는 성미였다. 웃음을 보이면서 거꾸로 염통이라도 빼 달라고 할 사람이었다. 그 뒤 3·1 독립만세운동 직후 하세가와의 뒤를 이어 제3대 조선총독에 임명되는 인물이기도 했다.

체신대신 고토 신페이, 그는 또 어떠했던가. 그 역시 일찍이 타이완총독부 민정장관을 지내면서 토지약탈 정책을 본격 추진하는 등 식민통치 방식에 대해서는 누구에도 뒤지지 않을 만한 일가견을 갖고 있었다. 일본이 러일전쟁에서 승리한 직후 설립된 만철滿鐵 사장을 지냈으며 뒤에 도쿄시장을 거쳐 일본 보이스카우트연맹 초대 총장까지 지내게 되는 인물이다.

이처럼 각료들의 면면을 살펴보아도 당시 일본 정책은 강경할 수밖에 없었다. 따라서 조선에 가해진 것은 쉴 틈조차 주지 않는 채찍질뿐이었다. 그리고 이들이 조선에 처음 적용하려 했던 식민통치 방식은 그 뒤로도 거의 변함없이 지속된다. 무려 서른다섯 해 동안이나….

호남선을 개통하다

일제의 경제 침탈은 이 땅에 철도가 놓이면서부터 시작된 것이나 다름없었다. 시기적으로는 1904년 한일 의정서가 맺어진 직후부터의 일이다. 저들은 군용지와 함께 철도용지를 수용한다는 핑계로 토지를 마구잡이로 약탈했다. 이미 강화도 수호조약 이래 다이이치 은행을 비롯해 미쓰비시와 미쓰이, 오쿠라쿠미 등을 내세워 이 땅의 경제력을 야금야금 잠식해 가던 저들이었다.

이 땅에 놓인 최초의 철도는 경인선. 노량진과 제물포 사이의 33.2킬로미터의 구간이 개통된 것은 1899년 구월 열여드렛날. 기관차 네 대, 객차 여섯 량으로 조촐하나마 처음으로 철도 영업이 시작됐던 것이다. 당연히 증기기관차였다. 이때만 해도 아직은 대한제국 정부가 철도 건설을 주도하고 있었다. 그러나 1905년 개통된 경부선이나 그 이듬해인 1906년 연이어 개통된 경의선은 사정이 달랐다. 이미 안팎의 중요한 모든 업무가 저들에 의해 좌지우지될 때였다.

일본 철도원은 조선 병탄을 석 달 남짓 앞두고 있던 1910년 오월에는 경원선과 호남선을 착공하기에 이른다. 이 가운데 호남선은 착공 세 해 여섯 달 만인 1914년 정월에 개통을 보았다. 경원선도 그해 팔월 뒤이어 개통되었다. 물산공진회가 열리기 한 해 앞서서였다. 이로써 조선 팔도에는 얼기설기 나마 철도 노선이 놓이게 된 셈이다.

병탄이 이루어진 직후인 1911년 동짓달에는 이미 신의주와 단동丹東을 잇는 압록강 철교가 준공되어 조선과 만주가 하나의 철도 노선으로 연결되어 있던 터였다. 저들은 무엇보다 철도를 놓는 데 각별한 관심을 기울였다. 철로를 까는 데 반대하는 조선 사람들은 더욱 가혹하게 다루었다. 심지어 재판을 거치지 않고 사형에 처하기도 했다.

 그 이유는 과연 무엇이었을까. 이 물음에 대한 해답을 호남선의 경우에서 찾아보기로 하자.

 호남선. 한밭(대전)에서 목포까지 이르는 259킬로미터의 본선과 이리에서 갈라져 군산에 이르는 23.7킬로미터의 갈래선을 가리켜 모두 호남선이라 불렀다. 이미 경성에서 대전까지는 경부선이 놓여 있었기 때문에 호남선은 경성에서 목포까지 연결해 주는 교통로였다. 한때 '경목선京木線'이라 불렸던 것도 그런 까닭이다.

 호남선의 본선은 대전에서 시작해 가수원佳水院과 두계荳溪를 거쳐 논산, 강경의 기름진 평야를 관통했다. 그리하여 금강변에서 전주평야를 가로질러 이리에 이르고 이리에서 다시 김제평야와 노령, 광주, 송정리, 나주, 영산포, 학교를 지나 목포로 이어졌다.

 호남선을 놓은 목적은 뻔했다. 조선의 곡창 지대에서 산출되는 농산물을 목포와 군산 두 항구를 통해 실어내려는 의도가 아니라면 달리 무엇이었을까. 호남선이 충남, 전북, 전남 등 3개 도를 지나면서 농산물의 주요 생산지를 관통하는 것만으로도 충분히 답변이 가능했다. 그중에서도 일차적인 목표는 역시 쌀이었다.

 이들 항구에서는 쌀과 함께 때로는 면화가 실려 일본으로 보내졌다. 면화는 헐값에 실려 나갔지만 섬유로 짜여져 다시 서너 곱절의 비싼 값으로 들여왔다. 석유나 성냥 따위도 일본 상인들을 거쳐 수입되었다. 여기에 더없이 중요한 구실을 한 것이 바로 철도였다는 얘기다.

이처럼 총독부 치하에서 철도는 조선의 경제를 수탈하려는 목적에서 놓여졌다. 철도가 자꾸 놓일수록 이 나라 백성들의 살림살이는 쪼들려만 갔다. 조선 사람들이 저들의 철도 부설을 달가워할 까닭이 없었다. 한편으로는 저들이 철로를 깔면서 고을마다 땅의 기맥을 끊어 놓으려 한다는 괴이한 소문까지 퍼지기도 했다.

조선 백성들이 자기네 동네 옆으로 철도가 지나가는 데 대해 한사코 반대했던 것도 당연했다. 철로변에서 지나가는 기차를 향해 주먹떡을 먹이거나 돌팔매질을 해대는 풍경도 그리 드물지는 않았다. 경부선이 놓여지던 무렵 일본군은 용산방 부근에서 철도를 놓는 데 항의하는 조선 사람들을 집단 처형하기도 했다. 적지 않은 사람들이 두 눈이 가려진 채 기둥에 묶여 총살을 당하고 말았다. 이들에게는 '철도 방해죄'라는 어설픈 죄목이 씌워졌다.

더욱이 시기적으로 러일전쟁을 앞두고 있던 무렵이어서 저들의 위세는 등등하기만 하던 때였다. 저들은 이러한 처형 장면을 사진으로 찍어 엽서로 제작하기도 했다. 심지어는 자랑하기라도 하듯이 이 사진엽서에 이런저런 사연을 적어 저들 나라 식구들에게 보내기도 했다. 심보치고는 고약한 심보였다.

경제 침탈의 수단은 철도만이 아니었다. 법령도 마찬가지였다. 저들의 특허법이나 의장법, 실용신안법, 상표법, 저작권법 등이 합병과 동시에 조선에서도 똑같이 적용되기 시작했다. 법령의 시행으로 경제 거래의 질서와 기준이 비로소 마련된 것이었지만 어차피 저들의 식민통치를 위한 하나의 수단이라는 점에서는 크게 다르지 않았다.

법령 시행에 미처 대비하지 못했던 조선 백성들로서는 하루아침에 재산에 대한 모든 권리를 빼앗기고 거리로 나앉을 판이었다. 아직은 거래 관계에 있어 문서에 의한 계약보다는 개인 간의 신뢰가 더 소중하게 여겨지던 시절이었다. 일제의 노림수도 바로 그러한 허점을 파고들자는 것이었다.

표준시간도 1912년 새해를 맞으면서부터 저들의 표준시가 일제히 사용되기 시작했다. 정월 초하룻날 오전 열한시 삼십분을 기해 정오에 맞추는 방법으로 시간이 조정된 것이었다. 중앙 표준시를 영국 그리니치 천문대를 기준으로 삼아 동경 135도 표준시로 바꾸도록 한 것이었다. 대한제국 정부는 당초 1908년 사월 서양식 시간대를 처음 시행하면서 한성을 지나는 동경 127도 30분을 기준으로 표준시간을 적용토록 함으로써 저들과는 삼십분의 차이가 나고 있었다. 잃어버린 삼십분. 시계 바늘조차 복속 당했던 셈이다.

동양척식주식회사

저들이 이 나라를 집어삼킨 뒤 경제 분야에서 조선 백성들을 가장 괴롭힌 것은 동양척식주식회사東洋拓殖株式會社였다. 이토 히로부미와 데라우치, 하세가와 등이 앞장서서 이 땅을 차지한 것이 정치적이거나 군사적인 측면에서였다면, 동양척식회사야말로 실질적으로 삼천리강토 구석구석을 저들 토지 장부에 올리는 역할을 떠맡았던 것이다.

이 동양척식회사는 영국의 동인도회사를 본떠 만들어진 것으로 미쓰이를 비롯한 미쓰비시, 스미토모, 야스다 재벌 등이 자본금을 출자했다. 나머지 일부는 공모주로 충당했다. 대한제국 정부는 전체 자본금 1천만 엔 가운데 300만 엔 규모에 해당하는 국유지 1만 1,000정보를 현물로 출자하도록 되어 있었다. 그러나 결과적로는 1만 7,700정보 이상을 출자한 것으로 확인된다.

일제가 조선 땅덩어리를 약탈하기 위해 동양척식회사를 설립한 것은 1908년의 일이다. 그해 삼월 '동양척식주식회사법'이 저들 의회에 상정되어 통과되자마자 곧바로 팔월부터 시행에 들어간 것이었다. 창립위원으로는 일본과 대한제국 두 나라 정부에 의해 모두 116명이 임명되었다. 일본인이 여든세 명, 대한제국 위원은 서른세 명. 형식상으로는 양국 공동출자 형식을 띠었으나 인적 구성에 있어서부터 대한제국 정부로부터 위촉받은 위원들은 이처럼 꼭두각시에 지나지 않았다. 초대 총재로는 죠슈벌의 육군 중장 출신인 우사가와 가즈마사宇佐川一正가 임명되었다.

동양척식회사 청사는 진고개와 배우개가 마주치는 도로변에 세워졌다. 뒤에 고가네쵸黃金町로 불리게 되는 거리다(지금의 을지로 외환은행 본점 자리로, 해방이 되고 대한민국 정부수립 직후 한때 내무부 청사로 사용되기도 했다). 1917년 본점이 도쿄로 옮겨가면서 경성 지점으로 격하됐는데, 경성 외에도 조선에 모두 여덟 개의 지점을 두게 된다.

동양척식회사가 이 땅에서 토지조사 사업을 본격 시작하게 되는 것은 1910년 구월. 병탄과 함께 조선총독부 임시토지조사국 관제가 공포되면서부터다. 이를 뒷받침이나 하듯이 이듬해 시월에는 토지 수용령이 공포와 동시에 시행에 들어갔으며 때를 같이하여 미개간지에 대한 조사가 전국에서 일제히 착수됐다. 밭고랑이 갈린 산골짜기나 동네 어귀의 빈터도 모두 조사 대상에 올랐다.

그리하여 1918년 첫 단계 토지조사 사업이 모두 끝나갈 무렵에는 호남, 충청, 황해도 등 전국 곡창지대를 중심으로 무려 7만 8,000정보 이상의 토지가 동양척식회사 명의로 토지대장에 새로 등재됐다. 이런 과정을 거쳐 설립된 지 10년 만에 조선 최대 땅 임자의 자리에 앉게 된 것이었다.

일례를 들자면, 이미 그 무렵 경성의 중심가로 꼽히던 혼마치, 아사히미치, 야마또쵸 등에는 조선인들 소유의 토지가 거의 한 필지도 남아 있지 않았다. 기껏 친일파의 대명사로 불리는 송병준 등 일부 인사들 소유의 토지 몇 필지만이 그나마 조선인 명의로 남아 있었을 따름이다. 조선인들은 이미 일본인들에 의해 남촌南村의 터전을 잃고 점차 변두리로 밀려나고 있었다.

총독부는 이렇게 거저 줍다시피 거둬들인 땅을 일본에서 흘러들어 온 떠돌이 농업 이민移民들에게 헐값에 불하했으니, 조선 백성들로서는 기가 찰 노릇이었다. 일본에서 건너온 사람 중에는 먹고살기에 쪼들려 한몫 잡으러 온 잡동사니도 적지 않았으니 그들에게는 호박이 넝쿨째 굴러 들어온 것이나 다름없었다.

그러나 어쩔 것인가. 조선 농민들은 조상 때부터 대대로 부쳐 먹던 문전옥답을 하루아침에 잃고 말았다. 담장 옆의 텃밭조차도 대부분 빼앗겨 버렸다. 자작농에서 소작농으로 전락할 수밖에 없었다. 소작료는 반타작도 넘었으니, 그야말로 울며 겨자 먹기였다. 아무리 풍년이 들어도 배를 곯기는 흉년이나 마찬가지였다.

이런 사정은 그 뒤까지도 계속 이어지게 된다. 이때 신문들이 울분과 한숨을 섞어 걱정하던 내용을 한 구절 훑어보자.

"볼지어다, 저 엄연한 사실을. 철도, 은행, 상권商權, 공권工權과 그밖의 모든 산업 개발에 관계되는 지식과 자본과 기술이 일본인의 수중에 있으며, 오직 조선인에게 잔존하는 것은 노력과 토지뿐인데 이 역시 점차 일본인의 수중에 들어가고 있지 않은가." (《동아일보》 1922년 1월 18일)

하지만 이것이 어디 울분을 터뜨린다고 해결될 문제였던가. 조선총독부는 1918년 일본 도야먀富山에서 일어난 쌀 폭동사건을 계기로 '산미증산계획'을 세웠지만 이 역시 허울에 지나지 않았다. 쌀 생산을 늘려 굶주림에서 벗어나도록 한다는 그럴 듯한 계획이었으나 정작 내 집 뒤주간에 돌아오는 것은 한낱 수수와 좁쌀, 기장 따위뿐이었다.

일본 본토에서조차 쌀값이 폭등함으로써 일반인들이 생활고를 하소연할 때였다. 오죽하면 그 생활고를 참지 못하고 도처에서 부잣집과 쌀가게를 털어가는 폭동까지 일으켰을까. 데라우치 내각이 쫓겨나다시피 물러난 것도 결국은 이 쌀 파동으로 인한 결과였다. 하물며 이 땅의 백성들은 더욱 주린 배를 움켜쥐고 막다른 골목으로 내몰리고 있었다.

창덕궁 화재

얘기는 다시 뒤로 되돌아간다. 1917년 십일월 열흘날. 조선총독부 신축 공사가 시작되어 한 해가 훨씬 지나가던 때였다. 이미 땅 다지기 공사가 끝나고 한창 철근 골조가 올라가고 있을 무렵이었다.

그날 저녁 유시酉時, 오후 5시부터 7시까지의 시간대쯤 되었을까. 해가 북악산 너머로 뉘엿뉘엿 저물어가던 즈음에 창덕궁에서 까닭 모를 화재가 일어났다. 대조전大造殿 옆으로 이어진 상궁 숙소에서 불이 난 것이었다. 나무가 고목이 되어 진액이 쌓이고 그 위에 잔뜩 먼지가 끼면 어쩌다가 저절로 불이 날 수도 있다지만, 이날의 불은 그런 때문은 아닌 듯했다.

불은 늦가을의 저녁 바람을 타고 순식간에 내전으로까지 타들어 갔다. 나인들이 서둘러 물동이를 들고 나섰지만 불길은 쉽게 잡히지 않았다. 순종과 윤비가 옷고름도 제대로 매지 못한 채 황급히 대령한 사인교를 타고 금원禁苑의 연경당演慶堂으로 몸을 피해야 했다.

불길은 거의 세 시간 동안이나 타들어 간 뒤에야 가까스로 잡혔다. 그러나 대조전을 중심으로 선정전宣政殿 동켠에 서 있던 열대여섯 채의 전각들이 돌기단만 남긴 채 모조리 잿더미로 변해 버렸다. 흥복헌, 통명문, 양심각, 장순문, 희정당, 경훈각, 징광루, 옥화당, 정묵당, 요화문, 요훈문, 함광문 등등.

가뜩이나 우울하던 조선 왕실로서는 뜻하지 않은 액운이 하나 더 겹친 셈이었다. 고종이 기거하던 덕수궁도 이미 1904년 사월 함녕전咸寧殿에서 한 차례 큰 불이 일어나 처소가 불타 버리는 바람에 두 해 동안에 걸쳐 다시 전각을 올렸던 침울한 기억이 미처 가시지 않던 터였다.

그날 순종의 임시 침소로 마련된 연경당은 나인들이 밤늦도록 아궁이에 불을 지폈지만 방바닥 냉기는 쉽게 가시지 않았다. 연경당이 때때로 연회장으로 쓰이긴 했어도 침실은 그대로 비워 두었기 때문에 온돌을 금방 달구기가 쉽지 않았던 때문이다. 순종도 시름에 겨워 밤새 엎치락 뒤치락거리며 잠을 이루지 못했을 것이다.

창덕궁에 화재가 일어났던 이 시기는 조선 왕실로서야 더더욱 심란스런 무렵이었다. 일본에 볼모로 잡혀갔던 이은李垠 왕세자가 저들 나시모토미야梨本宮 가문의 마사코方子 공주와 억지 결혼이 결정된 것은 그보다 한 해 전인 1916년 팔월. 결혼식 날짜는 1919년 정월 이십오일로 잡혀 있었다.

세계열강이 얽히고설킨 제1차 세계대전도 미국의 참전으로 전세가 크게 뒤집어지고 있었건만 빼앗긴 나라를 되찾는 데는 그다지 도움이 될 것 같지 않았다. 일본이 미국을 포함한 연합국의 일원으로 참전하고 있었으므로 연합국의 승리로 끝난다면 일본의 입장은 더욱 강화될 것이 뻔했다. 그런 판국에 왕실에 불이 난 것이었으니….

더욱이 창덕궁의 화재를 핑계로 조선총독부는 무엇인가 꿍꿍이를 꾸미고 있었다. 화재 뒤처리가 이뤄지고 있는 틈새를 쉽사리 놓칠 저들이 아니었다. 때아닌 창덕궁의 화재는 경복궁을 적당히 훼손할 수 있는 또 한 번의 그럴 듯한 계기였다. 마치 이런 때가 오기를 은근히 기다리고 있었다고나 할까. 저들로서는 그야말로 절호의 기회였.

여기서 잠깐 그 앞뒤의 사정을 살펴보기로 하자.

불이 난 지 며칠 뒤 이왕직 장관 민병석関丙奭은 일단 불타 버린 대조전 대신 낙선재를 내전으로 삼기로 결정하게 된다. 그리고 앞으로 두 해에 걸쳐 불탄 전각들을 새로 고쳐 짓도록 하되 조선식 건축 위주로 하고 부분적으로는 서양식 건축도 곁들이기로 했다. 이를 위해 이왕직 예비금 중에서 6만 5,000엔을 지출키로 결정을 보았다는 것이다. 이 모두가 총독부와 상의 끝에 이루어진 것임은 말할 것도 없었다.

그러나 어찌 된 일이었을까. 이러한 결정은 곧바로 다시 바뀌게 된다. 그보다 열흘쯤 지난 어느 날, 이왕직은 불타 버린 창덕궁 전각 재건을 위해 경복궁 안의 전각들을 헐어 그대로 옮겨 짓기로 번복하기에 이른다. 경복궁의 교태전을 비롯해 강녕전, 경성전, 연생전, 만경전, 홍복전, 함원전, 연길당, 응지당, 흠경각, 함녕전, 동행각, 서행각 등을 헐어 창덕궁으로 옮기기로 했다는 것이다.

불타 없어진 전각을 새로 짓는 대신 경복궁에서 옮겨 짓겠다는 것이었으니 구태여 두 번 공사를 할 까닭이 어디에 있었을까. 총독부 신축공사에 손을 댄 김에 경복궁을 아예 흔적을 찾아보기 어렵도록 헐어 버리겠다는 심보였다. 이런 결정이 느닷없이 내려진 데서도 저들의 속셈을 들여다볼 수 있을 것이다.

이 가운데 교태전은 대조전 자리에 그대로 옮겨 짓기로 했다. 교태전이 내전으로 사용되어 왔던 까닭에 대조전과 비슷한 분위기를 지닌 때문이라는 얘기였다. 더욱이 교태전이나 대조전은 용마루 없이 지어진 것이 똑같았기 때문에 건물의 전체적인 구조가 비슷했다. 거기에다 교태전에 쓰인 나무만큼 좋은 목재를 새로 구하기가 힘들다는 이유도 덧붙었다. 끌어다 붙인 이유라는 게 그랬다.

어찌 되었든, 창덕궁을 고쳐 짓는 작업은 이듬해인 1918년부터 시작됐다. 공사는 총독부의 영선과 소속인 김윤구金倫求의 감독 아래 진행되었다. 작업이 끝난 것은 1920년 겨울께. 당초 계획대로라면 두 해 동안에 작업이 모두 끝나도록 일정이 잡혔었지만 예정보다 훨씬 더 늦어진 셈이었다. 도중에 고종이 승하하고 이에 따라 3·1 만세운동이 터짐으로써 공사가 제대로 진행되지 못했기 때문이다. 하긴, 열 몇 채나 되는 전각들을 헐어내 그대로 옮긴다는 작업이 그리 쉬운 일은 아니었다.

이 무렵 총독부는 근정전을 비롯해 사정전, 만춘전, 천추전까지도 고분 진열실로 사용하는 등 경복궁을 제멋대로 휘저어 놓고 있었다. 총독부 박물관의 수장물을 전시한다는 핑계였다. 이에 따라 근정전 회랑에는 고려 및 조선시대의 각종 총포류와 탑과 비석, 석관, 그리고 철조와 석조의 불상들이 전시됐는가 하면 사정전에는 기와, 벽돌 따위가 전시됐다.

그러나 이들 전시품의 경우 대체로 일본 관광객들에게만 관람이 허용됐으며, 특히 전문적인 자료들이 전시된 천추전이나 만춘전의 진열품에 대해서는 저들 학자나 미술 관계자들에게만 특별히 관람을 허가

했을 뿐이다. 경복궁은 이미 저들의 유람 코스 정도로 변해 있었다.

또다시 헐려 나간 경복궁

경복궁과 창덕궁. 경복궁이 근엄한 분위기를 지녔다고 한다면, 창덕궁은 다소곳한 풍취를 전해 주고 있었다. 직선적이며 남성적인 풍모를 자랑하는 것이 경복궁이라면, 창덕궁은 어딘지 곡선적이며 여성적인 자태를 띠고 있었다고나 할까. 조선 왕실을 대표하는 두 궁궐이었지만 이처럼 뜻하지 않은 화재로 한꺼번에 고초를 겪게 된 것이었다.

새로 고쳐진 창덕궁 침전은 순수한 조선식韓式으로 지어졌다. 이왕직은 당초 온돌을 놓는 대신에 석탄이나 가스식 난방으로 꾸미려고도 했으나, 순종에게는 역시 재래식 온돌이 가장 편할 것으로 생각된 때문이었다. 이에 따라 내전인 대조전에는 가운데 대청을 사이에 두고 양편에 두 개의 온돌방을 만들었다. 오른쪽 방이 순종, 왼쪽이 윤비의 침소였다. 경복궁의 내전을 강녕전과 교태전으로 나누어 사용하던 전례에 따른 것이었다. 하지만 내부 장식은 대부분 서양식으로 꾸며졌다.

희정당도 서양식으로 꾸며지기는 마찬가지였다. 대청에 전등과 유리문이 설치됐고 창문에는 커튼이 우아하게 드리워졌다. 그리고 현관에는 순종의 승용차를 댈 수 있도록 램프에 '카 포트car port'도 만들어졌다. 사실, 창덕궁에는 이미 구한말부터 서양식 장식이 두루 도입됐던 터다. 인정전 내부를 밝혀 주는 은은한 장식 등과 서양식 가구 위주로 꾸며진 실내 장식이 그것을 말해 준다.

이처럼 공사가 모두 끝나고 대조전으로 이사하던 날, 희정당에서는 모처럼 흥겨운 잔치가 벌어졌다. 이날 잔치에서 순종은 건축 기사인 김윤구를 비롯해 그동안 수고한 모든 사람에게 은銀으로 만든 작은 꽃병 하나씩을 선물했다. 창덕궁의 정문인 돈화문을 새겨 넣은 꽃병이었다.

이와 함께 대조전과 희정당, 경훈각 등 세 곳에는 벽화가 새로 붙여졌다. 대조전에는 봉황도가 그려졌고 희정당에는 금강산도가, 경훈각에는 나라님의 장수를 기원하는 '천보구여도天保九如圖'가 각각 그려졌다. 대조전은 왕비 침전인 경복궁의 교태전을, 희정당은 임금의 침전인 강녕전을 헐어다 옮긴 것이었다. 경훈각은 여름 무더위를 피하도록 대조전 뒤쪽으로 회랑을 지나 세워진 아담한 전각이다.

그러나 벽화를 새로 꾸미는 작업도 그리 쉽지는 않았다. 창덕궁 복원공사가 마무리 단계에 접어들 무렵 이왕직이 벽화 계획을 세웠으나 화가 선정이 어려울 수밖에 없었다. 안심전安心田이나 조소림趙小琳 같은 원숙한 경지의 대가들이 대부분 타계한 뒤였으므로 그림을 제대로 맡아 줄 화가가 드물다고 여긴 탓이었다.

이왕직은 수소문 끝에 당시 서화협회 회원으로 활동하던 김응원金應元에게 봉황도와 천보구여도를 모두 맡겼다. 윤필료潤筆料는 1,575엔. 그러나 아무리 김응원이었지만 두 폭의 대형 그림을 혼자서 그리기에는 벅찰 수밖에 없었다.

이에 따라 김응원은 이상범李象範, 김은호金殷鎬, 노수현盧壽鉉, 오일영吳一英, 이용우李用雨 등에게 창덕궁 그림을 함께 그리자고 권유하게 된다. 결국 어찌어찌 얘기가 오간 끝에 오일영, 이용우가 대조전의 봉황도를 그렸다. 김은호는 백학과 소나무, 불로초가 들어간 화조도花鳥圖를 그렸는데 역시 대조전에 걸렸다. 노수현과 이상범은 산수도를 그렸다.

희정당 응접실에 붙여진 금강산도金剛山圖는 김규진金圭鎭의 작품이었다. 늠름하고 빼어난 모습의 1만 2,000여 봉우리를 그대로 옮겨다 놓은 듯한 실경 산수화였다. 김규진은 혼자서 붓과 화선지를 꾸려 금강산에 들어가 그림을 끝마치게 되는데, 외금강의 '총석 절경도'도 함께 그려냈다.

이로써 창덕궁은 거의 제 모습을 찾았으나 경복궁은 그 대신 더욱 초라해졌다. 군데군데 이빨이 빠진 것처럼 전각이 듬성듬성했다. 그 뒤로도 경복궁 전각들은 계속 헐려 일반인에게 불하되었다. 이렇게 해서 무려 4,000여 간이 헐려 나가게 된다. 대원군이 경복궁을 중건할 당시의 전각 규모가 대략 7,500간 안팎에 이르렀다 하니 얼마나 많은 전각이 헐렸는지 쉽게 짐작할 수 있을 것이다.

자선당 옆에 나란히 서 있던 비현각조顯閣은 니시시켄쵸西四軒町, 장충동 2가의 난잔소南山莊 별장으로 옮겨졌다. 미나미야마쵸南山町 2정목에 있던 카게쯔소花月莊나 또 다른 일본식 요릿집으로 헐려 나간 전각도 적지 않았다. 그보다 한참이나 지난 뒤의 일이지만, 저들은 1929년에는 신무문 밖에 있던 융무당, 융문당을 헐어 한강이 내려다보이는 남산 산등성이에 용광사龍光寺를 지었다.

또 몇 해 뒤에는 건춘문 뒤쪽에 있던 선원전璿源殿을 헐어 히가시시켄쵸東四軒町, 장충동에 히로부미지博文寺를 짓는 등 횡포가 끊이지 않았다. 초대 조선 통감을 지낸 이토를 섬기고 추모하는 절이 히로부미지였다. 이 절의 정문으로는 경희궁 정문인 흥화문興化門이 헐려 옮겨졌다.

전각들은 심지어 아사히마치旭町, 사꾸라이쵸櫻井町, 오카자키쵸岡崎町,

야마또쵸大和町 등의 일본인 주택으로 옮겨졌으며 또 저들이 지은 사찰로도 뿔뿔이 팔려나갔다. 더러는 멀리 지방으로, 또 더러는 자선당처럼 일본으로까지 실려 갔다. 이에 따라 '다섯 걸음에 누각 하나五步一樓', '열 걸음에 전각 하나十步一閣'라 불릴 만큼 경복궁 곳곳에 세워져 있던 전각들은 차례차례 통째로 파헤쳐지거나 다른 곳으로 옮겨져 버렸다. 평양 팔경의 하나로 송강 정철이 현판 글씨를 쓴 것으로 알려진 대동강가의 애련당愛蓮堂도 바다 건너 시부사와 에이이치澁澤榮一의 저택으로 옮겨지게 된다.

한편 창덕궁에 불이 나기 몇 달 전인 1917년 유월, 총독부의 모치지 로쿠사부로持地六三郎 토목국장은 본국 통신국 장관으로 영전해 갔다. 그러나 요시미치 총독은 즉각 그 후임을 임명하는 대신 일단 내무부 장관인 우사미 가쓰오宇佐美勝夫로 하여금 관련된 모든 업무를 관할토록 했다. 후임자가 마땅치 않은 까닭이었다. 경복궁 궁궐 해체와 총독부 새 청사 설계 작업을 총지휘했던 모치지 국장이 본국으로 떠나감으로써 총독부 공사는 새로운 전기를 맞게 된 것이었다.

예산 문제에 부딪친 총독부 공사

1918년 여름. 제1차 세계대전의 막바지 소용돌이 속에서 일본이 러시아 영토인 시베리아 벌판을 집어삼키기 위해 파병을 결행한 직후였다. 러시아에서는 한 해 앞서 식량부족 사태로 촉발된 '2월 혁명'과 '10월 혁명'의 여파로 아직 어수선하던 때였다. 레닌과 트로츠키가 주도한 이때의 볼셰비키 혁명으로 니콜라이 2세가 물러남으로써 로마노프 왕조는 종식되고 제정 러시아도 역사의 저편으로 사라진 터였다.

세계 각국은 그러한 러시아의 움직임을 주목하고 있었다. 한편으로는 거센 혁명의 와중에서 제풀에 쓰러지기를 은근히 기대했던 측면도 없지는 않았을 것이다. 프롤레타리아 혁명의 확산을 경계한 때문이었다. 미국을 비롯해 영국, 프랑스 등 열강 16개국이 시베리아에 출병하게 되는 것은 그런 결과다. 지금까지 역사 교과서에 '공동 간섭'으로 기록되고 있는 사건이다.

여기에 일본이 빠질 수가 없었다. 일본에 있어 러시아는 늘 잠재적인 적국일 뿐이었다. 이미 러일전쟁을 치른 관계이기도 했다. 1918년 사월, 100여 명의 일본군 병력이 거류민들을 보호한다는 명목으로 블라디보스톡에 밀어닥친 것은 앞으로 7만 3,000명에 이르는 대규모 병력의 시베리아 파병을 예고하는 전주곡에 지나지 않았다. 유례없는 '쌀 소동'으로 데라우치 총리대신의 내각이 물러나기 직전의 일이다.

시베리아 파병으로 쌀을 포함한 곡물 가격은 더욱 폭등하고 있었다. 이미 도야먀富山현 우오즈魚津에서 시작된 쌀 반출 반대운동은 전국으로 확산되어 쌀값을 낮추라는 시위가 곳곳에서 벌어지던 참이었다. 쌀값이 치솟는 바람에 저들의 민생 문제는 심각했다. 교토를 비롯해 나고야, 고베, 히로시마 등 여러 곳에서 대규모 폭동이 일어나 경찰과 물리적으로 충돌하는 사태까지 빚어졌다.

신문들도 이 사건을 자세히 보도하고 있었다.

"일본 제국에 마지막 심판의 날이 다가오고 있는 것은 아닐까. '흰 무지개가 태양을 꿰뚫었노라'던 불길한 조짐이 스쳐가고 있다."

《오사카아사히大阪朝日 신문》은 심지어 이렇게 보도하기도 했다. 무지개가 태양을 꿰뚫었다는 것은 정치권력 핵심부에 심상찮은 변동 조짐이 보인다는 뜻이었다. 그만큼 저들 국내 사정은 자칫 파국으로 치달을 정도로 심각하게 돌아가고 있었다고 재일 사학자 강동진姜東鎭은 《일본 근대사》에서 당시의 사정을 자세히 소개하고 있다.

데라우치 내각으로서는 여러 가지로 골치 아픈 일에 맞닥뜨린 셈이었다. 웬만한 일에는 눈썹 하나 까딱하지 않던 데라우치였지만, 이번 사태에는 본능적으로 위기감을 느끼고 있었다. 어렵게 쌓아올린 정치적 생명이 걸린 일이었다. 그러나 이때의 소동은 일본 근대사에 있어 쌀 흉작으로 야기됐던 1890년과 1897년의 민중 폭동에 버금가는 사태였던 만큼 처리는 그리 쉽지 않았다.

쌀 문제는 바다 건너 이 땅에서도 심각한 상황이었다. 저들 내각의 지시를 받은 스즈키鈴木 상회는 인천과 부산, 군산 등지에서 돈다발을 풀면서까지 닥치는 대로 쌀을 거둬들였다. 얼마 지나지 않아 시장에 풀려 있던 쌀은 바닥을 드러낼 수밖에 없었다. 동네 싸전에서도 외상 거래를 받아 주지 않았다.

굶는 사람들이 속출했으며 콩이나 좁쌀, 그리고 호박 따위로 멀겋게 풀죽을 끓여 끼니를 잇는 사람이 늘어갔다. 그런데도 저들은 "죠센징들에게는 베트남이나 버어마에서 쌀安南米을 들여오고 만주의 좁쌀을 들여다 먹이면 되지 않겠느냐"는 식이었다. 과거에도 쌀 공급이 부족할 때마다 인도차이나와 버어마에서 '가이미外米'를 들여왔던 터였다.

그러나 민심은 갈수록 흉흉해졌다. 드디어 경성 전기회사에 근무하는 현장 근로자들이 앞장서서 일어났다. 전차 차장과 운전수들이 생계에 쪼들리다 못해 임금 인상을 요구하며 파업에 들어간 데 이어 동아연초회사, 조선 제사회사 공원들이 동맹 파업에 돌입했다. 미쓰비시가 손대고 있던 황해도의 겸이포兼二浦 광산 광부들과 용산 철도 공작창 철도원들도 쟁의를 시작했다. 그러나 속으로는 이렇듯 들끓고 있었지만 총칼에 억눌려 겉보기에는 조용한 듯했다.

이런 보고를 받을 때마다 하세가와 총독은 책상 옆에 세워 둔 칼집을 어루만지며 웃음을 흘리곤 했다.

"조센징들이 아무리 날뛴다 한들 한번 눈길을 부라리기만 해도 슬며시 뒷걸음을 치고 말 것을…."

그는 느긋하기만 했다. 총독부 청사 신축공사도 예정대로 착착 진행되고 있지 않은가. 다만 한 가지 문제가 있다면, 우려했던 대로 공사비가 자꾸만 치솟고 있는 점이었다. 총독부가 바깥벽의 화강석 붙이기 공사와 벽돌 쌓기 공사를 별도로 입찰에 붙였으나 공사비를 제대로 맞출 수가 없었다. 미리 청부업체를 선정해 놓아야 공사 진행에 무리가 없을 터였지만, 공사를 맡겠다고 나선 회사들마다 총독부의 계획보다 훨씬 높여 공사비를 책정해 줄 것을 요구해 온 때문이었다.

오쿠라쿠미가 맡았던 기초공사만 해도 당초 23만 5,631엔의 예산을 잡았으나 실제 결산액은 28만 144엔으로 무려 4만 6,000엔 가까이 더 늘어났다. 결국 이런 추세로 나갈 경우 전체 예산으로 확보해 놓은 300만 엔으로는 턱없이 부족할 것으로 여겨지던 실정이었다.

공사업체의 입장으로서는 유럽 전쟁과 시베리아 파병의 영향으로 물가와 노임이 급격히 오르는 바람에 미리 예측하기 어려운 위험 부담까지 고려해 달라는 뜻이었다. 따라서 견적 규모는 당초 예상보다 몇 배나 높아졌으며 협상 여지는 그만큼 줄어들 수밖에 없었다. 하세가와의 고민은 그냥 그런 정도에 지나지 않았다.

본격 골조 공사

총독부 청사 공사는 어느덧 겉벽에 화강석을 붙이는 작업이 한창 진행되고 있었다. 벽돌을 쌓아 올린 벽 안팎 징두리에는 벌써 빙 돌아가며 화강석이 모두 붙여졌다. 청사 부지로 파놓은 네 귀퉁이와 중간 중간에는 철근 콘크리트 기둥이 다 세워지고 기둥 사이마다 벽돌을 쌓아 올린 뒤였다.

겉벽에 붙여지는 화강석의 크기는 대략 가로 스물다섯 치, 높이 열두 치 정도. 손 뼘으로 치자면 가로가 세 뼘, 높이 한 뼘 가웃 정도랄까. 이만한 크기의 화강석을 네 치 두께로 다듬어 차곡차곡 쌓아 올리던 참이었다. 전체적으로는 이만한 크기의 화강석이 대략 20만 조각이나 들어갈 예정이었다.

그러나 화강석을 다듬어 붙이는 작업은 예사로운 일이 아니었다. 무엇보다 경험과 기술이 필요했으며, 그 밖에도 각별히 신경을 써야 할 일이 적지 않았다. 벽에 붙이는 화강석은 겉면을 매끈하게 다듬지를 않았다. 일부러 그렇게 한 것이었다. 거기에는 정으로 다듬는 기술이 필요했다. 정으로 쪼아 다듬은 그대로 우툴두툴한 화강석을 사용했다. 그중에서도 특히 아래쪽 징두리에 붙이는 화강석은 더욱 우툴두툴했다.

돌의 거칠거칠한 겉면을 그대로 살려 쓴 것은 건물의 육중한 분위기를 내려는 뜻이었다. 장중한 모습의 건물을 올리면서 밑바닥에서부터 매끈하게 다듬어진 화강석을 붙인다면 생각처럼 위엄 있는 풍모를 살릴 수 있을 것인지 장담하기 어려운 일이었다. 거기에는 햇빛의 반사를 막는다는 뜻도 포함되어 있었다. 그러나 2층 겉벽부터는 정으로 다듬긴 마찬가지였지만 '잔 다듬'으로 더 곱게 다듬어 붙이도록 했다.

기둥은 모두 철근 콘크리트로 공사를 끝냈다. 대들보와 바닥의 콘크리트에도 철근을 박아 넣었다. 각 기둥 사이를 건너질러 지붕의 무게를 떠받들게 되는 도리 또한 철근으로 설치키로 했다. 특히 기둥을 제대로 세우지 못할 경우 각층의 상판 바닥이 그대로 주저앉을 우려마저 있었다.

이미 공사는 총독부가 직영으로 처리하고 있을 때였다. 공사비를 줄이기 위한 막다른 조치였다. 유럽전쟁과 시베리아 참전으로 하루가 다르게 물가가 치솟는 상황에서 몇 달씩이나 걸리는 장기 공사를 청부 도급으로 맡기는 것은 총독부로서도 바람직하지 않다는 내부 의견에 따른 것이었다.

총독부가 직접 공사를 맡아 진행한다면 공사비를 줄일 수 있을뿐더러 날림공사의 위험도 확실히 막을 수 있을 것으로 여겨졌다. 더욱이 건축, 예산, 회계와 관련된 총독부의 모든 부서들이 함께 매달리게 됨으로써 공사도 훨씬 빠르게 진행할 수 있을 것이었다.

이러한 판단에 따라 총독부는 시미즈쿠미淸水組 회사에 도급으로 맡겼던 골조 공사도 도중에 거두어 들였다. 청부공사의 도급 계약은 해지되었지만 공사에 필요한 건축자재는 시미즈쿠미를 통해 계속 사들일 수밖에 없었다. 물론 이미 착수되거나 부분적으로 진행된 공사에 대해서는 적당한 값을 치르게 된다.

그러나 총독부가 공사를 직영 체제로 바꿈으로써 약간의 차질이 빚어진 것은 어쩔 수 없는 일이었다. 그때까지의 공기도 이미 늦어져 있었다. 이런 점에서는 하세가와 총독도 초조했다. 그는 남산의 왜성대 청사에서 북악산 밑의 공사장 쪽을 바라볼 때마다 눈살을 찌푸리기 일쑤였다.

더욱이 공사장 앞을 우뚝 막아선 광화문의 자태는 목에 걸린 가시였다. 공사가 늦어지는 까닭이 마치 광화문이 거기에 서 있기 때문이기라도 하다는 듯이….

고종은 독살당했는가

1919년. 어김없이 기미년己未年 새해가 밝아왔다. 새해가 시작되면서 경성 거리는 겉으로는 평온을 유지하는 듯했다. 그야말로 바다처럼 넓고 넓다는 다이쇼 천황의 은총 탓이었을까.

"금今 천황 폐하 즉위 팔년을 맞아 조선땅 곳곳에서 황은皇恩이 더욱 넘쳐나도록 할 것이다."

하세가와 총독도 신년 시무사始務辭를 통해 새해에는 무엇인가 그럴듯한 결과를 낼 수 있도록 더욱 분발하라고 총독부의 모든 직원에게 다그치듯 지시를 내려놓고 있던 터였다. 지지부진하게 끌어지고 있던 총독부 새 청사 건립 문제에도 당연히 신경이 쓰이고 있었으리라.

그러나 조선 땅덩이는 속으로는 온통 곪아 터진 상처뿐이었다. 백성들이라고 땅덩어리와 별로 다르지 않았다. 상처에서는 아물 틈도 없이 계속 누런 진물이 흘러내리고 있었다. 그러나 그 쓰라린 상처투성이 사이에서도 무엇인가가 응어리져 곧 비집고 터져 나올 듯이 꿈틀대는 것만 같았다.

그해 정월 이십일일. 아직 한겨울의 대한大寒 추위가 속살에 매섭게 스며들고 있을 무렵이던 이날 새벽 묘시卯時, 고종이 경운궁慶運宮 함녕전에서 마지막 숨을 거두었다. 죽음이 누구에겐들 미리 알리고 찾아오지는 않으련만 고종의 승하도 갑작스런 일이었다.

향년 예순일곱. 열두 살의 철부지 나이로 조선 왕조 스물여섯 번째 임금 자리에 올라 호시탐탐 손길을 뻗쳐오던 열강의 각축 속에서 왕비까지 외국 낭인들의 칼날에 잃고도 사직을 지키기 위해 대한제국을 선포함과 동시에 스스로 황제의 자리에 올랐던 고종. 그러나 급기야 을사조약에 의해 일제에 외교권을 박탈당한 채 일본의 간계를 폭로하기 위해 헤이그에 밀사를 파견했지만 오히려 이 사건이 빌미가 되어 끝내 황위에서 물러나야 했던 그였다.

붉은 용포龍袍에 익선관翼蟬冠을 갖추어 쓴, 위엄이 있으면서도 우아한 모습. 그러면서도 뭇 백성들을 아껴 걱정하느라 수심에 어린 얼굴. 고종이 대한제국을 선포했을 무렵 한성에 주재하던 각국 외교관들은 이러한 그를 영국의 찰스 1세에 견주어 말하곤 했다. 하지만 찰스 1세가 의회와의 알력에 부딪쳐 끝내 런던의 템즈강변 웨스트민스터 사원에서 열린 특별 법정에서 사형선고를 받고 마침내 처형을 당해야 했듯이 고종도 가슴에 맺힌 한을 풀지 못하고 세상을 뜬 것이었다.

이미 일본에 의한 병탄과 동시에 칭호조차 '덕수궁 이태왕'으로 바뀌어 있었다. 어린 왕세자는 일본에 볼모로 잡혀가 있었으며 만천하에 대한제국을 선포하면서 조상들께 이를 고했던 원구단圓丘壇마저 철도호텔 자리에 일찌감치 묻혀 버린 터였다. 지난날 옥좌에 앉아 나라를 내려다보던 경복궁 앞으로는 식민통치의 상징이 될 총독부 청사가 세워지고 있었다. 어느 누가 그의 가슴에 맺힌 응어리를 이해할 수 있었을까.

"이태왕李太王 위독"

이날 경성 시내 거리에는 신문 호외號外가 급히 뿌려졌다. 총독부 기관지인 《매일신보每日申報》의 호외였다. 하지만 무슨 연유인지 이 호외에는 단지 그가 위독한 상태라고만 보도됐을 뿐이었다. 일반 백성들로서야 영문을 알래야 알 길이 없었다. 고종이 기거하던 함녕전은 총독부와 궁내부 책임자들에 의해 상궁들의 울음소리가 밖으로 새 나가지 못하도록 이미 덧문에 쪽문까지 꼭꼭 닫혀 있었다.

그렇다고 모든 것을 감출 수 있었을까. 이에 대해 윤치호尹致昊는 바로 그날의 일기에서 다음과 같이 기록하고 있다. 다음은 1919년 정월 스무하룻날의 윤치호 일기.

"오전 열시 YMCA에 갔다. 고종 임금이 오늘 새벽 여섯시쯤 승하했다고 신승희가 말해 주었다. 그러나 《매일신보》 호외는 고종이 편치 않다고만 보도했다. 무슨 까닭일까? 아마 이은 왕세자와 나시모토 공주와의 결혼이 임박한 때문일지도 모른다(YMCA from 10 A.M. 申勝熙 told me that H.M. the Ex-Emperor 光武 太皇帝李太王 had passed away at about 6 this morning. But the 號外 of 每日新報 announces that H.M. the Ex-Emperor is seriously ill. Which is which? Maybe the ceremonies to be celebrated in Tokyo between Prince Yi and Princess Nashimoto being near)."

이처럼 알 만한 사람은 고종의 승하 사실을 전해 듣고 있었다. 그러나 총독부가 이에 대한 발표를 늦추고 있는 것은 도쿄에서 열릴 예정인 '비운의 왕세자' 이은李垠과 나시모토미야梨本宮 마사코 공주와의 결혼을 앞두고 있기 때문이 아닌가 하는 게 바로 윤치호의 생각이었다.

이른바 '세기의 정략결혼'으로 알려진 이들의 결혼식은 그로부터 바로 나흘 뒤에 열리도록 날짜가 잡혀 있었다. 이미 세 해 전부터 예정되어 있던 참이었다. 총독부가 고종이 승하했다는 사실의 발표를 미룬 채 본국과 이에 대한 협의에 들어간 것은 실제로 이은 왕세자의 결혼 문제 때문이었다. 상복 차림으로 잔치를 치를 수는 없지 않은가.

이은 왕세자의 결혼식 준비 관계로 도쿄에 머물고 있던 하세가와 총독은 경성에서 날아온 급보를 접하고는 무엇인가 엉뚱하게 사태가 꼬여가고 있음을 본능적으로 직감했다. 그 자신도 이미 나이가 먹을 만큼 먹은 때문일까, 어쩌면 자신의 때도 서서히 끝나가고 있음을 어렴풋이 느끼고 있었다.

무려 두 해 다섯 달 동안을 끌어 왔던 해묵은 숙제가 아니던가. 왕세자를 일본으로 데려간 것은 이토였으며, 결혼식은 데라우치가 뒤에서 성사시켰던 것. 자신은 가만히 입만 벌리고 있으면 농익은 감이 저절로 굴러 떨어질 판이었다. 그런데 하필이면 막판에 갑자기 귀찮은 일이 벌어지다니…. 하세가와는 자꾸만 얼굴을 찌푸렸다.

은근히 부아가 치밀었지만 내색할 수는 없는 일이었다. 당장 급한 것은 고종의 승하 사실을 감춘 채 며칠을 더 얼렁뚱땅 끌어가느냐, 아니면 곧이곧대로 발표하느냐 하는 두 가지 중 하나를 선택해야 하는 문제였다. 그러나 이미 웬만한 사람들이 뻔히 알고 있는 사실을 감추려 든다는 것은 일대의 모험을 감수해야 하는 일이었다. 하세가와는 제 손으로 무덤을 팔 만큼 어리석지는 않았다.

"이태왕 사거死去."

그 다음 날, 총독부는 공식 성명을 통해 고종의 사망 소식을 정식으로 발표하기에 이른다. 마냥 미적거리며 덮어 둘 수가 없었기 때문이다. 사망 원인은 뇌일혈. 이에 따라 이은 왕세자의 결혼식도 자동적으로 미뤄지게 되었다.

이 성명에는 다음과 같은 내용도 함께 덧붙여졌다.

"다이쇼 천황께서 이태왕에 대해 일본 황실에서만 사용되는 국화장菊花障 목걸이 장식을 내려 생전의 공적을 기리도록 했노라."

설령 고종이 살아 있더라도 이를 흔쾌히 받아들였을 리 만무했지만, 저들로서는 망자에 대한 마지막 예우였다.

고종의 승하는 그 자신으로서도 한 맺힌 죽음이었건만 피폐를 더해 가는 조선 강토의 논고랑, 밭고랑에 한줄기 목줄을 대고 있던 무지랭이 백성들에게도 더없는 충격과 슬픔을 안겨 주었다. 그나마 고종은 백성들의 정신적 버팀대였다. 전국의 유생들이 흰 삿갓白笠을 갖춰 쓰고 대한문 앞에 줄지어 꿇어 엎드린 것도 이러한 슬픔의 표현이었으리라.

여기에 고종이 독살당했을지도 모른다는 의혹을 자아내는 소문마저 걷잡을 수 없이 퍼져 나감으로써 듣는 이들마다 가슴을 쓸어냈다. 소문은 바람을 타고 자꾸만 퍼져 나갔다. 발없는 소문이 멀리 간다더니, 역시 소문은 빨랐다.

"누군가 나랏님의 식혜 그릇에 독약을 쳤다더라."

"필경 그놈들의 사주를 받은 게 아니겠는가."

그중에서도 가장 그럴 듯하게 떠돌던 소문이었다. 고종은 잠자리에 들기 전 늘 식혜를 마시곤 했는데, 누군가 그릇에 몰래 비상을 뿌렸다는 얘기였다. 왕실 전의인 안상호安商鎬와 한상학韓相鶴이 몰래 짜고 저지른 소행이라는 얘기도 나돌았다. 여기에 "시신을 입관하려고 염하는 데 살점이 묻어 나왔다더라"는 얘기까지 퍼져 나가고 있었다. 살점이 묻어 나온다는 것은 물러 터진 것을 뜻하며 그것은 바로 명백한 독살의 흔적으로 여겨지고 있었다.

백성들은 여기에 덧붙여 스무 해 전의 일도 떠올렸다.

"언젠가 여름에도 고종 임금을 해치려고 가배珈琲. 커피 잔에 아편 진액을 탄 일이 있지 않다던가."

그것은 사실이었다. 대한제국이 선포되고 나서 그 이듬해의 일이었다. 즉, 1898년 칠월, 고종이 다량의 아편이 들어 있던 가배차를 마시고 고생한 일을 얘기하는 것이었다. 찻물을 토해내고 주사를 맞는 등 온통 법석을 벌인 덕분인지 고종은 별 탈이 없었으나, 옆에서 덩달아 차를 가득 따라 마신 황세자 순종은 잇몸이 헐고 배탈이 나서 며칠이나 고생을 한 일이 있었음에랴.

누군가가 독살을 저지를 만한 배경에 대해서도 갖은 소문이 떠돌았다. 고종이 빼앗긴 나라를 되찾겠다는 미련을 버리지 못하고 은근히 기회를 엿보고 있었는데, 이를 사전에 봉쇄하기 위해 계획적으로 저지른 일이라는 식의 소문이었다.

고종은 실제로 "베이징北京에만 갈 수 있다면 리훙장李鴻章 장군의 아들이나 위안스까이袁世凱 총통의 아들 위안커딩袁克定의 도움을 받을 수 있는데…"라고 생각하며 중국 탈출을 노리고 있었다. 리훙장이나 위안스까이 두 사람은 고종과 비교적 가까운 사이였을 뿐 아니라 특히 중국이 독일에 빼앗겼던 칭따오靑島를 다시 일본에 조차당함으로써 일본에 대해서는 조선과 비슷한 입장에 놓여 있다는 점을 잘 알고 있었다.

고종은 이에 앞서 러일전쟁이 터질 조짐을 보이던 무렵부터 일본에 병탄되기까지 몇 차례에 걸쳐 러시아와도 손을 잡으려 했다. 그 자신 러시아 공사관에 몸을 피한 일도 있지 않았는가. 러시아 황제 니콜라이 2세에게 은밀히 친서를 보낸 것은 그런 이유에서였다. 친서를 통해 조선과 러시아가 서로 연합하여 일본을 무찌르자는 제의를 했으며, 러시아 군대를 한성에 파견해 줄 것을 요청하기도 했다.

여기에 제1차 세계대전이 끝나갈 조짐을 보이면서 세계적으로도 약소국가의 입장이 조금씩은 받아들여지고 있던 때였다. 비슷한 무렵인 1918년 정월, 파리에서 열린 만국평화회의에서 미국의 윌슨 대통령은 '민족 자결주의'를 내세웠다. "식민지에 관한 모든 요구는 인민의 이해관계가 정부의 정당한 요구와 똑같은 중요성을 갖는다는 원칙에 따라 공평하게 다루어야 한다"는 주장이었다.

하지만 세월은 언제까지나 고종을 기다려 주지 않았다. 고종이 이미 자신의 임종을 내다보고 있었다는 소문도 흘러다녔다. 고종은 사망하기 몇 해 전 한동안 종기로 고생하면서 "오래 살지 못할 것 같다"고 입버릇처럼 말했다는 것이다. 창덕궁에서 뜻하지 않던 화재 사고가 난 그 이듬해 여름이었다던가. 그보다 몇 번째 앞선 순조 임금이 대조전 전각에 불이 난 뒤 종기로 고생하다 승하했는데, 그 일을 염두에 두고 자신의 임종을 예견했는지도 모를 일이다.

대한문 바깥에서는 이처럼 온갖 어수선한 소문이 떠돌아다녔다. 압박과 탄압이 심하면 심할수록 그에 맞서려는 움직임도 그치지 않는 법이었다. 소문이 퍼지면서 조선 백성들은 은밀한 눈짓과 귀동냥을 통해 서서히 힘을 모으기 시작했다. 악에 떠받쳐 분노로 결집된 가슴 속의 뜨거운 응어리였다.

이렇게 응어리로 결집된 힘은 그로부터 한 달여 뒤에 한꺼번에 표출된다. 제국주의 일본의 간담을 서늘케 한 3·1 독립만세운동이 바로 그것이다.

한편 저들은 조선 왕실의 법도에 따라 진행되던 고종의 장례 절차를 도중에 일본식 국장으로 치르도록 하여 상복을 일본식으로 갖춰 입도록 요구했다. 이토 히로부미의 양아들로 그때 제관장을 맡았던 이토 히로쿠니伊藤博邦 공작은 물론 부제관장을 맡은 병조참판 출신의 조동윤趙東潤 남작이 일본식 의례복 차림으로 장례를 진행했음은 물론이다. 죽은 사람이 저승길을 가는 데조차 저들의 법식을 따라 줄 것을 고집했던 것이 일본이다.

그러나 상주인 순종은 저들의 요구를 묵살한 채 빈소에서 두루마기 자락을 여며 맨 한복 차림으로 조문객을 맞았다. 어느 일본 귀족이 뒷자락이 끌리는 서양식 프록코트 차림으로 찾아와 애도를 나타내자 아무런 대꾸도 하지 않고 그대로 뒤돌아 앉아 버렸다던가. 이러한 소문이 전해지자 일본 귀족들과 총독부 고관들이 조문을 위해 급히 한복을 장만해야 했다는 얘기다.

'비운의 왕세자' 이은李垠

일제는 조선을 합병한 뒤 '마지막 황제' 순종에게 왕의 칭호를 붙여 직위를 깎아내렸다. 이름하여 '창덕궁 이왕李王'. 창덕궁에 기거한다는 뜻이었다. 한때나마 융희隆熙라는 연호를 사용하며 대한제국의 황제로 군림했던 순종 본인과 모든 조선 백성에게는 수치요, 치욕일 수밖에 없었다.

고종의 일곱째 아들이자 순종의 동생으로 결국 마지막 황태자가 되어 버린 이은李垠은 왕세자로 책봉됐다. 일본 천황에 의해서였다. 그러나 어쩌랴. 식민지의 설움이 더욱 깊어만 갔던 것을. 태황제인 고종에게도 '덕수궁 이태왕李太王'이란 칭호가 주어졌다.

순종 황후 윤비尹妃는 '왕비'로, 고종 태황비 엄비嚴妃는 '태왕비'로 고쳐 부르도록 했다. 이와 함께 순종과 고종에 대해서는 '전하殿下'라는 경칭이 붙었지만 이는 저들 천황에게 사용되는 '폐하陛下'라는 표현보다 한 등급 아래였다. 다만 조선 왕족에 대해서는 나라 뺏긴 설움을 달랜다는 뜻에서 일본 황족에 버금가는 대우를 받도록 약속했다. 저들의 화족華族이나 사족士族에 비해서는 융숭한 대접을 받은 셈이었다.

물론 이 점을 둘러싸고는 일본 내부에서도 상당한 논란이 벌어지기조차 했으니, 일본 귀족들의 눈에 조선 왕실이 어떻게 보였는지를 나타내는 실례라 할 것이다. 자체의 반발을 무릅쓰고 일제가 조선 왕족에 대해 이마만한 신분상의 대우를 해 주었던 것도 어차피 조선에 대한 식민지 유화정책 이상의 아무것도 아니었다.

이와 함께 일본 정부는 이왕직을 통해 해마다 150만 엔 규모의 세비를 이왕가에 지급했다. 흔히 '친용금親用金'이라 불리는 명목이었다. 가쓰라 총리대신과 데라우치 총독이 받았던 연봉이 1만 2,000엔이었으니 그 규모를 미루어 짐작할 수 있으리라. 왕위에 있을 때처럼 생활에 전혀 모자람이 없도록 한다는 배려라 했다. 그리고는 "조선이 일본에 합병된 뒤 조선 왕실은 오히려 생활이 더 윤택해졌다"고 떠들어댔다. 실제로 생활이 나아졌을까마는, 설령 그렇다 한들 아무리 먹어도 괜시리 허기질 때가 있다는 사실을 그들은 왜 몰랐을까.

각설하고, 도쿄로 볼모 잡혀 간 이은 왕세자는 저들의 귀족 자제들을 가르치는 가쿠슈인學習院에서 신교육을 받게 된다. 가쿠슈인을 마치고는 육군유년학교를 거쳐 육군사관학교에 들어갔다. 졸업 성적은 매우 뛰어난 편이었다. 본디 총명이 넘쳐나던 그였다.

다음은 이은 왕세자가 총명했다는 것을 보여 주는 일화 한 토막. 그가 일본에 끌려가면서 고종에게 마지막 인사를 드릴 때였다. 아직 합병되기 전이었지만, 고종으로서는 임금 자리에서 물러나 덕수궁에서 울적한 나날을 보내고 있을 무렵이었다.

'先天下之憂而憂後天下之樂而樂.' 고종은 그에게 이러한 글귀가 적힌 쪽지 하나를 내보였다. 그리고는 짐짓 "이 글이 무슨 뜻인지 알겠느냐"고 물었다. 유독 황태자를 귀여워하던 고종이었다.

"나라를 다스리는 군주는 걱정에 있어서는 백성보다 먼저 하고, 즐거움에 있어서는 백성보다 나중에 즐겨야 한다는 뜻이옵니다."

이은의 대답이었다. 그리고는 제 손으로 붓을 잡아 화선지에 '참을 인忍' 한 글자를 써서 안주머니 깊숙이 집어넣고는 이토 히로부미에게 손목을 잡힌 채 바다 건너로 끌려갔다. 마음속으로는 백성들의 걱정을 지닌 채로…. 누가 보아도 영락없는 볼모였다.

그는 1918년 일본 육군사관학교를 졸업하면서 육군 보병 소위에 임관되었다. 근위 보병 제2연대 배속. 두 해 뒤에는 중위로 승진했고, 다시 한 해가 지나서는 대위 승진과 함께 육군 대학교를 졸업하게 된다.

이은과 나시모토 마사코 공주와의 약혼식이 발표된 것은 이보다 훨씬 앞섰던 1916년 팔월. 결혼 날짜는 1919년 정월로 잡혀 있었다. 일본으로 끌려간 것이 이토에 의해서였다면, 이 결혼은 역시 데라우치 총독의 계략에 의한 것이었다. 두말할 것도 없이 '일선日鮮 융화'를 시범적으로 보여 준다는 뜻이었다.

'정략결혼'이란 바로 이런 것을 이르는 말이었다. 하지만 이 결혼식은 예정일을 불과 나흘 앞두고 고종이 갑작스레 승하함으로써 불가피하게 이듬해인 1920년 사월로 연기된다. 하늘도, 땅도 이 혼인에 대해 분노하고 있음을 보여 준 것이 아니었을까.

여기서 이은 황태자와 혼인이 맺어지게 된 마사코 공주에 대해 간략히 나마 살펴보기로 하자.

마사코 공주는 귀족 가문인 이찌조카一條家의 도끼코朝子 공주, 구니노미야久邇宮의 나가코良子 공주와 함께 당시 히로히토裕仁 황태자의 태자비로 유력한 물망에 오르기도 했었다. 그러나 진찰 결과 불임不姙이라는 이유로 후보 대열에서 탈락된 상태였다. 나가코 공주도 할머니가 색맹인데다 같은 자매 중에서도 색약이 많다는 이유로 태자비 후보 대열에서 떨어져 나갔다. 아이를 낳을 경우 유전적으로 비슷한 증세가 나타날 가능성이 많다는 우려 때문이었다.

이는 당시 일본 육군의 원로로서 막강한 권력을 휘두르던 야마가타 아리토모 공작이 도끼코 공주를 강력히 밀었던 결과이기도 했다. 그리고 이 중에서 아이를 낳을 수 없다는 마사코 공주를 조선 왕실에 시집보냄으로써 귀찮고 말썽 많은 조선 왕실의 대를 아예 끊어 버리도록 한다는 계산도 깔려 있었음직하다.

그러나 얄궂게도 이은 왕세자에게는 이미 정혼한 색시감이 있었다. 그가 일본으로 끌려가기 직전 고종이 주영駐英 공사를 지낸 민영돈閔泳敦의 큰딸 민갑완閔甲完을 태자비로 간택해 놓았던 것이다. 총명하고 품위 있던 민 규수였건만 이렇듯 이은과의 혼인이 성사되지 못하자 일생을 독신으로 지내며 고통과 고독 속에서 보내야 했으니, '내선 일체'의 또 다른 희생양이었다. (강용자, 《왕조의 후예》)

그러나 마사코 공주가 이은 왕세자와 결혼하기로 했다는 약혼 발표가 있은 뒤 나가코 공주, 도끼코 공주 가문의 파벌 사이에 치열한 다툼이 벌어져 몇 달 동안이나 지속됐을 만큼 일본 황실은 골머리를 앓게 된다.

여기에는 사쓰마의 해군과 죠슈의 육군, 황족과 화족, 그리고 내각과 정당 등의 이해가 날카롭게 맞부딪쳐 쉽게 결판이 나지 않고 있었다. 결국 나가코 공주가 색맹이 아니라는 최종 진찰 결과가 나오게 되자 뒷수작을 부렸던 야마가타가 이에 대한 책임을 지고 겐로元老의 자리에서 물러남으로써 싸움은 일단락을 짓게 된다.

그리고 정작 마사코 공주도 불임은 아니었다. 뒤에 이은 왕세자와 결혼해 떡하니 아들을 낳은 사실이 그것을 증명한다. 마사코 역시 숨 막힐 정도로 물고 물리던 저들 정치판의 희생양이나 다름없었다. 어쨌거나, 세계의 눈길을 끌었던 이들의 결혼식은 예정대로 1920년 사월 스무

어드렛날 이은이 거처하던 도쿄 도리이자카鳥居坂 궁에서 거행됐다.

이날 혼례식에서 마사코는 저들의 전통식 궁중 복장을 하지 않고 서양식 하얀 드레스를 입었다. 조선 예복을 입을 수 없던 터에 저들의 혼례복을 고집할 수는 없는 일이었다. 조선 왕실의 왕세자인 신랑의 복잡한 심사를 헤아린 때문이었을까.

3·1 독립만세운동

3·1 독립만세운동은 고종의 인산因山이 예정됐던 1919년 삼월 삼일을 이틀 앞두고 터져 나왔다. 이미 그해 이월 팔일, 도쿄의 기독교청년회관에서 백관수白寬洙, 최팔용崔八鏞, 나용균羅容均, 전영택田榮澤, 서춘徐椿, 김도연金度演, 윤창석尹昌錫 등이 주도한 '조선유학생 독립선언'이 도화선이 되어 불길을 일으킨 것이었다.

유학생 단체인 '조선유학생 학우회' 기관지인 《배움의 빛學之光》 편집장이었던 최팔용은 세계대전 종식에 따른 국제정세 변화에 자극받아 편집위원들과 독립 선언문 작성에 착수했으니, 뒷날 '2·8 독립 선언문'으로 불리게 되는 바로 그것이다.

유학생들은 이날 오후 두시 기독교청년회관 강당에 삼삼오오 모여들었다. 이미 독립 선언문이 일본에 주재하는 각국 대사관을 비롯해 조선총독부에까지 우편으로 보내진 뒤였다. 일본 중의원과 참의원, 신문사 등에도 선언문이 전달됐다. 400여 명의 유학생이 빽빽이 들어찬 가운데 독립 선언문과 4개항의 결의문이 채택됐다.

"조선 청년독립단은 우리 2,000만 민족을 대표하여 정의와 자유의 승리를 득(得)한 세계 만국의 앞에 독립을 기하기로 선언한다. 우리 민족은 4,300년의 긴 역사를 갖고 있으며 세계 최고 민족의 하나이다."

조선 유학생들이 이렇듯 감쪽같은 준비 끝에 독립 선언문을 채택하게 되자 저들은 기겁할 수밖에 없었다. 억지로 막아 누르긴 했건만 조선 땅에서만큼은 이런 일이 되풀이되어서는 안 된다고 생각했다. 이에 따라 저들 경찰은 조선총독부 학무국에 긴급히 비밀 통첩을 보내 움직임이 수상쩍은 학생들의 동향과 사상을 조사토록 지시를 내렸다. 하지만 그런 식으로 간단히 막을 수 있는 것이 아니었다. 그것은 이미 터져 버린 봇물이었다.

그해 삼월 초하룻날. 탑골 공원.

"만세-, 만세-"

"대한독립 만세-"

공원은 온통 흥분의 도가니로 변했다. 구름떼처럼 몰려든 수천 명의 군중은 너나할 것 없이 두 팔이 떨어져라 태극기를 흔들었다. 그리고는 목이 터져라 만세 소리를 외쳐 댔다. 모두들 뜨거운 눈물을 흘리고 있었다. 감격의 눈물이었다. 민족 대표 서른세 명 중 이날 모임에 참석한 스물아홉 명이 근처 태화관에서 독립 선언문을 낭독하는 동안 탑골공원에서는 같은 내용의 선언문을 읽어 내려가는 학생 대표의 목소리가 낭랑하게 울려 퍼졌다.

오등(吾等)은 이에 우리 조선의 독립국임과 조선인의 자주민임을 선언하노라. 이로써 세계만방에 고하여 인류 평등의 인의(人義)를 극명(克明)하며, 이로써 자손만

대에 고하여 민족자존의 정권正權을 영유永有케 하노라. 반만년 역사의 권위를 장仗하여 이를 선언함이며, 2천만 민중의 성충誠忠을 합하여 이를 포명佈明함이며, 민족의 항구여일한 자유 발전을 위하여 이를 주장함이며, 인류적 양심의 발로에 기인한 세계 개조의 대기운에 순응 병진하기 위하여 이를 제기함이니, 이는 하늘의 명명明命이며 시대의 대세이며 전인류 공존동생권同生權의 정당한 발동이라. 천하 하물何物이든지 이를 저지 억제치 못할지니라….

독립선언서 낭독이 끝나자 군중들은 누구라 할 것 없이 물밀듯 거리로 쏟아져 나왔다. 손에는 태극기가 들려 있었다. 눈물로 뒤범벅된 채 서로 부둥켜안는 모습도 눈에 띄었다. 공원에서 몰려나간 군중들은 고종 임금의 인산을 보러 온 조객들과 어울려 덕수궁 앞길은 물론 종로, 동대문에 이르기까지 길거리를 메웠다.

일본에 병탄된 지 10년 가까이 숨통을 죽이다가 한꺼번에 터져 나온 울분과 환희의 함성이었다. 일본 헌병과 경찰은 무자비하게 총칼로 막았지만 갓을 갖춰 쓴 노인네부터 검정 치마, 흰 고무신 차림의 어린 여학생에 이르기까지 있는 힘을 다해 태극기를 흔들어 댔다.

경성만이 아니었다. 같은 시간 의주를 비롯해 선천, 평양, 진남포, 원산 등지에서도 만세의 물결은 드높이 메아리쳤다. 만세의 물결은 멀리 만주 대륙에까지 퍼져 나갔다. 며칠 뒤 룽징龍井에서도 동명東明 학교 학생들이 앞장선 5,000여 명의 시위대가 "만세"를 외치며 태극기를 휘둘렀다. 태극기가 없는 사람들은 맨주먹을 치켜들었다. 화룽和龍에서도 불여우골 조선 주민 등 400여 명이 만세 모임을 가졌으며, 이 밖에 훈춘, 금당촌, 초소미, 홍경, 즙안 등지에서도 흰옷을 입은 무리들이 만세 시위에 가담했다.

그러나 총독부 기관지인 《매일신보每日申報》는 이에 대해 침묵으로 일관하다가 삼월 열흘날이 되어서야 비로소 언급을 시작한다. '이른바 독립운동에 대하여'라는 사설을 통해 경고문을 발한 것이었다. 총독부의 입장 그대로 "지금은 국장國葬 기간으로 가장 근신해야 할 때인데도 생각 없는 조선 청년과 모某 종교단체 신도들이 파리강화회의를 기회로 불온한 행동을 감행하고 있다"며 보도했다.

그날 발표된 하세가와 총독의 유고諭告도 내용이 크게 다르지 않았다. "일부 불순한 무리의 선동으로 경성과 지방에서 군중의 망동이 있었던 데 대해 유감을 표한다"며 "조선의 독립은 프랑스 파리의 예비 강화회의에서 열국이 승인한 바라고 떠들지만 이는 전혀 근거 없는 유언비어로, 반도에 미치는 제국의 주권이 확고 영구함은 다시 거론할 필요가 없다"고 찬물을 끼얹고 있다. 계속 소동을 벌이다간 반드시 후회하게 될 것이라는 경고도 덧붙여졌다.

하세가와 총독의 유고문 발표에 앞서 이미 저들 군대와 경찰은 총칼을 앞세워 만세운동을 무력으로 마구 윽박지르고 있었다. 아우내장터에서 만세 시위에 가담했던 유관순 열사를 비롯해 전국에서 모두 1만 9,525명이 체포됐으며, 이 가운데 9,441명이 기소되어 재판에 회부됐다. 엄청난 규모였다.

만세를 부르다 현장에서 곤봉에 두들겨 맞거나 총칼에 피를 흘리고 쓰러진 숫자도 적지 않았다. 특히 경기도 수원 제암리의 학살사건이 대표적으로 꼽힌다. 일본군은 이 마을에서 만세 시위가 끊이지 않자 주민 서른 명을 교회에 불러 모은 뒤 모두 총으로 쏘아 죽였다. 그리고는 그것으로도 모자랐는지 교회에 석유를 끼얹고 불을 지르는 만행도 서슴지 않았다.

한편 3·1 만세운동이 시작되기 직전 이승만李承晚과 정한경鄭翰景은 미국 윌슨 대통령에게 한 통의 청원서를 보냈다. 위임통치를 청원하는 내용이었다. 샌프란시스코에 본부를 두었던 '대한인 국민회' 명의로 되어 있었지만 기실은 독단적으로 청원한 것이라는 얘기였다. 이 청원서는 《뉴욕 타임즈》에도 실리게 되었으니, 그 내용은 다음과 같다.

> 우리들은 자유를 사랑하는 2,000만 동포의 이름으로 청원하오니, 조선을 일본의 학정으로부터 벗어나게 하여 장차 완전 독립을 보증할 수 있도록 하며 당분간은 한국을 국제연맹 통치하에 두도록 함으로써, 만국 통상지로서의 한국을 극동의 완충지대로 만들어 동양 평화를 영원히 보전할 수 있을 것입니다.

궁여지책으로 나온 방안이긴 했으련만, 참으로 한심한 일이었다. 바로 며칠 뒤면 전국 방방곡곡에서 피 끓는 만세 소리가 터져 나올 판이었는데, 기껏 위임통치를 청원하러 돌아다니고 있었다니 말이다. 이에 대해 신채호申采浩는 이승만을 성토하는 성명을 발표했다. 그가 임시정부를 탈퇴하는 것도 이승만 등에 대한 실망감 때문이었다.

> 우리 2,000만 형제자매에게 이승만, 정한경 등이 미국에 대하여 위임통치를 청원하고 나라와 민족을 팔아먹는 청원을 제출한 사실을 폭로하여 그 죄상을 성토하노라. 독립이란 대원칙에서 한 걸음 물러서면 합병의 우두머리 이완용이 되거나, 합병론자의 송병준宋秉畯이 되거나, 자치운동의 민원식閔元植이 되어 나라에 재앙을 끼치는 요사스런 무리들이 더불어 일어날 것이니 독립의 방위를 위하여 이승만과 정한경을 성토하지 않을 수 없는 것이다. 우리 앞길은 전국 2,000만의 요구가 독립뿐이라는 피와 눈물의 외침으로 안으로는 동포의 정성을 단합하며 밖으로는 여러 나라의 동정을 널리 얻음에 있거늘, 이제 위임통치

라는 그릇된 주장을 허용하면 다른 길을 열어 동포를 미혹케 할뿐 아니라 또 우스꽝스러운 모순을 외국인에게 보여 조선 민족의 참뜻이 어디 있는지를 파악하지 못하게 할 것이다.

3·1 만세운동에 함께 참여하게 되는 대부분 백성들의 입장에서 바라보아도 그렇게 흔쾌한 청원은 아니었다. 그때뿐만 아니라 그 뒤로도 계속 펼쳐지게 되는 조선 독립운동의 한계가 엿보이고 있었다.

이른바 '문화 통치'로

조선 백성의 심장과 혼을 칼로 다스릴 수는 없었다. 일본은 3·1 만세운동이 터지자 자신들의 통치 방식에 문제가 적지 않다는 점을 서서히 깨닫기 시작했다. 총과 칼은 오직 적개심만 북돋울 뿐이었다. 그렇다면 과연 어떤 방법을 써야 하는가. 역시 웃음이 더 효과적이지 않겠는가.

저들이 일단 무단통치를 포기하고 문화 정책을 실시하기로 결정한 것은 이러한 판단에서였다. 그나마 다행이긴 했지만, 결국 문화 통치란 조선 백성들의 얼을 빼앗고 마음을 홀리기 위한 또 다른 방안에 지나지 않았다. 저들이 문화 정책이라는 이름을 앞세워 흘리던 웃음 뒤에는 음흉한 흉계가 잔뜩 도사리고 있었다.

저들은 외부적으로는 이렇게 말하고 있었다. "삭풍 늠렬凜烈의 겨울이 지나면 목풍穆風 습습習習한 봄이 오는 것은 자연의 섭리가 아닌가"라고…. 살을 벨 듯한 겨울 추위가 지나가면 포근한 바람이 산들산들 불어오는 봄철이 돌아오는 이치에 통치 방식의 변화를 꿰어 맞추려는 수작이었다.

조선총독도 하세가와 요시미치長谷川好道에서 사이토 마고토齋藤實로 전격 교체되었다. 이때가 1919년 팔월. 만세운동이 터진 다섯 달 뒤의 일이다. 그러나 야마가타 정무총감과 당시 타이완 총독을 지내던 아카시 모토지로도 조선총독 하마평에 오르는 등 일본 내부의 입장이 크게 엇갈리고 있었다. 조선 백성들이 꼼짝 못하도록 더욱 움켜쥐느냐, 아니면 슬쩍 풀어 주느냐를 놓고 고민했다는 얘기다.

사실은, 하세가와도 호락호락 물러나려 들지를 않았다. 친일파 인사인 이완용과 송병준을 내세워 야마가타 아리토모山縣有朋 등 저들 군부 원로들에게 유임 운동을 펴고 있었다. 무단통치가 그대로 지속돼야 한다는 필요성을 설득시키려 한 것이었다. 그러나 결국 후임자는 사이토로 결정되고 말았다. 식민통치 방식이 그동안의 무단통치에서 일단 한 발 물러난다는 뜻이었다.

전임자인 데라우치와 하세가와가 육군 출신이었던 반면 사이토는 해군 대장 출신이었다. 이미 현역에서 물러난 예비역 신분이었으나 총독 임명과 함께 현역으로 다시 복귀하게 된다. 이처럼 예비역을 임명한 것은 무단통치라는 냄새를 지우기 위해서였지만, 40년 이상을 군인으로 살아온 사람이 몇 년간 군복을 벗었다고 해서 당장 체질과 사고방식이 변할 수는 없는 일이었다.

물론 그가 개인적으로 전임자들에 비해 성품이 차분하고 온화했다는 측면은 부인할 수 없다. 일상생활에 있어서도 사치를 즐기는 편은 아니었다. 총독 관저 생활을 통해 "아무리 하찮은 물품이라도 아껴 써야 한다"면서 선물 꾸러미에 묶여 온 노끈을 버리지 않고 차곡차곡 묶어 집무실 서랍에 넣어 두었다는 일화가 전해질 정도다.

사이토의 장인도 역시 해군 장성을 지냈으니, 그의 집안은 이를테면, 해군 집안이었던 셈이다. 임오군란 당시 한성에서 철수했던 일본군이 진용을 갖추어 다시 진주해 들어올 때 이를 지휘했던 니레 카게노리仁禮景範 해군 소장이 바로 그의 장인이다.

그러나 그는 경성에 부임하면서부터 폭탄 투척의 환영을 받아야 했다. 그가 열차편으로 경성역에 도착한 것은 1919년 구월 초이튿날 오후 다섯시쯤. 영접을 나온 조선총독부 관리들과 일본 상공인들, 그리고 조선 귀족들의 환영을 받으며 귀빈실을 나서 역 광장에 대기하던 쌍두마차에 올라타는 순간 요란한 굉음과 함께 폭탄이 터진 것이었다.

역 주변은 순식간에 피투성이로 변했다. 마흔 명에 가까운 출영객이 부상을 당해 쓰러지거나 아우성치는 소리에 현장은 아수라장으로 변했다. 그러나 폭탄의 파편은 사이토를 비켜갔다. 폭탄이 바로 마차 앞에 떨어졌으나 파편은 그의 가죽 혁대를 스쳐 지나갔을 뿐이다. 하지만 그것으로도 혼비백산의 경각심을 불러일으키기에는 충분했다.

의거의 주인공은 당시 예순네 살의 강우규姜宇奎. 환갑을 넘긴 할아버지라고 해서 조국을 사랑하는 데 있어서만큼은 젊은이들에게 결코 뒤처지지 않는다는 사실을 직접 행동으로 보여준 주인공이었다. 그는 피신해 있다가 검거되어 이듬해 서대문 형무소에서 처형당하고 말았다. 같은 배달의 핏줄을 물려받았으나 저들의 앞잡이 노릇을 하던 김태석에게 붙들렸다는 사실이 더욱 애석할 뿐이다.

3·1 만세운동으로 인해 정무총감도 교체되었다. 새 정무총감에는 미즈노 렌타로水野鍊太郎가 임명됐다. 법학 박사인 미즈노는 머리 회전이 빠른 인물이었다. 능력도 출중한 편이었다. 도쿄제국대학을 수석으로 졸업했을 만큼 수재로 꼽히고 있었다. 도쿄제국대학 수석 졸업으로 치자면 조선총독부 농상공부 장관을 지낸 이시츠카 에이조石塚英藏가 미즈노보다 한 해 앞서 수석 졸업의 영예를 차지한 주인공이다.

일본은 이때 조선총독을 임명하는 조건에서 육군과 해군 대장으로 제한했던 무관임용 제도를 철폐하는 한편 총독의 육해군 통솔권 조항을 삭제하기에 이른다. 다만, 조선의 안녕과 질서를 유지하기 위하여 필요한 때에만 육해군 사령관에게 병력 사용을 요구할 수 있도록 했다.

이에 대한 당시의 일본 총리대신 하라 다카시原敬의 얘기를 들어 보자. 그해 팔월 십오일자《오사카마이니치 신문》의 보도 내용.

"이제부터 조선에 대한 모든 개혁을 단행하고 장래에 교육, 산업, 관리등용에 이르기까지 내지와 똑같은 차원에서 처리하도록 하겠다."

사이토 총독과 미즈노 정무총감을 전별하는 자리에서 약속한 얘기라 했다. 그토록 침이 마르도록 '내선 일체'를 외쳐 댔던 일본으로서 실은 그동안 조선 사람에 대해 차별대우를 했다는 실토나 다름없었다. 사실이 그러했으니 말이다.

사이토 총독도 이에 대한 자신의 입장을 뚜렷이 밝혔다. 경성에 부임한 직후 첫 인사말을 통해서였다.

"개선이나 쇄신은 다만 새것만을 좇고 시류에 따르자는 것이 아니요, 아무쪼록 조선의 문화와 구습舊習을 존중히 하여 그 선善을 기르며 폐弊를 없애 시세 진운에 순응하기를 기期하도록 해야 할 것이다."

그는 이를 위해 크게 네 가지를 약속했다. 즉 헌병 경찰제를 폐지하는 것은 물론 조선어 민간신문 허용, 조선 풍습의 존중, 그리고 관리 차별의 철폐 등이었다. 하라 총리대신의 약속을 다시 옮긴 것이었다. 이러한 약속은 곧바로 유고문諭告文 발표를 통해 헌병 경찰제를 보통 경찰제로 환원시키는 것을 시작으로 실현된다. 이로써 그때까지 독립된 관청이던 경무 총감부가 폐지되고 경무국이 총독부 내국 관할로 설치되기에 이른다. 총독관방에서도 무관실 간판이 떼어졌다.

그러나 아무런 방책도 없이 조선 백성을 감시의 대상에서 풀어 줄 저들이 결코 아니었다. 이른바 특고特高와 사복私服, 밀정 등의 눈초리가 거리 곳곳에서 기웃거리고 있었다. 특별고등경찰이나 사복경찰로도 모자라 가까운 이웃들의 동향까지 일일이 밀고하도록 끄나풀을 주변에 쫙 풀어놓았으니, 실제로는 변한 것이 거의 없었다.

이때 경기도 경찰부장 치바 료千葉了라는 위인이 말했다는 얘기를 들어 보자.

"민족 본능의 지하수가 땅 위로 분출함은 그다지 괴이한 일은 아니니, 이럴 때는 급하게 막으려 들지 말고, 또 넘쳐나는 대로 그대로 버려두지도 말고, 그것이 흘러갈 도랑을 만들어야 할 것이다. 그래서 자연의 유력流力을 이용하여 유양悠揚하게 바다로 흘러가게 한다면 땅 위의 봄은 물줄기를 얻어 오히려 풍치를 더하게 되지 않겠는가."

조선어 신문을 허가한다는 데에도 숨은 이유가 있었다. 아궁이가 터지기 전에 굴뚝을 만들어 열기를 빼도록 해야 한다는 뜻이라던가. 또는 굴뚝에서 모락모락 솟아나는 연기를 보고 아궁이 속을 헤아릴 수 있다는 뜻이라던가. 이른바 '굴뚝의 비유'라는 것이었다.

《시사신문》을 비롯해 《조선일보》, 《동아일보》는 바로 이때 서로 앞서거니 뒤서거니 하면서 창간되었다. 그러나 총독부는 이들 민족지들에 대한 잦은 회유와 정간 처분 등의 교묘한 방법으로 이 땅의 여론을 마음대로 휘어잡으려 했으니, 따지고 보면 '문화 정책'이란 겉꾸밈에 지나지 않았다.

경희궁, 창경궁, 덕수궁

1919년 가을. 경복궁 근정문 앞뜰은 온통 납작하게 깎인 화강석으로 들이찼다. 한쪽에서는 돌을 다듬느라 정을 놀리는 석공들의 움직임이 분주했다. 인부들은 돌판이 다듬어지는 대로 공사장으로 실어 날랐다. 더구나 고종이 승하하면서부터 만세운동의 여파가 가라앉기까지 몇 달 동안이나 작업에 차질이 빚어진 탓에 저들의 채근은 대단했다.

새로 부임해 온 사이토 총독은 이틀이 멀다 하고 공사장에 들렀다. 니시무라 야스끼치西村保吉 토목부장을 집무실로 불러 진행 상황을 보고받기도 했다. 사이토 총독의 취임과 더불어 이뤄진 직제 개편으로 총독관방에 속해 있던 토목국은 토목부로 이름이 바뀌었으며, 아카이케 아쯔시赤池濃 토목부장에 이어 니시무라가 공사 책임을 맡은 것이었다.

그렇지만 데라우치 총독 당시 공사에 박차를 가하려고 비서실인 총독관방에 토목국을 신설했던 취지는 그대로 이어진 셈이다. 조직 개편 직전까지 농상공부 휘하의 식산국장을 지낸 니시무라는 일찍감치 홋카이도北海道 토목국장을 역임한 이력의 소유자이기도 했다. 그가 청사 신축 책임자로 발탁된 가장 큰 이유였다.

이때의 총독부 직제 개편은 문민 정책을 뒷받침한다는 데 주안점을 두고 있었다. 총무부와 중추원을 제외한 종래의 내무, 탁지, 농상공, 사법 등 4부 조직이 내무, 재무, 식산, 법무 등 4국으로 개편됐으며, 그동안 내무부에 속해 있던 학무국을 앞서의 4국과 같은 반열인 학무국으로 승격시켰다. 토목국과 함께 총독관방에 들어 있던 총무국과 철도국도 각각 서무부, 철도부로 개편되었다.

청사 신축에 대한 사이토 총독의 관심도 전임자인 데라우치나 하세가와에 못지않았다. 하지만 '국제 신사'라는 별명답게 여간해선 흥분하거나 화를 내는 기색을 보이는 법이 없었다. 자신의 질문에 니시무라 부장의 답변이 시원찮을 경우에도 고함을 지르는 대신 말을 끊고 잠시 침묵을 유지하는 것이 그의 일관된 수법이었다.

이 무렵, 총독부 공사는 골조공사가 마무리 부분만 남긴 채 겉벽에 화강석을 붙이는 작업이 본격적으로 시작되던 참이었다. 돌판을 하나하나 붙여나가는 작업은 까다롭기 짝이 없었다. 돌판을 붙이는 위치가 틀어지지 않도록 간격을 정확히 잡아야 했으며, 이를 위해서는 벽에 바르는 혼응토의 두께를 일정하게 유지하는 기술이 필요했다. 자칫 혼응토를 더 두텁거나 엷게 바른다면 돌판 사이에 틈새가 생겨 벽이 갈라질 염려가 없지 않았다.

작업장 바깥쪽에는 전차선 화물차에서 내려진 화강석 판석이 차곡차곡 쌓여져 있었다. 흥인지문 근처의 창신방 낙산 채석장에서 떠내온 것들이다. 창신방 채석장은 청사의 골조공사를 맡았던 시미즈쿠미淸水

組가 운영하던 것이었지만 공사비용이 쪼들리게 된 총독부가 도중에 돌산을 직접 인수해 돌을 떠내던 터였다.

이미 시미즈쿠미와의 도급 관계도 깨끗이 청산된 뒤였다. 이때가 그해 오월. 아직 하세가와 총독이 물러나기 전의 일이다. 시미즈쿠미가 옛 대한제국 정부로부터 정식 허가받은 채굴권 허가 기간도 이미 두 달 전에 끝나 버렸다. 이에 총독부가 채굴 허가를 더 연장해 주지 않은 것이었다. 황해도 고동면에 위치한 대리석 돌산도 총독부가 직접 운영하고 있을 때였다.

경복궁 주변은 온통 돌 다듬는 소리뿐이었다. 경복궁의 전각은 물론 육조 거리의 관아까지 지붕과 난간 이곳저곳이 돌가루 먼지로 뽀얗게 덮였다. 바람이라도 불게 되면 돌가루에 흙먼지가 자욱이 일었다. 그야말로 피폐를 더해가고 있었다. 피폐화된 것은 경복궁만이 아니라 조선왕조를 상징하던 다른 궁궐들도 마찬가지였다.

'서궐西闕'이라 불리던 경희궁도 거의 무덤처럼 파헤쳐졌다. 저들은 경희궁 안에 세워진 경성 중학교 운동장을 넓힌다는 구실로 지현각, 집경당, 융복전, 회상전 등의 전각을 차례로 헐어냈다. 경성 중학교는 당초 '통감부 중학교'라는 이름으로 설립되었으며 합병으로 '총독부 중학교'가 되었다가 1915년에 이 이름으로 바뀌게 된다. 저들 거류민단은 아직 병탄이 이뤄지기 전인 1907년 경희궁 담장을 허물고 그 안에 통감부 중학교를 세웠으니, 또 다른 만행이었다.

경희궁의 뒤뜰 정자인 황학정은 1923년 일반인에게 팔려 사직단 뒤쪽의 인왕산 기슭으로 옮겨졌으며, 정전인 숭정전도 야마또쵸大和町, 필동의 일본인 사찰인 조계사에 넘겨졌다. 심지어 정문인 흥화문興化門조차 헐리어 저들이 세운 히로부미지博文寺에 넘겨져 수문장 노릇을 하기에 이르렀으니 말이다.

창경궁 역시 마찬가지였다. 이미 병탄 전부터 행각과 궁문이 차례로 헐려 일반인에게 불하되고 그 자리에 식물원과 동물원이 들어섰다. 지난날 팔도에서 모여든 유생들이 과거시험을 치르던 춘당대 앞뜨락을 파헤치곤 연못을 만들었으니, 지금의 춘당지春塘池다. 합병 직후에는 일본 군인들의 경비 막사를 짓느라고 또 한 차례 소란이 벌어진데다 장서각 앞에는 쇠말뚝이 박혔다. 궁궐의 정기를 마지막 한 줌까지 끊어 버린다는 속셈이었다.

창경궁에 대한 가장 큰 훼손은 아예 이름을 '창경원'으로 바꾸어 버린 것이다. 궁궐이 아니라 한낱 놀이터에 지나지 않는다는 뜻이었다. 식물원과 동물원을 지은 속셈이 바로 거기에 있었다. 더군다나 창경궁이라는 이름이 이렇듯 창경원으로 바뀌고 나서 이를 축하하는 원유회園遊會까지 열렸다 하니 기가 막힐 노릇이었다.

그때가 아직 대한제국 시절이던 1907년 십일월. 원유회 파티가 열리던 날 순종은 회색 중절모에 모닝코트를 입고 자리에 나타났다. 손에는 순금 장식이 박힌 스틱을 든 차림으로. 이 희한한 모습에 몇몇 뜻있는 지사들은 분함을 참지 못하고 슬그머니 원유회를 빠져나갔다던가. 파티가 서양식으로 열린 것이기는 했지만, 어차피 서양식 파티에 서툴고 쑥스럽기는 대부분 참석자들이 마찬가지가 아니었을까.

사실은, 순종처럼 오랜 관습의 울타리에서 벗어나지 못한 인물도 별로 없었다. 일본 메이지 천황이 포크질로 양식을 즐겼다지만 순종은 그렇게 넉살이 좋은 편이 못되었다. 이날도 마지못해 모닝코트 차림으로 원유회에 참석했던 것이다.

　창경원 원유회 날짜가 며칠 앞으로 다가왔지만 입고 나갈 옷이 마땅치 않은 것이 문제였다. 이때 서양 외교사절들이 주로 입는 모닝코트 복장으로 하자는 의견이 나왔으며, 이에 따라 일본인 재단사에게 부탁해 급하게 옷을 맞추게 됐다는 얘기다. 그 스스로도 몸에 딱 달라붙는 모닝코트 차림이 어색했을 것만은 틀림없다.

　이와 함께 창경원에는 담장을 돌아가며 500여 그루의 벚나무가 빽빽하게 심어졌다. 화려하고 탐스러운 꽃봉오리를 자랑하면서도 '사쿠라櫻'라는 일본 이름 탓에 두고두고 구박을 받게 되는 서러운 운명의 꽃나무다. 그렇지만 봄철이면 어김없이 활짝 피어 장안의 새로운 명물로 자리 잡게 된다. 1924년부터는 창경원에 다시 600여 개의 전등을 달았다. 불야성을 이룬 가운데 야간 벚꽃놀이가 처음 시작되던 때다.

　총독부는 창경원뿐만 아니라 경치가 그럴 듯한 곳에는 빼놓지 않고 벚나무를 심어 두었다. 남산의 왜성대 계곡을 비롯해 경원선 기차역인 창동倉洞 골짜기에 이르기까지 곳곳에 벚나무가 심어졌다. 봄이면 화사한 꽃잎이 바람결을 따라 흩어졌다. 그러나 아무리 꽃잎이 화려하다 한들 비바람에 지고 말면 그뿐인 것을. 그윽한 정취로야 어디 진달래꽃, 개나리꽃 정겹게 피어나던 옛날만큼이나 했을까.

정초식이 열렸으니

　홍범도洪範圖가 이끄는 대한독립군이 만주 봉오동鳳梧洞에서 일본군 수비대를 맞아 150여 명을 사살하고 300여 명에게 타격을 입히는 혁혁한 전과를 거둔 것은 1920년 유월. 김좌진金佐鎭의 북로군 부대가 청산리靑山里 전투를 준비하고 있을 무렵이었다. 북로군 부대는 그로부터 넉 달 뒤에 맞붙게 되는 이 싸움에서 무려 3,300여 명에 이르는 일본군을 섬멸함으로써 저들의 가슴을 서늘케 만들게 된다.
　이 두 차례의 전과는 3·1 만세운동으로 촉발된 이 나라 백성들의 뜨거운 독립 의지에 불길을 댕겼다. 찬바람 불어가는 만주 벌판 각처에서 독립군의 활동은 점차 두드러졌으며, 이 땅에서도 독립군을 도우려는 움직임이 줄을 이었다. 일본 육군사관학교 출신인 지청천池靑天도 장교 계급장을 미련 없이 떼어 버린 채 일본을 탈출해 만주에서 독립군에 가담하고 있었다.

청년 학생들도 민족의식을 부르짖고 있을 때였다. 그 가운데서도 가장 대표적인 사례가 '배재고보 맹휴사건'. 학생들이 정식으로 조선말과 조선 역사를 가르쳐 줄 것을 요구하며 그해 칠월 일제히 동맹휴학에 들어간 것이었다.

이러한 추세에 맞추어 《개벽開闢》이 창간되어 조선 백성들의 한 맺힌 설움과 울분을 대변하기 시작했다. 천도교에서 다달이 펴내던 이 잡지는 그해 유월 창간사에서부터 "인민의 소리는 이 개벽으로 말미암아 더욱 커지고, 넓어지고, 철저하여지리라"라고 천명하고 있었다.

조선총독부 새 청사 정초식이 열린 것은 이런 분위기 속에서였다. 1920년 칠월 십일 오전 아홉시. 정초식 장소는 신축 중인 새 청사 2층의 중앙 홀. 대리석의 현란한 모자이크가 장식된 중앙 홀 바닥에는 의자들이 나란히 놓였다. 대략 200평이나 되는 규모의 중앙 홀은 이미 예정된 공사가 모두 끝나 있었다.

바닥에 새겨진 모자이크는 저들의 깃발을 상징하는 듯한 둥그런 원형 무늬에 그 한가운데에는 일본 황실을 상징하는 국화 문양이 새겨져 있었다. 그리고 그 원형 무늬를 중심으로 사방팔방으로 빛이 퍼져 나가는 듯한 모습이 새겨졌다. 두말할 것도 없이 떠오르는 태양을 상징하는 것이었다. 이 나라 백성들의 저항은 갈수록 거세지고 있었건만, 저들은 언제까지라도 떠오르는 태양처럼 조선땅을 틀어쥐고 있으리라 멋대로 생각하던 터였다.

이 중앙 홀 바닥은 청사를 꾸미는 갖가지 공사 중에서도 가장 정교하게 맵시를 부린 부분이기도 했다. 대리석만 해도 무려 열네 가지 대리석이 사용되었다. 문양의 독특한 조화를 살리기 위해 바탕 색깔과 무늬가 서로 다른 대리석을 교묘하게 짜 맞추어 사용한 것이었다.

대리석과 대리석이 맞물리는 사이에는 나타내려는 문양에 따라 옥돌이나 놋쇠, 또는 알루미늄 조각을 집어넣어 문양을 살렸다. 놋쇠나 알루미늄을 사용한 것은 사람들이 지나다니면서 신발로 문지르게 되는 것만으로도 광택을 유지할 수 있을 것으로 여겨졌기 때문이다. 미국 의회 도서관 중앙 홀의 바닥 장식에서 힌트를 얻은 것으로, 시공도 도쿄의 니혼 석재공업회사로부터 초빙된 일류 기술자들이 맡았다.

이제 그 중앙 홀에서 정초 기념식이 열리려는 참이었다. 이윽고 사이토 총독의 전용차가 1층 대현관 앞에 만들어진 '카 포트 car port'에 미끄러지듯 들어서는 소리가 들렸다. 미리 대기해 있던 미즈노 렌타로 정무총감을 비롯한 참석자들이 모두 자리에서 일어섰다. 안내를 받으며 식장에 들어선 사이토 총독이 계단 위에 마련된 귀빈석에 앉고서야 직원들도 모두 제자리에 다시 앉았다.

1층 현관에 들어서서 계단 하나만 오르면 곧바로 중앙 홀이었다. 천정까지 훤하게 뚫려 3층, 4층, 5층 난간에서도 아래를 내려다볼 수 있도록 만들어진 중앙 홀은 벽 전체를 돌아가며 대리석으로 꾸며서인지 한껏 부드러운 분위기를 자아내고 있었다. 중앙 홀 지붕의 돔을 떠받치는 원탑 윗부분 창문에는 스테인드 글라스가 붙여지기로 되어 있었지만 아직은 빈 창틀만 설치된 상태였다. 화창한 날씨에 천정 창틀에서는 밝은 햇살이 비쳐 들어오고 있었다.

정초식은 제주의 푸닥거리에 이어 강신降神, 헌찬獻饌 등의 순서로 진행됐다. 헌찬은 말 그대로 제물 음식을 바치는 의식이었다. 그 다음으로 총독이 축사를 했다. 지금까지 별탈없이 공사가 진행되어 왔으니, 앞으로도 무사히 이루어질 수 있도록 모두 최선을 다해 애써 달라는 간단한 내용이었다.

사이토 총독은 축사를 마치고는 제주의 안내를 받아 타마구시玉串를 봉존했다. 저들의 신토神道 의례에 따른 것으로, 비쭈기 나무에 하얀 형겊을 감싸 신전에 바치는 의식이었다. 미즈노 정무총감과 니시무라 야스끼치西村保吉 토목부장도 차례로 그 뒤를 따랐다.

총독이 정초를 한 것은 그다음이었다. 직원 한 명만 중앙 홀의 신전을 지키도록 하고는 참석자들이 모두 바깥으로 나와 청사 오른쪽 앞 기둥 주변에 모였다.

여기에는 미리 대략 열자尺 깊이로 구덩이가 파여 있었다. 정초식을 기념하여 뒷날 기억될 만한 물품들을 아연 상자에 넣어 묻을 참이었다. 말하자면, '타임캡슐'이었던 셈이다.

총독은 제주로부터 상자에 넣을 기념물들을 받아 다시 니시무라 토목부장에게 건네주고는 흙손으로 정초석이 박힐 기둥 자리에 혼응토를 발랐다. 이 행사를 위해 특별히 은銀으로 만들어 준비한 흙손을 움직이면서 사이토는 진중하면서도 약간은 흥분된 모습이었다. 그는 혼응토를 바르고는 부하 직원들의 도움을 받으며 '정초定礎'라고 두 글자가 새겨진 화강석을 그 자리에 박아 넣었다.

정초석의 휘호는 사이토 자신이 붓으로 쓴 글씨였다. 평소 연습으로 단련된 덕분인지 휘호 글씨의 획 하나마다 움직임이 단아하면서도 깊숙한 힘이 느껴지고 있었다. 정초석은 오른쪽 앞기둥의 모서리에서 대각선 방향으로 동십자각 쪽을 바라보고 비스듬히 박혀졌다.

곧이어 수장물 상자를 묻는 순서가 이어졌다. 상자에 들어가는 수

장품에는 총독부 청사의 설계 및 공사과정에 관한 개요가 수록된 문서 한 부와 이날 아침에 발행된 《매일신보》와 《경성일보》 등 총독부 기관지 한 부씩이 포함됐다. 조선인들에 의한 《조선일보》, 《동아일보》도 새로 나오기 시작하던 때였지만 수장품에서는 제외되었다.

이 밖에 청사 신축공사에 관여하고 있던 주요 인물들의 관직과 이름을 새긴 은판도 함께 상자에 들어갔다. 이름이 새겨진 인물들은 사이토 총독을 비롯해 미즈노 정무총감, 니시무라 토목부장, 고오리 시게노리郡茂德 영선과장, 후지오카 시게카즈富士岡重一 경복궁 출장소장 등 다섯 명.

그중에서도 사이토 총독의 이름은 '해군 대장'이라는 계급과 '남작男爵'이라는 작위를 붙여 앞면에 커다랗게 새겨졌다. 그리고 말미에는 사이토가 정초를 놓았다는 뜻으로 '집만執饅'이라고 새겼으니, '만饅'이란 바로 '흙손'이라는 뜻이다. 뒷면에는 나머지 네 명의 이름을 차례로 적었는데, 미즈노 정무총감의 경우에도 '법학박사法學博士'라는 수식어가 추가되었다.

이렇게 이름이 새겨진 은판은 상자 속에 들어가 정초석 밑에 깊이 묻혀 있다가 무려 일흔여섯 해가 지난 뒤인 1996년 십일월에 발굴되어 다시 햇빛을 보게 되었다. 광복 이후 한동안 중앙청으로 사용되다가, 다시 중앙박물관으로 쓰이던 이 총독부 청사를 완전히 해체하는 과정에서 발굴작업이 이뤄진 것이다.

한편 새 청사의 대리석 공사가 모두 끝난 것은 1921년 구월께. 공사가 시작된 지 두 해 만의 일이었다. 이에 따라 황해도 금천군의 대리석 채굴장도 일단 문을 닫았다. 하지만 화강석 공사는 그보다 세 해가 더 지난 1924년 구월 무렵까지 이어지게 된다.

공격에 대비한 흉벽

그렇다면 총독부 새 청사의 내부는 과연 어떻게 꾸며졌을까. 물론 거대한 위용이 말해 주듯이 당시로서는 가장 고급스럽고 사치스런 자재만을 쓰도록 되어 있었다. 동양 최대의 건물을 지으면서 내부 장식에 조금이라도 인색할 필요는 없었다. 더욱이 저들 딴에는 두고두고 이 땅에 식민정치를 펴나갈 총본산이었음에랴.

먼저 청사의 각층 면적부터 살피고 넘어가자.

청사의 전체 건평은 9,471평 5홉 9작 5재. 미터법으로 환산하면 3만 2,204 제곱미터에 이른다. 설계 도면에 따르면 여기에 모두 257개의 사무실을 설치할 예정이었다. 그러나 각층별로 건평은 사무실 용도와 배치에 따라 약간씩 차이가 났다(여기서 1평은 가로, 세로 여섯 자씩인 정사각형의 넓이로 3.3제곱미터. 1홉은 1평의 10분의 1이며, 1작은 1홉의 10분의 1, 1재는 또 1작의 10분의 1의 넓이를 이르는 척관법 단위이다).

1층: 2,219평 2홉 1작 9재
2층: 2,112평 7홉 9재
3층: 1,932평 6홉 1작 5재
4층: 1,812평 7홉 1작 4재
5층: 1,245평 4홉 2작 1재

이러한 규모는 1915년 최종 설계 당시 모두 840명 정도이던 총독부 본부 직원을 기준으로 앞으로 직원이 더 늘어날 것으로 내다보고 넉넉히 계산해낸 넓이였다. 다시 말해서, 공사가 끝나도록 예정된 1924년 무렵에는 인원이 줄잡아 40퍼센트 정도 늘어난 1,200명 가까이 이를 것으로 간주해 청사의 전체 규모를 설계했다는 얘기다.

따라서 직원 한 사람당 할당되는 사무실 면적은 대략 여덟 평 안팎에 이를 터였다. 미터법으로 따지면 25~26제곱미터에 이르는 넓이이니, 상당히 여유롭게 공간을 살려 쓸 수 있으리라 여겨지고 있었다. 여기에 별도의 창고로 쓰일 지중실이 79평 4홉 7작 3재, 그리고 돔 밑의 지붕 꼭대기 탑옥이 69평 4홉 4작 4재의 규모로 설계되어 있었다.

바깥벽은 가운데에 틈새를 두고 두 겹으로 쌓아 올려졌다. 이를테면, '이중벽'인 셈이었다. 이처럼 두 겹으로 벽을 쌓은 것은 무엇보다 겨울철의 차가운 바람을 막기 위한 배려였다.

천장에 콜타르를 칠하도록 되어 있었던 것도 마찬가지 이유에서다. 그리고는 사무실의 모든 창문마다 겹유리를 끼우도록 했다. 시베리아 대륙을 가로질러 불어오는 이 땅의 겨울바람이 그들에게는 특히 매서웠던 게 아니었을까.

그렇다고 겨울철 추위만이 문제는 아니었다. 여름철의 더위도 찔 듯한 때가 적지 않았다. 땀방울로 흘린 기운을 매운 양념을 넣어 푹 끓인 개장국으로 보충한다는 삼복더위. 저들은 이러한 여름철 찜통더위에도 쉽사리 견디지를 못했다. 이 땅의 기후는 비록 반도일망정 바다 건너 섬나라 일본의 기후와는 다를 수밖에 없었다.

청사의 각층마다 동쪽, 서쪽, 남쪽을 돌아가며 베란다를 설치한 것은 더위를 막는다는 뜻이었다. 각각 아홉 척尺 너비. 따가운 한여름 햇볕이 창문을 통해 사무실 안으로 곧바로 내리쬐는 것을 막기 위함이었다. 이 땅의 여름날 직사광선조차 저들에게는 훨씬 강렬하게 느껴졌을 법하다. 그러나 볕이 들지 않는 북쪽 창가에는 베란다를 설치할 필요가 없었다.

이와 함께 총독부 청사에는 내정內庭이 만들어졌다. 말 그대로 안뜰이긴 했지만, 일반적인 마당이 아니라 건물로 둘러싸여진 안쪽에 만들어졌다는 사실이 그때로써는 매우 특이했다.

안뜰은 건물의 가운데 쪽에 좌우 양옆으로 자리를 잡았다. 공중에서 내려다본 청사의 모습이 '일日'이라는 한자를 옆으로 뉘여 놓은 형태라면, 그 양쪽의 네모진 부분이 바로 안뜰이었다. 안뜰 쪽으로 설치된 벽과 유리창도 냉방과 난방을 별도로 감안해서 특별하게 설계되었음은 물론이다.

실내의 사무실 사이의 벽은 모두 '커튼 월curtain wall' 방식을 따르도록 했다. 쉽게 말하자면 칸막이 벽이었다. 벽돌을 쌓는 대신 널판으로 막고 그 위에 모르타르를 발라 처리하는 방식이다. 공사에 편리를 꾀하면서도 마치 벽돌로 쌓은 것처럼 보이도록 하기 위함이었다. 이렇게 하면 건물 자체에 크게 무게를 주지 않으면서도 방음, 방풍 효과를 내는 데도 어려움이 없었다.

여기에 쓰이는 모르타르는 석회와 모래를 배합해 만들면서도 대체로 홍토를 더 섞어서 사용했다. 석회는 주로 평양平壤 근처에서 캐내온 것을 썼는데, 다른 지역의 석회보다 응어리가 지지 않아 굳어진 다음에도 터질 염려가 별로 없었다. 여기에 기왓장을 잘게 부순 돌가루를 섞으면 더욱 접착력이 강한 '삼화지회三和之灰'가 되지만, 실내에는 칙칙한 색깔이

보기에 좋지 않다고 해서 기와가루를 섞지는 않았다.

옥상에 설치되는 거대한 돔은 콘크리트 지붕 바닥에 두께 1.5인치(약 3.8센티미터)의 두꺼운 구리판을 씌우기로 예정되어 있었다. 그리고 돔 꼭대기 부분의 채광탑 사이로 들어오는 햇빛을 받아들일 수 있도록 그 밑의 창틀에는 스테인드 글라스를 끼우도록 했다.

총독부 청사의 구조 중에서 반드시 기억하고 넘어가야 하는 부분이 바로 '파라페트parapet'일 것이다. 바깥으로부터의 공격에 대비해 총을 쏠 수 있도록 가슴 높이로 구멍을 뚫어 놓은 흉벽. 창문가 난간 대석臺石에는 바로 이 흉벽이 설치되었다.

여차하면 그대로 방아쇠를 당기도록 한다는 뜻이었다. 언젠가는 이 땅의 백성들이 항쟁을 일으킬 가능성에 대해서도 머릿속에 그려 넣고 있었던 것일까.

청사 안에 버젓이 취조실을 만들어 놓은 것만 보아도 저들이 처음부터 어떤 생각을 하고 있었는지 능히 짐작할 수 있다. 취조실은 1층의 중앙 계단 바로 밑에 만들어졌다. 단순한 취조가 아니라 물바가지를 씌워가며 고문할 수 있도록 배수 홈도 설치되었다. 이러한 취조실은 모두 세 개가 만들어졌는데, 더욱이 그 가운데 하나는 독방이었다. 한 사람이 들어가 쭈그려 앉지도 못하고 서 있기만 하도록 비좁게 만들었으니, 취조보다는 고문용이었을 것이다.

취조실 밖으로 통하는 입구에는 두꺼운 철판으로 출입문을 달았으며 거기에 유리문을 내고 내부를 감시할 수 있도록 했다. 누구라도 저들에게 까딱 잘못 보였다가는 쥐도 새도 모르게 끌려가 몸서리치도록 고초를 당할 판이었다.

이것이 총독부 청사의 숨겨진 진짜 얼굴이 아니고 무엇이랴. 아무리 문화 정책으로 바뀌었다고 했지만 역시 무력 통치가 저들을 지탱한 받침이었다.

이와오카 호사쿠 교수

총독부 청사는 겉모습도 겉모습이려니와 내부의 시설과 기능에 있어서도 부족함이 없었다. 당시의 기준으로는 가히 '첨단의 전시장'이라 부를 만했다.

이미 그때 증기난방이 이뤄졌다는 한 가지 사실만으로도 그 점을 확인할 수 있을 것이다. 증기 압력에 의한 방식으로 따지자면 저압식低壓式 난방. 최소한 겨울철의 실내 온도가 20도, 복도 온도는 10도 정도로 유지될 수 있도록 전체적인 난방 설계가 이루어졌다. 이러한 실내 온도는 바깥 기온이 영하 5도일 때를 기준으로 삼은 것으로, 기온의 변화에 따라 신축적으로 조절할 수 있도록 되어 있었다.

보일러에서 물을 끓여 증기를 발생시키는 기관실은 청사 왼편에 따로 떨어지도록 설치했다. 건평 174평 규모의 이 기관실에는 함석으로 만들어진 원통 모양의 보일러 네 개가 설치되었다. 보일러는 길이 열여섯 척, 직경이 여섯 척 크기로 연결관을 통해 뜨거운 증기를 자동 분사할 수 있도록 되어 있었는데, 본관까지 정원 땅 밑으로 묻힌 철관을 통해 각 사무실마다 연결되도록 설비됐다.

한겨울을 나기 위해서는 줄잡아 10톤 안팎의 석탄을 때게 되며, 또 거기에서 대략 3톤에 이르는 잿가루가 나올 것으로 예상되고 있었다. 난방을 책임 맡은 일본 기술자들은 이런 데까지 생각이 미칠 만큼 세밀했다. 청사의 벽을 이중벽으로 쌓고 유리창도 겹유리로 끼우기로 했으면서도 이처럼 추위에 대한 대책은 철저한 편이었다.

청사의 수도꼭지마다 더운물이 공급될 수 있었던 것도 이 증기난방 덕분이었다. 기관실에서 전달된 난방용의 뜨거운 증기가 다시 수돗물을 데워 주도록 함으로써 주방과 욕실, 탕비실에서는 더운물을 받아 쓸 수가 있었다. 이 밖에도 화장실 아홉 군데와 쉰 군데의 급수전給水栓 꼭지에서도 더운물이 흘러나오도록 했다.

이러한 난방장치의 전체적인 설계를 맡은 사람은 큐슈제국대학 기계과 교수인 이와오카 호사쿠岩岡保作. 그 역시 도쿄제국대학 기계과 출신의 실력파로 큐슈에서 후학을 길러내고 있었다. 그리고 제국대학 출신답게 매사에 철저한 성격이었다.

그가 조선총독부로부터 난방장치 작업을 위촉받고 나서 실제로 만주 하얼빈 지역에 대한 답사여행에 나섰던 것만 보아도 얼마나 성격이 철저했는지 알 수가 있다. 총독부 청사에 난방 장치를 설치하기 위해서는 아침과 한낮의 일교차가 큰 대륙 지방의 난방 실태를 직접 살필 필요가 있다고 여겼기 때문이다.

이와오카의 조사는 지나치다 싶을 만큼 꼼꼼하게 이루어졌다. 계절에 따른 기온의 변화는 물론 가옥의 벽면 구조, 창문의 형태, 심지어 구들장과 굴뚝의 사용 실태에 이르기까지 세밀히 살펴보고 기록했다. 청사 벽면을 이중벽으로 쌓은 것도, 사무실의 각층마다 돌아가며 베란다를 설치한 것도 모두 그의 건의에 따른 것이었다.

그렇다면 수도 시설이나 오물 처리시설 따위는 어떻게 만들어졌을까. 또 불이 날 경우에 대비한 소화消火 설비는 어떠했을까. 그들은 이처럼 사소하고 자질구레한 부분까지도 조금의 빈틈을 보이지 않았다. 일단 일에 매달리면 매사에 철두철미하고 치밀한 그들이었다.

수돗물은 경성 중심가인 종로통의 땅속을 관통하는 대형 파이프에 세 개의 분기관을 연결해 총독부까지 끌어들였다. 지름 다섯 치 크기의 분기관을 통해 하루 종일 수돗물을 끌어대도록 되어 있었으니, 이 정도면 총독부에서 사용하기에는 전혀 모자라지 않았다.

당시 경성의 수도 시설은 총독부가 직영하고 있었다. 시부사와 에이이치澁澤榮一가 콜브란으로부터 사들인 '대한 수도회사'의 특허권을 총독부가 다시 사들여 운영하던 터였다.

경성에서 수돗물 급수가 처음 시작된 것은 대한제국 시절이던 1908년 무렵. 그러나 전기 사업에 더 눈길을 보내던 콜브란이 결국 시부사와의 끈질긴 성화에 못이기는 척하며 곁다리로 운영하던 수도 사업을 넘겨주었던 것이다.

시부사와는 이미 대한제국 당시이던 1902년 일본 다이이치긴코第一銀行에 의해 이 땅에 첫선을 보인 지폐에 그의 얼굴이 들어갔던 사실로 상징될 만큼 조선 곳곳에서 이권 사업에 줄을 대고 있었다. 그때 다이이치긴코는 대한제국의 발권 업무를 맡고 있었는데, 이 은행의 총재가 바로 시부사와였다.

총독부는 허드렛물로 사용할 수 있도록 청사의 중앙 부분, 그러니까 양쪽 안뜰 사이에 지하수 우물도 팠다. 우물의 크기는 지름 12척에 용량이 65섬石에 이르렀다. 한 섬은 대략 두 가마니 분량이라 했으니, 쌀의 부피로 따져서 모두 130가마니가 들어갈 정도의 크기였다. 이 우물에서 터빈으로 끌어올린 물을 콘크리트 탱크에 채워 두었다가 필요할 때마다 수도관을 통해 각층에 배급토록 한 것이었다.

주방의 취사용 연료를 조리하는 음식에 따라 그때마다 서로 다르게 사용하도록 한 점도 돋보인다. 서양식 요리를 준비할 때는 증기 가마를 이용해 석탄을 때도록 했으며, 일본식 음식에는 숯이나 가스를 쓰도록 조리대를 별도로 설치했다. 음식과 맛에 대해서는 유별난 그들이었다. 그러나 여기에서도 우리의 전통 음식에 대한 언급은 전혀 찾아볼 수 없으니, 음식조차도 홀대를 받았다는 얘기다.

수세식 화장실

총독부 청사의 여러 시설 가운데서도 가장 눈길을 끈 것이 바로 화장실일 것이다. 예로부터 "뒷간은 멀수록 좋다"고 했거늘, 아무리 깨끗하게 관리한다 해도 대소변 냄새가 뒤섞여 은근히 얼굴을 찡그리게 만드는 게 역시 화장실이다. 따라서 그 화장실을 청사 안에 들여서 짓는다는 자체가 눈길을 끌 수밖에 없었다.

결론적으로 말하자면, 새 청사의 화장실은 수세식으로 만들어졌다. 식민통치의 총본산 안에, 그것도 층층마다 뒷간을 두고 대소변을 물로 말끔히 씻어낸다는 것이었으니, 그것이야말로 장안의 화젯거리였다. 하지만 이러한 실내 수세식 화장실이 총독부 청사가 처음은 아니었다. 이미 철도호텔과 조선은행을 비롯한 서양식 건물에 수세식 화장실이 두루 설치됐던 터다.

좀 더 구체적으로는 소변 용변기의 경우 필요에 따라 5~10분 간격으로 물을 흘려가며 변기를 씻어내도록 했으며, 대변은 밸브 핸들을 잡아당겨 그때마다 처리하도록 하는 방식이었다. 이렇게 처리된 대소변을 정화조에 모았다가 여러 차례 거른 뒤 바깥으로 흘려버리도록 했다. 주방에서 배출되는 설거지물의 처리도 마찬가지였다.

이렇게 화장실 배설물과 설거지물을 처리하기 위해 청사 오른편 안뜰에 땅을 파고 철근 콘크리트로 오수 정화조를 묻었다. 정화조의 크기는 깊이 36척, 너비가 25척에 다섯 치로 넉넉히 잡아 2,100명의 상주 인원이 사용하는 화장실 용량을 기준으로 만들어졌다. 앞서 설명한 대로, 완공 시점의 총독부 본부 직원은 대략 1,200명 정도로 예상되고 있었으니 외부 손님들까지도 감안한 규모였음은 물론이다.

정화조 처리 방법은 이름하여 '세균 자연 정화법'. 모두 일곱 개의 저장 탱크를 거치며 자연적인 절차에 의해 걸러지도록 되어 있었다. 즉, 대소변을 받아 일정한 기간 동안 공기가 충분히 통과하도록 함으로써 그대로 썩힌 다음 클로르칼크(표백분)로 처리하는 방식이었다. 이처럼 여러 단계를 거치면서 충분히 정화시킬 경우 마지막 여과 과정에서 소독약을 뿌려 주게 되면 불쾌한 냄새를 거의 느낄 수 없게 된다는 얘기였다. 그것이 바로 세균 자연 정화법이었다.

화재가 날 경우에 대비한 소화전消火栓도 청사 각층마다 구석구석에 설치할 예정이었다. 그것이 모두 마흔여덟 개. 건물의 각 구획을 불에 견딜 수 있도록 내화耐火 구조로 만들기도 했지만 만일의 경우에 대비토록 했던 것이다. 이런 계획에 따라 이미 미국의 화이트 회사에 소화전을 주문해 놓은 상태였다.

　소화전은 평소 고무호스가 접혀진 상태로 유리 설치함 안에 보관하다가 불이 나면 호스를 꺼내 물을 뿌리게끔 되어 있었다. 고무호스는 직경 2치에 길이는 50척에 이르는 용량이었으니 웬만한 불은 소방서를 부르지 않고도 직원들이 직접 처리할 수가 있었다.

　총독부 청사는 전기와 전화 시설에서 있어서도 손색이 없었다. 설계도상 예정된 전등은 무려 1,300개. 전등 하나에 사용되는 전력은 200와트로 기준이 잡혔다. 이를 위해 변전실에는 75KVA(킬로볼트암페어)짜리 최신식 체강遞降 변압기 여섯 대를 설치했다. 변전실은 1층 왼쪽의 안뜰 옆에 자리를 잡았다.

　변전실 설비는 변압기를 포함해 대부분 미쓰비시 제품을 사용하도록 되어 있었다. 이미 제1차 세계대전을 치르며 군수산업 분야에서 두각을 나타냈던 미쓰비시가 전기 제품에 있어 나름대로 세계적인 명성을 얻어가고 있을 때였다.

　공사가 진행되면서 전등 배선도 함께 이루어졌다. 그러나 용도에 따라 전기선이 서로 달리 연결되도록 되어 있었으므로 전기 배선은 그만큼 복잡할 수밖에 없었다. 일례로, 전등에 대해서는 100볼트의 전기선이 연결됐으나 그 밖의 전기 시설에는 220볼트 전압의 전기선이 연결되었다. 여기에 전화나 전기 시계에 연결되는 배선까지 얽히도록 되어 있었으므로 상당한 신경을 기울여야만 했다.

　사무실 전등에는 갓을 씌워 반半 간접조명 방식을 취했고, 2층의 중앙 현관 및 3층의 대회의실 천장에는 반사전등 설비를 달도록 계획이 잡혔다. 이 밖에 중앙 현관에는 채광 효과를 높이기 위해 돔 천장에 스테인드 글라스를 끼워 햇빛을 받아들이도록 했으며, 제2 회의실을 비롯한 몇 군데 창문에도 스테인드 글라스를 붙일 참이었다.

전기설비 작업은 체신국 전기과장이던 다카사키 히토시高崎斉의 책임 아래 이루어졌다. 교토京都 제국대학 전기과를 졸업하고 경성공업전문학교 교수를 지내기도 했던 그는 전기 기술자로는 부족함이 없는 사람이었다. 전체적인 과정을 살피는 뛰어난 안목이 전문가로서의 명성을 말해 주고 있었다. 일례로, 청사로 연결되는 전선은 땅속으로 묻어 지중선에 의해 전기를 끌어들이도록 했는데, 전봇대를 설치할 경우 청사의 주변 경관이 다칠 것을 염려했기 때문이다.

전력은 '경성 전기주식회사'의 동대문 발전소로부터 공급받았다. 이 회사의 원래 이름은 '한성 전기회사'였으나 병탄 직후 한성이란 이름이 경성으로 바뀜에 따라 이렇게 간판을 바꿔 달게 된 것이었다. 한성 전기회사는 대한제국이 선포된 바로 이듬해인 1898년 황실 기업으로 설립되었다. 시공과 운영을 모두 콜브란이 맡았는데, 그는 이때 경인선 부설 공사도 한창 진행시키던 중이었다.

고종은 이 회사에 모두 30만 엔의 자본금을 출자했다. 물론 단독 출자였다. 초대 사장에는 미국인인 콜브란과의 관계를 감안하여 당시 친미파를 대표하던 한성 판윤 이채연李采淵이 임명됐다.

이 회사는 통감부가 설치된 뒤 소네 아라스케曾彌荒助 통감 시절, 그의 아들인 소네 칸지曾彌寬治에게 팔려 '일한 와사瓦斯'라는 명칭으로 고쳐지게 된다. 뒷날 당인리 발전소를 설립한 것도 바로 이 일한 와사였다. 여기서 '와사'란 '가스gas'의 한자식 표현임을 두말할 필요가 없다.

스티글러 엘리베이터

총독부 청사에는 각 사무실은 물론 곳곳의 벽에도 시계가 설치되었다. 축전지를 사용하는 전기시계였다. 이렇게 설치된 시계가 모두 162대. 이들 시계는 때를 맞추어 시간을 알려 준다는 기본적인 용도 말고도 장식적인 의미도 작지 않았다.

특히 청사에 들어서자마자 마주 보게 되는 현관의 중앙 계단 윗벽에는 쟁반만큼의 큼직한 시계가 걸려 눈길을 끌었다. 은근히 총독부의 위용을 과시하는 것이기도 했다. 일반인 가정에서는 시계라는 것이 귀중품일 때였으니 말이다. 손목시계조차 그리 흔치 않을 무렵이었다.

이미 일본으로서는 시계 산업이 국가적인 자존심으로 자리를 잡아가고 있을 때였다. 시계 기술자인 하토리 킨타로服部金太郎가 긴자銀座 거리의 소규모 점포에서 시작한 '하토리 시계점'이 세이코精工舎라는 이름으로 벽시계를 비롯해 회중시계, 손목시계에 이르기까지 차례로 선보이고 있었다.

이와 함께 돔 지붕 밑의 중앙탑에는 시보時報를 알리는 모터사이렌이 설치되었다. 낮 열두시가 되면 자동적으로 "뚜-" 하고 정오임을 알리도록 되어 있었다. 점심시간임을 두루 전하는 것이었다. 이 밖에도 하루 일과가 시작되는 아침 아홉시와 퇴근시간인 저녁 여섯시에도 사이렌이 어김없이 울려 퍼졌다.

간부들의 사무실 사이를 직접 연결하는 호출기도 설치되었다. 저들 표현으로 '요비링呼鈴'이라는 것이었다. 이 호출기는 총독실 및 정무총감실로부터 휘하 부장실로 연결되었으며 관방 소속의 과장실에도 빠짐없이 연결됐다. 각 부별로 부장실과 소속 과장실에도 설치되어 용무가 생길 때마다 부하 직원들을 호출하기에 편리하도록 했다.

비상경보기도 각층의 복도마다 설치했다. 모두 예순 대가 복도 벽에 부착되었다. 갑작스런 공습이나 화재에 대비한 이 경보기는 1층 순시실에 연결되어 여기서 한꺼번에 울리도록 되어 있었다. 밤중에는 이 순시실이 숙직실도 겸하도록 했다.

엘리베이터도 기억해야 할 부분이다. 총독부 청사에 엘리베이터가 설치된 것은 조선은행과 철도호텔에 이어 조선에서는 세 번째. 총독부 청사의 엘리베이터는 이탈리아의 스티글러Stigler 회사에서 들여온 것이었다. 모두 아홉 대로, 승객용이 여덟 대였으며 나머지 한 대는 화물용이었다. 스티글러 회사는 이탈리아가 미국 오티스Otis 엘리베이터를 받아들여 설립한 회사였다.

엘리베이터 외에도 소형 리프트 한 대가 별도로 설치됐다. 도르래를 이용해 위아래층 사이를 오가며 문서를 실어 나르는 용도였다. 이 밖에 식당용으로도 또 다른 리프트가 설치되어 있었다. 식당용 리프트가 필요했던 것은 간부들과 일반 직원들이 이용하는 식당이 2층에 있었지만, 취사실은 1층에 자리 잡았기 때문에 리프트로 식사를 나르기 위한 것이었다. 그러나 운전기사나 교환원, 정원사 등 하급직들이 이용하는 식당은 취사실 옆으로 양쪽에 따로 두었다.

각층의 복도 가운데마다 하나씩 설치된 편지 투입함도 나름대로 특색이 있었다. 어느 층에서 우편물을 집어넣어도 모두 미끄럼대를 타고 흘러내려 저절로 1층에 위치한 우편소에 모이도록 되어 있었다. 그야말로 자동식이었다.

이 같은 발상은 쓰레기 수거에도 똑같이 적용되었다. 각층에서 쓰레기를 버리는 대로 양옆 안뜰에 만들어진 쓰레기장으로 내려 쌓이도록 설계가 되었다. 그때의 사무실 쓰레기라면 대체로 서류를 작성하다 찢겨진 휴지 쪼가리나 연필 깎은 부스러기, 담배꽁초 정도가 아니었을까. 아무튼 쓰레기를 버리는 투입구는 복도의 양쪽 끝 구석마다 하나씩, 그러니까 각층에 두 개씩 설치됐다.

저들은 청사 옥상에 피뢰침을 설치하는 문제에 있어서까지 조금도 소홀하지 않았다. 피뢰침이 설치된 곳은 모두 서른일곱 군데. 옥상의 튀어나온 돌출부마다 빠짐없이 설치한 것이었다. 뾰족한 바늘 다섯 개를 한 뿌리씩으로 묶은 피뢰침은 벼락이 칠 경우 땅속으로 전기를 방전시키도록 바닥으로 줄이 이어졌다.

한편 데라우치 총독과 하세가와 총독의 동상도 의젓한 모습으로 2층의 중앙 현관 안쪽에 자리를 잡도록 계획되어 있었다. 1층 출입구를 들어서자마자 바로 눈길이 미치게 되는 위치라는 점에서 각별히 비중을 둔 계획이었다. 그동안 청사 신축작업을 진행시켜 왔던 전임자들에 대한 사이토 총독의 예우이기도 했다.

전임 총독들의 동상에 못지않게 중요한 것이 하나 더 있었다. 바로 그 중앙 현관 벽 가운데에, 쟁반 만한 대형 시계 밑으로 대규모의 타일 벽화가 그려지도록 예정되어 있었던 것이다. 벽화의 주제를 '내선 일체'를 상징하는 내용으로 한다는 계획까지 마련됐다. 이 벽화야말로 청사의 전체적인 위용에 멋들어진 예술적인 분위기까지 더해 줄 것이라고 저들은 기대하고 있었다.

이를 위해 총독부는 저들 미술계에서도 손꼽히던 조각가인 아사쿠라 후미오朝倉文夫, 서양화가인 와다 산조和田三造와 접촉하고 있었다. 이 가운데 오이타大分 출신인 아사쿠라 후미오는 도쿄미술학교 조각과를 마친 뒤 제2회 '분덴文展, 문부성 미술전'을 시작으로 제8회까지 연속 일곱 번이나 수상한 화려한 경력의 소유자였다. 당시 분덴 심사위원으로 '일본의 로댕'이라고까지 불리기도 했다.

와다 산조는 시즈오카靜岡 출신으로, 불과 스물네 살 때 제1회 분덴에서 최고상을 받았고 특히 만년에는 색상표를 완성시켰을 만큼 색채학에 관심이 많았던 중견 화가였다. 그가 그릴 벽화는 조선과 일본 두 나라의 전래 동화에서 소재를 따올 것이라는 얘기가 진작부터 나돌고 있었다.

금강산의 '나무꾼과 선녀' 이야기가 후지산富士山을 배경으로 하는 '하고로모羽衣' 전설과 비슷하다는 점에 착안한 결과다. 총독부가 계획된 대로 '내선 일체'를 상징적으로 보여 주겠다는 뜻이었을 것이다.

카이다 담배

총독부 청사가 완연히 제 모습을 갖춰 갈수록 경복궁은 초라한 몰골로 변해갔다. 그것은 광화문도 마찬가지였다. 공사장의 먼지를 잔뜩 뒤집어쓴 채로 어정쩡한 모습이었다. 그런 모습으로 새로 지어지는 청사의 앞을 덩그러니 가로막고 있었다. 저들로서는 청사의 뒤쪽으로 처진 근정전보다는 광화문이 더 거추장스럽고 아니꼬울 수밖에 없었다.

사이토 마고토齋藤實 총독 역시 전임자들과 마찬가지로 광화문을 바라볼 때마다 고개를 가로젓곤 했다. 총독부 청사와 광화문이 서로 어울리지 않는다고 생각했다. 사실은, 그냥 어울리지 않는 정도에 그치는 것이 아니었다. 광화문이 그 자리를 지키고 있는 한에는 총독부 청사가 아무리 번듯하게 지어진다 한들 광화문 지붕에 가려 위용을 뽐내기가 어려울 터였다.

이러한 거부감이 반영된 결과였을까. 총독부는 이 무렵 조선땅에서 처음으로 궐련 담배를 발매하면서 그 이름을 '카이다獬駝'라 정하게 된다. '카이다'란 다름 아닌 '해태'를 저들 말로 부르는 이름이다. 광화문 앞을 지키던 해태의 목숨을 한 줄기의 담배 연기처럼 흩날리기로 작정했다는 뜻을 미리 내비친 것이었는지도 모를 일이다.

이때가 1921년 사월. 총독부가 전매국 설치와 동시에 '연초 전매령'을 발표하면서 첫 담배로 카이다를 내놓았던 것이다. 일본과 타이완에서는 이미 1905년부터 동시에 연초 전매제가 실시되고 있었다. 조선에의 제도 도입이 뒤늦은 셈이었다.

어찌 되었든, 이 카이다 담배의 가격은 한 갑에 15전. 그때 함께 발매됐던 피전비둘기, pigeon, 피어니목단, peony, 메롱참외, melon, 메이플단풍, maple 따위보다 값도 비쌌으며, 몇 달 뒤 봉황, 매코(앵무새), C.C.C 등의 담배가 새로 발매되기 전까지 장안의 내로라하는 멋쟁이 한량들 사이에서 최고급의 지위를 누렸다.

그리고 그것은 해태에 대한 진혼 의식이나 다름없었다. 비가 오나, 눈이 오나 광화문의 수문장 노릇을 하며 투명한 눈초리로 경복궁에 드나드는 관리들과 백성들의 속마음을 깊숙이 꿰뚫어 보았다는 바로 그 해태였다. 관악산의 불기운을 막는다는 뜻에서 세워진 해태가 제 몸을 태워 스스로 연기로 변하게 되는 운명을 맞았던 것이다.

그리고 해태의 운명이 어찌 광화문의 운명과 무관하다 할 수 있었을까. 광화문의 목숨도 경각을 다투는 지경이었다. 마침내 광화문 양옆에 서 있던 돌해태 두 마리가 두꺼운 밧줄에 꽁꽁 묶인 채 철거되어 총독부 박물관으로 넘겨진 것은 그보다 두 해 뒤의 일이다. 광화문도 이미 헐린 것이나 다름없었다. 그리고 총독부 내부에서는 광화문을 철거해 다른 곳으로 옮긴다는 계획이 마련되고 있었다.

《동아일보》가 광화문의 사진을 커다랗게 싣고 총독부의 광화문 철거·이전 계획을 처음 폭로한 것은 1921년 오월 스무나흗날. 총독부 새 청사가 완공될 무렵에는 조선총독부가 어차피 광화문을 헐어 버릴 계획을 갖고 있다는 내용이었다. 그보다 훨씬 전부터 입에서 입으로 나돌던 소문이기도 했다.

이에 대해 새 청사 공사작업을 진두지휘하고 있던 이와이 죠사부로岩井長三郎 건축과장도 광화문 철거계획 자체를 숨기지는 않았다. 그는 "광화문의 처리 문제는 좀 더 연구하기로 하여 뒷날로 미루고, 광화문 바깥을 어떻게 해야 하는가에 대해서는 다른 관청 건물을 배치하기로 대체적으로 의견이 일치되었다"라고 밝히고 있었다. 내부적으로 광화문 이전 계획이 논의되고 있음을 솔직히 인정한 셈이었다.

이때 항간에는 "광화문이 건축 구조상 헐어내기는 쉬울지 몰라도 옮겨 짓기는 어렵게 되어 있다"는 얘기가 떠돌았지만, 이와이 건축과장은 이에 대해서도 옮겨 지을 방도를 마련해 놓았음을 은연중 내비치고 있었다. 광화문 이전을 위한 기술적인 사전 조사가 사실상 모두 끝난 상태였음을 암시하는 것이기도 했다.

이러한 얘기가 퍼져 나가자 팔도의 조선 백성들은 눈물을 흘리며 통탄해 마지않았다. 몇 해 전 고종이 승하했을 때만큼이나 망국의 설움을 되씹어야 했다. 순종도 아침저녁으로 나서던 창덕궁 뒤뜰後園 산보도 잊은 채 며칠 동안이나 대조전에 틀어박혔다. 수라상도 받지 않고는 식음을 전폐하다시피 했다.

일본의 민예 연구가인 야나기 무네요시柳宗悅도 돌해태와 광화문에 대해 다음과 같이 비탄한 감정을 나타냈다. 아직 돌해태들이 치워지기 전의 얘기다. 1922년 9월호 《카이조改造》에 실린 글이다. 창간호(1919년 5월)를 통해 "지식이 얕고 미숙한 학생들의 선동에 놀아나 경거망동할 지경이면 행복도 불행으로 바뀌는 법"이라며 조선의 독립운동에 제동을 걸고 나섰던 잡지였지만, 다른 매체에 비해서는 그나마 진보적인 색채를 띠고 있었다. 그때 실린 야나기의 글 제목은 '헐리려는 한 조선 건축을 위하여'.

> 아, 광화문 앞을 지키는 두 마리 해태여. 너희들은 오랫동안 왕궁의 정문을 지켜왔다. 추울 때나 더울 때나 그 모습 하나도 흐트러뜨리지 않고 지나가는 사람들의 마음을 든든하게 해 주었다. 그리하여 정문에 어울리는 위엄과 확실함으로 경복궁에 더 큰 아름다움을 보태 주었다. 너희는 지금도 조용히 앞만 쳐다보고 있지만, 주인에게 닥쳐온 운명을 알고나 있는가. 아마 모를 것이겠지만, 이미 너희 주인은 임종의 자리에 누워 있다.
> 아, 너희들마저도 지금껏 서 있던 그 자리에서 움직여야 할 날이 가까이 다가왔음을 알고 있는가. 너희들은 헐려 어디론가 옮겨질 것이지만 나도 그곳을 모른다. 아니, 철거하려는 사람들조차도 어디로 가져갈 것인지, 그날까지도 모를 것

이다. 용서해 다오. 나는 죄를 짓는 자의 모두를 대신해서 잘못을 빌고자 한다. 그 증표로 삼고자 지금 이 글을 쓰고 있다.

비슷한 무렵, 도쿄 칸다神田의 루이소流逸莊에서 '조선민족 미술전'을 기획했을 만큼 조선의 전통 민예품에 남다른 관심을 가졌던 야나기. 이미 열다섯 살 때에 조선 민예품에 관심을 가졌고, 스물일곱인 1916년에는 조선 민예품을 더 잘 이해하기 위해 조선 여행에까지 나섰던 그다. 일본 지식인으로부터 이런 관심을 받는다는 자체가 조선 백성들로서는 커다란 위안이요, 응원이었다.

야나기 무네요시

일본 사람 중에서도 조선을 이해하려고 애쓰던 사람이 전혀 없지는 않았다. 이해한다는 것은 마음으로 사랑하고, 또 아낀다는 뜻이었다. 하늘과 땅을 달리하고 태어나긴 했지만 같은 조선인으로 저들에 구차스럽게 빌붙어 먹던 몇몇 역적의 무리보다는 훨씬 더 조선 핏줄에 가까운 사람들이었다.

야나기 무네요시柳宗悅. 바로 야나기야말로 조선 사람 만큼이나, 아니 웬만한 조선 사람 이상으로 이 땅을 더 사랑하려고 노력한 일본 사람이었다. 일본에 은총을 입은 집안에 태어났으면서도 마음으로는 조선을 생각했다. 그는 철학가이며 민예 연구가였다.

1919년 오월 스무날, 도쿄에서 발간되는 《요미우리讀賣 신문》은 '조선인을 생각한다'는 글을 실었다. 일본의 무단통치를 비판하고, 두 달여 전에 일어났던 3·1 만세운동으로 표출된 조선인들의 입장을 옹호하는 내용이었다. 더 말할 것도 없이 야나기가 기고한 글이었다.

그때 그의 나이 서른 살. 한창 젊은 혈기가 넘칠 때였다. 하지만 아무리 지식인으로서의 용기와 정의감이 넘친다고 했어도 온통 빡빡하게 돌아가던 그 당시의 정황을 감안한다면 이런 내용의 글을 쓰는 것이 그리 쉽지는 않았을 것이다. 더 나아가 신문에 실렸다는 자체가 생각하기조차 어려운 때였다.

나는 조선에 대해 충분히 알고 있다고는 장담할 수 없다. 하지만 약간의 지식이 있다면 한 달 가까이 조선땅 구석구석을 돌아다녔던 일과 여행에 나서기 전 조선 역사책 두세 권을 훑어본 일, 그리고 미리부터 조선 예술에 깊은 흠모의 정을 지니고 있었다는 점 등일 것이다. 이것은 하잘것없는 지식에 지나지 않는 것일지 모르지만, 도저히 참기 어려운 감정으로 인해 나는 이 한 편의 글을 쓰고 있는 것이다.

나는 이번에 일어난 '불행한 일' 때문에 드디어 때가 왔다고 믿고 붓을 들었다. 나는 이번에 일어난 일에 대하여 적지 않은 마음을 쓰고 있다. 더욱이 우리 지식인들이 어떠한 태도로, 어떤 생각을 진술할 것인지를 주의 깊게 살폈다. 그러나 그 결과, 조선에 대해 경험과 이해가 있을 것으로 여겨지는 사람들의 생각이 거의 현명하지도 않고, 깊이도 없고, 더욱이 한 줌의 따스함조차 없다는 것을 깨닫고 나는 조선인들을 위해 눈물을 머금지 않을 수 없었다.

특히 마음에 접하려고 하는 미묘한 계기에서는 '안다는 것知'보다는 '느끼는 것情', 그것이야말로 깊은 이해의 길일 것이다. 이웃과 사귄다는 것은 오직 사랑에 의해 연결되는 것이다. 군정軍政이나 그 억누름이 사람과 사람을 연결 짓는다고 누가 말하겠는가. 지식도 아니고, 칼도 아니고, 오직 하나의 느낌만이 불가사의 한 힘을 지니고 있다. 평화를 사랑하는 사람은 언제나 미소를 짓는다. 노호怒號가 언제 평화를 가져온 경우가 있었던가.

그는 그날부터 닷새 동안 연재된 이 글에서 "일본은 조선에 정치가와 군대를 보냈지만 사랑은 보내지 않았다"라고 거세게 비판하기도 했다. 그는 민예 비평가라기보다 차라리 사회 평론가, 또는 종교인에 가까웠다. 그 스스로 윌리엄 블레이크William Blake와 월트 휘트먼Walt Whitman을 좋아하는 코스모폴리탄이라 했다던가. 그가 속해 있던 동인지《시라카바白樺》자체가 코스모폴리탄을 지향하는 잡지였다.

아무튼 야나기는 이로 인해 한때나마 저들 경시청의 감시 대상이 될 수밖에 없었다. 아직 때가 때였던 만큼 저들 지식인 중에서도 일본을 정면으로 비판할 수 있는 사람들은 드물었다. 도쿄제국대학 교수인 요시노 사쿠조吉野作造와《아사히朝日 신문》경성 특파원을 지낸 나카노 세이고中野正剛 등 기껏 두세 명 정도가 꼽힐 뿐이었다.

특히 요시노 사쿠조는 조선에 대한 일본의 식민통치가 가혹하며 이로써 조선인들의 반일 감정이 점차 높아지고 있음을 솔직히 인정했던 대표적인 인물이다. 따라서 식민통치를 완화해야 한다는 게 그의 주장이었다. 간토關東 대지진으로 조선인 학살 사태가 일어난 직후에는《쥬오코롱中央公論》기고를 통해 조선인들의 피해상황을 비교적 자세히 전달하기도 했다.

나카노 세이고는 사상적 편차가 컸기 때문에 어느 한 시점을 떼어내 꼬집어 평가하기는 어려운 점이 없지 않다. 신문사를 그만두고 중의원에 당선되어 정계에 진출해서는 파시스트로 불릴 정도로 극우 보수 성향을 드러내기도 했다. 결국 1943년 태평양 전쟁을 수행 중이던 도조 히데키東條英機 정권과 대립하다가 헌병대에서 취조를 받고는 할복자살로 목숨을 끊은 주인공이다.

어쨌든, 야나기의 이 글은 그해 팔월 열사흗날 영자신문인 《더 저팬 애드버타이저 The Japan Advertiser》에 실린 데 이어 이듬해 사월에는 《동아일보》에도 게재되어 국내외에 상당한 반향을 불러일으켰다. 야나기의 글을 국내 신문에 실을 수 있도록 뒤에서 힘을 쓴 것은 소설가이자 언론인이었던 염상섭廉想涉. 그는 게이오慶應 의숙에 유학하고 있을 당시부터 야나기와 교류해 온 사이였다.

야나기는 그의 글에서처럼 1916년 팔월 경주 석굴암을 비롯해 한 달 동안이나 조선 곳곳을 둘러보았을 만큼 조선에 대해서는 상당한 관심을 갖고 있었다. 이는 아사카와 노리다카淺川伯教, 다쿠미淺川巧 형제의 권유에 따른 것이었다. 형으로서 남대문 심상소학교 교사를 지낸 노리다카는 조선 도자에 대해 상당한 관심을 갖고 있었다. 동생인 다쿠미 역시 조선총독부 임업 시험장 기사를 지내는 등 형제가 모두 조선에 대해서는 상당한 일가견을 지녔던 것으로 전해진다.

야나기의 예술적 관심과는 별도로 다른 식구들도 조선과 각별한 인연을 맺고 있었다. 누이 스에코柳直枝子의 경우 남편인 가토 혼시로加藤本西郞가 러일전쟁 당시 제물포 총영사를 지낸 인물이다. 가토가 갑자기 타계하자 해군성 무관인 다니구치 나오미谷口尙眞와 재혼하게 되는데, 다니구치는 그 뒤 해군 대장으로까지 승진한다. 누이동생 지에코柳千枝子도 뒷날 총독부 내무국장을 지내게 되는 이마무라 다케시今村武志에게 시집을 갔다. 집안 자체가 조선 식민통치에 관여한 인물들로 얽혀 있는 셈이다. 그의 집안 자체가 일본에서도 꼽아 주는 명문가였다.

1889년 삼월 출생. 아버지는 해군 소장을 지낸 야나기 나라요시柳楢悅. 일본 해군 창설자의 한 명으로 네덜란드에 유학했으며 해군 초대 수로부장을 지내기도 했다. 부친은 비록 그가 태어난 지 한 해 만에 타계했으나, 야나기가 상류 계급의 자제들만 다니는 가쿠슈인學習院에 들어가 공부할 수 있었던 것도 그러한 집안 배경이었음은 말할 것도 없다. 그때 가쿠슈인은 영문학자인 칸다 나이부神田乃武를 비롯해 철학자 니시다 기타로西田幾多郞, 서양사학자 시라토리 구라키치白鳥庫吉에 이르기까지 쟁쟁한 학자들이 포진하고 있었다.

이런 집안 환경이 아니라도 야나기는 제법 똑똑한 편에 속했다. 가쿠슈인 재학 중인 1910년 문예잡지인 《시라카바》 창간에 참여한 것은 물론 가쿠슈인을 수석으로 졸업함으로써 천황으로부터 은시계를 하사받기도 했다. 이듬해에는 도쿄제국대학 철학과에 들어가게 되는데, 전공은 심리학 분야. 제국대학을 졸업한 뒤에는 유럽 유학을 통해 종교철학에 심취하기도 했다. 그는 《요미우리 신문》에 위의 글을 발표했을 당시 도요東洋 대학 종교학 교수로 재직하면서 저술 활동을 펴고 있었다.

그의 글을 좀 더 읽어 보자.

"당신은 무슨 까닭으로 조선에 관심을 갖게 됐는가 하고 많은 사람들이 묻는다. 그러나 나는 그 한가로운 물음을 얼마나 답답하게 여기는지 모른다. 냉정한 예술에 뜻을 두는 사람이라고 해서 시국 문제와 관계가 없다고 누가 자신 있게 말할 수 있겠는가. 생명, 또는 운명의 문제가 우리가 접촉하고 있는 가장 중요한 문제가 아닌가. 그 문제가 지금 눈앞에 구상화具象化되고 있는 것이다."

그는 일본 사람이 읽기에는 다소 표현이 지나치다 싶을 만큼 격렬한 문구를 섞어가며 총독부의 무단 정치에 대해 마구 비난을 퍼부었다. 오죽했으면, 사이토 총독이 이 글을 읽다가 그를 조선 사람이 아닌가 착각했을 정도였다는 얘기까지 전해지고 있을까. 사이토는 그의 부친의 옛 부하이기도 했다.

그러나 스스로 코스모폴리탄을 지향한다고 했지만 그 역시 일본 사람이었다. 일본 사람 가운데서도 가장 특혜를 받은 사람 중 몇 안 되는 한 명이었다. 그가 일본에 거스르는 듯한 글을 발표하면서도 조선에 자유롭게 왕래가 가능했던 배경도 거기에 있었다. 다음과 같은 그의 얘기에서 그의 마음을 읽을 수 있다.

"일본이 잘못됐다면, 그러한 일본은 언젠가 멸망하고 만다. 악惡은 마지막 승리자가 될 힘을 지니지 못하기 때문이다. 여기에 정의 그 자체의 힘이 나와서 일본이 잘못을 고치지 않고는 못 배길 것이다. ………나는 일본에 태어난 한 사람으로서 잘못 때문에 망해가는 일본을 보고만 있을 수가 없다. 나는 일본이 정의 위에 다시 태어나는 날을 열망한다."

그가 일본을 비판하고 일본 지식인을 향해 절규했던 얘기들은 어디까지나 일본을 사랑하는 마음에서 비롯된 것이었다. 조선, 또는 조선인의 입장을 대변하려 한 것은 결코 아니었다. 앞서의 '조선인을 생각한다'는 글만 놓고 보더라도 3·1 만세운동에 대해 "나는 이러한 반항을 현명한 방법이라거나 칭찬할 태도라고는 생각하지 않는다"며 은근히 거부감을 드러내고 있다.

정일성이 《야나기 무네요시의 두 얼굴》에서 지적했듯이 그는 총독부의 잔혹한 통치 방식이 잘못됐음을 지적한 것일 뿐 조선을 옹호하는 입장은 결코 아니었다. 조선의 입장을 대변하려는 마음이 전혀 없지야 않았겠지만, 어떻게 보면 값싼 동정심의 발로였을지도 모른다.

가네코 여사의 독창회

야나기 가네코柳兼子 여사. 야나기의 아내로, 본명은 나카지마 가네코中島兼子. 그녀는 성악가였다. 우에노上野의 도쿄음악학교를 나온 앨토 성악가였다. 조선의 지식인들 사이에 야나기 무네요시에 대한 인식이 높아지고 있을 무렵 경성에서 가네코 여사의 독창회가 열리게 된다. 그때로써는 결코 흔치 않은 문화교류 행사였다. 이미 홋카이도와 니이가타, 오사카 등 일본 전역을 돌며 한 달간의 음악회를 마친 뒤였다.

이들 야나기 부부는 당시 도쿄를 출발하기에 앞서 "우리는 조선 사람들이 예술적 감성이 뛰어나다는 것을 잘 알고 있다"면서 "이번에 조선으로 건너가 음악회를 열어 그곳 사람들에게 바칠 생각"이라고 밝히고 있었다. 서로 이웃한 나라의 국민들로서 신뢰와 정의의 뜻을 나타내 보이고 싶다는 얘기였다.

1920년 오월 팔일. 가네코는 남편 야나기와 함께 기차 편으로 남대문역에 도착했다. 야나기의 모친인 나카지마 가쓰코中島勝子 여사도 동행하고 있었다. 이때 가네코 여사의 일행을 맞으러 허영숙許英肅, 나혜석羅惠錫 등이 마중을 나갔다. 더 말할 것도 없이 조선 여성계를 대표하는 영접이었다. 남편 야나기를 생각해서라도 가네코를 맞는 영접이 소홀할 수는 없었다. (조선미, 《야나기의 한국 미술관》)

허영숙은 조선 최초의 여의사, 나혜석은 여류로서는 처음으로 전시회를 개최한 서양화가로 이름을 날리던 중이었다. 이 땅의 여성계로서는 그야말로 최대의 응대였다. 가네코는 이들로부터 환영의 꽃다발을 받아 들고는 "조선에서는 심지어 흙에서조차 향기가 나는 것 같다"며 소감을 피력했다던가.

특이할 만한 점은 이 여정에 영국의 도자기 예술가인 버나드 리치 Bernard Leach도 함께 동행했다는 사실. 그는 도예 분야에서는 상당한 식견을 발휘하던 전문가로서 야나기와의 친분에 의해 경성 여행에 동행한 것이었다. 이 무렵, 야나기는 리치에 대해 책을 쓰고 있었는데, 곧이어 《일본에서의 리치》라는 영문 제목으로 발간된다. 리치 역시 조선 막사발에 대해 있는 듯 없는 듯한 색깔과 투박한 촉감을 극찬했을 정도로 조선 도자기에 깊은 관심을 나타냈던 인물이다.

가네코의 독창회는 종로 중앙기독교 청년회관에서 열렸다. 입장료는 가장 비싼 일등석이 3엔이었고 이등석은 2엔, 그리고 삼등석은 1엔이었다. 수입금 전액은 조선의 사회사업을 위해 사용한다고 했다. 이런저런 소문이 퍼져 나간 덕분에 독창회장은 만원을 이루었다. 무용가로 이름을 날리고 있던 최승희崔承喜도 청중 속에 앉아 있었다.

가네코는 고운 목소리로 슈베르트의 '죽음과 소녀'를 불러 관객들의 뜨거운 박수갈채를 받았다. 청초한 모습과 맑은 목소리만으로도 청중들을 매료시키기에 충분했다. 역시 우에노 음악학교 출신다운 실력이었다. 우에노 음악학교로 따진다면, 뒤에 '봉선화'를 발표하게 되는 홍난

파가 우에노를 마치고 막 귀국해 있었으며, 윤심덕이 관비 유학생으로 아직 우에노 음악학교에 다니고 있을 때였다.

가네코는 이 밖에도 몇 곡의 노래를 더 불러 청중을 사로잡았다. '그대여 아는가, 저 나라를', '불쌍한 아이가 먼 곳에서 찾아 왔도다' 등등. 그러나 한 가지 흠집을 들춰내자면 그녀가 굳이 기모노着物를 입겠다고 고집했다는 점이었다고나 할까. 기모노를 입지 않으면 아랫배에 힘을 줄 수 없어 노래를 부르지 못한다는 이유였다.

가네코는 그 이듬해인 1921년 유월, 종로 경운동의 천도교 중앙회관에서 다시 독창회를 열었다. 전년의 독창회가 호평을 받은 데 따른 답례 형식이었다. 이때 부른 노래들은 바그너의 '탄호이저', 케르세니의 '아베 마리아'를 포함한 몇 곡. 당시 일본에서도 유명한 피아니스트 마에다 미네코前田峰子가 반주를 맡아 더욱 관심을 끌었다. 가네코는 이때 경성 독창회를 마친 뒤 개성과 평양, 진남포 등을 순회하며 공연을 열었다. 물론 가는 곳마다 성황이었다.

가네코 여사는 이때의 공연 수익금 3,000엔 전액을 당초 약속대로 남편 야나기가 계획 중이던 '조선민속 미술관' 설립비용을 마련하는 데 사용하게 된다. 조선 민예품에 대한 야나기의 관심은 가상할 정도였다. 젊은 시절 도쿄 칸다神田의 뒷골목 골동품 가게에서 청화백자를 보고 매료되어 조선 민예품에 끌리게 됐다는 야나기. 결국 골동품 수집에 부인의 도움까지도 받게 된 것이었다.

모금운동은 일본에서도 펼쳐졌는데, 여기에는 백남훈白南薰과 김준연金俊淵도 적극 나서게 된다. 한편, 경성 거류민인 도미타 기사쿠富田儀作도 그의 활동에 거액을 출자하게 되는데, 혹시 독자들께서는 1914년 경복궁에서 성대하게 열렸던 물산공진회를 기억하시는지. 그때 개장식에서 저들의 왕족인 노리히토와 데라우치 총독 앞에서 출품인 대표로 연설했던 주인공의 한 사람이다.

이때의 경성 방문에서 남편 야나기는 종로 중앙청년회관에서 별도의 강연회를 마련하기도 했다. 강연 주제는 '민족과 예술의 관계'. 그러나 총독부 기관지인 《경성일보》는 "야나기 부부가 경성에 오는 것은 예술상 내선일체를 교화敎化하기 위한 것"이라고 썼다던가. 물론 이에 대해 야나기는 격노를 감추지 않았다. 자신의 순수한 뜻을 함부로 모독하는 것으로 받아들였던 때문일 것이다.

가네코의 독창회는 이 땅의 지식인들에게 상당한 영향을 미치게 된다. 야나기의 아내라는 사실만으로도 관심을 끌기에 모자람이 없었다. 소설가로서 그때 막 이름을 내기 시작한 민태원閔泰瑗은 이를 소재로 소설을 쓰기도 했다. 이 소설은 1921년 2월 '음악회'라는 제목으로 《폐허廢墟》에 발표되었다. 소설에서의 주인공은 일본 성악가인 하야시 아끼코林晶子. 이처럼 이름만 약간 바꿔 놓았을 뿐 대부분 사실을 바탕으로 이야기가 전개된다. 소설의 도입 부분은 이러하다.

"이 음악회는 도처에서 이야깃거리가 되었으며 경성의 유식有識 계급, 그중에서도 청년 사회에서는 많은 호기심과 반가운 마음을 가지고 기다리는 사건이었다. ……… 하야시 여사는 일본 일류의 음악가이며, 그 남편林正烈은 모 대학교수로서 전공하는 이외에 예술에 대한 이해도 깊었다. 그러나 세상 사람들은 그를 인도주의 문학자라고 지목하였으며 사실상 인도주의자였다. 그는 국경과 민족의 차이를 개의치 아니하며 더욱이 조선 예술에 대하여는 비상한 감흥을 가져서 연전에 조선을 시찰하고 ……….”

이렇게 이야기 곳곳에 야나기에 대한 칭송이 자자하다. 야나기와의 관계를 강조하기 위해 씌어진 작품이나 마찬가지였다. 《폐허》 동인이던 남궁벽南宮璧도 야나기의 자택을 찾아갈 정도로 그 주변 사람들이 야나기와 대체로 친밀한 관계를 유지하고 있을 때였다.

가네코의 독창회와 야나기의 강연회는 그 뒤에도 태평양 전쟁이 시작되던 1940년 무렵까지 거의 끊이지 않고 이어졌다. 가네코의 경우만 해도 기독교 부인회, 기독교 청년연합회, 동아일보 등이 경쟁적으로 초청하게 된다. 당시 조선의 어느 음악가보다도 융숭한 대접을 받은 셈이다. 야나기가 쓴 《그의 조선행》에도 다음의 내용이 들어 있다.

"그는 경성에 닿자마자 조선 친구들이 자신을 위해 마련한 정성어린 환영회에 감사하지 않을 수 없었다. 그는 스무날이 채 안되게 머무르는 동안 여러 단체들로부터 네 차례나 정중한 초청을 받았다. ………… 그의 아내의 음악회는 경성에 도착한 다음날부터 개최되었다. 아내는 경성에 머무는 동안 일곱 차례의 음악회를 요구받았다. 그는 이런 모임이 고위층의 협조 없이는 결코 이뤄지지 못한다는 얘기를 듣기도 했다."

한편 야나기는 그 뒤 사이토 총독의 도움으로 경복궁 즙경당에 조선 민속 미술관을 설립하는 등 조선의 전통 미술과 공예품에 상당한 관심을 보였다. 야나기 부친의 해군 시절 사이토 총독이 그 부하였기 때문에 허락을 받기가 수월했던 것이다. 그런 점이 약간 찜찜하긴 하지만 야나기 만큼 조선 미술품 수집과 평론 활동에 나섰던 사람도 별로 찾아보기 어렵다.

그러나 야나기에 대해서 비판도 적지 않았다. 그는 조선의 예술을 사랑한다고 말하면서 "조선의 도공은 무학문맹無學文盲한 자들로 교양도 없다. 그런데도 그들이 만든 도자기는 이상하게도 매우 아름답다"라고 썼을 정도다. 비록 몇 사람에 지나지 않았지만, 일부의 조선 지식인이나마 그에게 못마땅한 감정을 가졌던 것은 당연한 일이었다.

조선 건축가 박길룡

이쯤해서 총독부 공사에 참여했던 조선인 건축가 박길룡朴吉龍에 대해서도 살펴보기로 하자. 총독부 청사를 떠나서도 국내 근대 건축계의 초창기를 형성하는 주요 인물이기 때문이다.

1898년 서울 종로구 예지동 출생. 동네에서 조그만 쌀가게를 내고 있던 박명옥의 2남3녀 중 맏아들. 조선 사람으로서는 드물게 서양식 전문교육을 받고 건축가 반열에 이름을 올리게 되는 박길룡의 어린 시절은 당시 대부분이 그러했듯이 그리 특별할 것도 없었다.

박길룡이 총독부 직원으로 채용되어 토목부 건축과에서 근무하며 새 청사 신축작업에 관여하기 시작한 것은 1920년의 일이다. 당시 건축 관련 전문교육 기관으로는 유일했던 경성공업전문학교를 마친 이듬해였다. 1916년에 설립된 이 학교는 그 뒤 경성고등공업학교로 이름이 바뀌게 되지만, 조선 사람은 해마다 기껏 두세 명 밖에 입학이 허용되지 않고 있었다.(이주헌〈한국 현대사 인물〉)

사실은, 경성고등공업학교 교수진 자체가 거의 일본인들로 짜여져 있었다. 부분적으로 이름이 확인되는 소네다 마타오曾根田又雄, 이와즈키 요시유키岩槻善之, 후지시마 카이지로藤島亥治郎 등이 그들이다. 이 가운데 이와즈키는 총독부 건축기사로 근무하면서 틈틈이 강단에 올랐다. 이들의 뒤를 이어서는 1929년 총독부 근무를 마친 뒤 교수로 발령받은 나카시마 타케시中島猛矢의 이름 정도가 확인된다. 시기적으로 박길룡의 학생 시절에는 소네다가 봉직하고 있었을 것으로 짐작된다. 그는 초창기부터 교수진에 합류해 있었다.

이런 상황에서 1919년 박길룡이 제2회 졸업생으로 이 학교를 마치고 총독부에 들어간 것이었다. 그러나 직책은 하급직인 기수技手에 지나지 않았다. 기수는 그 채용에 관한 권한이 조선총독에 위임되어 있었으므로 같은 건축 계통에서도 본국 정부가 임명권을 행사하는 기사技師에 비해서는 그야말로 하늘과 땅의 차이였다.

직제로 따져서도 기사는 참사관급에 해당하는 주임관奏任官이었으나 기수는 판임관判任官에 불과했다. 건축과 설계를 포함한 모든 기술 분야에서 가장 높은 직책이 바로 기사였다. 건축 분야만을 놓고 본다면 건물의 설계에서부터 공사의 발주, 현장감독, 준공검사에 이르기까지 최종적인 책임과 권한이 기사에게 부여되어 있었던 것이다. 여기에 토지와 건물 등 총독부 재산의 관리업무도 기사의 소관이었다.

박길룡은 큰 공사에서 뒷전으로 처질 수밖에 없었다. 설령 직급이 높았다 하더라도 중요한 설계가 순순히 맡겨지지는 않았을 것이다. 경성공전 시절 일본인 학생들을 제치고 줄곧 앞자리 성적을 유지했던 그로서도 어쩔 수 없는 일이었다. 그와 함께 경성공전을 졸업한 이기인李起寅도 총독부에 취직하긴 했으나 주로 체신국에서 근무했기 때문에 건축 설계에는 거의 관여하지 않았던 것으로 전해진다.

총독부 공사가 중반에 접어들 무렵 토목부 건축과에 들어간 그는 청사가 완공된 뒤에야 기사로 승진하게 된다. 뒤늦게나마 제대로 실력을 인정받은 셈이었다. 1932년에 퇴임하기까지 열두 해 동안 총독부에 근무했다. 총독부 근무 당시 그에게 붙은 별명은 '재봉틀'. 빠르면서도 꼼꼼하게 설계도를 그린다고 하여 붙여진 별명이었다.

박길룡은 늘 조선땅이 광대한 대륙에 맞닿아 있음을 염두에 두었다. 자주 대담한 시도를 했던 것도 같은 까닭이었다. 세부적 기교에 치우치기보다 당당하고 굵은 중량감을 나타내려 했다는 얘기다. 그는 건축가로서 프랭크 로이드 라이트F.L.Wright를 좋아했는데, 라이트가 어려운 처지에도 굴하지 않고 뛰어난 창조성을 발휘한 때문이었다. 총독부 기수로 근무할 때인 1923년에 첫아들을 낳았는데 그가 뒷날 소설가로 활동하게 되는 박용구朴容九이다.

총독부 낙성식이 열리기까지 기수 직책으로 총독부 건축 작업에 참여했던 사람은 모두 열여덟 명. 어차피 하급직에 지나지 않았으나 그나마 거기에 포함된 조선 사람은 박길룡 한 명뿐이었다. 또 그 밑에 조수가 열 몇 명인가 있었는데 이 중에서도 조선인은 이규상李圭象, 김득린金得麟, 손형순孫亨淳 등 세 명에 지나지 않았다.

박길룡은 1932년 총독부를 그만두고 나와 개인 사무실을 차리게 된다. 이 무렵 활동하던 민간 설계업자들은 이케다 켄타로池田賢太郎를 비롯해 나카무라 요시헤이中村與資平, 나카무라 마고토中村誠 등 거의 일본인 일색이었다. 대부분 도쿄제국대학 건축과 출신이라는 점이 공통점이기도 했다. 조선인 건축가로서는 어차피 영업 활동에 있어 경쟁력이 떨어질 수밖에 없었다.

그렇지만 그는 비교적 수월하게 사무소를 꾸려갈 수 있었다. 그가 설계한 작품으로는 성북동의 김연수金秊洙 저택을 비롯해 송현동 조선생명보험 사옥, 경성제국대학 본관, 이문당以文堂 사옥 등이 꼽힌다. 한때 장안의 명물로 꼽히던 화신백화점도 그가 남긴 작품이었다.

이와는 별도로 국내 건축사에서 김순하金舜河라는 인물을 잊어서는 안 될 것이다. 1901년 강원도 삼척에서 태어난 그는 전남도청의 기수技手로 근무하면서 젊은 시절 주로 광주 지역을 무대로 활동한 건축가였다. 그 역시 경성제일고보와 경성고등공업학교를 마쳤으니 건축가로서는 나름대로 엘리트 코스를 밟았던 셈이다.

전남도청 근무를 시작한 것이 1925년의 일이었으니 박길룡보다는 대여섯 해 정도 터울이 진다. 현재 광주광역시 유형문화재(제6호)로 지정되어 보존중인 전남도청 회의실이 그의 설계작이다. 1930년대에 지어진 옛 전남도청 청사도 그의 작품이었다.

물론 그 이전에도 조선 사람으로 이훈우李勳雨, 박동진朴東鎭 등 몇 명이 활발한 건축 활동을 벌였는데, 이들이야말로 우리 현대 건축계의 주춧돌을 놓은 주인공들이었다. 또 전통적인 도편수로서 서양식 근대건축의 경험을 갖춘 인물로는 심의석沈宜錫을 꼽을 수 있다. 구한말 내부아문 기사였던 그는 덕수궁 석조전 공사와 배재학당, 독립문 및 상동교회 공사에 관여하기도 했다.

한편 1922년 삼월, 총독부 설계팀을 주축으로 건축가는 물론 시공업자, 도급업자, 그리고 학자들을 망라하는 '조선건축회'가 설립되었다. 건축 관계자들이 서로 정보를 교환하고 친목을 도모하자는 뜻에서 만들어진 모임이다. 이와이 죠사부로^{岩井長三郞} 건축과장이 초대 회장을 맡았으며 쿠니에다^{國枝博}, 후지오카^{富士岡重一}, 이와즈키^{岩槻善之} 등이 이사로 참여하고 있었다. 설립 당시의 회원은 모두 120여 명으로 사무실은 고가네쵸^{黃金町}의 '니혼^{日本} 생명' 빌딩 3층에 두었다.

조선 사람으로서 이 모임 발족 때부터 정식 회원은 김응순^{金應純} 한 사람뿐이었다. 박길룡과 이기인이 여기에 회원으로 가입한 것은 창립 이듬해인 1923년. 이때 박운구^{朴雲龜}도 모임에 함께 가입하게 된다. 박영효를 비롯해 이완용, 송병준 등은 처음부터 명예회원으로 추대되어 있었다. 창덕궁을 복원한 김윤구^{金倫求}도 1929년 회원으로 가입하는데 그는 이때 총독부 철도국으로 소속이 옮겨져 있었다.

이상^{李箱}이라는 필명으로 초현실주의 작품인 '날개'의 작가로 더 알려지게 되는 시인 김해경^{金海卿}. 그 역시 1929년 경성고등공업학교 건축과를 나온 건축가로서 한때 총독부 내무국 건축과 기수로 근무하기도 했다. 그도 이 조선건축회에 가입하게 되지만, 그것은 앞서의 인물들보다 훨씬 뒤의 일이다.

일제시대 한국인 사회에서 중요한 건축을 많이 남긴 박동진은 박길룡보다 경성공전 입학이 1년 밖에 늦지 않았지만, 3·1 만세운동으로 곤욕을 치르는 바람에 건축가로서의 활동은 많이 늦어졌다. 일본 간사이^{關西} 공업전수학교 출신으로 종로 태화기독교 사회관을 설계한 강윤^{姜鈗}은 그 뒷세대에 속한다.

박길룡은 그 뒤 조선건축학회 이사, 조선건축가협회 이사장 등을 지냈다. 1943년 사월, 공평동 뒷골목에서 가까운 친구들과 술을 마시다 뇌일혈로 쓰러져 인생을 마감했다. 그의 나이 불과 마흔다섯 때였으니,

아까운 죽음이었다. 아직 조국이 마지막 기승을 부리던 압제에 시달리고 있을 무렵이기도 했다.

간토 대지진

일본 간토關東 지방에서 땅거죽을 흔드는 대규모 지진이 일어난 것은 1923년 구월 초하룻날. 지금까지도 '간토 대지진'이라는 이름으로 기억되는 대재앙이다. 도쿄를 중심으로 수도권에 해당하는 중심지역이 간토 지역이었으니, 지진으로 인한 피해는 작지 않았다. 그러나 저들이 받았던 충격보다는 그곳에 살고 있던 조선인들의 후유증이 더 컸으니, 나라 잃은 슬픔이자 비극이었다.

지진으로 땅이 꺼지고 집들이 무너지면서 곳곳에서 불길이 일어나자 지체 없이 계엄이 선포되었다. 내무대신 미즈노 렌타로水野鍊太郎, 육군대신 야마나시 한조山梨半造가 재빨리 수습에 나섰다. 계엄 사령관에는 후쿠다 대장이 임명되었다. 이 가운데 야마나시는 뒤에 제4대 조선총독에 임명되는 인물이다.

이때 누구보다 앞서서 사태 수습을 지휘한 것은 미즈노였다. 똑똑하기 이를 데 없다는 미즈노 내무대신. 조선총독부 정무총감을 지냈던 그는 지진 피해에 대한 군중의 적개심을 조선인들에게 쏠리도록 머리를 짜내게 된다. 그렇지 않아도 민권 및 노동운동 등으로 극심한 혼란을 겪던 저들 사회의 모순을 조선인들에 화살을 돌려 한꺼번에 해결하려고 잔꾀를 부린 것이었다.

"조선 사람들이 우물에 독약을 뿌렸다더라."

"조선 사람들이 누구네 집에 불을 질렀다더라."

"이웃집 여인을 겁탈하려다 쫓겨났다더라."

갖은 악랄한 소문이 떠돌았다. 《도쿄 니찌니찌신문日日新聞》은 지진이 일어난 이틀 뒤 "도쿄는 조선인으로 인해 암흑천지가 되었다"고 보도하기도 했다. 이에 따라 일본말 발음이 서투른 조선인들이 저들 자경단에 잡히는 대로 그 자리에서 죽창에 찔려 검붉은 피를 흘리며 죽어갔다. 이렇게 해서 무려 5,000명 이상이 줄줄이 총살되거나 암매장 당하게 된다.

조선인들의 비애는 이루 형용키 어려울 지경이었다. 《조선일보》가 1923년 시월 나흗날 보도한 다음의 기사 내용이 그것을 말해 준다.

"이에 우리는 울면서 한마디 하노니 이번 진재震災에 겨우 생존을 얻은 동포나 그 곤액困厄을 당하지 아니한 다른 지방에 재류在留하는 동포가 모두 노동자이나, 학생이나 모두 포기하고 아무것도 돌아볼 것 없이 하루 빨리 돌아오라는 것이다. 일본만이 어찌 우리의 수학지修學地이며, 노동勞動의 공급지리요."

일본 정부는 이 기회를 통해 저들 지식인 사회에서 한창 뿌리내리던 자유주의 사조와 노동운동의 싹을 한꺼번에 잘라내려고 했다. 열렬한 아나키스트(무정부주의자)로서 프롤레타리아 혁명을 꿈꾸던 조선인 박열朴烈과 그의 아내 가네코 후미코金子文子가 히로히토裕仁 황태자 암살을 기도하다가 체포되어 사형선고를 받은 것도 바로 이때였다.

이미 1910년 무정부주의자인 미야시타 다키치宮下太吉에 의해 주도됐던 '대역사건'을 경험한 일본이었다. 이때도 가쓰라 타로 내각에 의해 사건이 확대되면서 고토쿠 슈스이孝德秋水 등 일단의 사회주의자들까지 한꺼번에 사건에 연루시켜 처형했을 만큼 일본 내각은 자유주의 사상이 퍼지는 데 대해서는 민감하게 반응해 왔다.

실제로 '쌀 소동'을 계기로 민중운동이 활발하게 펼쳐지던 참이었다. 언론 자유의 범위는 크게 확대됐으며, 따라서 지식인 집단의 영향력은 한층 강화되고 있었다. 때마침 독점자본을 형성해가던 미쓰이三井, 미쓰비시三菱, 노구치野口 등 재벌기업에 대한 반발도 만만치 않게 일어나고 있었다. 도쿄제국대학 교수인 요시노 사쿠조吉野作造가 이끌던 '신진카이新人會' 학생운동은 하나의 사례에 불과했다.

1918년에 첫 결성된 이 학생운동 단체의 출범은 지식인, 학생을 주축으로 하는 사회운동단체의 예고편이었다. 신진카이에 이어 연달아 '레이메이카이黎明會', 와세다 대학의 '건설자 동맹', '카이조改造 동맹' 등이 출범하기에 이르렀다. 이른바 '다이쇼 데모크라시'라는 커다란 흐름을 형성해 나가는 과정이었다.

이들 단체들은 제한선거가 아닌 보통선거를 주장했으며, 화족華族과 사족士族 및 평민 간의 차별 철폐와 노동조합 인정, 세제 개혁 등을 요구했다. 이들은 더 나아가 조선에 대한 식민통치의 개선책을 내세우기도 했다. 일본 정부로서는 이러한 진보적인 사상의 표출에 못마땅할 수밖에 없었다.

이런 흐름 속에서 공산당도 결성된다. 1922년 칠월. 가타야마 센片山潛, 사카이 도시히코堺利彦 등이 여기에 앞장섰다. 사회 밑바닥에서 저들 정치현상에 대해 불만이 적지 않았음을 드러내 주는 본보기다. 그러나 이듬해 대부분의 핵심 간부들이 검거된 끝에 공산당은 두 해 남짓 만에 와해되고 말았다.

　일본에서조차 그러한 상황이었으니, 식민통치에 반대하는 이 나라 백성들의 항일 독립투쟁이 이어진 것도 당연한 일이었다. 숭실학교 졸업생인 김익상金益相이 남산 왜성대의 조선총독부에 폭탄을 던진 것은 1921년 구월. 다시 1년여가 지난 1923년 정월에는 의열단원 김상옥金相玉이 종로경찰서에 폭탄을 던졌다.

　만주와 중국에 나가 있던 동포들의 활약도 늘어갔다. 광복군이 군자금 1만 5,000엔을 들여 무기를 사들임으로써 전력을 증강한 것도 이와 비슷한 무렵이었다. 또 곧바로 이어서는 3·1 만세운동에 관여했던 구국단 단장 장두철張斗轍이 상하이로 탈출해 새로이 활동을 시작하게 된다.

　열혈청년 김지섭金祉燮은 또 어떠했는가. 3·1 만세운동이 일어난 직후 만주로 탈출한 그는 의열단에 가입해 있었다. 간토 대지진으로 조선 핏줄들이 떼죽음을 당하자 비장한 각오로 일본에 잠입한 그는 1924년 정월 닷샛날, 황궁으로 통하는 니쥬바시二重橋에 폭탄 세 개를 던졌다. "사나이로 태어나 평생 뜻한바 갈 길을 정하였으므로 고향으로 가는 길 다시는 묻지 않으리"라는 말을 남겼다던가.

　학생들의 저항 의식도 높아만 갔다. 배재고보 학생들의 동맹휴학이 일어난 데 이어 1921년 6월에는 경성의전에 다니는 조선 학생들은 일본 교수 배척을 위한 동맹휴학을 벌이기도 했다. 1924년 들어서는 휘문학교, 전주고등보통학교에서 맹휴가 벌어졌다. 조선총독부의 '국어 교육' 강화 방침에 대한 반발의 뜻도 포함되어 있었다. 일본어가 이미 국어로서의 자리를 차지하고 있을 때였다.

　학교마다 울타리 바깥에서는 항시 사복형사와 기마병들이 대기하고 있었다. 마루야마 쓰루기치丸山鶴吉 경무국장을 비롯해 마쓰이 시게루松井茂 경시警視, 종로서 고등계 형사주임인 미와 와이치로三輪和一郞 경부警部에 이르기까지 날카로운 눈초리로 학원 동향을 살피던 때였다.

한편 데라우치 다음으로 내각을 조직한 정우회 총재 하라 다카시原敬가 1921년 십일월 암살됨으로써 저들 사회에 큰 충격을 불러 일으켰다. 정당 내각을 구성한 최초의 평민 출신 총리대신이 바로 하라였다. 그러나 한창 퍼져가던 민심의 방향과는 달리 보통선거 실시를 거부하고 의회를 해산했으며 사회운동을 탄압하는 등 강경 움직임을 이끌어간 주역이었다.

하라 총리대신이 암살되고 스무날 남짓 지난 그해 십일월 이십오일, 히로히토裕仁 황태자가 부친인 다이쇼 천황을 대리해 섭정에 들어가게 된다. 그때 히로히토의 나이 스물하나. 다이쇼 천황이 말년에 정신착란을 일으킨 때문이었다. 어려서부터 뇌막염에 시달렸던 다이쇼 천황은 1919년에는 의회 개회식 참석도 취소할 만큼 국정 수행에 지장을 겪고 있었다. 일본 사회가 안팎으로 어수선하기만 할 때였다.

상량 올리다

1923년 오월 열이렛날. 이날 아침 총독부 새 청사 상량식上樑式이 열렸다. 새 청사는 거의 완공 단계에 이르러 장중한 위용을 한껏 뽐내고 있었다. 지붕 위의 둥그런 돔도 구리판 이음새 공사가 한창이었다. 그동안 끌어 오던 바깥벽의 화강석 붙임 공사도 그럭저럭 끝나가던 터였다. 청사 내부에 손을 보아야 할 데는 아직도 더러 있었으나 이조차도 서너 달 뒤에는 모두 끝나도록 예정되어 있었다.

상량식은 새 청사 4층 정면 계단에서 열렸다. 장소로 말하자면 2층의 중앙 현관이 가장 넓은 편이었으나 천장에 대들보를 얹는다는 의미에서 천장에 사다리를 걸치기 쉬운 4층 계단을 택한 것이었다. 하지만 관례를 제대로 따진다면 기둥을 세우고 대들보를 얹은 다음에 마룻대를 올리는 의식이 상량식이라는 점에서 이 절차는 목조 건물에서나 어울릴 법한 일이었다.

총독부 청사와 같이 철근 콘크리트로 만들어진 건물에 무슨 대들보가 있어서 그 위에 다시 마룻대를 올리는 의식이 필요했을까. 그러나 공사가 이미 여덟 해째로 접어들었을 만큼 오랜 세월에 걸쳐 작업이 이뤄지고 있어 일부러라도 그 의미를 나타낼 필요가 있을 것으로 사이토 총독은 생각했다. 공사에 오랫동안 매달려 온 총독부 기사들과 현장 인부들을 위로한다는 뜻도 포함되어 있었을 것이다.

상량식이 열린 것은 이날 오전 열시. 사이토 총독과 아리요시 츄이치有吉忠一 정무총감이 앞뒤로 하여 식장에 들어섰다. 초대받은 내빈들도 벌써 10여 분 전에 모두 입장을 마친 터였다. 비좁은 계단에는 아래층의 중앙 현관에 이르기까지 총독부 직원들과 손님들로 꽉 들어찼다. 얼른 보아 줄잡아 300여 명 정도나 됐을까.

구도 에이이치工藤英一 경기도 지사와 요시마츠 노리오吉松憲郎 경성 부윤은 물론이고 아리가 미츠도요有賀光豊 식산은행장, 조선 상공회의소 카다 나오지賀田直治 회두會頭, 경성 번영회의 쿠기모토 토지로釘本藤次郎 회장 등의 얼굴도 보였다. 이 상량식이 그만큼 중요한 의식이었음을 말해 주는 듯했다.

제단은 4층에서 5층으로 올라가는 계단 아래에 설치됐다. 제단 네 귀퉁이에는 역시 신토神道 의식에 따라 화분에 대나무齋竹가 심어졌으며 새끼줄注連이 둘러졌다. 저들 말로 '시메나와'라 불리는 이 새끼줄은 물기로 촉촉이 젖어 있었다. 깨끗하게 만든다는 뜻에서 미리 물을 뿌려 놓았기 때문이다.

제단 가운데에는 터주신을 불러 모시는 신리대神籬臺가 설치됐으며 그 앞쪽 양옆으로는 진신眞神이 세워졌다. 이른바 비쭈기 나무였다. 비쭈기 나무에는 빨갛고 노란 오색의 비단 띠가 늘어뜨려졌는데 그 왼쪽에는 거울이, 오른쪽에는 칼을 매달아 놓았다. 이 또한 신토 의례에 따른 것임은 말할 나위도 없었다.

총독부는 이날 행사를 위해 그동안 청사 신축작업에 고생한 사람들의 이름을 구리 패찰에 새겨 두었다. 새길 이름이 많았던 만큼 패찰은 길다랗게 만들어졌다. 세로가 네 척尺에 가로가 한 척 여덟 치寸였다니 말이다. 상량식이라는 의식에 걸맞게 이 패찰을 돔이 얹혀진 탑 안쪽에 붙이려는 것이었다. 보통 상량식에서 마룻대에 '용龍', 또는 '구龜' 글자를 쓰고 축원문을 쓰는 절차가 이렇게 대체된 셈이다.

식순을 기다려 하라 시즈오原靜雄 토목부장과 이와이 건축과장 등 두 명이 이 패찰을 붙이도록 되어 있는 노송나무 기둥을 탑 안으로 올려 벽 사이에 설치했다. 노송나무 기둥이 설치되자 경복궁 출장소장인 후지오카富土岡重一가 다른 기수들의 도움을 받아 패찰을 망치로 두드려 박았다. 패찰의 내용은 다음과 같다.

    상량 - 다이쇼大正 12년 5월 17일
    조선총독 남작 사이토 마고토
    전前 조선총독 백작 하세가와 요시미치
    전 조선총독 고故 백작 데라우치 마사다케
    정무총감 아리요시 츄이치
    전 정무총감 미즈노 렌타로
    전 정무총감 공작 야마가타 이사부로
    토목부장 하라 시즈오
    전 토목부장 니시무라 야스끼치

전 토목국장 모치지 로쿠사부로
　　전 회계국장 백작 고다마 히데오
　　……………. ………………
　　……………. ………………

　총독부 개청 이래 조선땅에 부임했던 세 명의 총독은 물론 역대 정무총감의 이름도 함께 새겨졌다. '고故 데라우치 마사다케'. 이미 데라우치는 네 해 전인 1919년 시월, 저들의 복잡한 정치적 후유증에 떠밀려 저세상 사람이 되어 버렸다. 그가 타계했을 때 일본 언론들은 "쌀 소동의 후유증에 따른 '민망한 죽음悶死'"이라고 표현했던 터다.

　이 패찰에는 건축 고문으로 위촉되어 설계를 마무리 지었던 노무라 이치로, 공사주임 쿠니에다, 난방 설비를 설계한 큐슈제국대학의 이와오카 호사쿠 교수 등의 이름도 새겨졌다. 이렇게 패찰에 이름이 새겨진 사람은 모두 쉰다섯 명. 그러나 이 가운데 조선 사람은 단 한 명, 박길룡朴吉龍 뿐이었다. 그때 조선인으로는 드물게 서양식 건축을 배웠던 그는 건축과 기수技手라는 말단 자리를 지키고 있었다.

　하지만 어쩐 까닭이었을까. 맨 처음 청사 설계를 맡았던 독일 건축가 게오르게 데 라란데George de Lalande의 이름은 여기에 들어 있지 않았다. 라란데가 미처 일을 매듭짓지 못한 채 세상을 뜬 것은 사실이지만 저들은 이름 하나를 적어 넣는 데 너무나 인색했다. 청사 설계의 크나큰 공로를 차마 외국에서 굴러들어온 떠돌이 건축가에게 넘겨주기 아쉬웠던 때문은 아니었을까.

　패찰을 기둥에 두드려 박는 퇴타식槌打式이 끝나자 사이토 총독과 아리요시 정무총감, 하라 토목부장 및 이와이 건축과장 등 네 명이 제단에서 고사떡을 집어 계단 각 귀퉁이에 하나씩 던졌다. 터줏대감들을 배부르게 함으로써 신축 청사에 별 탈이 없기를 비는 것이라 했다. 이날의 상량식은 대략 이런 식으로 끝났다.

스웨덴 여행객 블라스코

이 무렵 총독부 새 청사의 외장 공사로는 콘크리트로 지붕을 덮는 작업과 함께 넓다란 구리판으로 돔을 올려붙이는 공사가 동시에 진행되고 있었다. 바깥 공사는 이것으로 거의 마지막이었다. 이 옥상 공사가 끝나면 내부 공사만 남게 되는 것이었다.

그러나 지붕과 돔을 이어 붙이는 데만도 적지 않은 분량의 구리 조각이 들어갔다. 작은 네모꼴로 만들어진 구리 조각을 틈새에 맞추어 끼워 맞추도록 되어 있었는데, 조각 하나는 길이 네 치에 너비 한 치의 크기였다. 이런 조각판을 줄잡아 8만 3,000장 정도 이어 붙여야 하나의 커다란 돔이 완성되는 것이었다.

겉벽에 화강석을 붙이는 공사는 1924년 구월에 이르러서야 모두 끝이 났다. 이에 따라 총독부는 낙산 채석장의 운영권을 경성부에 넘기게 된다. 마침 경성부도 회현방의 청사가 비좁은 탓에 새 청사 신축 계획을 추진하던 터였다.

새 청사 앞쪽으로 광화문을 사이에 둔 광장과 정원 손질도 거의 끝나가고 있었다. 강회토로 다져졌던 광장의 옛 조선식 마당은 모조리 걷혀 버렸다. 대신 빗물에 땅바닥이 패이지 않도록 아스팔트가 깔렸다. 정원을 지나는 통로에는 아스팔트가 아니라 삼화토三和土를 덮었다. 석회석과 모래에 기왓가루를 알맞게 섞은 것이 바로 삼화토였다.

정원은 통로를 빼놓고는 모두 잔디를 깔았다. 이렇게 잔디가 심어진 면적은 8,000평 남짓. 그 주변에는 향나무와 잣나무, 철쭉 따위의 수목이 심어졌다. 나무의 높낮이에 따라 적당히 간격을 두었으므로 정원이 전체적으로 균형을 나타냈다. 특히 동십자각, 서십자각 쪽과 건춘문, 영추문 쪽을 향한 정원 네 귀퉁이에는 벚꽃 나무를 몇 그루씩 심었다.

한편, 비슷한 무렵이던 1923년 멀리 유럽의 북쪽 나라인 스웨덴으로부터 찾아온 한 여행객이 이곳 경성 땅을 밟게 된다. 일본을 출발점으로 삼아 동양의 여러 나라를 여행 중이던 그는 조선에 들러 이곳저곳을 차근차근 둘러보며 부산에서 신의주까지 가는 길이었다. 그의 이름은 블라스코 이바네스.

그가 스웨덴 여행객이라는 사실부터가 관심을 끌기에 충분했다. 다이너마이트 발명가인 알프레드 노벨의 유언에 따라 1901년부터 수여된 노벨상의 나라. 17세기 이래 목재업과 제철업을 기반으로 삼아 벌써 현대적인 진공청소기와 전화 교환기가 개발됐을 정도로 산업기술 분야에서 앞섰던 나라이기도 했다. 뿐만 아니라 1910년대 후반에 이르러서는 평등선거가 실시되고 의회주의가 확립되는 등 정치적으로도 안정을 이룬 나라가 바로 스웨덴이었으니 말이다.

이바네스 또한 스웨덴 국민답게 사리에 어둡지 않았다. 멀리 아시아의 동쪽 끝까지 여행에 나섰다는 데서도 이지적인 모험심을 느낄 수 있다. 더구나 조선에 대한 상식도 있었고 나름대로 문장력도 갖추고 있었다. 그때 그의 여행기가 《우수憂愁의 조선》이라는 제목으로 남아 있다. 그 여행기의 한 구절을 읽어 본다.

"왜 일본 사람들은 옛 조선 임금들이 살던 궁궐 마당에 총독부 건물을 짓겠다고 나선 것일까. 그 모양은 미국의 워싱턴 정부 건물을 엉터리로 본뜬 것처럼 보인다. 미국 건축 양식을 형편없이 모방한 것이라고나 할까. 더욱이 총독부 청사가 옛 왕조의 궁궐을 마구 내리누르다시피 하고 서 있어 눈길을 가리는 바람에 궁전의 전체 모습을 감상할 수 없게 만든 점이 안타깝다." (김정동, 《조선총독부 청사 보존의 당위성》)

외국인의 눈으로도 이처럼 부정적인 느낌이 강했다. 조선총독부 청사를 짓는 것까지야 이해할 수 있다손 쳐도 그 장소를 하필이면 조선왕조의 상징인 경복궁 앞으로 잡았느냐 하는 거부감이 드러나고 있다. 더구나 새 청사 자체도 워싱턴의 백악관을 본뜬 것 같다는 게 그의 대체적인 인상이었다.

다만, 블라스코는 총독부 청사의 외장 건축재를 시멘트로 착각함으로써 자신의 여행기에 티끌처럼 작긴 하지만 하나의 흠집을 남겼다. 일반 사람의 눈에는 화강석의 색깔이 때에 따라 시멘트와 비슷하게 보이기 때문이었는지도 모른다.

한편 1924년 십이월, 사이토 총독은 총독부 직제를 개편하면서 토목부 출장소를 내무국 관할로 다시 옮기게 된다. 드디어 총독관방 관할에서 벗어난 것이었다. 아마 공사가 거의 끝나가고 있었던 때문이었을 것이다.

총독부가 사무실로 사용하던 정동貞洞 분관에 뜻하지 않은 화재가 일어난 것도 비슷한 무렵의 일이다. 이 바람에 정동에 있던 몇몇 사무실은 미리 새 청사로 옮겨 들어올 수밖에 없었다. 아직 공사가 모두 끝나지 않은 상태였으므로 임시 칸막이를 치고 청사에서 첫 근무를 시작하게 된 것이었다.

경성부 청사 신축계획

총독부 신축 공사가 한창 마무리 단계에 접어들었을 무렵 경성부京城府도 뒤따라 새 청사를 짓겠다고 나서게 된다. 당시 가나야 미치루金谷充가 경성부 부윤을 맡고 있었다. 가나야는 경성부의 업무가 걷잡을 수 없이 늘어나기만 하는데도 혼마치本町의 청사를 늘리지 못해 직원들이 사무실을 너무 비좁게 사용하는 데 내심 마땅치 않게 여기고 있었다.

사실이 그랬다. 1896년 당초 일본 영사관으로 지어진 이 청사는 을사조약 직후인 1906년 이사청으로 이름이 바뀌었고 다시 1910년 강제 합병으로 경성부청으로 이름이 바뀌어 오면서 업무가 계속 늘어나고 있었다. 그러나 청사 규모는 처음의 2층짜리 그대로였다.

합병이 이뤄지고 지방행정 개편으로 부제가 처음 실시되던 1914년 사월 당시만 해도 그런대로 견딜 수 있었으나 직원이 갑자기 늘어나면서 사무실이 좁아터질 수밖에 없었다. 그때 경성부 본청에 근무하던 직원이 모두 예순 명 남짓하던 데서 한 해가 지나는 동안 무려 180명 이상으로 불어나 있었으니 말이다.

이처럼 직원이 단숨에 세 곱절로 늘어난 데는 그럴 만한 이유가 있었다. 무엇보다 새로운 세무 법령이 시행되면서 과세와 징세는 물론 체납 처분에 이르기까지 업무가 급증한 것이 가장 큰 원인이었다. 그때 세금 업무를 담당하던 재무계의 경우를 들자면 서른 명 안팎이던 직원이 한 해 만에 100명도 넘게 늘어나 있었다.

이렇게 업무 폭증에 따라 직원이 덩달아 늘어나면서 경성부는 안팎으로 불만이 쌓였지만 달리 어쩌는 방도가 없었다. 당장 마땅한 방법을 찾지 못한 채 청사 뒷마당에 천막을 치고는 임시 사무소로 사용하는 임시변통이 고작이었다. 들락거리는 민원인들을 위해 변변한 대기실 하나 마련하지 못할 정도였으니, 직원들이 겪어야 했던 불편은 더 말할 것도 없었다. (손정목, <조선총독부 청사 및 경성부 청사 건립에 대한 연구>)

사무실이 좁다는 이유 외에도 바로 맞은편에 위치한 조선은행 새 청사에 비해서는 물론 그 옆의 경성 우편국과 비교해서도 모습이 후줄근했다. 남대문 역사驛舍도 새로 지어지고 있었으므로 공사가 마무리되면 경성부 청사는 더욱 초라하게 비쳐질 것이 뻔했다. 따라서 나름대로 위엄을 갖추기 위해서도 청사를 새로 마련할 필요가 있었다.

사실은 경성부도 이러한 상황을 예상하고 미리부터 청사 신축계획을 마련해 놓았던 터다. 기존 청사를 헐어내고 그 자리에 4층짜리 새 청사를 짓는다는 계획이 바로 그것이었다. 아직 데라우치가 총독으로 집무하던 시절의 구상이었으니, 한참 전의 얘기다. 하지만 이 계획은 예산 권한을 쥐고 있던 총독부의 승인을 받지 못한 채 계획 자체가 무산되고 말았다.

청사 신축비로 60만 엔의 예산을 잡았는데 그것이 너무 부담이 된다는 이유였다. 그때로써는 총독부 청사 공사가 막 시작된 터여서 한꺼번에 경성부 청사 공사를 진행하기에는 사실상 어려운 형편이었을 것이다.

그 뒤로도 계획은 간헐적으로 추진되어 왔다. 하세가와 총독 당시인 1918년 말에도 야마가타 정무총감 주재로 경기도 지사, 경성 부윤 등을 참석시킨 회의에서 경성부청 신축 계획이 논의되기도 했지만 결국 고종의 승하와 3·1 만세운동으로 인해 흐지부지되고 말았다.

그러나 이번에는 사정이 달랐다. 세월도 흐를 만큼 흐른 뒤였다. 더욱이 총독부 청사가 근엄하게 지어지고 있었기 때문에 거기에 조화를 맞추기 위해서도 새 청사를 지을 필요가 있었다. 물론 사이토 총독도 원칙적으로 이러한 계획에 반대할 리 없었다. 경성부청을 짓는 것도 자신의 업적에 포함될 터였다.

이러한 우호적인 분위기에 힘입어 경성부는 즉각 새 청사를 짓는다는 야심 찬 계획에 착수하게 된다. 그렇다고 해서 경비를 끌어대는 문제가 금방 해결될 기미는 없어 보였다. 역시 건설비를 조달하는 문제가 급선무였다. 그때까지 계획이 미뤄졌던 것도 바로 예산 문제 때문이 아니었던가.

경성부는 일단 1923년에 공사를 시작해 1925년까지 세 해 안에 청사를 완공하기로 계획을 세웠다. 여기에 책정된 예산은 모두 130만 엔. 이 가운데 93만 엔은 혼마치의 기존 청사와 부지를 매각해 조달하기로 하고 나머지는 전부 외부에서 기채起債한다는 계획이 마련됐다.

그러나 세계적으로 불황이 한꺼번에 불어 닥친 시절이었기 때문에 막대한 규모의 공사비를 끌어들이기가 생각만큼 그리 쉬운 일은 아니었다. 어차피 계획은 또다시 차일피일 늦춰질 수밖에 없었다. 결국 가나야 부윤이 이리저리 뛰어다닌 끝에야 야스다安田 은행으로부터 자금을 빌려 주겠다는 약속을 겨우 받아낼 수가 있었다. 경성부의 입장으로는 뒤늦게나마 다행스런 일이었다.

드디어 1924년 팔월 이십삼일. 경성부청 신축을 위한 지진제地鎭祭가 올려졌다. 새 청사 부지에 편입되는 《경성일보》 사옥은 벌써 한 달 전에 철거작업이 시작된 터였다. 기초공사는 도요東洋 콤프렛솔 회사에 도급으로 맡겨졌다.

하지만 당초 계획보다는 이미 한 해 정도가 늦어진 것이었다. 그런 만큼 공사는 서둘러 진행되었다. 공사가 시작되어 두 달만에 기초공사가 끝났으며, 다시 한 달쯤 뒤에는 골조공사에 들어갈 수가 있었다. 총독부 청사 공사에서 쌓여진 경험이 큰 도움이 되었음은 물론이다.

골조공사는 고데라쿠미小寺組 토건회사가 맡았다. 공사를 입찰에 부친 결과 고데라 타다유키小寺忠行가 경영하던 이 회사가 낙찰을 본 것이었다. 낙찰가는 44만 4,600엔. 경성부는 내부적으로 53만 엔 정도를 낙찰가로 예상하고 있었으나 그보다 훨씬 낮은 수준에 낙찰이 이뤄졌던 셈이다.

고데라쿠미는 경성부 청사 공사를 따내기 이전에도 남산의 조선신궁 터닦기 공사를 비롯해 한강의 뚝방 공사, 신의주 형무소 신축공사 등을 치러낸 대규모 업체였다. 그때의 건축·토건업계에서는 총독부 공사를 맡았던 오쿠라쿠미나 시미즈쿠미에 버금갈 만한 굴지의 위치를 자랑하고 있었다. 이 밖에도 가지마쿠미鹿島組와 하자마쿠미間組, 오바야시쿠미大林組, 타케나까쿠미竹中組 같은 청부회사들이 경성에서 경쟁을 벌이던 중이었다.

한편 조선총독부 제2대 총독을 지내다가 3·1 만세운동으로 물러난 하세가와 요시미치는 1924년에 이 세상을 떴다. 향년 일흔넷. 정치 평론가 이시모리 히사야石森久彌로부터 "돈만 밝히는 배금주의자"라는 비아냥을 들을 만큼 평소 적잖은 뒷돈을 챙겨 두긴 했지만, 그의 만년은 그리 행복한 편은 아니었다. 저들 정계의 거물이던 오쿠마 시게노부, 야마가타 아리토모도 그보다 이태 전인 1922년 정월, 각각 여든세 살의 나이로 나란히 세상을 하직한 뒤였다.

경성 도시계획 연구회

'경성 도시계획 연구회'. 총독부와 경성부청의 수뇌부를 움직여 경성부 청사를 신축하도록 뒤에서 여론을 부추긴 것은 연구회 성격을 띤 이러한 민간 모임이었다. 도시계획을 연구한다는 명목을 내걸었으면서도 모임이 결성될 때부터 새 청사 신축을 가장 중요한 목표로 꼽았을 정도다.

식산은행장 아리가 미쯔토요有賀光豊와 조선상공회의소 카다 나오지賀田直治 회두를 비롯해 경성번영회의 쿠기모토 토지로釘本藤次郎 회장, 조선특산물 주식회사 다카야마 타카유키高山孝行 사장, 의사 후루키 바이케이古城梅溪 등이 연구회의 핵심 인사들이었다.

미즈노 정무총감과 박영효, 송병준 등 친일 귀족들은 고문으로 추대됐다. 조선 사람으로는 상업은행 동대문 지점장이던 전성욱全聖旭과 한성은행 지배인 한익교韓翼敎, 조선생명보험회사 원덕상元悳常 전무 등이 여기에 참여하고 있었다. 그나마 조선인으로는 당시 금융업계에서 영향력을 유지하던 주인공들이다.

이 모임에서 '경성부청 신축 촉진에 관한 결의안'이 정식 통과된 것은 1922년 오월. 민간의 여론을 수렴하는 형식으로 경성부 당국에 새 청사를 짓도록 촉구한 것이었다. 뒷마당에 임시로 천막을 치고 사무실로 쓰고 있었으니, 민간인들의 입장에서도 체통이 구겨진 경성부 청사가 민망스러웠을 것이다. 결의서는 곧장 사이토 총독과 요시마츠 노리오吉松憲郎 부윤에게 제출됐다. 결의안의 핵심 내용은 이러하다.

"현재의 청사가 너무 비좁아 업무 능률에 막대한 지장을 겪고 있을 뿐 아니라, 공민관公民館으로서의 체용體容을 결여하고 있으니 조속히 이를 개축해 주시기 바랍니다."

마침 그즈음 미즈노 정무총감이 본국 내무대신으로 영전해 가고 그 후임으로 아리요시 츄이치有吉忠一가 후임으로 부임해 왔다. 이에 따라 도시계획 연구회 위원들은 새 정무총감이 부임하기를 기다렸다가 상견례를 겸해 모인 자리에서 이 문제를 집중적으로 거론하게 된다. 아리요시 정무총감에게 그 이듬해인 1923년도 총독부 예산에 경성부의 새 청사 신축비 명목으로 120만 엔을 계상해 줄 것을 부탁했던 것이다. 이들은 며칠이 지난 뒤에 다시 사이토 총독을 직접 찾아가 예산 문제를 진정할 만큼 끈질기게 매달렸다.

요시마츠 부윤이 새 청사 신축의 필요성을 공식 제기하기에 이른 것도 연구회의 이러한 여론 조성에 힘입은 결과였다. 경성부가 새 청사 신축을 위한 제1차 임시 협의회를 개최한 것은 1923년 이월. 그해 유월에는 다시 제2차 회의를 열어 신축에 필요한 예산을 만장일치로 통과시키게 된다. 이 무렵 경성 부윤은 요시마츠에서 타니 타키마谷多喜磨로 바뀌어 있었다.

 아리요시 정무총감도 경성부가 처해 있는 딱한 사정을 충분히 이해하고 있었다. 원래 치바千葉 현 지사를 지내던 통감부 시절 데라우치 통감의 요청으로 통감부 총무장관으로 부임해 왔었던 그다. 그 뒤 총독부가 개청된 뒤에도 여섯 달 남짓 총무장관을 지냈으며, 이듬해 본국으로 돌아갔다가 10여년 만에 정무총감으로 발탁되어 다시 경성 땅을 밟게 된 것이었으니, 이곳 사정에 대해서는 누구보다 제대로 이해하는 편이라고 자부하던 입장이었다.

 하지만, 경성부의 사정이야 어떠했든 저들 내각의 일반 예산에서 갑자기 120만 엔을 뭉텅이로 떼어 낸다는 것은 사실상 쉬운 일이 아니었다. 이에 따라 경성부는 좀 더 색다른 방안을 짜내야만 했다. 이렇게 해서 마련된 묘안이 바로 다음과 같은 방안이다.

- 첫째, 총독부는 국유로 되어 있는 현재의 경성부 청사 부지를 경성부에 양여한다.
- 둘째, 그 대신 경성부는 총독부의 지도를 받아 자체의 재원으로 새 청사를 건립한다.
- 셋째, 새 청사가 건립되면 경성부는 신축 청사와 그 부지를 총독부에 다시 기부한다.

 이를테면, 본국 내각에서 예산을 타내기가 어려운 만큼 경성부가 지금의 부지를 처분해 새 청사를 짓되, 궁극적으로 새 청사는 총독부에 귀속시킨다는 내용이다. 총독부로서는 귀찮은 문제에서 슬며시 발을 빼겠다는 뜻이나 다름없었다.

이러한 방침이 최종 확정된 것은 1922년 십일월. 사이토 총독은 경기도 지사를 통해 이러한 결정을 부윤에게 시달했으며, 경성부는 이를 협의회에 올려 무난히 동의를 받게 된다. 그리고 이듬해 정월에는 이러한 결정에 따른 상신서上申書를 총독부 및 경기도에 올렸다. 이제는 절차만 남겨 놓고 있었을 뿐이다.

한편 이 무렵 한강물을 끌어들여 청계천의 흐름을 원활하게 바꿈으로써 도심의 미관을 가꿔야 한다는 논의도 간헐적으로 진행되고 있었다. 청계천이 도성의 중심을 지나면서도 유량이 부족해 하천 바닥이 말라붙는 경우가 곧잘 있었으므로 이를 근본적으로 고쳐보자는 뜻에서였다.

이미 이런 구상은 합병 초기부터 거론되어 오던 터였다. 당시 이왕직 차관이던 고미야 미호마쓰小宮三保松는 "경성 도심을 흐르는 수표천과 동대문 바깥의 한강과 연결해 청계천을 거꾸로 흐르게 하면 보기에도 좋고 일반인들의 편익도 클 것"이라고 제안하고 있었다.

이런 논의에 대해 총독부는 정식으로 타당성 조사를 벌이기도 했으나 결론은 현실성이 떨어진다는 쪽이었다. 모치지 로쿠사부로持地六三郎 토목국장은 이에 대해 "한강 물을 끌어들여 청계천의 물을 거꾸로 흐르게 할 경우 마포까지 물길을 내는 데 필요한 엄청난 공사비를 감당할 수 없다"며 그 이유를 밝히기도 했다.

그 뒤 1940년에는 《매일신보》가 마련한 좌담회를 통해 춘원 이광수李光洙와 당시 보성전문학교 교수이던 유진오俞鎭午가 이 문제를 놓고 토론을 벌인 내용이 소개되기도 했다. 두 사람의 토론은 세검정 계곡의 물길을 청계천으로 돌리면 어떻겠냐는 내용이었으니, 앞서의 논의들과는 약간 차이가 있다. 그러나 이에 대해 경성부청 측에서는 "세검정 물을 막아 돌리는 방안과 한강 상류의 물을 청계천으로 끌어들이는 방안을 놓고 검토 중"이라고 밝힘으로써 이 문제가 구체적으로 실행 단계에 들어가 있었음을 보여 주었다.

낙착된《경성일보》부지

경성부 청사의 신축 논의가 시작됐다고 해서 모든 문제가 일사천리로 진행된 것은 아니다. 예산도 예산이었지만 새 청사의 부지를 잡는 과정에서 문제가 다시 복잡하게 꼬이게 된 것이었다. 부지는 일단 다섯 군데가 꼽히고 있었다.

후보지로 꼽혔던 곳은 하세가와쵸의 대관정大觀亭 터와 태평통의《경성일보》사옥 자리, 그리고 그 뒤편의 총독부 소유 국유지 등이었다. 남대문 심상소학교 자리도 유력한 후보지로 물망에 올랐다.

혼마치의 기존 청사를 헐어내고 그 자리에 다시 청사를 짓는 방법도 그 가운데 하나였다. 그러나 신축공사에 소요되는 예산이 기존 청사 부지의 매각 대금으로 마련되도록 되어 있었으므로 혼마치 청사 자리에 새 청사를 짓는 방안은 우선적으로 제외될 수밖에 없었다. (손정목,〈조선총독부 청사 및 경성부 청사 건립에 대한 연구〉)

여기에 대관정 터는 부지의 기복이 심한 데다 큰 건물을 올리기에는 위치가 별로 적합하지 않다는 지적도 제기됐다. 이 터의 소유주인 미쓰이三#도 그다지 부지를 내놓고 싶어 하는 눈치가 아니었다.《경성일보》 사옥 뒷켠의 국유지도 도중에 후보지에서 탈락되고 말았다. 명색이 부청으로서 신문사 뒤쪽에 자리를 잡는다면 관청으로서의 체면이 서지 않을 것이었다. 더욱이 그 자리는 저습지이기도 했다.

한때 남대문 소학교의 교사를 뒤로 물러나게 하고 그 자리에 새 청사를 지으면 어떻겠느냐는 얘기도 나왔으며, 실제로 학교 측의 동의를 구하려 한다는 소문도 나돌았지만 별다른 진전이 없이 흐지부지 지나가 버렸다. 이러한 논의 끝에 새 경성부청 부지는 결국 《경성일보》 사옥 자리로 낙착되기에 이른다.

당시의 주소로 치자면 태평통 1정목 54번지. 고가네쵸黃金町와 남대문통이 맞닿는 중심지의 위치였다. 더욱이 《경성일보》는 총독부 기관지였으므로 어렵지 않게 다른 장소로 사옥을 옮기도록 할 수 있다는 판단도 감안된 결론이었다.

이렇게 새 청사가 들어서도록 결정된 태평통은 이미 경성의 중심 관청가로 자리를 잡아가고 있었다. 특히 막바지 공사가 한창이던 총독부 청사는 물론 동양척식주식회사, 조선은행, 경성 재판소, 중추원 등을 포함한 주요 관공서 대부분이 이 일대에 밀집해 있었다. 체신국 저금 관리소와 경성 전화분국, 경기도청 및 경찰부 등도 이 근처에 몰려 있었던 것이다.

하지만 이 과정에서도 《경성일보》의 아키쯔키 사츠오秋月左都夫 사장이 부지를 내놓는 데 대해 난색을 표함으로써 관계자들이 한동안 골치를 앓아야 했다. 그가 처음 완강히 버틴 것은 딱히 옮겨갈 자리도 마련해 주지 않고 먼저 부지를 내놓으라는 데 대한 반발이었다.

그러나 총독부 기관지로서 경성부와 경기도, 더 나아가 총독부의 결정을 끝까지 무시할 수는 없었다. 마침내 경성부가 부지를 내놓는 대가로 25만 엔을 지급하기로 하고 그 뒷켠 국유지에 새 사옥을 짓도록 하겠다는 조건을 제시하자 아키쯔키 사장은 마지못해 이를 받아들이게 된다. 실제로 지급된 액수는 정확히 25만 5,190엔. 이를테면 용지 매수 보상비였던 셈이다.

그때 이런 사실에 대해 《경성일보》의 자매지였던 《매일신보》의 1923년 이월 이십오일자 보도 내용.

"본사의 아키쯔키 사장은 경성부의 간절한 요청과 30만 명에 이르는 전체 부민의 여론을 존중하는 뜻에서 마침내 신문사 터를 내놓기로 결정했다."

그러나 저들은 새 청사의 부지로 애초부터 《경성일보》 자리를 염두에 두고 있었으면서도 일부러 "남대문 소학교 자리로 위치가 결정됐다"며 헛소문을 퍼뜨리기도 했다. 조선인들의 자존심을 건드리지 않는다는 뜻에서였다. "일본인이 많이 사는 남촌南村에 청사를 짓는 것은 북촌北村에 몰려 있는 조선인을 무시하는 처사"라는 여론을 불러일으켜 마치 여론에 따라 마지못해 부지를 바꾸는 듯한 인상을 심으려는 수작이었다.

실제로 그때 《조선일보》는 보도를 통해 "조선 사람들이 거주하는 북부를 두고 점점 남쪽으로 가는 것은 무슨 까닭인가"라고 따졌으며, 《동아일보》도 "경성부 빚이 산더미 같은 이때에 공것을 마다하는 것은 무슨 이유인가"라며 반대 의견을 제시했다. 딴은, 북촌에 거주하는 조선인 25만 명의 형편을 무시하고 남촌의 5만 명 일본인들 위주로 부지를 잡는다는 것은 말도 안 되는 처사였다.

총독부가 주도한 경성부 청사

경성부 새 청사의 설계는 사사 게이이치笹慶—와 이와즈키 요시유키岩槻善之 두 사람이 맡았다. 그러나 총독부의 이와이 건축과장이 전체적인 설계 업무를 앞장서서 지휘할 만큼 총독부도 깊숙이 관여하고 있었다. 이들의 소속 자체가 총독부였다. 결국에는 총독부에 귀속될 건물이기도 했다.

사사와 이와즈키도 도쿄제국대학 건축과 출신이었음은 말할 것도 없다. 두 사람 중에서는 1913년 졸업생인 사사가 이와즈키(1921년 졸업)보다 약간 앞서지만 모두 이와이 건축과장의 한참 후배였다. 경성부청 역시 총독부 청사와 마찬가지로 도쿄제국대학 건축과 동문들에 의해 지어진 셈이다. 이 가운데서도 기본 설계는 사사가 맡았다.

사사 게이이치. 일본 육군의 병영을 건설하는 기수로 출발해 통감부 시절 조선주차군 경리부에 편입되어 조선땅을 처음 밟았던 사사. 육군 기사로 승진해 두 해 전 퇴직했다가 다시 곧바로 총독부 건축과 기사로 임명된 것이었다. 그보다 몇 해 지난 다음에는 이와이 건축과장의 퇴임에 따라 총독부 건축과를 이끌고 나가게 되는 차세대 그룹의 핵심 인물이기도 했다.

여기서 잠깐 경성부청의 설계도를 들여다보기로 하자.

구조는 지하 1층, 지상 3층 규모의 르네상스 양식. 벽체는 벽돌로 처리했으나 겉벽은 화강석과 인조석을 붙이도록 계획되었다. 지붕 한가운데에 우뚝 세워지도록 되어 있는 돔이나 창문 구조에서 일본 의사당 건물을 모방한 절충주의적 형식을 띠고 있었지만, 기본 구조에서는 총독부 청사와 크게 다르지 않았다.

청사 건물의 높이는 예순여섯 척尺 여섯 치寸. 돔이 올라서는 정면 중앙부 탑까지는 모두 118척에 이르도록 설계되어 있었다. 부지 면적 1,630평에 건평은 668평 4홉合 2작勺 규모. 층별로는 1층과 2층이 똑같이 668평 4홉 2작씩이며, 3층이 590평 9홉 7작, 4층이 465평 1홉 7작이었다. 여기에 5층의 69평 2홉 8작, 6층의 40평 1홉 1작이 더 추가되어 총 건평은 2,502평에 이르렀다. 5층과 6층의 넓이가 작았던 것은 탑옥인 까닭이었다.

신축 청사에는 모두 아흔일곱 개의 사무실이 들어가도록 설계되어 있었다. 사무실 규모는 설계가 시작된 1922년 십일월 현재의 정원 360명을 기준으로 하여 앞으로 40퍼센트 정도가 더 늘어날 것을 예상해 설계했다. 이에 따라 처음에는 사무실 면적에 여유가 있어 4층에는 예비실을 두었으나 설계가 이뤄지는 과정에서 사무실로 쓰이도록 계획이 바뀌게 된다. 지중실도 원래는 난방실과 청부실, 욕실, 식당 따위를 두도록 예정되었으나 다시 사무실이 들어서도록 바뀌고 말았다.

땅바닥은 기초공사를 위해 대략 열다섯 척 깊이로 파들어 갔는데 지반이 무른 곳은 열여덟 척에 이른 데도 없지 않았다. 이렇게 파낸 다음 지름 다섯 치 정도 굵기의 소나무 말뚝을 열다섯 척 길이로 잘라 땅바닥에 박아 넣었다. 땅바닥을 파낸 깊이나, 소나무 말뚝을 박아 넣은 방법이나 대체로 총독부 공사에서와 비슷했다.

특히 기둥과 벽이 올라가도록 되어 있어 무게를 더 많이 받을 만한 450여 군데에는 특별히 철근 콘크리트로 땅바닥을 다졌다. 청사 바깥벽은 2층까지는 화강암을 쓰고 그 위로는 겨울철 혹한 추위에도 견딜 수 있게끔 독일 남부 지방에서 산출되는 리싱 도료를 들여다 사용했다. 리싱은 진사토眞沙土를 원료로 삼음으로써 흰색을 띠고 있었다.

현관 바닥은 화강암을 물다듬으로 곱게 갈아 깔도록 했으며 1층의 중앙 홀과 식당 바닥, 1층 및 2층의 복도, 그리고 각층의 계단은 대리석으로 바르거나 깔도록 되어 있었다. 화장실과 세면실, 욕실 등에는 타일을 바르고 2층에서 4층까지 올라가는 계단의 홀에는 모자이크 타일을 붙일 예정이었다.

일반 사무실 바닥은 화강석이나 대리석이 아닌 리놀리움 판을 깔도록 했다. 발걸음 끌리는 소리를 흡수하고 걷는 데 탄력을 준다는 뜻에서였다. 그리고 숙직실과 잔심부름을 도맡는 사환실에는 다다미를 깐다는 계획이 마련되어 있었다. 그밖에 사무실 용도에 따라 바닥을 모르타르로 처리하는 경우도 없지 않았다.

특히 부윤府尹, 지금의 서울시장이 사용할 집무실은 호사스럽게 꾸며질 예정이었다. 바닥에는 카페트를 깔고 출입문에는 나무 판때기를 붙인 뒤에 왁스를 칠해 부드러운 광택을 살리도록 했다. 나무 수지樹脂를 용제에 녹여 만든 이 왁스는 일단 발라 놓으면 천천히 마르면서 표면에 막이 형성됨으로써 광택과 함께 습기를 막는 데 효과가 있었다. 벽면은 종이로 도배해 아늑한 느낌을 주게 했고, 커튼은 꽃이나 새를 수놓은 손뜨개 레이스로 꾸밀 참이었다.

천정에 설치되는 샨델리어는 특히 눈길을 끌 것으로 기대되고 있었다. 그리고 화재에 대비해서는 복도마다 방화 셔터 문을 달도록 했다. 창틀을 목재가 아닌 철제로 설치키로 한 것도 불길이 쉽게 번지는 것을 막기 위한 것이었다. 또 벽 속으로는 급수관을 통과시키도록 설계됐는

데 각층 복도의 소화전에 연결되도록 함으로써 화재가 일어날 경우 여기에 곧바로 호스를 끼워 물을 뿌리도록 하는 용도에서였다.

더욱이 이 무렵에 들어 곳곳에서 화재 사고가 잦은 탓에 총독부와 경성부 관리들은 각별히 사고 예방에 신경을 기울일 수밖에 없었다. 곳곳에서 조선 의병들의 활동이 그치지 않고 있었던 점도 저들의 마음을 편케 하지는 않았을 것이다.

그 무렵의 화재 중에서는 1924년 삼월, 평양 남문통 시장 거리에서 일어난 불이 가장 큰 사고였다. 잡화 상점에서 불이 일어나 이웃의 포목점 등으로 번지는 바람에 주변에 있던 점포들이 순식간에 타 버리고 말았다. 이때의 피해액 규모는 줄잡아 10만 엔이 넘었다고 했다. 큰 상점들은 대체로 화재보험에 들고 있었더라도 물건은 보험에 들지 않아 상점 주인들의 애를 태웠다는 얘기도 당시의 신문 보도를 통해 장안에 널리 전해지고 있었다.

마지막 황제, 순종의 승하

조선 왕조의 마지막 임금 순종. 융희隆熙라는 연호를 사용하며 대한제국의 마지막 황제로 군림했던 그도 한 맺힌 망국의 설움을 풀지 못한 채 끝내 눈을 감고 말았다. 1926년 사월 스무닷샛날. 평소 기거하던 창덕궁 대조전 흥복헌興福軒에서 일생을 조용히 마감한 것이었다.

조선 왕실에 대한 일제의 핍박이 여전하던 때였다. 한 해 전만 해도 고종의 막내딸인 덕혜옹주가 일본 유학길에 올랐다. 저들이 유학을 핑계 삼아 볼모살이로 끌어간 것이었다. 이은 왕세자에 이어 왕실 가족으로는 두 번째 볼모였다. 순종이 마지막 숨을 거두면서도 마음이 홀가분할 리 없었을 것이다.

일본 내각은 궁내성宮內省 발표를 통해 순종 서거에 따른 궁중상을 선포하기에 이른다. 장례 절차는 국장으로 치르기로 결정됐다. 비록 나라는 쓰러졌어도 한때는 만백성 위에 군림하던 나라님이었다.

순종의 승하 소식에 따라 도성은 술렁이고 있었다. 고종 승하 당시 덕수궁 대한문 앞이 전국에서 몰려든 조문객들로 붐볐듯이 이번에는 창덕궁 돈화문 앞이 붐비기 시작했다. 인산날인 유월 십일. 운구가 창덕궁을 떠나 영결식장인 훈련원(지금의 동대문 운동장)을 거쳐 장지인 금곡릉金谷陵으로 가는 도중 곳곳에서 만세 시위가 벌어졌다. 지금껏 6·10 만세운동으로 불리우는 시위 사태다.

이미 한 해 전의 을축년 홍수로 정든 농토와 집채를 잃은 조선 백성들에겐 울음과 원망 밖에는 남은 게 없었다. 간토 대지진으로 인해 일본에서 눈칫밥으로 연명하던 동포들이 떼죽음 당했던 기억이 아직 생생할 때였다. 그 누구라도 내일을 기약할 수 있었을 것인가. 더군다나 동양척식회사의 횡포는 극에 이르고 있었다. 다음은 《동아일보》가 동척에 대해 울분을 터뜨린 보도 내용이다.

"동양척식회사는 의연히 독이빨을 뻗혀 악극흉극한 모든 수단으로써 반만년 동안이나 전해 내려온 우리의 전토田土를 함부로 침탈하며 2,000만 대중의 생명을 시시각각으로 위협하여 조금도 자숙이 없는 것을 볼 때 우리는 얼마나 심간心肝을 떨었으며 또한 얼마나 누혈淚血을 흘렸던가. 아, 이제는 참으려 해도 참을 수 없는 막다른 골목에 들어섰다. 우리 2,000만 민족이 모조리 생존권을 포기할까, 그렇지 아니하면 동척이 철폐자결撤廢自決할까 하는 최후의 문제뿐이다." (《동아일보》, 1925년 2월 8일)

경성에서도 조선인들이 몰려 살던 북촌 일대에는 초가집은 고사하고 토막집이나 움막집 살이가 보통이었다. 특히 도화동이나 봉래동 일대는 형편이 더 심했다. 아예 '토막민土幕民'이라는 용어가 유행했을 정도다. 일본 거류민들이 몰려 살던 진고개, 용산 등의 밤거리에는 와사등瓦斯燈이 켜져 이국적인 분위기를 한껏 자아내던 풍경과는 사뭇 대조를 이루고 있었다.

나라 잃은 설움과 배고픔에 못 이겨 하나둘씩 보따리를 짊어지고 멀리 북간도로 떠나가기 시작한 것도 이 무렵의 일이다. 일본에서도 한때는 배고픔에 지쳐 새우처럼 움츠리고 울다가 맥이 빠진 나머지 보챌 여력마저 없던 쓰라린 시절이 있었건만, 저들은 그 쓰라림을 이 땅의 백성들에게 고스란히 강요하고 있었다.

그러나 이런 가운데서도 한편으로 이원수李元壽의 '고향의 봄'이 발표되어 이 나라 어린이들에게 꿈과 희망을 느끼게 해 준 것은 그나마 다행이었다. 이원수의 나이 열네 살 때였으니, 그 또한 아직 어린이일 때였다. '고향의 봄'은 방정환이 내던 《어린이》 잡지 1925년 사월호에 발표되었다. 홍난파가 여기에 곡을 붙여 발표한 것은 그 이듬해의 일이다.

한편, 경성부청 공사는 계획대로 착착 이루어져 나갔다. 1925년 구월 정초식이 열린 데 이어 또다시 석 달이 지난 십이월에는 상량식이 열렸다. 공사가 완전히 끝난 것은 1926년 구월 스무날. 공사가 시작된 지

두 해만의 일이다. 착공이 늦어진 만큼 완공이 늦어진 것이었으나, 전체적인 공사 기간은 거의 계획대로였다.

경성부 청사에 들어간 공사비는 모두 82만 6,298엔. 총독부 때보다 건설비가 상당히 오른 상황에서도 빡빡한 예산으로 치러낸 공사였다. 그나마 총독부 청사 건축에서 남은 화강석과 대리석을 넘겨받아 사용한 덕택에 다소나마 예산을 줄일 수 있었다.

혼마치의 옛 경성부청 자리는 다이이치第一 상호생명보험회사의 야노 쯔네타矢野桓太 두취가 흥정을 걸어 왔으나 가격이 맞지 않아 끝내 포기하고, 부지를 절반으로 잘라 그 한쪽을 당시 일본에서도 최대 백화점으로 군림하던 미쯔꼬시三越 백화점에 넘기게 된다. 미쯔꼬시 백화점 경성 지점은 1930년 그 자리에 문을 열었는데, 해방 이후 지금의 신세계 백화점으로 바뀌고 나머지 반쪽의 부지를 다시 인수함으로써 지금의 규모로 확대된 것이다.

여기서 반드시 짚고 넘어가야 할 사실은 총독부 새 청사가 '일日'자로 보이도록 설계된 데 비해 경성부 청사는 '본本'자로 보이도록 설계됐다는 점이다. 두 건물이 북악 방향에서부터 '니혼日本'이라 읽힐 수 있도록 만들어졌다는 얘기다.

총독부 청사가 그런 형태로 이루어진 것은 건물 가운데에 정원을 두는 르네상스 건축 양식에 따른 것이라는 설명도 없지 않지만, 결과적으로 경성부청의 이런 설계를 감안한다면 처음부터 다분히 의도적이었다는 사실이 여실히 드러난다. 지금은 두 건물이 모두 철거되어 버렸으나 쓰라린 역사의 흔적은 기억 속에 뚜렷이 새겨져 있다.

경성부청 낙성식은 1926년 시월 삼십일에 열리게 된다. 저들의 시정 기념일인 시월 초하룻날을 기해 열렸던 총독부 낙성식의 감흥이 채 가시지 않던 차에 부청 낙성 잔치가 열린 것이었다. 이날 오전 열시, 경성부 새 청사 3층 회의실에서 열린 낙성 축하연에는 사이토 총독과 마노 세이이치馬野精― 부윤을 비롯해 무려 1,000여 명의 인사들이 참석해 대성황을 이루게 된다.

오전에 시작된 축하연은 저녁때까지 이어졌다. 잔치가 베풀어지던 도중 사이토 총독과 축하객들은 마노 부윤의 안내로 옥상에 올라가 경성 시가지의 경치를 살피기도 했다. 청사 앞 광장에서도 부민들이 줄지어 히노마루를 흔들어댔다. 사이토 총독은 흥에 겨웠던지 축하객들과 함께 부가府歌를 부르고는 만세 삼창을 외치기도 했다. 이날 밤중에는 학생들의 횃불 행렬까지 벌어졌다니 저들로서는 마냥 기쁘고 흥겨울 따름이었다.

경성부청 낙성식에 앞서 열렸던 조선총독부 청사 낙성식의 장면은 다음에 다시 살펴보기로 하자. 계속 이어지고 있는 이 얘기의 마지막 부분이기도 하다.

아, 광화문

 광화문. '나라의 존엄과 문화가 만방에 널리 비친다(光被四表化及萬方)'라던 광화문은 그 자체로 조선 왕조의 상징이었다. 경복궁이 한층 위엄을 드러낼 수 있었던 것도 광화문이 바로 앞에서 우뚝 지키고 있었기 때문이었다. 이미 나라는 빼앗겼어도 이 땅의 백성들에게는 광화문이야말로 마음의 마지막 위안이요, 안식처였다.
 그러나 광화문이라고 해서 저들의 눈초리를 피할 수는 없었다. 오히려 광화문에 쏟아지는 질시와 시기의 눈초리는 더욱 싸늘하고 매서웠다. 다만 감추어져 있을 따름이었다. 광화문 앞 양측에서 수문장 노릇을 하던 돌해태 두 마리도 일찌감치 철거되어 총독부 박물관으로 옮겨진 뒤였다.
 해태가 철거된 것은 1923년 시월. 밧줄에 꽁꽁 묶인 채 아무런 신음 소리도 없이 치워져 버렸다. 그 모습을 바라보는 사람들마다 울음과 탄식을 감추지 못했다. 멀리서나마 그 소식을 전해들은 이 땅의 백성들 치고 어느 누가 가슴 아파하지 않았을 것인가.

비슷한 시기인 그해 시월 엿샛날, 총독부 기관지인《매일신보每日申報》도 '광화문 보존 문제에 대하여'라는 제목의 기사를 싣고 "총독부 청사가 완공되는 때에는 광화문을 현재 그 자리에 그대로 보존하지는 못할 것"이라는 항간의 소문을 전하고 있었다. 광화문이 이태조 때부터 530년간 자리를 지켜온 조선의 대표적 건물이지만 총독부 새 청사의 위용을 살리려면 달리 방도가 없다는 내용이었다.

사실은, 총독부 청사 부지가 경복궁 앞으로 정해질 때부터 이미 계획된 일이었을 것이다. 저들이 공사의 모든 과정을 기록으로 남긴《조선총독부 청사 신영지》에서도 그 일단을 찾아볼 수 있다. 바로 "광화문의 이전에 대해서는 아직 결정되지 않았으나 앞으로 광화문을 해체하고 그 앞의 거리를 반드시 고쳐야 한다는 전제하에서 청사의 배치를 결정하게 됐다"는 대목이다.

드디어 총독부 새 청사가 완공을 눈앞에 두고 있을 무렵이던 1926년 칠월 이십이일. 차가운 손길이 광화문에도 미치게 된다. 광화문을 헐어낸다는 결정에 따라 철거작업이 시작된 것이었다. 완전히 허물어 버리는 게 아니라 경복궁의 동문인 건춘문 옆으로 자리를 옮겨 놓는 것이라고 했지만, 광화문의 존재 가치는 원래 자리를 떠나서는 이미 사라져 버린 것이나 다름없었다.

'광화문 해체, 수일數日 전에 착수.' 이렇게 철거 작업이 시작되고 한 달쯤 지난 팔월 이십구일에서야《동아일보》는 이러한 제목의 기사를 싣게 된다. 비로소 광화문에 대한 철거 작업이 실제로 시작되었음을 처음으로 보도했던 것이다. 그것은 이 땅의 모든 백성들에 알리는 부고장이나 다름없었다.

"경복궁 정문인 광화문 이전 공사는 수일 전에 해체 공사에 착수되었는데 청부 공사는 미야카와쿠미宮川組 회사에 5만 4,800원에 도급을 주었으며, 공사는 1년 안에 끝날 예정이라더라."

이처럼 한 달 동안이나 보도가 늦어진 것은 총독부가 아무런 발표도 없이 비밀리에 철거작업에 들어간 탓이었다. 아마도 조선 백성들의 반발을 의식한 때문이었는지 모른다. 일단 광화문이 옮겨갈 건춘문建春門 옆 자리에 터닦기 작업이 시작됐으며, 광화문에는 가마니를 둘둘 엮어 꼭대기까지 완전히 덮어 버렸다.

하지만 육조거리 큰 길가 어디에서도 한눈에 바라다보이는 광화문 철거작업을 언제까지 남몰래 진행시킬 수 있었을까. 사실, 이 땅의 백성들은 광화문에 들이닥칠 모진 운명에 대해 이제나저제나 하며 근심 어린 눈길을 보내고 있던 터였다. 서로의 안부를 묻듯이 광화문에 대한 소식을 나누었던 것이다.

이에 앞서 또 다른 근심 어린 소식이 전해졌으니, 경복궁의 서문인 영추문迎秋門이 무너진 것이었다. 그때가 1926년 사월 스무이렛날. 이날 오전 열시쯤 북악 쪽으로 연결된 영추문의 왼쪽 축대와 담장이 맥없이 무너져 내렸다.

굳이 이유를 들자면 서십자각 자리를 지나 영추문 앞까지 운행하던 전차의 진동 때문이었을 터이다. 바로 이틀 전 순종 임금의 승하에 이어진 소식에 백성들은 얼떨떨할 수밖에 없었다.

임진왜란 때 불길에 휩싸여 훼손됐다가 대원군에 의해 경복궁과 함께 중건된 영추문이 다시 불의의 액운에 부딪친 셈이었다. 총독부로서는 헐려고 일부러 손을 대지는 못할망정 무너져 버린 것을 다시 짓겠다고 나설 까닭이 없었다. 광화문이 철거될 운명에 놓여 있을 때 영추문도 이렇게 무너져 그대로 해체되고 말았다.

가뜩이나 경복궁은 이곳저곳 파헤쳐져 앙상한 뼈대만 드러내고 있었다. 빽빽하게 들어서 있던 전각은 모두 헐려 근정전, 사정전, 경회루를 비롯한 몇 개의 전각만이 쓸쓸히 자리를 지키고 있었다. 천추전, 수정전, 자경전, 만춘전, 함화전, 집경당, 제수각, 향원정 등등. 동십자각은 아직 휑하니 남아 있었지만 서십자각은 전차 노선이 지나가면서 벌써 헐려나간 뒤였다.

설의식薛義植의 고별사

그보다 며칠 전에 《동아일보》가 '헐려 짓는 광화문'이라는 제목의 고별사를 실은 것도 그런 까닭이었으리라. 필자의 이름은 '소목오자小木吾子'. 문화부 기자였던 설의식薛義植이 '소오小梧'라는 아호의 한자 획수를 풀어 필명으로 사용한 것이었다. 아호의 의미는 말 그대로 한 그루의 '작은 오동나무'라는 뜻.

집 앞마당에 벽오동을 심었을 정도로 유별나게 오동나무를 좋아했다는 설의식. "봉황은 오동나무가 아니면 깃들이지 않는다(鳳凰非梧不棲)"는 옛말처럼 봉황(조국의 독립)을 맞으려는 마음으로 벽오동을 심었을 것이다. 하지만, 그 스스로 "세상이 어지러운 탓에 봉황을 기다리는 것이 잘못인지, 애초부터 오동나무를 심은 것이 잘못인지 모르겠다"고 실토했듯이 세상은 자꾸 어긋나게만 돌아가고 있었다.

이제 광화문까지 헐리려는 참이었다. 기다리는 봉황은 소식도 없는데 오동나무는 비바람에 그루터기가 파헤쳐질 운명을 맞고 있었다. 이런 사정이었던 만큼 고별사의 내용이 어찌 아니 구슬펐을까. 또한 참담하기도 했다.

드디어 조국이 광복을 되찾은 직후 설의식이 신문에 게재됐던 자신의 논설문들을 엮어 책으로 펴낸 《해방 이전解放 以前》에서 그 고별사를 다시 끄집어내 읽어 본다.

헐린다, 헐린다 하던 광화문은 마침내 헐리기 시작한다. 총독부 청사 까닭으로 헐리고, 총독부 정책 덕택으로 다시 짓게 된다. 원래 광화문은 물건이다. 울 줄도 알고 웃을 줄도 알며 노할 줄도 알고 기뻐할 줄도 아는 사람이 아니다. 밟히면 꾸물거리고 죽이면 소리치는 생물이 아니라 돌과 나무로 만들어진 건물이다. 의식 없는 물건이요, 말 못하는 건물이라 헐고, 부수고, 끌고 옮기고 하되 반항도, 회피도, 기뻐도, 설어도 아니한다. 다못 조선의 하늘과 조선의 땅을 같이 한 조선 백성들이 그를 위하여 아까워하고 못 잊어 할 뿐이다. 오랜 동안 풍우를 같이 겪은 조선의 자손들이 그를 위하여 울어도 보고 설어도 할 뿐이다. 석공의 마치가 네 가슴을 두드릴 때 너는 알음이 없으리라마는 뚜닥닥 하는 소리를 듣는 사람이 가슴 아파하며 역군役軍의 지렛대가 네 허리를 들출 때에 너는 괴로움이 없으리라마는 우지끈 하는 소리를 듣는 사람이 허리 결려 할 것을 네가 과연 아느냐, 모르느냐. 팔도강산의 석재와 목재와 인재의 정수精粹를 뽑아 지은 광화문아! 돌덩이 한개 옮기기에 억만 방울의 피가 흐르고 개왓장 한개 덮기에 억만 줄기의 눈물이 흘렀던 광화문아! 청태靑苔 끼인 돌 틈에 이 흔적이 남아 있고 풍우 맞은 기둥에 그 자취가 어렸다 하면, 너는 옛 모양 그대로 있어야 네 생명이 있으며, 그 신세 그대로 무너져야 네 일생을 마친 것이다.

풍우 기백년 동안에 충신도 드나들고 역적도 드나들며, 수구당守舊黨과 개화당도 드나들던 광화문아! 평화의 사자도 지나고, 살벌의 총검도 지나며, 일로日露의 사절과 청국淸國의 국빈도 지나던 광화문아! 그들을 맞고 그들을 보냄이 너의 타고난 천직이며, 그 길을 인도하고 그 길을 가리킴이 너의 타고난 천명이었다 하면, 너는 그 자리 그곳을 떠나지 말아야 네 생명이 있으며 그 방향 그 터전을 옮기지 말아야 네 일생을 마친 것이다. 너의 천명과 너의 천직은 이미 없어진 지 오래였거니와, 너의 생명과 너의 일생은 헐리는 그 순간에, 옮기는 그 찰나에 마지막으로 없어지고 말 것이다. 너의 마지막 운명을 우리는 알되 너는 모르니, 모르는 너는 모르고 지내려니와 아는 우리는 어떠하게 지내랴.

총독부에서 헐기는 헐되, 총독부에서 다시 지어 놓는다 한다. 그러나 다시 짓는 그 사람은 상투 짠 옛날 그 사람이 아니며 다시 짓는 그 솜씨는 웅건한 옛날의 그 솜씨가 아니다. 하물며 이시이인伊時伊人, '그때 그 사람들'이란 뜻의 감정과 기분과 이상이야 말하여 무엇하랴? 다시 옮기는 그곳은 북악을 등진 옛날의 그곳이 아니며, 그 방향은 경복궁을 정면으로 한 옛날의 그 방향이 아니다. 서로 보지도 못한 지가 벌써 수년이나 된 경복궁 옛 대궐에는 장림長霖에 남은 궂은비가 오락가락 한다. 광화문 지붕에서 뚝딱하는 마치 소리는 장안을 거쳐 북악에 부딪친다. 남산에도 부딪친다. 그리고 애닯아 하는 백의인白衣人의 가슴에도 부딪친다.

(《동아일보》, 1926년 8월 11일)

이렇게 구구절절 애끓는 고별사였건만 논설에 붙여진 연호는 여전히 '다이쇼大正 15년'이었을 뿐이다. 엄연한 식민통치 시절이었다. 슬퍼서 눈물을 흘린다고 해결될 수 있는 문제가 결코 아니었다.

광화문 지붕에서 본격적으로 해체 작업의 망치 소리가 들리기에 앞서 총독부가 광화문을 철거하려 한다는 사실은 미리부터 기정사실화되어 일반에도 널리 알려졌던 터다. 과연 언제, 어떻게 시작되느냐 하던 철거 작업이 드디어 시작된 것이었다.

나는 이제 가나이다

이에 앞서 광화문 철거계획이 처음 확인된 것은 그 전해인 1925년 시월 초순. 철거 비용으로 이듬해인 1926년도의 총독부 예산에 이전비가 계상된 때문이었다.

그리고 이전공사 계획은 그보다 석 달 전쯤 모두 끝나 있었다. 어차피 광화문이 온전히 운명을 유지하리라고는 그 누구도 장담할 수 없던 상황이었다.

이러한 사실이 알려지자 《조선일보》는 즉시 "나는 가나이다"라는 제목으로 애절한 내용의 고별사를 싣게 된다. 슬프다고 무어라 한마디 뻥끗 신세타령도 할 수 없는 광화문이었건만, 광화문 스스로의 입을 빌어 하소연하는 형식으로 쓰인 고별사였다. 게재 날짜는 그해 시월 스무엿샛날.

광화문, 광화문!
아, 나의 이름이 얼마나 여러분의 귀에 익은 이름입니까. 나는 춘풍추우 수백 성상에 갖은 환란과 풍파를 다 겪고 이제는 마지막 운명까지도 다하게 된 경복궁의 정문입니다. 지나간 옛 일들을 생각하면 실로 아득하기만 합니다. 태조 대왕이 고려 왕조를 뒤집어엎고 반도 삼천리에 호령하며 한양에 도읍한 지 수백여 년. 그동안 병란과 화재 등 모든 파란과 정변을 다 겪고 임진 병화에 궁궐까지 타 버린 후 일세의 괴걸怪傑 대원군이 날아가는 새라도 떨어뜨릴 만한 권세로 조선 팔도의 원납願納을 받아 지금으로부터 60여 년 전인 을축년에 경복궁 중건이란 거역土役을 시작하여 정묘년 낙성식을 거행하기까지 무고한 팔도의 생령은 진실로 얼마나 무서운 권세 앞에 떨었겠습니까.

그러나 지나간 모든 일은 역사책 속으로 사라지고 지금은 오직 내가 밟고 서 있는 이 땅의 옛 궁궐터에는 망망한 추초秋草가 우거져 뜻있는 사람의 감회를 자아낼 뿐입니다. 삼천리강산의 주인이 바뀐 오늘날에 부질없는 옛 이야기만 하면 무슨 소용이 있겠습니까. 그렇지만 오래지 아니하여 여러분과 이별하여 근정전 동편으로 쫓기어 가서 경회루와 마주 앉아 눈물겨운 귀양살이를 해야 할 나의 신세를 생각하니 부지중 감개무량한 옛 회포가 일어납니다.

아, 나는 가나이다. 여러분이 아침저녁으로 쳐다보시고 사랑하시던 광화문은 이제 마지막으로 여러분을 뵈옵고 귀양살이를 하러 갑니다. 봄바람, 가을비, 수백 년 동안 옛 궁궐의 앞을 지키던 이 광화문은 여러분을 한 번 더 뵈옵고 나의 갈 곳으로 떠나가려 합니다.

이는 광화문 철거를 눈앞에 두고 조선 백성들의 암담하고도 하소연할 데 없는 처연한 심정을 나타낸 것이기도 했다. 조선 백성들의 처지가 어찌 헐릴 운명에 놓여진 광화문의 처지와 손톱만큼이라도 다를 수 있었으랴.

그러나 그때까지만 해도 총독부는 광화문 해체 작업을 놓고 공식적으로는 이렇다저렇다 한 마디 언급도 없었다. 일단 헐어낸다는 방침은 세워졌지만, 그다음에는 어떻게 처리해야 할 것인지 방침을 마련하지 못했던 까닭이기도 했다. 완전히 헐어내어 없애는 대신 다른 곳으로 옮겨 놓아야 한다는 얘기도 아주 없었던 것은 아니지만, 아직은 그다지 힘을 받지 못하고 있었다.

이에 대해서는 총독부 안에서도 논란이 제기되고 있었다. 강경파들은 광화문을 완전 철거해야 한다는 쪽이었다. 소문이 흉흉하다고 미적지근하게 처리했다가는 언젠가 반드시 화근이 될 것이라는 이유였다. 마루야마丸山鶴吉 경무국장이 이러한 입장에 앞장을 섰다. 민심의 동향을 살피는 입장이라 저들 경찰은 강경한 쪽이었다.

아리요시有吉忠- 정무총감을 비롯한 몇 사람은 완전 철거에는 반대의 뜻을 나타냈다. 구태여 민심을 자극할 필요가 없으며, 문화적 가치를 지닌 건축물이니만큼 다른 곳으로 옮겨서라도 형체를 살려두어야 한다는 것이었다. 하지만 이처럼 다른 곳으로 이전하는 경우에도 그 후보지를 놓고 남산의 조선신궁 앞과 황토마루 전차다리 옆, 또는 경복궁의 경회루 맞은편 등으로 얘기들이 엇갈리던 터였다.

결국 광화문을 철거해 경복궁의 동문인 건춘문 담장 옆으로 옮기기로 결정된 것은 이 땅 백성들의 조바심을 자아낼 대로 자아낸 뒤였다. 결정이 내려지자 총독부는 즉각 공사에 착수했다. 총독부 신축공사가 거의 마무리되어가던 무렵이었다.

헐리려는 한 조선 건축을 위하여

그러나 광화문 철거 방침에 대해서는 일본을 대표한다는 몇몇 지식인들조차 일찍부터 거부 반응을 나타냈다. 도성을 지키던 여러 출입문 가운데서도 이미 돈의문敦義門, 서대문과 소의문昭義門, 서소문이 철거됐으며, 혜화문惠化門, 동소문도 돌보지 않아 비바람이 몰아치면 금방이라도 쓰러질 것처럼 걱정되던 때였음에랴.

야나기 무네요시柳宗悅. 광화문 철거 방침이 알려지자 이에 대해 가장 먼저 반대한 일본인은 바로 야나기였다. 좀 더 정확히 말하면, 철거 방침이 확정되기도 전의 일이다. 실제로 광화문 철거 작업이 시작된 시점보다는 무려 네 해 전의 일. 그는 당시 도요東洋 대학 철학과 교수로 재직 중이었다.

'헐리려는 한 조선 건축을 위하여.' 그가 도쿄에서 발행되던 《카이조改造》 잡지에 발표한 기고문의 제목이었다. 제목 자체부터 비장한 느낌을 풍기고 있었다. 총독부의 광화문 철거 방침을 강력히 비난하는 논진을 펼친 것이었다.

이때가 1922년 구월. 경복궁 터에 조선총독부 새 청사가 한창 올라가고 있을 때였다. 부인 가네코柳兼子 여사의 음악회 개최를 위해 경성을 오가면서 그 삭막하면서도 어수선한 공사 현장을 직접 목격했던 것이다. 그때의 느낌이 스스로를 3인칭으로 표현한 〈그의 조선행〉이라는 글에 잘 나타나 있다.

"자연과 잘 어우러지게 축조된 경복궁이 바야흐로 멸망의 슬픔을 맞이하려 하고 있다. 총독부는 지금 광화문과 근정전 사이에 실로 방대한 서양식 건물을 세우고 있다. 더욱이 새 건물은 궁전의 배열을 전혀 고려하지 않고 약간 서쪽으로 치우쳐 있다. ………… 이 무슨 무모한 계획인가. 머지않아 정전을 허물고 광화문을 헐어낼 듯이 아니라고 누가 부인할 수 있단 말인가."

총독부 내부의 돌아가는 사정에 훤했으므로 광화문 철거 방침에 대해서도 당연히 전해 들었을 터이지만, 첫눈에도 광화문의 운명을 직감

했던 야나기다. 경복궁을 훼손하면서까지 총독부 청사를 짓는 자체도 그렇거니와 광화문을 헐어낸다는 계획은 무모하기 짝이 없었다. 스스로 조선 민중의 입장을 대변한다는 그가 가만히 있을 리 없었다.

야나기는 장문의 기고문을 통해 "바야흐로 행동에 옮겨지려고 하는 동양 옛 건축의 무익한 파괴에 대하여 나는 지금 가슴을 도려내는 듯한 느낌을 감출 수 없다"며 울부짖듯 외쳐댔다. 《카이조》 잡지가 그때로서는 드물게 자유주의, 더 나아가 사회주의 사조를 표방하고 있었기 때문에 이러한 글을 실을 수 있었을 것이다. 다음은 '헐리려는 한 조선 건축을 위하여'의 일부분.

> 경성에 있는 경복궁을 한번이라도 찾아보지 않은 독자들에게는 왕궁의 정문인 장대한 광화문이 헐리는 일에 대하여 전혀 신경이 쓰이지 않을는지도 모른다. 그러나 나는 모든 독자가 동양을 사랑하고, 또 예술을 아끼는 마음의 소유자라는 것을 믿고 싶다. 이 글은 없어져서는 안 될, 그러나 없어지려고 하는 하나의 예술품에 대한 추도의 뜻을 지닌다. 그 예술품을 만들어 세운 조선 민족이, 그것이 눈앞에서 허물어지는 것을 보아야만 하는 처지에 대한 나의 안타까운 감정의 피력이기도 하다.
>
> 이를테면, 지금 조선이 발흥하고 일본이 쇠퇴하여 마침내 일본이 조선에 흡수되었다 치자. 그래서 도쿄의 궁궐과 성채가 폐허가 되고 그 자리에 비대한 총독부 건물이 세워지고, 하얀 벽의 에도江戸 성이 헐리는 광경을 상상해 보라. 일본 사람 어느 누가 그 무모한 짓거리에 치를 떨며 분개하지 않겠는가. 바로 그와 같은 무모한 짓거리가 지금 경성에서 강요된 침묵 속에서 벌어지고 있는 것이다.

그가 광화문 철거에 대해 극구 반대하고 나섰던 까닭은 무엇보다 광화문의 예술적 아름다움을 나름대로 올바로 인식한 때문이었다. 한편으로는 소박하면서도, 또 다른 한편으로 장엄함을 보여 주는 광화문에 대해 그는 마음 깊숙이 애틋한 연민을 느끼고 있었다.

광화문이 아니더라도 여염집 아낙네들의 뾰족한 버선코는 물론 책상다리와 서랍 고리, 부채의 손잡이 따위에서도 '영탄詠嘆의 아름다움'을 발견했다던 야나기였다.

그는 더 나아가 "예술을 정치로 무분별하게 다루어서는 안 된다"고 여겼다. 즉, 정치 행위가 예술의 영역을 그릇되이 침해한다면 그것은 벌써 정치의 범주를 벗어난다는 뜻이었다. 그는 심지어 총독부 청사에 대해서도 비난을 퍼부었다. 자연을 배경으로 삼아 조화로운 아름다움을 간직하려는 경복궁의 자태는 여지없이 무너져 버리고 그 자리에 서양식 건축이 느닷없이 들어섰다는 지적이었다.

그의 연민은 구구절절이 이어진다.

> 한때 강력했던 대원군이 망설이지 않는 의지로써 궁궐을 지키고자 너의 주춧돌을 굳게 다졌다. 마치 '여기에 조선이 있다'고 자랑이라도 하듯이, 여러 건축이 앞거리 양쪽으로 잇따랐고 넓다란 도로를 곧바로 나아가 경성을 지키는 숭례문과 멀리 호응하고, 북쪽은 백악으로 둘리고 남쪽은 남산에 맞서 그 자리를 위엄 있게 차지했었다.
> 그것은 왕궁을 지키기에 전혀 나무랄 데 없는 정문의 자세다. 얼마나 소박하고도 자연스런 모습인가. 문득 지나치는 사람마다 그 권위에 숙연해지기 마련이다. 한 왕조의 위엄을 나타내 보이려고 세워진 훌륭한 기념비이다. 그렇게 든든하게 지어진 광화문이 대원군이 떠나간 지 20년 남짓 지나서 벌써 허물어지리라고는 누구도 생각하지 못했을 것이다.
> 광화문이여, 이제 너의 목숨이 단석旦夕에 몰리고 있다. 네가 일찍이 이 세상에 존재했었다는 기억이, 차디찬 망각 한가운데로 떨어져 사라지려 한다. 어떻게

해야 할 것인지, 매서운 끌과 냉혹한 마치가 네 피부를 조금씩 파고 들 날이 이제 멀지 않았다. 광화문이여, 사랑하는 친구여. 죽음에 몰리는 것이 참으로 분통스럽지 않으냐. 나는 네가 당해야 할 괴로움과 슬픔을 생각한다.

아, 그대의 혼령이여, 머무를 곳이 없거든 내게로 오라. 그리고 내가 죽은 다음에는 이 글 속에서 살아 다오. 누군가가 반드시 이 글을 읽을 것이다. 그리하여 너의 존재가 글을 읽는 사람들의 따스한 생각 가운데 그리움으로 피어날 날이 언젠가는 오고야 말 것이다.

얼마나 장중한 고별사였던가.

야나기의 이 글이 일본 지식인 사회에 미친 영향은 결코 작지 않았으니, 곳곳에서 반향을 불러 일으켰다. 이 글은 그 뒤 경성에서 발행되는 신문에도 부분적으로 소개됨으로써 읽는 사람마다 다시 한번 뜨거운 눈물을 쏟게 했다. 그것은 분명히 야나기의 개인적인 용기와 노력에 힘입은 것이었다.

야나기와 박종홍朴鍾鴻

야나기는 이미 3·1 만세운동 직후 《요미우리 신문》에 과감하게도 조선인의 입장을 옹호하는 글을 썼다가 저들 형사들의 뒷조사를 받을 정도로 '요시찰 인물'로 꼽히고 있었다. 그러나 그 자신 조국인 일본을 사랑하고 일본의 예술을 소중히 여기는 사람이기도 했다. 자신이 태어난 나라의 예술을 아끼는 것은 당연한 일이었지만 결국에는 일본이라는 틀을 벗어나지는 못했다.

더 나아가, 이 땅의 예술을 남달리 사랑하고 이해한 것은 틀림없는 사실이지만 기본적인 시각에서는 저들의 다른 학자들과 크게 다를 바 없었다. 야나기가 '조선의 미술'이라는 글을 통해 이 나라 예술의 아름다움을 '비애의 미美', 또는 '애상哀傷에 찬 자연미'로 규정한 데서도 그런 한계가 엿보인다.

그가 글에서 인용한 대로 영국 낭만주의 시인 셸리P.B.Shelley는 "가장 슬픈 마음을 노래한 것이 가장 아름다운 시가詩歌"라고 읊었지만, 그것이 우리 민족의 집단적인 정서로 받아들여지는 것이 그렇게 흔쾌한 일이 아니었음은 분명하다.

> 반도라는 사실이 조선의 운명을 결정한다. 이 땅은 그들에게 결코 편안한 나라는 아니다. 이런 환경에서 태어난 백성들이 즐거움을 누리지 못하고 강인함도 모자라는 것은 어쩔 수 없는 운명이었다. 조선 역사는 사실상 대외對外의 역사였다. 거기에는 고통과 쓸쓸함이 두루 스며 있다. 동요, 불안, 고난, 비애가 그들이 사는 세계였다. 소리에는 강한 가락이 없고, 색깔에는 즐거운 빛이 없다. 다만 감정에 넘치고 눈물에 가득찬 마음이 있을 뿐이다. 그렇게 나타난 아름다움이 '애상의 미'다, '비애의 미'가 그들의 가까운 친구였다. ………… 중국의 예술은 의지의 예술이며, 일본의 그것은 정취의 예술이다. 그러나 그 사이에서 홀로 비애의 운명을 짊어지지 않으면 안 되는 것이 바로 조선의 예술이다.

그는 이러한 현상이 조선 민족의 타고난 역사적 환경과 후천적으로 형성된 정치 풍토에서 연유한다고 설명한다. 그가 '조선 사람을 생각한다'는 글에서 "조선 역사를 펼쳐볼 때 어둡고 비참하고, 때로는 공포에 가득찬 역사에 마음이 어두워지지 않을 사람은 하나도 없을 것"이라며

"강대하고 난폭한 북방 대륙의 중국 민족은 조선 백성들의 연약한 힘으로는 불가항력의 압박이었다"고 기술한 것도 같은 맥락이다. 물론 중국에 의한 끊임없는 약탈 외에도 일본의 침입이 조선을 괴롭혔음을 그는 부인하지 않는다.

야나기의 주장은 일찍이 조선의 건축을 조사한 세키노關野貞 교수의 주장과도 일맥상통하고 있었다. 세키노 역시 "조선은 중국의 침략을 받아 늘 그에 복속당하기에 이르렀으며 일본으로부터 공격을 받기도 했다"면서 "영토가 협소하고 백성이 적어 중국이나 일본에 대항하여 완전한 독립국을 이룰 실력이 없었다"고 평가했던 것이다. 그 결과 백성들의 기운이 차츰 닳아 없어지기에 이르렀고 예술도 모방에 머물 수밖에 없었다는 단정이다. 이를 일러 이른바 '식민사관'이라 했던가.

이에 대해 시인 최하림崔夏林은 "야나기의 문장이 우리 민족의 슬픈 상처를 달래 주었기 때문에 당시 조선 지식인들이 이불을 뒤집어쓰고 울 정도로 힘을 발휘했던 것"이라고 인정하면서도 "그의 조선 미술에 대한 이해는 일본 제국주의의 조선 정책과 그의 센티멘털한 휴머니즘이 혼합 배태된 것"이라고 비판하고 있다.

그는 특히 우리 미술의 특성을 불운한 역사의 결과라는 야나기의 풀이에 대해서도 "예술의 특질이란 역사 경험과 사고의 총체적 표현이므로 그렇게 쉽게 단정해 버리는 것은 잘못"이라며 "더구나 한국의 역사는 그의 지적대로 언제나 외세의 압제에서만 지내왔던 것도 아니다"고 반박한다. 근년에 이루어진 최하림의 이러한 비판은 야나기에 대한 인식을 바꿔 놓는 중요한 계기가 되었다.

어쨌거나, 이 땅의 대부분 지식인들이 야나기가 베푼 이해심과 동정에 대해 눈물을 흘리며 마냥 고마워하고 있을 때, 박종홍朴鍾鴻이 그에 대해 처음으로 비판의 화살을 던지고 나섰다. 갓 평양고보를 졸업했을 무렵의 젊은 철학도 박종홍. 다음은 그가 《개벽》 1922년 구월호에 기고한 내용.

> 위대한 정신의 주인이며, 비범한 수완의 소유자인 우리 고구려인은 그 본유의 미술에 유수幽邃한 인도의 불교적 사상과 신묘神妙한 서역의 희랍 계통의 기교를 허용하며 조선화 함으로써 드디어 동양의 대표적 걸작傑作을 내었으니 이로 하여금 '비애의 특성'이라 평하는 것은 근대인의 외관상 선입견에 지배된 것이라 하지 않을 수 없거니와 고구려 회화의 이지적理知的 사실의 성공을 시인하면서도 그로 하여금 특수한 벽면 장식공의 무미건조한 달완達腕의 소산이라 평하는 것 또한 동양화의 진수眞髓를 모르는 것이라 할 것이다.

앞서 야나기가 거론하고 있듯이 우리의 예술이 '비애의 미'라든지, 단순히 장인의 숙달된 솜씨로 만들어졌다든지 하는 것은 동양 미술의 바탕을 모르고 하는 얘기라는 비판이었다. 한마디로, 야나기 개인적인 선입견이거나 무식의 소치라는 통렬한 지적이었다.

마침 박종홍은 《개벽》에 '조선 미술의 역사적 고찰'이라는 제목으로 연재를 하고 있었는데, 이 글은 여섯 번째의 기고. 앞서 다섯 번째의 기고에 이어 고구려 시대의 회화에 대해 논하던 중이었다.

그는 이 글에서 호류지法隆寺 금당金堂에 그려진 밀타화密陀畵와 쇼우소인正倉院에 소장된 일본의 옛 그림들이 고구려 시대 강서江西 고분의 화법과 문양을 그대로 전수받고 있음을 지적하기도 했다. 우리 예술이 그렇게 애처롭고 슬프게 보인다면 일본 그림도 결코 그 범주에서 벗어날 수 없다는 날카로운 지적이었다. 그야말로 야나기에 대한 냉철하고도 통쾌한 일격이기도 했다.

이때 박종홍의 나이 불과 열아홉 살. 일본에서도 미술사학자로 이름을 날린 다카야마 쵸규高山樗牛의 《미학과 미술사》라는 저술을 통해 일본 미술의 뿌리가 조선에 있음을 알게 되었고, 이를 확인하려고 직접 나라奈良의 호류지를 방문하기도 했던 학구파였다. 《개벽》 연재를 앞두고는 불국사와 석굴암도 두루 견학하는 등 집필 준비에 더없이 철저한 모습을 보여 주었다.

야나기가 우리에게 베푼 호의가 아무리 고맙더라도, 그것이 그릇된 시각과 판단에서 비롯되었다면 당연히 지적해 줄 필요가 있었다. 바로 그 역할을 박종홍이 떠맡았던 것이다. 야나기가 박종홍이 쓴 이 글을 읽었는지의 여부는 알 길이 없다.

더욱이 야나기에 대해서는 이런 예술적 관점을 떠나서도 부정적인 얘기들이 가끔씩 들려오고 있었다. 자신이 재직하던 도요 대학의 경성 분교를 세우기 위해 총독부에 은밀히 로비 활동을 벌였는가 하면, 한때 경복궁 신무문 바깥의 북악산 기슭에 서 있던 관풍루觀風樓를 숭례문 앞길로 옮기려 했다고도 전해진다. 그만큼 사이토 총독과 개인적으로 친했기 때문에 가능했던 얘기들이다.

앞에서 그가 잡지에 기고한 글로 인해 일본 형사들의 감시 대상이 되었다고 했지만, 이에 대해서도 다른 견해가 있다. 즉, 야나기 본인이 감시 대상에 올랐던 것이 아니라 그에게 접촉해 오던 조선 학생들을 감시하려는 목적이었다는 것이다. 사이토 총독과 잘 알고 지내던 사이였다면 형사들이 함부로 그의 뒤를 밟지는 못했을 것이다.

야나기는 조선뿐만 아니라 일본 원주민인 아이누족의 문화는 물론 오키나와와 타이완 고사족高砂族을 직접 찾아다니며 원주민 문화를 실증적으로 연구하려는 노력을 보였으나, 오키나와에서 뜻밖의 배척을 받음으로써 결국 그 한계를 드러내고 말았다. 자신은 순수한 의도에서 원주민 문화를 이해하려 했다지만 원주민의 입장에서는 그렇게 받아들여지지 않은 결과였다.

그는 오키나와의 민예품에 대해서도 "무명無名의 공인에 의해 만들어진 민예품에는 작위作爲의 상처가 없고 자연스러우며 건강하다"는 입장을 갖고 있었으나 현지 사정을 제대로 파악하지 못하고 꺼낸 얘기였다. 현지인들은 오키나와의 전통 칠기는 대부분 관아에서 운영하던 '카이즈리貝摺 봉행소奉行所'에서 만들어졌기 때문에 민예품이 아니라 관예품官藝品에 지나지 않는다며 발끈했다.

관아의 지시에 따라 조개껍질을 갈고 닦아 세공을 하는 곳이 바로 카이즈리 봉행소였다. 따라서 오키나와 내부의 계급관계와 노동착취 문제를 고려하지 않고 작품을 평하는 것은 단견이라는 반박이었다. (정일성, 《야나기 무네요시의 두 얼굴》)

어쨌거나, 조선과 오키나와의 민예품을 그토록 사랑한다던 야나기였건만, 제2차 세계대전이 일본의 패전으로 끝나고 1961년 오월 사흘날 일흔세 살을 일기로 타계할 때까지 조선이나 오키나와를 한 번도 다시 찾지 않았다. 서양 문명에 맞서는 오리엔탈리즘의 논리로 일본 제국주의 정책을 이론적으로 뒷받침한 데 지나지 않는다는 지적이 틀리지 않는다는 얘기일까.

한편 야나기에게는 대한민국 정부 수립 이후 우리 정부가 일본인에게 주는 첫 번째 훈장이 수여되었다. 유족에게 대신 수여된 훈장은 '대한민국 보관寶冠문화훈장'. 그가 세상을 떠난 지 스무 해가 더 지난 1984년의 일이다.

노골적인 총독부 청사

앞서의 야나기 무네요시 뿐만 아니라 일본의 다른 학자나 건축가들도 광화문 이전 방침에 대해서는 물론 총독부 공사 자체에 대해서도 총독부의 무모함을 지적하는 데 인색하지 않았다. 비록 몇 사람에 지나지 않았더라도, 일본의 지식인들이 이러한 주장을 폈다면 당사자인 이 땅의 백성들로서야 더 말해 무엇 하겠는가.

곤 와지로今和次郞. 와세다 대학교수이면서 도쿄미술학교 강사. 당시 일본에서도 평가받던 건축 미학자이자 미술 평론가로 활동하고 있었다. 그는 횡포에 가까운 조선총독부의 처사에 대해 그 부당성을 생각하던 그대로 지적한 대표적인 지식인이었다. 후나코시 킨야船越欽哉와 이마니시 류今西龍, 타니이 사이이치谷井濟一, 구리야마 슌이치栗山俊一 등과 함께 일본 건축계를 주름잡던 위치이기도 했다.

곤 와지로가 경성에 들른 것은 1923년 사월. 중국 여행을 마치고 도쿄로 돌아가는 길에 경성 철도호텔에서 며칠 묶게 된 것이었다. 야나기의 글이 《카이조》에 발표된 것보다는 한 해 가까이 지난 뒤의 일이다.

그는 이때 조선건축회가 마련한 강연회에서 총독부 관리들을 매섭게 몰아세웠다. 한 마디로, "총독부 새 청사는 지나치게 노골적이므로 잘못이다"는 힐난이었다. 조선건축회는 당시 총독부 청사 설계팀에 속해 있던 이와이 죠사부로岩井長三郎 건축과장의 제안으로 결성되어 겨우 본격적인 활동에 들어간 터였다.

그렇지만 그는 같은 일본인으로서 이들을 비판하는 데 조금도 주저하지 않았다. 그의 강연 내용이 조선건축회가 발행하던 《조선과 건축》 1923년 6월호에 실려 있다.

> 오늘 이 철도호텔에 투숙하여 가장 놀란 일은 저 조선 건물, 원구단 황궁우를 호텔 안뜰에 처넣어 버린 것입니다. 이것은 호텔의 건축 계획으로는 너무나 노골적이어서 정복당한 사람들을 다시 짓밟는 것과 같은 일종의 슬픔에 잠기게 되는 것입니다. 이 같은 슬픈 감정은 지난해 총독부 신축 공사장에서도 똑같이 느꼈습니다. 아마 지금쯤은 총독부 당국자들의 생각도 상당히 바뀌었을 것이지만, 총독부 청사의 계획이 언제까지나 조선 민족의 마음속에 나쁜 감정을 남기게 되지 않을까 생각되어 대단히 유감스럽게 느껴집니다.
> 총독부 청사는 장소를 고르는 데서부터 잘못됐다고 생각합니다. 당장이라도 무너뜨려 버리는 것이 가장 바람직하다고 생각됩니다만, 이미 저만큼 올라가 버려 철거하기가 어렵다면 뭔가 사회사업을 하는 건물로 사용해야 하지 않을까 하는 생각도 듭니다. 조선 왕조가 폭정을 펴서 백성들을 괴롭혔으니 경복궁 같은 궁궐은 아예 허물어 버려야 한다고 생각하는 사람도 있다고 들었습니다. 그러나 그렇다 하더라도 오래된 것은 오래된 것으로서 보존해야 마땅합니다.
> 또 너무 당장의 이익과 편리만을 따지는 것은 바람직하지 않으며 민족 감정도 어느 만큼은 감안해야 합니다. 마침 지난해 내가 경성에 들렀을 때, 야나기 씨가 광화문에 관해 《카이조》 잡지에 의견을 발표한 것을 읽었습니다만, 나 역시 똑같은 생각을 갖고 있습니다. 저토록 노골적인 건물이 총독부 청사로 사용된다는 것은 결코 바람직하지 않다고 생각합니다.

이러한 지적은 단순한 건축 예술적 차원에서가 아니라 보다 근본적인 문제 제기에서 출발하고 있었다. 위치 선정이 잘못됐다는 것은 새 청사가 경복궁을 가려 섰다는 사실을 의미하는 것이었다.

따라서 이 건물이 총독부 청사로 사용되는 한에는 조선 백성들과의 감정 대립이 계속될 수밖에 없을 것이라고 그는 걱정했다. 오죽하면 총독부 새 청사가 위치 선정에서부터 잘못된 것이니만큼 헐어 버릴 수 있다면 당장이라도 헐어야 한다는 얘기까지 서슴지 않았을까. 구태여 조선 민족의 자존심을 자극하면서까지 청사를 짓는 것은 일본에게도 바람직하지 않다고 여긴 때문이었다.

그는 자신이 묵고 있던 철도호텔에 대해서도 "이 호텔에서도 조선의 옛 건축인 황궁우皇穹宇에는 울타리라도 쳐서 일반 사람들이 가까이 접근하지 못하도록 했으면 좋겠다"며 아무렇게나 버려두고 있는 총독부의 처사에 잘못을 지적했다.

그러한 지적에는 한편으로 용기가 필요했음은 물론이다. 당시의 시대적 상황이 그러했다. 더군다나 식민정책에 대한 반대는 그다지 환영받지 못하고 있을 때였다.

하지만 그 외에도 건축가인 타키자와 마유미瀧澤眞弓가 총독부 청사의 위치 선정에 대해 잘못을 거론하는 등 논란은 끊이지 않았다. 특히 일본 내각의 권유로 조선의 고적 답사연구를 수행했던 세키노 타다시關野貞 교수도 이 점과 관련해 나름대로 잘못을 인정하고 있었다.

총독부 공사, 마무리되다

드디어 1926년 정월 초엿샛날. 총독부 새 청사 옥상의 웅대한 돔 꼭대기에 피뢰침이 높이 설치된 데 이어 각 사무실마다 문짝 공사가 마무리됨에 따라 신축공사가 모두 끝을 맺었다.

1916년 유월 이십오일에 열린 지진제를 시작으로 하여 꼬박 10년이나 걸린 셈이었다. 당초 5개년 계획이었다가 다시 8개년 계획으로 기간이 늘어났지만, 고종 승하와 이로 인한 3·1 만세운동 등으로 인해 공사가 더 늦춰진 것이었다.

공사 자체보다는 군사, 경찰, 치안 문제가 더 중요한 발등의 불로 대두됨에 따라 공사가 뒷전으로 처진 것도 한 가지 이유라면 이유였다. 여기에 제1차 세계대전의 영향으로 건축 자재값과 노임이 오를 대로 올라 이미 배정된 예산만으로는 공사를 제대로 진행하기 어려웠다. 뿐만 아니라 일부 구조의 설계 변경으로 작업이 지연되기도 했으며 재정 긴축으로 예산연도가 자꾸 변경된 데도 이유가 없지 않았다.

어떻든, 당초 300만 엔의 예산으로 시작된 총독부 공사는 물가가 치솟음에 따라 처음 몇 년 동안은 해마다 40만 엔 정도씩 증액된 데다 설계 변경으로 인해 예산이 더 소요됨으로써 모두 675만 1,982엔의 예산이 들어가게 된다. 처음 계획보다 곱절만큼의 예산이 더 들어간 셈이다.

여기에는 시작 당시에는 포함되지 않았던 광화문 이전, 청사 정문과 바깥담 및 창고의 설치작업, 그리고 그 밖의 자질구레한 정리작업에 들어간 비용도 모두 포함되었다. 이 중에는 공사가 모두 끝난 뒤에 추가로 들어간 비용도 없지 않았다. 물론 총독부 직원들에게는 특별 봉급 명목으로 보너스가 지급되기도 했다.

그러나 특별 봉급으로 지급된 규모는 기껏해야 17만 8,131엔에 불과했다. 사무비는 30만 5,963엔. 나머지 626만 7,888엔 모두가 공사비로 들어간 것이었다. 이 가운데 주요 공사비 명목은 다음과 같다.

기초공사: 23만 5,631엔
각층 및 옥상 구조공사: 53만 3,938엔
철근 철골공사: 54만 2,369엔
바깥벽 석재공사: 116만 5,183엔
내부 마무리 공사: 44만 2,091엔
실내 치장공사: 41만 9,541엔
난방 및 전기 설비공사: 96만 5,655엔
정문 공사: 1만 엔
철책 공사: 3만 6,000엔
창고 신축공사: 8만 880엔
구내 도로공사: 5만 7,896엔
하수구 공사: 4만 8,485엔
잡공사: 14만 1,250엔

총독부 청사를 짓는 데 소요된 평당 건축비는 대략 620엔 정도. 비슷한 시기에 준공된 도쿄의 마루노우치丸の內 빌딩이나 유센郵船 빌딩, 유라꾸칸有樂館 등의 건물들과 견줄 때 평당 건축비가 훨씬 헐하게 치인 셈이었다. 이 땅, 이 백성들을 착취한 결과였음은 물론이다.

이 가운데 미국식 고층건물 양식을 처음으로 받아들였다는 마루노우치 빌딩(1923년)의 평당 건축비는 800엔, 유라꾸칸은 830엔, 그리고 유센 빌딩은 그보다 훨씬 더 많이 들어간 1,185엔 등으로 전해지고 있었다. 이에 앞서 1922년 미국인 건축가 로이드 라이트F.L.Wright에 의해 완공된 데이꼬쿠 호텔도 상당한 건축비가 들어갔다.

한편, 제자리에서 헐린 광화문이 경복궁 동문인 건춘문 북쪽 담에 자리를 얻어 동쪽을 바라보고 다시 세워진 것은 쇼와昭和 2년. 즉, 1927년 구월의 일이었다. 다이쇼 천황이 사거하고 히로히토裕仁 천황이 즉위한 이듬해였다. 이 공사에는 잡역부가 연인원 2만 1,000여 명, 총경비 5만 261엔이 들어갔다.

총독부는 광화문 이전공사가 모두 끝난 뒤 두 개의 구리판에 다음과 같은 문구를 적어 옮겨진 광화문의 대들보 가운데에 보관했다. 그 중 첫 번째 판에 새겨진 내용.

> 광화문은 경복궁의 정문으로서 이조 고종 2년 을축의 해에 중건되어 한서寒暑 60여 년이 지난 다이쇼大正 15년 병인의 해에 이르러 조선총독부의 정문 건설에 따라 옛 모습 그대로 이전시켜 길이 보존한다.
> 기공 다이쇼大正 15년 7월 22일
> 준공 쇼와昭和 2년 9월 15일
> 조선총독 해군대장 자작子爵 사이토 마고토

그리고 두 번째 동판에는 광화문의 이전 연혁을 적어 넣었다. "공사의 시종始終은 총독의 선시宣示를 밝혀 차질 없이 이루어졌으므로 공정 및 관여자의 관직과 이름을 남겨 후세에 본보기가 되게 한다"는 내용이었다.

이 글을 새겨 넣은 날짜는 쇼와 2년 시월 초하룻날. 총독부 내무국장 이쿠다 세이자부로生田淸三郞의 명의였다. 이미 세 해 전인 1924년 십이월에 이루어진 총독부 직제 개편으로 토목과와 건축과가 내무국 소관으로 편입되어 있을 때였다. 여기에 새겨진 공사 개요는 이러하다.

다이쇼 15년	7월 14일	광화문 이전 결정
	7월 22일	공사 착수
	11월 21일	이전지 기초공사 완료
	12월 20일	광화문 옛 위치 철거
쇼와 2년	5월 16일	정문 및 양쪽 홍예 성취
	6월 20일	정초定礎 요필了畢
	7월 3일	소옥素屋 공사 필
	7월 4일	기둥 세움
	8월 5일	상량
	9월 5일	기와 씌움
	9월 15일	소옥 철거

이로써 광화문의 운명도 끝난 것이었다. 담벼락 돌 틈에 잡초만 무성한 경복궁의 기와지붕 위로 바람이 스쳐 불어가고 있었다. 세상은 죽어 있는 듯, 잠자고 있는 듯 무심하기만 했다.

대회의실의 샹델리어

총독부 청사 설계는 공사가 진행되는 도중에도 몇 번이나 변경되었다. 직원들이 크게 늘어남으로써 어쩔 수 없이 취해진 조치였다. 설계 당시의 총독부 직원은 대략 900명 안팎. 이보다 40퍼센트 정도 인원이 더 증가하더라도 충분히 수용할 수 있도록 설계가 잡혔으나 근무 인원이 예상보다 훨씬 더 늘어나게 되자 5층까지 사무실로 사용할 수 있도록 설계가 바뀐 것이었다. 원래 5층은 창고로나 쓰이도록 되어 있었다.

이에 따라 5층에 대한 난방공사가 추가로 이루어졌으며, 복도 북측의 엘리베이터도 당초 4층까지만 운행하도록 되어 있었으나 5층까지 운행할 수 있도록 설계가 변경되기에 이르렀다. 전화선 설치를 비롯해 우편물과 쓰레기를 아래층으로 내려 버리도록 되어 있는 홈통 공사도 마찬가지다.

또 난방 기관실이 설치된 청사 서쪽 옆으로는 4층짜리 창고를 새로 지었다. 이 창고의 1층은 목공, 또는 기계공사 작업에 필요한 작업장으로 쓰이도록 했으며 2층 위로는 문서 기록과 사무 비품을 쌓아 두도록 했다.

자동차 차고도 별도로 지었다. 청사 안뜰로 통하는 입구 네 곳을 차고로 만들었다. 차고는 건평 규모가 각각 88평. 총독부에 소속된 자동차라야 총독과 정무총감의 전속 승용차, 그밖에 공용으로 사용하는 서너 대의 승용차가 있었을 뿐이지만 차고에는 운전기사를 위한 숙직실까지 마련되었다. 긴급 상황에 대비한다는 뜻에서 늘 출동 태세를 갖추도록 한 것이었다. 차고의 출입문은 체인을 감아 여닫도록 하는 셔터식으로 만들어졌다.

이리하여 총독부 공사가 모두 완공되기까지 들어간 철근은 269만 3,298파운드(약 123만 1,680킬로그램)로 총연장이 무려 1,320리에 이르렀다. 대략 520킬로미터에 해당하는 것이니, 한 줄로 늘어놓으면 경성에서 부산까지의 거리를 훨씬 넘어서는 길이다. 이 밖에 시멘트는 6만 2,400포대, 벽돌 328만 1,000장, 모래 5,480입방평, 석회 1만 874석石 등이 들어갔다. 공사에 투입된 인력은 연인원 200만 명 안팎.

여기서 잠깐 새 청사의 내부 꾸밈새를 살펴보자. 이에 대해서는 총독부 건축기사인 후지오카富土岡重一가《조선과 건축》에 '청사의 장식과 공예'라는 제목의 기록을 남겨 놓고 있다. 청사 구경에는 이 글이 더없이 훌륭한 안내인이다.

이 글의 안내를 받아 우선 총독실이 자리 잡은 2층으로 올라가 본다. 먼저 총독실 벽면은 통영統營 칠공회사의 나전칠기 자개판으로 꾸며졌고 총독실과 회의실, 귀빈실의 가구는 도쿄에서도 으뜸으로 꼽아 주는 아사히旭 가구 제품을 들여놓았다. 또 총독실에 설치된 청동 주물은 오사카에서 가장 유명한 이마무라今村 제작소에 제조를 의뢰한 것이었다. 귀빈실도 마찬가지였다.

대회의실에는 벽면 위쪽에 역대 천황의 초상화가 나란히 게시되어 더욱 눈길을 끌었다. 특히 대회의실의 맨 가운데 자리에는 옥좌를 만들어 언제라도 천황이 왕림할 경우에는 곧바로 앉을 수 있도록 했다. 그러나 천황이 참석하는 대신 어진영御眞影, 즉 천황의 사진을 걸어놓고 회의를 진행했다. 저들에게는 그것이 바로 어전회의나 다름없었다.

정무총감실과 회의실, 그리고 각 국장실의 가구는 총독실보다는 한 단계 낮은 것으로 비치했다. 그러나 도쿄 최대의 백화점인 다카시마야高島屋 가구부에서 맞춰 온 것인 만큼 가격에서나 품질에서나 결코 뒤지지 않았다. 식당 비품은 도쿄의 데라오寺尾 상점에서, 취사장 설비는 오사카의 시미즈淸水 제작소에서 각각 구입했다.

또 현관의 접수창구 설비는 도야마富山 현의 다카오카高岡 공업시험소가 제작한 것을 들여다 썼으며, 각층 복도에 놓인 금속 공예품은 도쿄 덴쇼도天賞堂에서 주문한 것이었다. 철제 창틀은 미국 디트로이트에 본사를 두고 있는 칸 회사의 강철 제품을 들여다 썼다. 계단 난간의 손잡이는 호두나무를 썼는데, 이것은 압록강변 삼림에서 잘라 온 것이었다.

특기할 만한 것은 대회의실의 샹델리어. 보기에도 휘황찬란한 이 샹델리어는 높이 스물한 척(6.4미터), 직경 일곱 척(2.1미터) 크기. 오사카 미요시쿠미三好組 공업소에 주문해 설치한 것이었다. 샹델리어가 켜지면 아무리 험상궂은 날씨에도 실내 분위기는 금방 우아해지기 마련이었다.

총독실이나 중앙 홀, 식당, 회의실 등의 장식 전등은 도쿄 전기회사, 대형 전등은 이마무라 기구 제작소에서 들여왔다. 그러나 일반 사무실의 전등 기구는 차등을 두어 도쿄의 하라야스原安 상회에서 사들였다. 그 밖의 직물 공예품은 다카시마야 백화점의 양복점과 교토 가와시마진베에川島甚兵衛 등의 수준급 장인에게 의뢰해 만들었다. 하지만 문양이 새겨진 벨베트는 이탈리아로부터 특산물을 수입했다. 이탈리아 벨베트는 철도호텔 당시의 거래선을 그대로 이용해 사들인 것이었다.

곳곳의 유리창을 스테인드 글라스, 즉, 채색유리로 장식한 것도 일품이었다. 그중에서도 가장 대표적인 것은 역시 돔 밑의 천정에 둥글게 끼워진 대형 스테인드 글라스. 넓이로 따져서도 1,000평방 척(약 92제곱미터)에 이르러 당시 조선의 어느 건물에서도 이만한 크기는 찾아볼 수가 없었다. 조선에서는 물론 일본에서도 거의 마찬가지였다.

대회의실의 채색유리는 독일 베를린 교외에 있는 브루와투네르 회사 제품을 들여와 사용했다. 이 제품은 보통 유리와는 달리 표면이 우툴두툴하게 요철凹凸 처리가 되어 있어 독특한 분위기를 자아냈다.

이 밖에도 중앙 홀의 천정과 현관 창문, 식당 입구까지도 채색유리를 끼웠으며 심지어 화장실 창문까지도 채색유리로 모양을 냈다. 이들 채색유리는 도쿄의 우노자와宇野澤 공장에서 특별히 제작한 것이었다. 그러나 짙고 화사한 색깔을 쓰기보다는 대체로 엷고 은근한 색깔을 많이 쓰도록 했다.

한편 제1 식당에는 영사막이 설치되어 있어 식사 도중이라도 활동사진을 관람할 수 있도록 했다. 영사막은 평소에는 커튼으로 사용할 수 있도록 되어 있었다. 하급 직원들을 위한 식당은 별도로 있었고 이 식당은 간부들만 이용할 수 있었으므로 보통은 '고등관 식당'이라는 이름으로 불렸다.

벽화로 그려진 '나무꾼과 선녀'

총독부 새 청사 현관 안쪽의 중앙 홀에는 사이토 마고토齋藤實와 데라우치 마사다케寺內正毅의 동상이 나란히 세워졌다. 사이토는 지금의 총독, 데라우치는 청사를 기공했을 당시의 총독이었다. 일본 조각가 그룹에서도 후지타 분조藤田文藏, 호리 신지堀進二 등과 함께 새로운 사조를 이끌던 아사쿠라 후미오朝倉文夫가 공들여 만든 작품이어서 더욱 눈길을 끌었다.

그러나 당초 계획과는 달리 하세가와 요시미치長谷川好道 총독의 동상은 보이지 않았다. 청사를 짓는 과정에서 그의 역할이 별로 없었던 탓이었을까. 사실, 그의 재임 중에 3·1 만세운동이 터져 나왔다는 점에서 굳이 조선 지식인들의 반발을 무릅쓰면서까지 그의 동상을 만들어 세울 필요는 없었을 것이다.

중앙 홀의 안쪽 벽면 네 군데에도 벽화가 붙여졌다. 와다 산조^{和田三造}가 그린 그림이었다. 네 개의 그림 모두 일본과 조선에 전해 내려오는 대표적인 옛 전설과 풍속을 소재로 삼아 그려졌다. 특히 정면과 현관 입구 두 군데에는 금강산을 배경으로 전해지는 '나무꾼과 선녀' 얘기를 주제로 삼은 그림이 붙여졌다. 일본 후지산^{富士山}의 '하고로모^{羽衣}' 전설도 내용이 비슷한 데 착안한 것이었다.

나무꾼이 목욕을 하는 선녀의 날개옷을 몰래 훔쳐 아내로 삼게 되지만, 끝내 선녀는 옷을 찾아 하늘나라로 돌아간다는 내용. 결국 조선 민족도 제 옷을 찾기만 한다면 저들의 식민통치를 벗어나 독립을 이룰 것이라는 사실을 저들은 알기나 했을까. 적어도 마음속으로 만큼은 늘 저 넓은 하늘을 자유롭게 날아다니는 그날을 그리고 있다는 사실을.

그러나 와다 산조가 처음 데라우치 총독으로부터 의뢰받은 대로 그림 작업을 끝마쳐갈 무렵 뜻하지 않은 논란이 벌어지게 된다. 조선과 일본에서 전래되는 설화를 소재로 그린다면 어차피 동양화풍으로 그려질 터인데 과연 버젓이 서양식으로 꾸며지는 건물에 그것이 잘 어울리겠느냐는 것이었다. 그래서 결국 막판에 이르러 결정이 번복되기에 이른다. 같은 소재로 작업을 진행하되 그리는 스타일만큼은 서양화풍으로 하라는 것이었다.

결국 와다 산조는 총독부로부터 다시 의뢰받은 대로 서양화풍의 그림을 완성시키게 된다. 그러나 처음부터 그리던 동양화풍 그림도 작업을 계속해 함께 완성시켰다. 일단 시작한 그림을 도중에 그만둘 수는 없었다. 그렇게 완성된 동양화풍 그림 두 점은 당시 와다를 옆에서 도우며 작업했던 조수들에 의해 지금도 소중히 간직되고 있는 것으로 전해진다.

한편, 중앙박물관은 옛 조선총독부 청사를 철거하면서 중앙 홀에 걸렸던 문제의 벽화 두 점을 그대로 떼어내 박물관 수장고에 보관하고 있다. 민족 수난의 역사를 보여 주는 생생한 증거로 남겨 놓아야 한다는 의견에 따른 것이다. 결국 옛 조선총독부 청사의 시설이나 부속물 가운데서는 유일하게 이 벽화만 남아 있는 셈이다.

사이토 총독은 청사 신축공사가 끝나자 곧바로 남산 왜성대 청사의 사무실을 새 청사로 옮기도록 지시를 내렸다. 이삿짐을 옮기는 작업은 사흘 만에 끝났다. 정동에 따로 살림을 차리고 나가 있던 몇몇 사무실은 공사가 채 끝나지 않은 상태에서 미리부터 입주해 있기도 했다. 벌써 두 해 전인 1924년 사월의 일이다. 정동 청사가 불이 나는 바람에 어쩔 수 없이 이루어진 조치였다.

그러나 총독부는 이처럼 새 청사에 입주가 끝나 사무실로 사용하고는 있었지만 낙성식은 뒤로 미뤄 두고 있었다. 시월 초하룻날에 거행키로 날짜를 잡아 놓았던 것이다. 두말할 것도 없이 저들이 자랑으로 받들어 모시는 '시정 기념일'에 맞춘 것이었다. 즉, 조선을 강제로 합병하고 총독부 청사를 개청했던 그날을 기념하는 바로 그날이다.

한편, 남산의 총독부 청사는 새 청사로 이삿짐을 옮긴 뒤 간단한 내부 공사를 거쳐 '상품 진열관'으로 사용하게 된다. 그러나 총독 관저는 그대로 왜성대에 두도록 했다. 왜성대의 관저가 사용하기에 그다지 불편함이 없던 때문이었다. 옮긴다 해도 당장 마땅한 방도도 없었다.

총독 관저가 경복궁 신무문 바깥 북악 기슭에 새로 마련된 것은 그보다 훨씬 뒤의 일이다. 조선총독부는 1929년 식민통치 20주년을 기념하여 경복궁 후원에서 또다시 조선박람회를 열었는데, 박람회 이후 한동안 빈터로 남아 있던 이 자리에 1939년 새로이 관저가 세워진 것이다. 이른바 경무대景武臺라 불리던 건물이었으니, 지금의 청와대 자리다.

총독 관저가 이렇게 경무대로 옮겨가면서 왜성대의 관저는 '시정 기념관'으로 꾸며지게 된다. 이 시정 기념관에는 이토 히로부미伊藤博文를 비롯한 역대 통감과 총독의 초상화를 걸어 그들의 치적을 기리도록 했다. 또 다이쇼 천황이 아직 황태자 시절 고종의 자리를 물려받은 순종 황제의 즉위를 축하한다는 명목으로 한성을 방문했을 때 이용했다는 마차도 말끔히 손질해 진열했다.

여기에는 조인당調印堂도 설치되었다. 이름 그대로, 합병조약이 맺어졌던 당시의 창덕궁 대조전 홍복헌의 실내 모습과 가구 배치를 그대로 옮겨다 놓은 모습이었다. 그들에게는 자랑거리였지만 이 땅의 백성에게는 더할 나위없는 수치였다. 조인당이 아니라도 총독부 청사가 그 모든 내력을 껄껄대는 호통소리로 말해주고 있었다.

새 청사의 낙성식

드디어 1926년 시월 초하룻날. 새 청사 낙성식이 열렸다. '제17회 시정 기념일'에 맞추어 새 청사 완공을 기념하는 성대한 자축연과 함께 이 땅에서 영원한 총독정치를 펼칠 것을 다짐하게 된 것이었다. 무려 십년 동안이나 끌어온 공사였으니, 저들로서는 그만한 잔치도 또 없었다. 우편국에서 총독부 낙성식 기념우표를 발매해 축하 분위기를 돋구었던 것은 그 일부분에 지나지 않는다.

이날 오전 열시 삼십분, 낙성식은 새 청사 현관의 중앙 홀에서 열렸다. 청사 앞의 넓은 광장이 낙성식 장소로 제격이긴 했지만 광화문 철거작업이 채 마무리되지 않은 상태였다. 불과 몇 달 전에 시작된 철거작업으로 광화문은 목조로 된 윗층 문루가 철거됐지만 양쪽 돌 축대는 아직 그대로 남아 있었다.

저들은 이 광화문 돌 축대에 아치형으로 기둥을 올리고 일본 전통식으로 료쿠몬綠門을 세웠다. 낙성식 축하객들을 맞아들이는 문이었다. 축하 행사나 경축연 때마다 행사장 입구에는 이 료쿠몬이 세워지곤 했다. 푸른 잎사귀와 나뭇가지로 장식된 료쿠몬에는 양쪽에 커다란 히노마루가 펄럭이고 있었다.

"오늘 시정 기념일을 기해 총독부 새 청사 낙성식이 거행된다. 실로 지난 1910년 두 나라 합병 이래 16년 만의 일이다. 시정 기념의 이날, 새 청사 낙성의 의미를 반도半島 민중이 다 같이 옷깃을 여미고 깊이 생각하지 않으면 안 될 것이다."

총독부 기관지인 《경성일보》가 그날 아침 낙성식을 기해 게재한 논설 기사였다. '동양의 최대 청사 완공'이라는 제목부터가 저들의 뿌듯한 자부심을 과시하고 있었다.

신문에는 총독부 건축기사인 후지오카 시게카즈^{富土岡重一}와 청사 설계자로서 건축고문을 맡고 있던 노무라 이치로^{野村一郎}의 인터뷰 기사도 큼지막하게 실렸다. 이들은 "프랑스 베르사이유 궁전에 버금가는 실내장식을 꾸미기 위해 노력했다"며 "그렇지만 건축 재료는 대부분 조선산을 사용했다"고 자랑스럽게 소개하고 있었다.

사이토 총독의 기념 축사도 그윽하기 그지없었다.

> 조선총독부 청사 신축공사를 끝내고 마침 오늘 '시정 기념일'을 맞아 낙성식을 거행하게 된 것은 실로 기쁜 일이 아닐 수 없다. 원래 옛 청사는 통감부 청사에 임시 마련으로 응급 증축을 했기 때문에 집무에 적합하지 않은 일이 많았다 할 것이다. 이에 따라 청사 신축의 필요성이 제기되어 제국의회의 협찬을 받은 끝에 다이쇼 5년 유월에 기공하여 그 뒤 성상^{星霜}이 지난 지 10여년이 지난 오늘에서야 새 청사의 낙성을 보게 된 것이다. 이컨대, 새 청사는 견뢰장중^{堅牢壯重}할 뿐 아니라 설비 또한 완벽하여 반도^{半島}의 중앙 관아로서 전혀 흠잡을 데가 없다. 청사는 이미 그 면목을 일신^{一新}하였으니, 이에 통치 업무를 관장하는 우리 모든 직원들은 지성보효^{至誠報效}, 국궁진췌^{鞠躬盡瘁}로써 일신의 실적을 쌓아 청사 신축의 의미가 더욱 뜻이 깊어지도록 기할지어다.

이날의 들뜨고 흥분됐던 분위기는 그 다음날 발행된《매일신보》에도 잘 그려져 있다.《매일신보》는 '시정 기념일을 맞아 신청사 낙성식 거행'이라는 제목의 기사를 통해 "그저께부터 가늘게 비를 뿌리던 날씨도 청명하게 개여 천고마비의 가을 기운에 서늘하게 불어오는 청풍^{淸風}은 이날을 위하여 자연 음악회를 연주하는 듯했고 서운^{瑞雲}은 태허^{太虛}

에 어리어 이날을 위하여 춤추는 듯했다"고 호기를 부렸다.

낙성식 자리에는 총독부 문무백관은 물론 내로라하는 조선 귀족과 각국의 외교사절을 포함해 종교계 대표, 민간 유지 등 모두 1,500여 명이 참석해 성황을 이루었다. 때마침 국빈 자격으로 당시 경성에 머물고 있던 샴暹羅태국 왕국 챠크리 왕조의 타니 왕자도 얼굴을 나타냈다. 타니 왕자는 그때 문부대신 자격으로 축하 방문 중이었다.

낙성식은 정확히 열두시에 맞춰 끝났으며 연이어 기념 파티가 경회루에서 열렸다. 진수성찬이 차려졌으며 술잔이 높이 치켜졌다. 이 자리에서 사이토 총독은 "천황 폐하 만세"를 3창했으며, 그 뒤를 이어 조선 귀족인 박영효 후작이 "총독부 만세"를 3창했다고 《매일신보》는 기록하고 있다.

그러나 이 자리에 꼭 나타났어야 할 한 사람, 이완용은 끝내 모습을 나타내지 않았다. 그렇다고 그를 기다려 주는 사람도 없었다. 이미 그해 이월, 이 세상을 하직한 때문이었다. 향년 일흔한 살. 병탄 직후 일본으로부터 백작 작위를 받았으며, 그 뒤 중추원 고문 및 부의장을 거쳐 1920년에는 후작으로까지 작위가 올랐던 그였다. 스스로 "요시히토 천황의 아들이며, 데라우치 총독의 동생이라 불러 달라"고 내세웠을 만큼 거리낌이 없었던 이완용.

"혼자 일어서기 힘들 때 옆 사람에게 의지하는 것은 당연하다. 남에게 힘없는 다리를 부추겨 달라고 얘기한 것이 어떻게 나라를 팔아먹은 일이라고 매도되어야 하는가."

그가 숨을 거두기 전에 마지막으로 남긴 말이라 했다. 마지막 순간까지도 자신의 처신에 대해 한꺼풀의 뉘우침도 없었다는 것인가. 역사가 자신에 대해 친일파의 대명사로 단죄하고 있는 데 대해서도 항변이 있을지 모른다. 그러나 항변이 있거나 없거나 관계없이 앞으로도 역사의 증언은 영원히 바뀌지 않을 것이다.

어쨌거나, 낙성식이 모두 끝난 뒤 총독부는 청사 내부를 일반인에 두루 공개하고 관람토록 했으니, 저들의 마음이 얼마나 뿌듯했을 것인가. 스스로 대견스럽고 자랑스러워 흥분에 넘쳤을 것이다.

한편 총독부 공사에 참여했던 건축기사 키꾸가와 세이지菊川靜治는 새 청사가 완공된 뒤 이렇게 감회를 표현했다. 그 감회가 《조선과 건축》에 기록되어 있다.

"우리 일본은 또한 빈국貧國의 비애에 휘말려서 미국처럼 세계 제일의 모토를 추구한다는 것은 불가능한 일이라 하더라도 '동양 제일'을 표명하는 성과를 손꼽을 수 있는 것은 기뻐할 만한 현상이라고 말하는 것도 과언이 아니다. 삼각산三角山의 기슭, 이조 오백년의 역사를 보여주는 경복궁 정전에 우뚝 서서, 조선 식민통치의 기초를 그리는 이 석조 건축물이야말로, 어느 세월인가의 한 페이지를 이루어 정말로 우리 건축 기술을 자랑할 만한 경성의 커다란 이채異彩로 남을 것이다."

총독부 청사의 준공을 기념하여 조선건축회가 특집호로 꾸며 발간한 《조선과 건축》. "세계 문화에 뒤떨어진 아시아의 한반도 땅에 이렇게 뛰어난 건축물이 솟아올랐다는 것은 이른바 서양의 선진국들에 대해서도 자랑거리"라고 썼으니, 그야말로 철철 흘러넘치는 자화자찬이었다. 그것으로도 모자라 "일본의 자랑이자 동양의 자랑이며 바야흐로 여명기黎明期에 들어서려는 조선 문화의 상징이기도 하다"며 한껏 으스대기도 했다. 저들은 마냥 기쁘기만 했다.

아리랑

총독부 낙성식이 열리던 그날. 같은 시간에 종로 단성사에서는 '아리랑'이 상영되고 있었다. 나운규羅雲奎가 직접 제작과 주연을 맡은 이 영화가 바로 이날부터 개봉에 들어간 것이었다. 불구대천의 원수가 언젠가는 외나무다리에서 만나게 되듯이…. 그렇다. 서로 맞닥뜨린 그 날짜가 우연보다는 필연에 더 가까웠을지도 모른다.

영화는 대성황을 이루었다. 극장 앞거리는 온통 눈물바다로 바뀌고 말았다. 영화를 보려고 몰려든 군중들의 울먹임은 아리랑을 읊조리는 흐느낌의 노랫소리로 이어지기도 했다. 총독부 청사의 낙성식이 진수성찬으로 차려진 잔칫상이라면 단성사의 아리랑은 눈물로 얼룩진 진혼제나 다름없었다.

영화의 내용 자체가 그러했다. 경성에서 공부를 하다가 실성한 채 고향 마을로 내려온 주인공. 그 반대편에는 일본 경찰의 앞잡이 노릇을 하는 얄미운 지주의 아들이 있다. 얘기는 얽히고설키지만, 그 앞잡이가 주인공의 여동생을 겁탈하려 그가 휘두른 낫에 맞아 죽게 되고 주인공은 오랏줄에 묶여 일본 순사에 끌려간다는 것이 마지막 장면이다.

그 마지막 장면에서 마을 사람들이 모두 아리랑을 부르며 주인공을 떠나보내게 된다. 뜨겁게 치밀어 오르는 울분이 애처롭고 처량한 당시의 사회상에 뒤섞여 그 노랫소리에 녹아 있는 것이다. 관객들이 이 장면을 보며 눈물을 흘리면서 아리랑을 따라 불렀다는 얘기도 그런 시대적 분위기를 반영한다.

그때 나운규의 나이 불과 스물다섯. 함경북도 회령 출생. 간도間島의 명동 중학교에 들어갔으나 3·1 만세운동으로 학교가 일본군의 습격을 받아 불타 버리자 만주와 연해주를 떠돌며 험난한 청년시절을 보내게 된다. 중동학교와 연희전문학교 문과를 거쳐 '예림회藝林會'라는 신극단에 들어가 순회공연차 북간도를 헤매기도 했다.

그가 아리랑 영화를 제작할 때 경성에서 모자 가게를 열고 있던 요도淀라는 일본 여자 사업가가 제작비를 댔다던가. 요도는 나운규가 소속해 있던 조선키네마 영화사의 돈줄이기도 했다. 아리랑을 감독한 당사자가 나운규가 아니라 일본 사람인 쓰모리 슈이치津守秀一라는 논란도 제기되고 있지만, 이 영화가 불러일으켰던 감흥에 비해서는 그다지 중요한 문제가 못된다.

나운규는 아리랑의 제작으로 일약 인기 영화인의 반열에 오르게 되지만 숱한 염문을 뿌리고는 결국 한창나이로 세상을 등지게 된다. 서른여섯 살 때인 1937년. 폐결핵이었다. 그의 아호인 '춘사春史'가 암시하듯이 인생의 봄날만을 살다가 떠나간 것이다.

아리랑이 상영되던 비슷한 무렵, 경성 요정가에서는 윤심덕尹心悳의 '사死의 찬미'가 크게 유행하고 있었다. 그해 칠월, 일본 오사카의 닛토日東 레코드 회사에서 취입되어 나온 노래였다. '도나우 강의 잔 물결'로 유명한 루마니아의 작곡가 요시프 이바노비치의 곡조에 윤심덕이 직접 가사를 붙인 것이었다. 총독부 관비 유학생으로 뽑혀 조선인 최초로 우에노上野 음악학교에 다녔던 윤심덕의 노래는 가사 내용만으로도 관심을 끌기에 충분했다.

광막한 황야에 달리는 인생아

너의 가는 곳 그 어디냐
쓸쓸한 세상 험악한 고해苦海에
너는 무엇을 찾으려 하느냐
이래도 한 세상 저래도 한 세상
돈도 사랑도 명예도 다 싫다

돈도 싫고, 사랑도 싫다던 윤심덕이 레코드를 취입한 뒤 일본에서 귀국길에 애인 김우진金祐鎭을 부둥켜안고 현해탄 검은 물에 뛰어든 것은 그보다 불과 한 달 뒤의 일. 두 사람은 동갑내기로 그때 나이 스물아홉이었다.

우연의 일치랄까. 윤심덕은 스스로 '수선水仙'이라 불리길 좋아했으며, 김우진은 호號를 '수산水山'이라 했다던가. 생전부터 물과 어떤 인연이 있었는지도 모른다. 승객들이 황급히 배를 멈추고 수색을 하였으나 끝내 이들의 종적을 찾지는 못했다.

시인 이상화李相和가 '빼앗긴 들에도 봄은 오는가'를 발표한 것도 비슷한 무렵의 일이다. 《개벽開闢》 1926년 유월호. 해마다 겨울이 가면 봄은 오는 법이련만, 이상화의 가슴에 봄은 멀었다. 너무도 차가운 한겨울이었다. 조선인 그 누구라고 따뜻한 봄기운을 느낄 수 있었을까.

총독부 낙성식이 요란스럽게 열린 그날, 또 그 다음날도 밤중 어스름을 타 북간도로 떠나가는 행렬이 줄을 이었다. 행색이 남루한 흰옷의 무리였다.

저만치 떨어져 앞서고 뒤를 따르는 행렬 속에서 누군가가 나직이 읊고 있었다. 들릴락 말락 떨리듯한 목소리였다.

지금은 남의 땅
빼앗긴 들에도 봄은 오는가
나는 온몸에 햇살을 받고
푸른 하늘 푸른 들이 맞붙은 곳으로
가르마 같은 논길을 따라 꿈속을 가듯 걸어만 간다
입술을 다문 하늘아, 들아
내 맘에는 내 혼자 온 것 같지를 않구나
네가 끌었느냐 누가 부르더냐
답답워라 말을 해 다오
………………
………………
………………
나는 온몸에 풋내를 띠고
푸른 웃음 푸른 설움이 어우러진 사이로
다리를 절며 하루를 걷는다
아마도 봄 신명이 지폈나 보다
그러나 지금은 들을 빼앗겨
봄조차 빼앗기겠네

신음을 뱉어내듯 읊조리는 소리는 자꾸만 멀어져 갔다. 마치 나운규 영화의 주인공이 마을 어귀를 뒤돌아보며 입속으로 되뇌이던 아리랑의 가락처럼. 그들이 떠나가는 시월 초순의 한밤중 들녘에는 차가운 이슬이 내리고 있었다.

그러나 언젠가 새벽은 밝아올 터였다. 환한 동녘의 아침 햇살이 온 누리에 퍼질 그날은….

참고문헌

강동진, 한국을 장악하라: 통감부의 조선침략사, 아세아문화사, 1995
_____ , 日本 近代史, 한길사, 1985
강용자, 왕조의 후예, 삼신각, 1994
강지선, 조선총독부 청사의 건축 양식에 관한 연구: 대만총독부 청사와의 비교분석을 중심으로, 홍익대 대학원, 1995
京都大日本史事典編纂會, 日本史 事典, 創元社(東京), 1990
關野貞 (姜奉辰 역), 韓國의 建築과 藝術, 산업도서, 1990
_____ (沈雨晟 역), 朝鮮美術史, 동문선, 2003
국립중앙박물관 (김동현 역), 朝鮮總督府 廳舍新營誌, 1995
국립현대미술관, 한국현대미술사, 1975
국사편찬위원회, 윤치호 일기, 탐구당, 1971
김영상, 서울 六百年, 한국일보사, 1989
김원용, 재미 한인 50년사, 혜안, 2004
김은영, 야나기 무네요시의 미학사상 연구, 경희대 대학원, 1999
김정동, 일본 속의 한국 근대사 현장, 하늘재, 1999
_____ , 일본을 걷는다, 한양출판, 1997
_____ , 渡來한 西洋人 建築家에 관한 硏究 (1), 대한건축학회 논문집, 제5권 4호(통권 24호), 1989년 8월
_____ , 근대 이후 서울 貞洞 洞域의 변천에 대해서, 건축역사연구 제12권 제2호 통권 34호, 한국건축역사학회, 2003년 6월

_____, 건축물은 소유주의 것이나 외관은 그의 것이 아니다, 건축 194호, 대한건축학회, 1995년 7월
김정호, 일제하 동양척식주식회사의 성격에 관한 연구, 서울대 대학원, 1987
김주영, 이것이 日本이다, 산과들, 2001
미야타 세쓰코(宮田節子) (정재정 역), 식민통치의 허상과 실상, 혜안, 2002
민태원, 소설 '音樂會', 廢墟 제2호, 1921
박관숙, 世界外交史, 박영사, 1976
박민철 外, 건축은 없다: 舊조선총독부 철거반대 건축·미술 전문가 발언집, 간향미디어, 1995
박종홍, 朝鮮美術의 歷史的 考察, 開闢 제16호, 17호, 1922
서울특별시사편찬위원회, 서울 略史, 1963
_____, 洞名 沿革攷, 1992
石森久彌, 朝鮮統治の批判, 한국인문과학원, 1990
선우훈, 덕수궁의 비밀, 세광출판사, 1956
설의식, 解放 以前, 새한민보사, 1948
손승철, 조선통신사 일본과 통하다, 동아시아, 2006
손정목, 朝鮮總督府 廳舍 및 京城府 廳舍 建立에 對한 硏究, 향토 서울 48호, 서울특별시사편찬위원회, 1989년 10월
_____, 서울 600년의 발자취, 서울학 연구 Ⅳ, 1993
柳宗悅 (심우성 역), 조선을 생각한다, 학고재, 1996
_____ (김종호 역), 光化門의 마음, 소금, 1980
_____ (장미경 역), 조선의 예술, 일신서적공사, 1986
_____ (이대원 역), 韓國과 그 藝術, 지식산업사, 1974
유본예 (권태익 역), 漢京識略, 탐구당, 1981
윤인석, 압제자들의 건축, 건축사 통권 제445호, 대한건축사협회, 2006년 5월
윤일주, 한국 洋式建築 80년사, 야정문화사, 1966
이금도, 조선총독부 건축기구의 건축사업과 일본인 청부업자에 관한 연구, 부산대 대학원, 2007
이금도·서치상, 조선총독부 건축기구의 조직과 직원에 관한 연구, 대한건축학회 논문집(計劃系) 제23권 제4호 통권 제222호, 대한건축학회, 2007년 4월
李秉鎭, 廢墟 同人と柳宗悅, 翰林日本學硏究 第6集, 翰林大學校 日本學硏究所, 2001年 12月
이선구, 정치 이데올로기와 건축, 국립중앙박물관 건물 보존을 위한 시민의 모임 토론회 주제 발표, 1995
이순우, 제 자리를 떠난 문화재에 관한 조사보고서 2, 하늘재, 1999

이영일, 경복궁의 공간구조 변천에 관한 연구: 일제 강점기 이후를 중심으로, 서울시립대 도시과학대학원, 2007

이영한, 조선총독부 내 건축조직의 성격에 관한 연구, 서울산업대학교 논문집 제39집, 1994년 7월

이주헌, 한국 현대사 인물 3, 한겨레신문사, 1992

이중연, 황국신민의 시대, 혜안, 2003

이중화, 京城記略, 신문관, 1918

日本歷史敎育者協議會 (송완범·신현승·윤한용 역), 동아시아 역사와 일본, 동아시아, 2005

임종국, 밤의 일제 침략사, 한빛문화사, 1984

_____ , 親日論說選集, 실천문학사, 1987

_____ , 일제하의 사상 탄압: 일제의 침략·지배 전술과 민족말살정책, 평화출판사, 1985

정일성, 야나기 무네요시의 두 얼굴, 지식산업사, 2007

정재정, 일제침략과 한국 철도, 서울대학교 출판부, 1999

朝鮮總督府, 朝鮮總督府 廳舍新營誌, 1926

佐伯有一·野村浩一 공저 (오상훈 역), 中國現代史, 한길사, 1980

주남철, 한국 건축사, 고려대학교 출판부, 2000

철도청, 韓國 鐵道史, 1974

한국은행 조사 제1부, 한국은행 40년사, 1990

일본, 조선총독부를 세우다

1판 1쇄 인쇄 2010년 02월 20일
1판 1쇄 발행 2010년 02월 27일

지은이 허영섭
펴낸이 서채윤
펴낸곳 채륜
표지·본문디자인 Design窓 (66605700@hanmail.net)

등록 2007년 6월 25일 (제25100-2007-000025호)
주소 서울 광진구 군자동 229
대표전화 02-6080-8778 | **팩스** 02-6080-0707
E-mail chaeryunbook@naver.com

ⓒ 허영섭, 2010
ⓒ 채륜, 2010, printed in Korea

책값은 뒤표지에 있습니다.
ISBN 978-89-93799-11-8 03910

※ 잘못된 책은 구입하신 서점에서 바꾸어 드립니다.
※ 저자와 출판사의 허락 없이 책의 전부 또는 일부 내용을 사용할 수 없습니다.